가면
권력

가면권력: 한국전쟁과 학살

1판1쇄 | 2014년 9월 15일
1판2쇄 | 2014년 10월 15일

지은이 | 한성훈

펴낸이 | 박상훈
주간 | 정민용
편집장 | 안중철
책임편집 | 최미정
편집 | 윤상훈, 이진실, 장윤미(영업 담당)
업무지원 | 김재선

펴낸 곳 | 후마니타스(주)
등록 | 2002년 2월 19일 제300-2003-108호
주소 | 서울 마포구 양천로 6길 19(서교동) 3층
전화 | 편집_02.739.9929 제작·영업_02.722.9960 팩스_0505.333.9960
홈페이지 | www.humanitasbook.co.kr

인쇄 | 천일_031.955.8083 제본 | 일진_031.908.1407

값 23,000원

ⓒ 한성훈, 2014
ISBN 978-89-6437-212-8 03900

이 도서의 국립중앙도서관 출판시도서목록(CIP)은 e-CIP 홈페이지(http://www.nl.go.kr/ecip)에서
이용하실 수 있습니다(CIP제어번호: CIP2014024917).

가면권력

한국전쟁과 학살

한성훈 지음

차례

일러두기

- '진실화해를위한과거사정리위원회'는 약칭 진실화해위원회로, '한국전쟁전후민간인학살진상규명과 명예회복을위한범국민위원회'는 약칭 민간인학살진상규명범국민위원회로 표기했다.
- 증언자는 진실화해위원회 조사보고서에서 익명으로 처리했으나 해당 사건 결정서와 사건 기록에서 실명을 확인했다. 증언자에 관한 진실화해위원회와 언론 인터뷰, 시민단체 등의 면담, 통화, 진술, 녹취 등은 모두 '증언'으로 통일했고 그 내용은 직접 인용인 경우 구어체 그대로 옮겼다.
- 증언자의 출처가 별도로 표시되어 있지 않은 경우는 저자가 받은 증언이며 증언 장소가 있는 경우는 표기했다.
- 증언자의 증언일이 조사보고서와 결정서에 없는 경우 사건 기록을 확인해 표시했으나, 사건 기록에도 없을 때는 보고 날짜를 증언일로 했고 이마저도 확인할 수 없는 경우에는 해당 사건 기록만 제시했다.
- 미국 국립문서기록관리청(NARA)에서 소장하고 있는 문서는 RG242 Entry299에 있으므로 출처는 NARA, SA(Shipping Advice) No, Box No, Item 순으로 밝혔다. 예) NARA, RG242 Entry299 Box 819 SA2009 Item107, 의용군 명단, 1950. 8. 5.
- 단행본·전집·정기 간행물에는 겹낫표(『 』), 논문·학술지에는 큰따옴표(" "), 법령·법안·안건명과 방송·공연·노래명 등에는 가랑이표(〈 〉)로 표기했다.

희생자와 그 가족, 증언자를 위하여

이런 슬픔과 고통, 비극 속에서도
삶을 온전히 지키고 생각을 바로잡으며
살아온 분들께 이 책을 헌사한다.
희생이든 가해이든
자신의 마음속 깊은 사연을 드러내 놓고
증언한 분들의 용기는 존경을 받을 만하다.

책머리에

배반당한 사람들

나라와 정부를 믿었던 사람들은 대부분 끌려가 죽었다. 그렇지 않고 도망
간 사람들은 살았다. 한국전쟁에서 대량학살은 체계적인 과정을 통해 발
생했지만, 피해자의 고통과 아픔을 직접적으로 느껴야 했던 것은 국가의
최고위층이 아니라 방아쇠를 당긴 병사들이었다. 타인의 고통에 둔감한
자는 밀실에서 죽음을 결정하는, 내 편과 네 편을 가르는 위정자들이지
피해자와 대면해서 총구를 겨누는 실행자들이 아니다.

1950년 6월 말 강영애는 새벽녘 집으로 찾아온 경찰에게 손이 묶인
채 청주경찰서로 끌려갔다. 충북 청원군 남일면 가산리의 국민보도연맹
원이었던 그녀는 10여 일 정도 유치장에 구금된 7월 10일경 저녁 무렵,
경찰 트럭에 실려 남일면 쌍수리 야산으로 갔다. 경찰은 트럭에서 사람들
이 줄줄이 내리자마자 이들을 꿇어 앉혀 놓고 총을 쏘았다. 강영애는 온
몸에 여덟 발의 총탄을 맞았지만 살아났고 같이 있던 남편은 "이렇게 같
이 죽게 된 것도 다행"이라는 말 한마디를 남기고 죽었다.

군과 경찰은 국민보도연맹원 등 요시찰인을 개전 직후부터 9월 중순경까지 전국에서 검속하고 살해했다. 이들에 대한 연행과 살해는 한강 이남 지역에서 전쟁 발발과 동시에 이루어졌지만 군경이 후퇴하는 시점이나 인민군 점령 여부에 따라 지역별 규모와 양상에는 차이가 있었다. 북한이 곧바로 남침해 전황이 급속히 악화되었던 지역에서 군경은 연행한 이들을 후퇴 직전에 총살했다. 전선으로부터 비교적 여유가 있었던 지역에서 군경은 이들을 며칠씩 구금했다가 형식적인 분류를 거친 후 집단살해했고, 일부에서는 경찰이 구금자들을 풀어 주거나 도망가게 내버려 두기도 했다.

1949년 4월 20일 좌익 관련자들의 사상 전향을 목적으로 만든 국민보도연맹은 중앙본부 결성을 시작으로 1950년 6월 전쟁 직전까지 전국에서 지방 조직을 갖춘 관변 단체였다. 사상검사 오제도의 제안으로 만들어진 이 조직은 1948년 8월 정부 수립과 여순사건 그리고 국가보안법 제정과 같은 일련의 정치·사회 변동과 밀접한 관련 속에서 결성되었다. 회원 모집과 관리는 일선 경찰서에서 맡았고 국민보도연맹원은 요시찰인으로서 감시 대상이었다. 국민보도연맹의 주요 정책을 결정하고 사상 전향을 책임진 것은 검찰청 소속의 사상검사들이었다. 회원은 농촌이나 시골로 갈수록 사상이나 이념과 무관한 사람들이 할당에 의해 채워졌다. 30만여 명으로 알려진 국민보도연맹원은 전쟁이 발발하자 이승만 정부에서 가장 먼저 '내부의 적'으로 둔갑되어 죽음으로 내몰렸다.

1951년 2월 초순 국군은 경남 거창군 신원면 일대 6개 리 마을에서 주민 719명을 학살했다. 당시 아홉 살이던 서종호는 아버지와 어머니, 누나, 남동생 둘, 여동생을 잃고 할머니와 살아남았다. 부모형제의 사랑도 모르고 고아나 다름없이 살아온 그는 그때를 생각하면 항상 목이 메어 말문이 막힐 지경이다. 국민보도연맹의 사상검사로서 활동한 선우종원은 거창사건이 일어났을 때 장면 총리의 비서실장으로 있었다. 그는 사건이 전시 국회에서 정치 쟁점이 될 무렵 김종원이 총리에게 보고하러 가지고 온 자료 중에서 사진을 보았다. 신원초등학교 마당에서 군인들이 사람을 쏴 죽이는 장면과 죽은 엄마 옆에서 아이가 울고 있는 현장 사진이었다.

거창사건은 11사단 9연대의 작전명령과 국회의 현지 조사, 이에 대한 군의 위장 공비 공격, 피의자에 대한 군사재판과 사면복권 등으로 볼 때 전쟁기 민간인 학살 사건에서 매우 중요한 의미를 띠고 있다. 희생자들은 어린이와 노인, 부녀자들처럼 자신을 방어할 능력이 없는 주민들이 전체 사망자의 80퍼센트 이상을 차지했다. 그들은 전투를 실행하거나 무력을 조직할 능력이 없는 비전투원들이었다. 희생자는 잘못을 저지른 것으로 간주되는 집단이나 또 그런 구성원이 포함된 특정 집단이 아니었고, 단지 작전지역 내에 거주하던 산간벽촌 마을 사람들이었다.

국민보도연맹원과 마찬가지로 군경이 죽이려고 한 민간인은 대부분 주변의 평범한 이웃들이었다. 학살의 희생자는 전선에 영향을 미치는 세력이나 집단이 아니었다는 뜻이다. 더구나 경찰에게 이들은 자신들과 함께 살던 주민이었고 대면하는 이웃이었다. 가해자와 피해자가 이렇게 상호 연관되어 있었다는 것이 한국전쟁이라는 내전 시기에 벌어진 학살의 성격이었다. 이는 가해자의 심리에서도 그대로 나타난다. 이웃을 죽이기 위해서는 먼저 명령이 있었고 나중에 논리가 필요했다. '공산주의자'나 '좌익'으로 의심스러우면 '적'으로 치환되기 십상이었다. 논리의 비약은 전선과는 무관한 후방에서 확대되어 말단 지역으로 갈수록 맹위를 떨쳤다.

오늘날 국민국가 체제는 그 구성원들이 아무런 의심 없이 국가의 권위에 따르기를 원한다. 전쟁이나 체제 갈등, 분단과 같은 예외적인 상태에서 국가의 권위는 군인이나 경찰과 같은 무장 집단에게 절대복종할 것을 요구한다. 첨예한 갈등이나 긴장 상태에서는 누구나 지휘관의 살해 명령을 수행하는 가해자가 될 수 있다. 전쟁 수행과 전쟁범죄 사이의 경계가 모호하고 정의와 인간성에 대한 국가와 개인의 윤리 관념이 불분명하면 누구든지 가해자도 피해자도 될 수 있다. 누구에게나 가해자가 될 가능성은 존재하지만 동시에 가해자가 되지 않기를 선택할 수도 있다. 인간의 본성은 어떤 환경 속에서 사악해질 수도, 절제될 수도 있고 또한 거부되어지기도 한다.

집단살해 현장에서 피해자의 가슴팍을 겨눈 총탄은 개인의 총에서 발사되었지만 누구의 총구에서 나왔는지 묻지 않는다는 점에서 가해자는 일말의 죄책감을 덜 수 있다. 이런 측면에서 살해는 개인이 아니라 집단으로 위장된다. 가혹한 폭력은 개별적으로도 나타나지만 집단을 통해서 더욱 부추겨질 수 있다. 주위 동료들의 압박은 집단이 하는 일에 따르도록 강제하고 이를 거부하는 것을 매우 어렵게 만든다. 한국전쟁의 사례를 볼 때 피해자의 인간성은 '좌익'라는 이름으로 쉽게 부인되고, 가해자가 갖는 심리적 익명성은 개인의 살해 책임을 희석시켜 집단 면죄로 이어졌다. 가해자에게 이 과정이 심리적으로 중요한 이유는 방아쇠를 당긴 자신의 책임과 이를 명령한 상급자의 책임을 구분하기가 쉽지 않기 때문이다.

내전 상황에서 가해자와 피해자 사이의 인간적 거리는 일반적으로 아주 가깝다. 살해를 실행하는 동기의 이면에는 자기 정당화가 존재하지만 그렇다고 군인과 경찰이 자기 신념에 따라 명령을 수행하는 것은 아니다. 그들에게는 반공주의가 특별히 중요하지 않았다. 이승만 정부의 군대와 경찰이 후퇴를 거듭하는 동안 이 대열 속에 있던 사람들은 명령을 따르는 관료의 일원일 뿐이었다. 군인과 경찰이 도덕적 감정을 제어하고 학살을 수행하게 되는 것은 희생자에 대한 이데올로기나 증오, 두려움이 아니라 지휘관의 명령과 동료 집단의 압력에 복종했기 때문이다. 그들은 인신이 통제된 민간인들로부터 하등의 두려움을 느낄 필요가 없었다. '내부의 적'이라는 규정은 살해 현장에서 멀리 떨어진 최고위층의 책상 위에서 나온 것이자 사후에 합리화된 것일 뿐이다.

학살과 공동체

대량학살과 같은 중대한 인권침해는 국가권력의 의도적인 행위에 의해 발생한다. 가해자의 인권침해 행위는 군대와 경찰과 같은 국가기구가 억압적이고 조직적인 체계에 의해 뒷받침될 때 지속적으로 일어난다. 물론 가해자가 저지르는 살해는 상관의 명령이나 전시와 같은 조건을 필요로 한다. 이런 환경에서 살인은 상대방 또는 적에게 명백한 잘못을 씌움으로써 좀 더 손쉽게 이루어진다.

한국에서 '좌익'은 사상의 문제라기보다는 잘못되거나 나쁜 것에 관한 상징이다. 정부 수립 전후부터 정치적 반대자는 '좌익'이라는, 한마디로 구분할 수 있었고 이렇게 분류되면 폭력을 가하는 것이 쉬워졌다. 이런 사회적 분위기는 전쟁이라는 극한 상황에서 최악의 상태가 도래할 것임을 알리는 '경고'였다. 국민보도연맹원은 당연히 '좌익'이었고 이는 '악의 상징'을 의미하게 되었다. 요시찰인도 마찬가지였다. 개전 초기 3일간의 시간은 국민보도연맹원 등 요시찰인을 어떻게 처리할 것인지를 결정하는 중요한 시기였다. 요시찰인을 살해한 것은 비단 국민보도연맹원이 인민군에 협조할 것이라는 '예단' 때문이 아니었다. 오히려 이보다는 '좌익'을 대한민국 국민으로 인정할 수 없었던 이승만 정권의 이념적 성격에서 그 원인을 찾을 수 있다. 그리고 국민보도연맹원에 대한 사상 전향은 이런 발상의 연장선에서 이해할 수 있다.

거창사건에서도 군의 작전은 정치체제의 행정이 미치는 경계를 중심으로 '적'과 '우리'를 결정하는 것이었다. 수복하지 못한 적성 지대의 주민은 '네 편'으로 설정되었다. 일단 상대편으로 규정되면 군경의 토벌작전은 민간인과 적을 별도로 구분하지 않는다. 내전과 같은 전투 과정에서는 전선의 이동에 따라 필연적으로 정치체의 경계도 달라진다. 따라서 통치 권력은 그 정치 공동체 구성원들의 위임에 의해서가 아니라 전선의 이동, 전투의 결과에 따라 형성되었을 뿐이다.

한국전쟁에서 집단학살로 죽은 민간인은 1960년 전국피학살자유족회에서 집계한 회원 현황에 따르면 114만 명 정도였다. 유족에는 국민보도연맹 희생자만 있는 것이 아니었으며 여러 형태의 피학살 유족들이 포함되어 있었다. 전국피학살자유족회 회원 현황이 어떻게 집계되었는지 자세한 자료가 없기 때문에 이 수치가 정확하다고는 할 수 없다. 그렇다고 유족들이 회원 수를 부풀리거나 피해를 과장했다고 볼 이유 또한 없다. 불행하게도 현재 전체 피해 규모를 추산하는 것은 거의 불가능에 가깝다. 자료와 증언, 조사가 정부 차원에서 이루어진다 하더라도 밝혀지지 않은 채 지난 것을 확인하는 것은 쉽지 않다. 국가 행정 체계가 오랜 세월의 무게를 걷어 낼 수 있을지는 아무도 가늠하지 못하는 일이다.

한국에서 '정치 사상범'이라는 낙인은 죽음으로도 벗어 버릴 수 없었다. 피학살 유족들에게 오랜 세월 가해진 정치적 차별과 사회적 소외는 이들에게 좌절감과 사회적 박탈, 차별과 피해의식을 갖게끔 만들었다. 많은 사람들이 공무원이나 교사로 임용될 때 기관에서 실시하는 신원조회에서 불이익을 받고는 그것이 전쟁 때 있었던 일과 관련된 것임을 알게 되었다. 해방 공간과 분단 정부 수립 과정에서 만들어진, '좌익'에 대한 정치적 증오와 이데올로기적 낙인은 전쟁 시기 학살로 이어지게 되었으며, 피해자들은 그 사실로 인해 각종 불이익을 당해도 공개적으로 거론하지 못했다.

2010년 이후 국민보도연맹 사건을 비롯해 전쟁 전후의 민간인 학살이 대법원의 소멸시효 배척 결정으로 손해배상에 새로운 전기를 맞이했다. 이는 60여 년 동안 이어진 국가의 범죄를 일면 단죄하는 법적 조치였다. 그러나 이행기 정의transitional justice라는 과거청산은 아직 충분하지 않다. 국가배상은 피해자 개인 수준에서 이뤄지고 가해자 책임은 여전히 원칙적인 담론 수준을 벗어나지 못하고 있다. 중대한 인권침해에 대한 소멸시효 배제 문제에 대한 논의와 협의 또한 큰 진전이 없다. 궁극적으로 국제인권규약의 국내 적용이 의제가 되지 못하고 있는 실정을 감안하면, 소멸시효 부분은 당분간 피해자들이 국가를 상대로 제기하는 손해배상청구 소송 과정에 국한될 가능성이 크다.

이와 같은 한계에도 불구하고 많은 희생자와 그 가족이 자신들의 불명예를 씻고 마음의 상처를 회복할 수 있었다. 국가와 사회, 이웃으로부터 버림받은 느낌, 권리를 박탈당한 채 견뎌야 했던 수모, 자기 존재를 부정당해 온 공동체로부터 조금씩 인정받기 시작했다. 부모와 형제자매를 잃은 모진 시간 속에서 겪어야 했던 삶의 질곡을 모두 보상받을 수는 없지만, 그들의 마음 한구석에 공동체에 대한 새로운 희망이 생긴 것만은 분명하다. 이는 피해자뿐만 아니라 정치 공동체의 성원으로 살아가는 다른 시민들에게도 국가와 개인의 권리관계를 일깨워 주는 계기가 될 수 있을 것이다. 국가 폭력의 피해자들은 일반 시민들로 하여금 하루하루를 살아가는 것이 어떤 의미가 있는지 알게 해준 사람들이다. 국가의 잘못을 바로잡는 것은 보통의 노력으로 달성할 수 있는 것이 아니다. 그러나 대한민국이 민주공화국이고 주권이 구성원인 시민에게 있다면 이는 시대를 넘어서서 결코 포기할 수 없는 과제다.

증언과 자료

이 책은 한국에서 벌어진 민간인 학살을 다루고 있다. 1950년 한국전쟁 발발 전후부터 1960년 유족 활동과 1961년 쿠데타로 인한 진상규명 좌절, 1987년 이후 민주주의 이행으로 등장한 인권 담론 그리고 시민사회 단체의 결성과 활동, 2005년부터 시작된 진실화해위원회 조사와 진실규명 과정, 2013년까지 진행되고 있는 법원의 소송까지 서술했다. 국민보도연맹 사건은 2009년 10월 진실화해위원회가 진실규명 작업을 진행했다. 이 책은 그 내용 중에서 동일한 유형을 삭제한 후 새로운 증언을 상당 부분 추가했다. 거창사건은 근래에 이루어진 연구 성과와 유족의 활동을 보충했다. 이 사례를 통해 국가 폭력, 정치의 한계이자 범죄로서 전쟁의 본질 그리고 과거청산이 가져오는 이행기 정의와 민주주의, 기억의 사회화와 가해자 불처벌의 의미를 찾고자 했다.

책의 구성과 내용을 소개하면 다음과 같다. 1장은 대량학살에 있어서 '죽음'의 사유와 가해자와 증언자, 국가와 정치의 중요성에 대해서 썼다. 2장과 3장은 국민보도연맹 사건을 다루었는데 국가기관의 1차 자료와 군인과 경찰, 피해자들의 증언을 엮었다. 이들 자료는 1950년 6월 25일 전후부터 전쟁 동안 벌어진 살벌한 풍경을 경찰과 생존자, 목격자의 인터뷰를 통해 생생히 재연하고 있으며 학살이 전국적으로 전개된 양상과 각 기관의 개입, 살해 명령 체계를 구체적으로 밝힌 것이다.

증언자의 말을 보충하면서 〈이제는 말할 수 있다: 보도연맹 2부작〉 (MBC 2001)과 〈6·25 44주년 특별기획 다큐멘터리 3부작: 보도연맹을 기억하십니까〉(청주기독교방송 1994)에서 생존자 증언을 인용했다. 이채훈 감독은 〈이제는 말할 수 있다: 보도연맹 2부작〉 방송 제작 과정에서 알게되었는데, 그는 모든 1차 자료를 제공해 주었다. 진실화해위원회에서 이 내용을 소중하게 활용한 것은 더 말할 나위가 없을 것이다. 청주기독교방송국은 몇몇 뛰어난 탐사보도 기자를 제외하고 대다수의 연구자와 언론이 관심조차 갖지 않던 시절에 국민보도연맹 사건을 다루었다. 시절을 뛰어넘는 수작임에 틀림없다. 첫 발걸음을 뗀 제작자 분들께 감사한다.

거창사건은 4장, 5장에서 서술했는데 주제별 글을 새로 쓰고 최근에 있었던 재판 과정의 논의를 보충했다. 이 책은 11사단 9연대 작전명령과 불처벌, 군법회의, 복종 범죄, 유족 활동에 관한 내용을 자세하게 다루었다. 무엇보다 유족들의 활동과 국가의 관계를 이보다 더 잘 보여 주는 사례가 없을 정도로 거창 유족은 지난 세기 민간인 학살 사건의 중심에 있었다.

6장과 7장은 앞서 논의한 사례를 바탕으로 어떻게 해서 이토록 많은 사람들이 죽었고 또 왜 죽었는지 단순한 질문에 답하는 형식이지만 한편으로 가장 어려운 부분이기도 했다. 이 내용은 가해자와 피해자, 생존자로 나누어서 국제적 논의와 비교하면서 살펴보았고 전국유족회 활동과 5·16 쿠데타 정권의 부관참시를 서술했다. 최근의 논의로서 한국의 이행기 정의가 갖는 특징과 포괄적 과거청산의 의미를 서술하고 2010년 이후 법정에서 이뤄지고 있는 손해배상청구 소송에서 피해자들의 정체성 회복과 법원의 소멸시효 배제 논리를 분석했다.

끝으로 8장은 이 책의 결론인데, 가해자에 대한 불처벌 문화를 비판하고 명령을 내린 자와 국가의 책임이 왜 중요한지를 제시했다. 이 문제의식에 가해자 처벌이 보복이 아니라는 단순한 사실로부터, 인간의 행위에는 선과 악이라는 경계선이 중첩되어 있는 현실, 그리고 진실을 가리는 사회의 침묵과 국가의 무책임, 증오의 문화, 정치의 책임 윤리를 담으려고 했다.

• • •

많은 사람들의 연구와 노력은 이 책의 방향과 실재를 구성하는 기둥이 되었고 그 논지는 고스란히 담겨 있다. 그럼에도 부족하고 아쉬움이 남는 것은 저자의 부족한 능력 탓이다. 아무쪼록 삶과 죽음, 공동체와 개인, 전쟁과 국가, 학살에 관심을 가진 독자들의 관심과 질타를 기대한다.

2014년 8월
한성훈

1

전쟁과 사람들

죽음을 다룬다는 것
국가와 정치

많은 이의 죽음을 다루는 것은 다른 사안을 다루는 것과 같지 않다. 이는 곧 죽은 자의 삶과 산 자의 죽음이 다르지 않기 때문이다. 어느 공동체에서나 삶과 죽음의 양식은 보편적인 화두다. 게오르그 헤겔Georg W. F. Hegel이 문제 삼았듯이 죽음은 살아 있는 자의 행동에 대한 해석 속에 담긴 죽음이다.[1] 이렇게 죽음은 우리 자신을 파악하는 하나의 계기가 되고 세계 속에서 사유된다. 그것이 억울하고 비극적일 때는 더 말할 나위가 없다. 그러나 역사적으로 인류의 공포와 비극은 조용히 잊힌 경우가 많다.

사람을 대량으로 죽이는 집단학살, 제노사이드genocide는 이런 인류의 공포와 비극에서 가장 근본적인 차원의 것이었다. 〈유엔 제노사이드 범죄 예방과 처벌에 관한 협약〉(약칭 〈제노사이드협약〉)은 인류의 비극을 교훈 삼아 개인, 시민권리의 보편성을 강조하기 위한 것이었다. 대한민국에서도 1948년 정부 수립 전후부터 한국전쟁을 거치면서 수많은 민간인 학살 사건이 일어났다. 그러나 이들의 죽음은 오랫동안 주목되지 않았다.

수많은 민간인들이 왜 죽었는가. 비극과 고통은 어디서부터 시작되었는가. 마르틴 하이데거Martin Heidegger는 "오직 '나'의 죽음을 통해 죽음을 이해한다"고 했고, 지그문트 프로이트Sigmund Freud는 "'타인'의 죽음을 통해 죽음을 이해한다"고 말했다.[2] 한국 사회에서 '많은 사람들의 죽음'과 고통을 해명하지 않고 오늘날 정치와 사회, 우리 자신을 이해할 수 있을까. 많은 사람들이 죽었는데 이는 그만큼 많은 군인과 경찰이 살해에 가담했다는 뜻이다. 그렇다면 가해자들은 과연 누구인가. 군인이나 경찰 중에는 '상부의 지시'나 '지휘관의 명령'에 따라 거창군 신원면 골짜기 주민들이나 국민보도연맹원을 죽이고 시체를 은폐한 사람들이 있었다. 전쟁 상황이라 하더라도 사람을 살해하는 행위는 쉽지 않다. 사람을 죽이는 것이 아무리 의지를 가지고 하는 행동이라 해도 마찬가지다.

전쟁의 본질을 따져 보면 전투는 결국 사람을 죽이는 일이지만, 인류의 역사는 전시에 군인보다 민간인의 피해가 훨씬 크다는 것을 실증해 주었다. 부분적으로 군대와 경찰이 의도하지 않게 피해를 입힌 경우도 있을 수 있지만, 민간인 학살로 밝혀진 사건들은 대부분 전투 수행의 일부였고 군인과 경찰이 의도한 행위였다. 대량학살을 결정하고 명령한 상급자와 일선에서 이를 수행한 군인이나 경찰은 그 어떤 책임으로부터도 자유로울 수 없다. 그러나 한국전쟁에서 민간인 살해에 대한 형사책임은 아주 예외적인 경우에 한해 집행되었다.

전쟁과 국가, 학살, 인권 등이 다루기 쉽지 않은 주제인 것은 틀림없다. 일반 사람들은 이런 문제에 대해 자신의 일상과는 '다른 세계'의 일로 치부하거나, 너무나 정치적인 사안이어서 관심을 갖는 것을 부담스러워한다. 그러나 다른 공동체에 대한 관심 없이 자신의 공동체가 평화롭게 유지되는 것은 불가능에 가깝다. 인간이 공동체를 이루며 사는 동물이라고 했을 때, 핵심은 사람과 사람 사이에 사회적 관계와 사람과 국가 사이에 정치적 관계를 맺는다는 것이다. 우리는 어떤 관계로 맺어져 있는가. 근대국가는 그 공동체 성원을 어떤 방식으로 구성하는가. 이는 인간의 존재와 권리에 대한 이중 기획이다. 인간으로서 존재하기 위해서는 권리를 가져야 한다. 이 권리는 국민 또는 시민이라는 이름으로 부여된다. 따라서 누구든 국가라고 하는 정치체에 속하지 않는다면 인간으로서 권리를 온전히 보장받을 수 없다. 이런 측면에서 근대의 대량학살은 공동체와 그 성원 간의 권리, 국가와 개인의 관계를 가장 극단적으로 보여 주는 사례다.

논의의 요지는 국가와 그 구성원의 정치적 상태를 어떻게 규정할 것인가라는 점이다. 국민과 시민은 어떤 국가를 선택할 권리가 있는가. 달리 말해 인간의 조건은 무엇이고 정치 공동체와 시민은 어떤 관계여야 하는가. 이 질문에 대한 근본적이고 보편적인 결정 원리는 민주주의와 인권이다. 개인이 '권리를 가질 권리'는 한나 아렌트Hannah Arendt가 제기했듯이 국가주권을 뛰어넘는 보편성을 가져야 한다. 근대 주권국가의 자기 결정 원리를 감안하면 이는 언제까지나 추구해야 할 정치적 이상이라고 할 수 있다. 민民의 자기 통치와 공동체 참여에 관한 자기 제한적 원리에서 가장 일반적이면서 또 가장 급진적인 주제가 바로 인권과 민주주의다. 이를 날마다 새롭게 구성하는 것이 정치적 기획의 핵심이고 시민사회의 요구라고 할 수 있다.

이 연구의 관심은 전쟁의 영향과 결과가 사회구조와 사람들에게 어떤 변화를 가져왔는가 하는 점이다. 이에 대한 사회과학의 분석은 지금도 전쟁의 영향이 계속되고 있다는 점에서 더욱 중요하다. 한국의 과거청산은 끝나지는 않았지만 일단락되었다. 그러나 이를 돌아보는 성찰은 이행기 정의에만 해당하지는 않는다. 한국에서 21세기에 들어서서 활발하게 전개되고 있는 제노사이드 연구는 민주주의 이행과 인권 담론에 힘입은 바 크다.

제노사이드는 첫째, 인간의 죽음, 생을 다하지 못하고 정치 공동체로부터 버림받은 사람들의 서사를 다룬다. 아리스토텔레스Aristoteles가 『시학』 *Peri poiētikēs*에서 밝힌 대로 비극을 마주하는 것은 삶의 근원을 파헤치는 것이다. 둘째, 학살은 국가와 정치의 본질을 문제 삼는 것이다. 근대의 정치 과정에 대한 해석은 공동체와 개인의 지위에 대한 계몽과 근대적 사유를 대량학살을 통해서 재조명하는 것이다. 셋째, 사람을 왜 죽이는가, 가해 행위자의 동기는 무엇이고 어떤 상황에서 이런 참담한 일들이 벌어지는지를 성찰한다.

학살이 그렇듯이 인권 역시 정치의 문제다. 그리고 정치는 삶과 죽음의 양식을 다루는 것이다. 다시 말해 인간의 권리는 현존하는 어떤 정치 과정 속에서 구체적으로 실현될 수밖에 없다는 뜻이다. 한 정치 공동체 내에서 시민들의 삶의 조건은 공적 영역에서 이루어지는 시민들의 '정치 행위'를 통해 만들어진다. 정치과정에 참여할 수 있는 권리는 시민들의 보편적 권리라고 할 수 있다. 이런 점에서 시민들이 소통하고 행복을 추구할 수 있도록 보장하는 것, 이것이야말로 정치의 근본적인 역할인 것이다.[3] 정치적 권리로서의 인권은 개별 국가의 정치사회적 맥락 속에서 성취될 수밖에 없다는 것, 그러나 인권을 완벽하게 구현하고 있는 정치체제는 아직 없다는 점을 먼저 깊이 이해할 필요가 있다.

가해자,
희생자, 생존자

대규모 학살은 국가 건설이나 정치체제의 형성과 같은 정치·역사적 변혁 과정에서 자주 발생한다. 이 경우는 지배 집단의 이데올로기 실현과 긴밀한 관련을 맺는다. 그러므로 명령을 내린 상급자에 대한 책임을 살펴보고, 가해자에 대한 불처벌 문화를 비판하는 것이 중요하다. 그렇다면 가해자는 누구인가. 먼저, 생명을 파괴하는 데 동원된 경찰과 군인을 들 수 있다. 그러나 엄밀하게 말하면, 국가의 최고 지도자로부터 기관의 책임자와 지휘관, 살인을 수행한 하급자와 이를 지켜본 상급자 모두가 공범자다. 위계화된 관료 체제 내에서 하급자는 도망칠 곳이 없었다. 그래서 살해를 지시하는 '명령'이라는 '말'은 '법'처럼 여겨졌을 것이다.

사실 이들은 자신의 의지와 상관없이 국가의 수단이 되었다. 이런 측면에서 관료제의 정치적 목적이 사람을 '조종'하는 것이라면 이는 학살을 수행한 이들에게 가장 부합할 것이다. 근대국가의 합리성은 일면 인간의 차원을 초월하는 경향을 띤다. 이런 성격이 극대화될 때 국가는 국민을 위해 봉사하기보다는 정치의 목적을 위해 이들을 동원한다. 국가의 권위에 대해 개인이 저항하기는 쉽지 않다. 그러나 이들 중에는 상부의 학살 명령을 거부한 사람들이 있었다. 그들은 자신이 어떻게 행동할지를 고민하고 그렇게 함으로써 여러 사람의 생명을 구했다.

국민보도연맹과 거창사건, 나아가 한국전쟁기 국가 폭력의 피해자를 연구하는 것은 국가와 국민 사이의 권리관계를 역사와 정치과정 속에서 밝히는 것이다. 국가는 희생자들의 삶 자체가 가치 없다는 듯 60여 년이 넘게 폭력을 정초해 왔다. 국가나 가해자가 이들의 죽음을 부정한다고 해서 권력의 정통성이 유지되는 것도 아니며, 희생자들을 대한민국의 구성원에서 배제한다고 해서 국가 폭력이 정당화되는 것도 아니다. 요컨대 학살은 희생자들이 주권자로서 시민, 공동체의 일원임을 부정하는 것이었다.

생존자 연구는 살아남은 사람들에 대한 이야기이며, 대량학살을 연구하는 데 있어 많은 것을 시사한다. 그들은 살아남은 후 다시 살아가기 위해 몸부림 친 사람들이며 고통을 견디고 증언을 했다. 생존자의 이야기가 없었다면 이 책은 추상적인 개념과 이론을 나열하는 데 그쳤을 것이다. 그들의 이야기는 개인이 살아온 삶에 대한 것이지만, 이들의 언어는 정치권력을 비판하는 한에서 무기가 되었다. 이는 희생자 한두 명이 잘못을 저질러서 또는 다른 '부수적 피해'collateral damage로 죽은 것이 아니라, 무장력을 갖춘 군대와 경찰 조직이 대규모 살인을 저질렀다는 것, 그리고 그 이후 희생자와 그 가족에게 무슨 일이 벌어졌는지를 밝히는 것이다. 희생자들이 순교를 했다는 의미가 결코 아니다. 그리고 죽음을 찬양할 이유도 없다. 이름 없이 죽어 간 사람들, 그리고 증언을 해준 많은 사람들의 고통, 권력에 대한 저항에 주목하는 것이다.

어찌 보면 증언자는 망각에 저항하는 기억의 투쟁자들이다. 생존자들은 죽음을 마주하거나 죽음을 목격하고 사실을 증언하는 사람들이다. 생존자의 증언은 사실을 입증하고 현실의 문제를 정확하게 짚어 준다. 이들의 서사는 단순히 죽은 희생자들에 대한 역사만이 아니라 우리의 삶과 미래에 대한 그리고 사회와 정치의 본질에 관한 것이다. 생존자들의 이야기는 과거의 삶에 대한 것이지만 나아가 우리의 미래와 직면하게 해주고 인간성과 사회구조, 정치를 돌아보게 하는 거울이다. 생존자의 체험 속에서 개인의 비극과 고통을 넘어 정치의 본질과 국가 폭력을 분석하고, 가해자의 동기를 이해하는 것이 중요하다.

이런 연구는 목격자의 증언과 회고록을 바탕으로 담론 양식과 역사적 주제들을 분석하는 학문적 기법을 사용한다. 증언과 이야기를 바탕으로 한다는 점에서 이는 "서사의 윤리학"이라고 할 수 있다.[4] 개인의 이야기로 구성된 기억의 역사라는 측면에서 서사를 주요하게 다룬다.[5] 오늘날 학계는 이 서사를 희생자와 생존자, 가해자의 구술사로서, 집합 기억의 주요 소재 중 하나로 간주하고 있다.[6]

대량학살이라는 주제는 분명 논쟁적이다. 그러나 20세기 국민국가가 제노사이드와 여타 잔학 행위의 가해자였다면, 연구자들은 국가의 성격에 대해 그리고 자신들의 국가에 비판적인 질문을 던지는 것에서부터 시작해야 한다. 정치사회의 구조와 행위자에 대한 사회과학적 이해가 필요한 것은 대규모 학살의 발생뿐만 아니라 예방을 위한 것이기도 하다. 대량학살에 있어서 국가의 책임과 정치의 역할을 비판적으로 사유하는 것이 중요한 이유가 여기에 있다.

그러나 이런 주제는 단순히 사회과학의 방법론에만 의지해서는 풀어 갈 수 없다. 삶과 고통에 대한 인문학적 시각과 비극에 대한 신화도 필요하다. 왜냐하면 누구나 피할 수 없지만 미리 경험할 수 없는 죽음을 다루기 때문이다. 죽은 자의 권리를 긍정하듯이 산 자의 삶을 긍정하는 제도와 정치 윤리를 탐구하는 것이야말로 제노사이드 연구의 첫걸음이다. 옳고 그름에 대한 근본적인 사유와 이를 뒷받침하는 지식을 추구하는 것이 이 책의 시작이자 끝이라고 할 수 있다.

가해자와
불처벌

가해자는 평범한가

일찍이 막스 베버Max Weber는 국가와 권력의 정당성에 대해 논하면서 국가를 물리적 폭력의 독점체라고 결론 내렸다. 이 논의는 국가 개념의 세 가지 요소, 일정한 규칙에 따라 움직이는 행정 관료의 존재와 폭력 수단의 합법적이고 지속적인 장악, 그리고 일정한 영토 내에서 폭력이라는 수단을 배타적으로 독점하는 것을 전제로 한다.[7] 일반적으로 국가기구는 폭력 수단을 성공적으로 보유하고 있으며 행정력이 미치는 범주 역시 그 국가의 영토와 일치하는 경향을 보여 준다. 국가기구만이 가지고 있는 폭력 수단과 그 적용은 한정된 경계를 갖고 있는데, 이는 근대국가의 일반적인 특징이 되고 있다.

합법적인 폭력을 정초하는 과정은 근대국가 형성기 법의 지배라고 하는 형식을 갖춘다. 아리스토텔레스는 법의 지배를 "다름 아닌 신神, theos 과 이성理性, nous이 지배하기를 요구하는 것이고 인간의 지배를 요구하는 자는 거기에 야수적인 요소를 덧붙이는" 것이라고 밝혔다. 그는 법을 인간의 "욕구orexis에서 해방된 이성"이라고 그 성격을 이해했고 "올바르게 제정된 법法, nomos"을 최고 권력으로 보았다.[8] 하지만 근대국가에서 법의 지배는 폭력의 물리적 행사를 정당화한다. 시민의 권리에 대한 보장과 이와 반대로 권리를 제한하는 폭력의 물리적 행사는 법의 존재 여부와 적용 그리고 이를 결정하는 정치과정에 의존한다.

이 과정에서 중요한 것은 법과 폭력의 분리 가능성에 대해 끊임없이 회의하지 않을 수 없다는 점이다. 조르조 아감벤Giorgio Agamben은 주권자는 법이 폭력으로 이행하고 폭력이 법으로 이행하는 경계, 폭력과 법 사이의 비식별 지점에 있다고 간파했다.[9] 그가 경고한 것은 법과 폭력의 결합을 통해 이것들이 서로 구별되지 않는 위험이었다. 법은 그 기원과 목적, 그 정초와 보존에서 직간접적으로 그리고 현재적이든 재현적이든 폭력으로부터 분리할 수 없다. 이 같은 국가와 폭력, 법의 개념적 성격은 계몽주의 이후 근대 기획에서 발달한 현대성의 한 지표다.

전시와 같은 비상사태에서 국가의 폭력은 법의 예외적 상태가 상례화될 때 극단으로 사용된다. 내전이나 이와 유사한 상황에서 발생한, 비전투원에 대한 대규모 살인은 다른 유형의 전쟁보다 더 많은 희생자를 낳으며 무질서한 상태에서 이루어진다. 동일한 민족이나 국가 성원에 대한

이 같은 행위는 다른 어떤 일탈 행위보다 충격적이고 강한 보복을 낳는다. 한국전쟁을 돌아봐도 수많은 민간인이 자국의 군인과 경찰에 의해 살해되었다. 가해자인 군인과 경찰은 국가기관의 소속원으로서 권한을 행사하면서 시민을 살해했다. 대량학살은 그 주체가 근대국가라는 점에서, 구체적인 가해자로서 군인과 경찰, 우익청년단 등 살해 행위를 직접 수행한 이들을 어떻게 볼 것인가가 중요하다.

잘 알려져 있듯이 독일제국보안본부(IV-B-4)의 유대인 관리 책임자였던 아돌프 아이히만Adolf Otto Eichmann은 1960년 5월 아르헨티나에서 이스라엘 비밀경찰에 납치되어 예루살렘 법정에서 재판을 받았다. 아렌트는 재판 과정에서 아이히만의 삶과 유대인의 비극을 조명했다.[10] 그녀는 아이히만이 살인광으로서 타고난 것이 아니라고 밝혔고, 이를 여러 가지 의미에서 '평범한 인간'이라고 개념화했다.[11] 악의 평범성banality of evil이라는 관점에서 아이히만의 인격은 개인으로서 자신의 행위에 대한 사유가 불가능한, 무사유sheer thoughtlessness한 자였다.

아렌트에게 '사유'란 "자신을 다른 사람의 입장에 두는 것을 의미"한다. "'사유한다'는 것은 자신의 입장이 상대방의 입장이 되는 관점의 이동"을 뜻한다. 이에 비해서 무사유란, 곧 타인의 입장에서 사유할 수 없음을 의미한다. 아렌트는 재판정에서 보인 아이히만의 태도에서 그가 수행한 일련의 행동은 "'자기 행위의 주인'"이자 "자기 행위의 '입법자'가" 아니라고 보았다. 이와 같은 관점에서, 히틀러의 지시나 법에 충실히 따르거나 아니면 더욱 열성적으로 유대인 이송 임무를 수행했던 아이히만의 행동은 '옳은' 것이었다. 이는 결국 칸트가 도덕철학에서 말하는 바, 인간이 주어진 의무를 단순히 행하는 주체가 아니라 "'실천 이성의 소유자'로서 '법에 대한 복종 이상'을 행하는 도덕적 입법자"라는 사실을 아이히만이 깨닫지 못했기 때문이었다.[12] 사유의 정치적 의미는 무한한 자율성에 있으며 이는 궁극적으로 자기 입법에 의한 자기 통치라고 할 수 있다.

예루살렘 재판정에서 아이히만이 매우 적극적으로 '연출'을 한 결과, 아렌트가 그의 광적인 반유대주의자로서의 인간성을 충분히 읽어 내지 못했다고 해서, 그가 수행한 유대인의 '최종 해결'이 근대의 관료체제 바깥에서 벌어진 것은 아니다. 오히려 이 체계의 경계선을 확장하면서 일어난 것이라고 볼 수 있다. 아렌트가 분석하고 있는 것과 다르게 아이히만이 자기 자신이 입법자로서가 아니라 단지 '총통의 의지'에 따라 행위를 했는지는 명확하게 판단할 수 없다. 그러나 그는 나치 이데올로기를 자신의 종교로 승화시킨 인물이었고, 강한 민족주의와 반유대주의 이념에 따라 행동했다.[13] 많은 경우 인간의 행동은 중첩되어 있다. 상부의 어떤 명령에는 이를 수행하는 자신의 의지가 포함되어 '스스로 행위를 하는 입법자'가 될 수도 있기 때문이다.

아이히만이 '히틀러의 명령'이나 나치 '의무의 법'을 얼마만큼 자신의 행위와 동일시했는지는 정확하게 알 수 없다. 그러나 아마도 제3제국의 관료 체제 내에서 유대인을 학살하는 데 가장 맹목적으로 복종했을 뿐만 아니라, 가장 적극적으로 자기 의지를 실현한 장본인 중의 본보기가 바로 아이히만일 것이다. 또한 아이히만이 '사유'하고 있었다고 해서 관료 체계에 포섭된 그가 학살을 저지르지 않을 가능성은 희박하다. 아렌트가 궁극적으로 말하고 싶은 것은 '악에 대한 초월성'이라고 할 수 있다. 이는 역설적이게도 인간이 '악'에 대해 느낄 수 있는 인식과 차원을 넘어서는 것이라고 볼 수 있다. 홀로코스트는 인간이 물질적 세계를 사유하듯이 개념과 사유를 통해 초월할 수 있는 가능성까지 사라지게 한 비극이라고 이해해야 할 것이다.

가해자나 가해자가 되는 과정을 좀 더 구체적으로 검토해 보자. 폴란드에서 집단학살을 수행한 독일 제101경찰예비대대원에 관한 연구는 이들이 '환경'에 의해 학살을 실행하게 되었으며, 이 작전에 참가하는 것을 공개적으로 거부하거나 은밀하게 회피했던 다른 대원들과 마찬가지로 인간으로서 겪은 심리적 변화를 보여 주었다. 크리스토퍼 브라우닝Christopher R. Browning은 만약 '101경찰예비대원들이 당시 그런 조건 속에서 학살자가 될 수 있었다면, 오늘날 유사한 상황이 주어졌을 때 다른 어떤 집단이 학살자가 되지 않을 수 있겠는가'라고 결론 내렸다.[14] 101부대원들의 잔인한 행동은 그들이 원래 잔인한 성격을 가진 특수한 집단이어서가 아니라 평범한 보통 사람들이었다는 사실을 증명함으로써, 그들이 바로 우리 자신일 수 있다는 함의를 보여 주었다. 경찰예비대원들은 특별한 사람들의 예외적인 행태가 아니었으며 사회적 상황의 산물이었음을 일깨우는 증거였다.

어빈 스타웁Ervin Staub은 잠재적인 폭력적 성격은 특정한 부류의 사람에게만 잠재해 있는 것이 아니라 평범한 사람들에게 공통된 하나의 특징이라고 주장한다.[15] 이런 잠재자는 예외적인 사람들에게 고유한 하나의 예외가 아니고 평범한 사람들이 갖고 있는 일반적 성격이다. 지그문트 바우만Zygmunt Bauman 역시 잔인성은 특수한 성격이나 특정한 집단의 인간성에 기초한 것이 아니며, 사회적인 상황과 요인에 의해 발동되는, 즉 사회적 기원을 갖는 것이라고 본다.[16] 로버트 제이 리프턴Robert Jay Lifton은 인간이 본래 악하지도 않으며 살인자나 가해자가 아니라고 본다.[17] 그러나 어떤 조건하에서 인간은 누구라도 그런 사람이 될 수 있다. 개인은 단순한 사람이 아니고 특별한 사람이나 다른 사람에 의해서 체험된 개인적인 유기체로서 표상과 상징을 포함한다. 행동과 전환, 변화를 분석하면 이것을 '자기과정'self-process이라고 부를 수 있다.

허버트 허시Herbert Hirsch 또한 적절한 조건이 주어졌을 때 누구든 희생자가 되거나 가해자가 되도록 동기화될 수 있다고 본다. 그는 살인자의 정체성을 개인적인 병리의 징후로 보는 정신분석학의 설명을 비판한다.[18] 브라우닝이 101경찰예비대대 병사들의 교육과 성장 시기에 대한 연구에서 밝혔듯이, 그들은 나치 이전 시대에 교육을 받았고 나치의 이념과는 다른 정치적 가치와 도덕규범을 아는 사람들이었다. 또한 그들은 가장 덜 나치화된 함부르크 출신이었고 많은 경우 정치문화적으로 반나치 정서를 갖고 있던 사회 계급 출신이었다.[19] 평범한 사람들일 수 있는 군인들은 나치의 국가적 이상에 따라 살인자가 되었고, 초기에 갈등이 있긴 했지만 명령을 수행하는 데 부족함이 없는 병사로 변해 갔다.

프랭크 초크Frank Chalk와 커트 조나슨Kurt Jonassohn은 가해자가 제노사이드를 수행하려면 희생자 집단을 가치 없고 자기 집단에 위협이 되며, 부도덕한 범죄자 또는 인간보다 못한 존재로 규정하는 비인간화dehumanization 과정을 거친다 하더라도 매우 강한 통제와 강제가 필요하다고 주장한다. 곧 평범한 사람들이 대량학살을 수행하는 것은 매우 어렵다는 지적이다.[20] 보통 사람들이 잔인한 학살을 수행하는 과정에는 비인간화 과정이 뒤따르고 또한 이를 강제하는 관료 체계가 반드시 필요하다. 왜냐하면 일반적으로 평범한 사람들은 자신에게 강제와 힘, 폭력, 권력이 작용하지 않을 때 사람들을 쉽게 죽이려고 하지 않기 때문이다.

예외가 있긴 하지만 보편적으로 경찰이나 병사들이 살해에 가담하면서 느끼게 되는 여러 가지 심리적 작용은 이들이 결코 사악한 본성을 타고난 것이 아님을 보여 준다. 대량의 살상에는 살해를 하는 데 방해가 되는 도덕성이나 죽이는 행위를 정당화하는 과정이 뒤따른다. 이런 문화적·심리적·정치적 조건은 병사들에게 권위에 대한 복종과 학살을 수행할 때 죄의식이 들지 않게끔 한다. 이 상황에서 명령을 따른다는 것은 다른 어떤 고려 사항보다도 권위에 대한 복종을 우선한다는 것을 의미한다.[21] 병사들은 자신의 행위에 책임 있는 자들이 아니며, 상관의 명령과 요구를 수행하는 도구로만 여겨진다.

많은 사람을 계획적으로 죽이는 것에는 정치사회적 과정이 필요하다. 제노사이드를 계획하고 주도하는 집행자들의 존재와 이들이 범죄를 실행하는 정치적 메커니즘은 세 가지로 나누어 볼 수 있다.[22] 첫째, 허가authorization의 과정이다. 이는 인종·민족·종교 또는 다른 여러 가지 정치적 범주로 정의된 집단을 무차별적으로 파괴할 것을 계획하고, 이런 정책에 따라 '허가받은 대량학살'sanctioned massacre이 수행된다. 희생자는 대개 방어 능력이 없는 민간인들이다. 둘째, 일상화routinization다. 이것은 살해를 실행하는 데 필요한 모든 행동과 절차를 일상화시킨다. 이는 마치 기계화 과정과 같은 것으로서 자동화된 성격을 띤다. 끝으로 비인간화 과정이다. 가해자는 살상할 대상을 인간으로 보지 않고 '물건'이나 징그러운 '벌레' 정도로 인식하게 되는 세뇌 과정을 거친다.

많은 학자들이 제노사이드의 실행 과정을 분석하면서 제시하고 있는 '비인간화'라는 용어를 처음으로 사용한 학자는 아마도 아렌트일 것이다. 그녀는 『예루살렘의 아이히만』 후기에서 전체주의 정부와 모든 관료제의 본질은 행정의 기계 속에서 인간을 기능인으로 불러내고 또 그들을 "비인간화"하는 것이라고 밝혔다.[23] 그리고 아렌트는 이 같은 비인간화에서 사람을 벌레보다 못한 것으로 간주하면 살인이 훨씬 쉽다는 것을 이미 알아챘다. 1974년 뉴욕의 한 강연에서 그녀는 개를 죽이는 것이 사람을 죽이는 것보다 쉽고, 쥐나 개구리를 죽이는 것은 더 쉬우며, 벌레를 죽이는 것은 아무것도 아니라고 밝혔다. 아렌트는 중요한 것은 "시선the glance, 눈동자the eyes"라고 덧붙였다.[24] 상대를 인간이 아닌 다른 생물로 규정할 때 가해자의 살인은 정당화된다. 특정한 집단에 대한 무차별 살상에는 극단적인 형태의 비인간화 과정이 개입되는데, 이 과정은 인간을 죽이는 거부반응에 대한 도덕적 제약을 벗겨 버린다.

홀로코스트의 유대인이나 난징의 중국인처럼 적이나 적으로 간주되는 집단에 대한 특정한 분류는 역사적 경험에 따르면 매우 보편적인 현상이다. 학살을 정당화하는 메커니즘은 실제로 집단의 성분을 조작하고 왜곡하는 것이다. 대량학살은 하나의 요인에 의해서만 수행되지 않는다. 살해를 집행하는 사람들이 야만적인 명령에 복종하는 조건은, 파괴의 대상이 되는 집단을 비인간화시키는 문화적·인종적 신화와 획일화cultural and racial myths and streotypes라는 문화적 과정, 방아쇠를 당겨 살인을 집행하는 개인으로 하여금 권위에 복종하도록 만드는 사회심리적 과정, 그리고 살육과 파괴의 행동을 정당화시키는 정치적 과정, 이 세 가지 과정이 결합해 이루어진다.[25]

일본군이 중국에서 저지른 학살에도 비인간화 과정이 개입되어 있는데, 인종주의가 일본군에 만연해 있었고 이 때문에 더욱 잔혹해진 것으로 알려져 있다.[26] 이 과정에서 피해자는 인간으로 대우받지 못하거나 짐승보다 못한 것으로 취급당한다. 난징 학살 사건에서 일본군 병사들은 중국인을 그렇게 취급했다. 노다 마사아키野田正彰는 제2차 세계대전에 참전한 일본군 병사들을 인터뷰한 후 가해자의 정신분석을 시도했다.[27] 그는 일본인 병사들이 주로 중국인들을 짐승보다 못한 존재로 취급했고, 황국신민인 자신들에게 죽는 것이 당연하다고 여겼음을 실증적으로 보여 주었다.[28]

잔혹 행위를 저지른 일본군 장교·사병·군의관 등을 인터뷰한 이 연구는 일본 사회에서 전후 명령 체계의 최상위에 있는 천황이 면책됨으로써 전 국민이 그 책임을 회피하게 된 점을 강조한다. 가해자 개인의 윤리적 불감증은 이들 내면을 지배하는 방어 의식이었는데 학살과 폭력에 가담했던 이들은 "명령이니까, 어쩔 수 없었다"라고 변명했다.

다나카 유리는 일본 군대의 독단적이고 잔인한 대우와, 천황으로 상징되는 권위와의 근접성에 따라 지위가 결정되는 일본 사회의 위계질서에서 일본군은 창설 무렵부터 야만성을 내포하고 있었다고 주장한다.[29] 중요한 문제는 천황에 대한 맹목적인 충성이었다. 일본군 나카토미 하쿠도는 천황이야말로 전 세계의 통치자이고, 일본은 다른 전 세계의 국가보다 우월하며 일본이 아시아를 제패하는 것은 당연한 운명이라는 가르침 속에서 성장했다고 밝혔다.

한국에서 발생한 학살의 경우에도 역시 가해자는 특별한 사람들이 아니었다. 조직적이고 체계적인 학살은 사회구조와 정치과정의 연장으로서 진행된다. 더구나 작전 중에 발생한 살인은 군인이 수행하는 전투의 일환으로 이루어졌다. 학살을 수행한 군의 이념과 조직, 군인들의 도덕적 자질, 민간인에 대한 태도 등은 학살의 원인을 설명하는 중요한 요인이다.[30] 병사들이 지휘관의 명령을 어기고 사선을 벗어나는 것은 좀처럼 쉬운 일이 아니다. 누구라도 그런 관료 체계와 구조 속에서 명령을 받는다면 이를 실행하지 않고 거부할 가능성은 매우 낮기 때문이다.

위계와 서열, 권위의 사회 체계는 삶의 집단성과 보수성을 나타내는 한 단면이다. 전쟁 시에 조직이나 상부의 권위에 종속된 개인들은 주체적이기보다 권력의 도구화, 대리 상태가 되기 쉽다. 그들은 총구 앞에서 그럴 수밖에 없었을지도 모른다. 어떤 가해자는 반공과 애국심을 자신의 신념으로 받아들이면서 조직의 명령을 거리낌 없이 수행하기도 했다. 이는 군인이나 경찰이 자신의 감정을 합리화해 가며 명령에 따랐다는 측면과, 무의식적으로 자신의 행위가 옳다고 여기며 그런 행위를 했다는 이중의 의미를 동시에 가진다.

책임과 처벌

일반적으로 불처벌은 인권침해 가해자에 대해 책임을 묻지 못하는 것을 의미한다. '유엔인권위원회 차별방지 및 소수자보호 소위원회'에서 결의한 제1995/35호에 따라 제48차 유엔인권소위원회에 루이 주아네Louis Joinet가 제출한 최종 보고서 "인권침해자에 대한 불처벌 문제"는 인권침해에 따른 광범위하고 다양한 형태의 구제 조치를 규정하고 있다. 불처벌에 관한 최종 보고서는 '불처벌과의 투쟁을 통한 인권의 보호와 신장을 위한 일련의 원칙'을 제시한다. '일련의 원칙'들은 희생자의 기본권인 알 권리, 사법적 처리에 관한 권리, 원상회복에 관한 권리 등을 주요 의제로 하고 있다.

가해자 사법 처리에 관해서 보고서는 사건 발생 이후부터 현재까지 희생자의 상황을 제시한다. 보고서는, 화해의 전제 조건은 용서인데, 이것은 가해자가 참회를 보여 줄 수 있다는 점을 함축하는 사적 행위로 본다. 어떤 평결을 넘어서 이것은 인권침해자에 대한 사법적 처리에 관한 권리의 목적이 핵심을 이룬다. 따라서 불처벌은 사법 처리에 관한 국가의 의무인, 인권침해 사실에 대한 조사를 실시하고, 가해자에 대해 사법 영역에서 적절한 조치를 취하며 그들을 기소·심리하고, 희생자들에게 효과적인 구제를 제공해야 하는 국제법상의 의무를 저버리는 것이다.

아렌트가 '폭력의 본성'에서 주목하고 있듯이 집단적인 유죄의 고백은 범죄자를 찾지 못하게 하는 가장 탁월한 방어 수단이다.[31] 범죄의 거대한 규모는 범죄를 해결하기 위해 아무 일도 하지 않는 것에 대한 가장 뛰어난 변명이다. 가해자로서 '집단 책임'은 항상 면죄의 가능성을 내포하고 있다.

칼 야스퍼스Karl Jaspers는 1946년에 발표한 정치 저작 『죄의 문제』Die Schuldfrage에서 전쟁범죄war crimes와 잔학 행위를 준비하고 실행하는 데 적극적으로 참여한 사람들의 범죄에 대해 도덕적 죄와 정치적인 책무를 방기한 책임을 구별했다.[32] 그는 나치 시대 범죄를 네 가지로 나누었다. 첫째, 객관적으로 입증되는 범법 행위인 형사상의 죄, 둘째, 한 국가 내지는 정치 공동체에 참여하는 구성원으로서 공동으로 져야 하는 정치적인 죄, 셋째, 명령에 따라 범죄를 저지른 도덕적인 죄, 넷째, 이 세상 모든 불의와 불법에 대해 책임이 있는 형이상학적인 죄다. 네 번째 죄는 능히 막을 수 있는 일을 하지 않음으로써 생겨나는 공동의 책임을 말한다. 그의 주장에 따르면, 이런 각기 다른 종류의 죄에 대응해 이를 심사하는 기관도 달라져야 한다. 첫 번째는 법정, 두 번째는 무력 혹은 전쟁의 승리자, 세 번째는 양심, 네 번째는 신神만이 할 수 있는 것이다. 무엇보다도 야스퍼스가 강조하고자 한 것은 나치 범죄를 독일인의 집단범죄로 여겨서는 안 된다는 점이었다.

제2차 세계대전 이후 독일은 연합국이 설치한 통제위원회 지령 제24호를 근거로 미군정 지역에서 독일인 스스로 탈나치화 법령 〈국가사회주의와 군국주의로부터 해방을 위한 법령〉을 공포·시행했다.[33] 이 법령의 기본 강령은 국가사회주의와 군국주의에 책임이 있는 자들로 하여금 공공 활동과 경제활동, 문화 활동에 영향력을 행사하지 못하게 하고, 보상에 대한 책임과 이에 대한 이유를 명시하는 것이었다. 책임이 있는 처벌 대상자는 주범, 중범(적극 지지자, 군국주의자, 향유자), 경범(집행유예 집단), 단순 가담자, 무혐의자로 분류했다. 이들이 해야 할 속죄는 책임의 정도에 따라 다르지만 특별 노동 동원과 정치적 활동 금지, 거주 제한 등의 조치로 나뉘었다. 이처럼 독일은 범죄행위에 가담한 군인이나 정치인들을 가해 정도와 행위에 따라 책임을 물었다.

최근의 가해자 사법 처리는 캄보디아에서 진행하고 있는 국제법정일 것이다. 1970년대 중반 크메르루주Khmer Rouge 정권이 자행한 약 200만 명에 이르는 대규모 집단학살에 대해 2003년 유엔과 캄보디아 정부는 국제 사법 절차에 합의했고, 이에 따라 2006년 캄보디아특별재판소ECCC를 설치했다.[34] 학살이 발생한 직후 아무런 조치도 취하지 못하고 거의 30여 년이 지나서야 유엔의 지원하에 재판정을 열게 된 것이었다. 이 사례는 〈제노사이드협약〉의 적용이 주권국가의 민주주의 이행이라고 하는 정치과정과 밀접한 관련을 맺고 있음을 알 수 있다.

이 법정은 캄보디아 국내법과 국제법·인권규약을 적용하는 한편, 캄보디아 국내 판사와, 외국 법률가가 참여하는 국제판사로 구성되었다. 법정에서 가장 먼저 다룬 인권침해자는 투올슬렝Tuol Sleng 수용소, 흔히 S-21이라고 하는 감옥의 책임자였던 캉 켁 이우Kaing Guek Eav였다.[35] 이 수용소는 캄보디아의 수도 프놈펜에 위치한 투올슬렝 고등학교를 크메르루주 정권이 S-21 보안국 감옥으로 개조한 것이다.[36] 현재는 박물관으로 보존되고 있는데 1975~77년 사이에 이곳에서 약 2만여 명의 사람들이 죽었고 단 일곱 명만이 생존한 것으로 알려졌다. 법정은 교도소 수감자 1만여 명을 살해한 혐의로 2007년 감옥의 책임자를 기소한 후 2012년 종신형을 선고했다. 현재 다른 범죄자에 대해서도 재판이 진행 중이다.

상부의 작전명령은 현재적이다. 이는 집단살해의 전모를 밝히지 않으려는 정치적 의도와 맞물려 있기 때문이다. 1999년 9월 30일 노근리 사건이 『AP통신』을 타고 국제적으로 알려지자 한국과 미국 정부는 한미공동조사위원회를 조직해 1년 동안 활동을 벌여 최종 보고서를 발표했다.[37] 그러나 미 국방부의 조사에서 드러난 모순점들은 독립적으로 참여한 고문위원들까지 조사 결과를 의심하게 했다. 한국전쟁 참전 후 훈장을 받은 피터 맥클로스키Pete McCloskey 전직 하원 의원은 노근리 사건에 관한 국방부 보고서의 고문으로 초빙되었다. 그는 최종적으로 발표된 보고서에 크게 실망했는데, 2001년 1월 12일 빌 클린턴Bill Clinton 대통령이 노근리 사건 조사 결과를 발표하면서 민간인 학살에 대한 미군의 책임을 인정하는 '사과'apologize라는 표현 대신 '깊은 유감'deeply regret이라고 하면서 작전 수행에서 발생한 일부 피해로 규정한 것을 비판했다.[38]

나는 미국 정부가 곧 국방부와 대부분의 정부 기관들이 미국 정부를 난처하게 할 만한 진실이 드러나기를 원하지 않는다는 생각이 든다. 그것은 정치학의 법칙이나 다름없다고 생각한다. 정부는 항상 난처한 사안들에 대해 거짓말을 한다. 당신이 만일 국방부의 상층에 있고 전도유망한 대령으로 대장이 될 기회가 있다면 그리고 참모총장이 될 기회가 있는 대장이라면, 국방부에도 국회의사당만큼이나 고도의 정치가 있다. 그리고 내 생각에 군은 1950년 군 지휘부의 끔찍한 성격을 그저 조사하고 무시해 버리는 쪽을 택할 것이다.

일반적으로 가해 책임을 말할 때 '국가'를 지목하는 것은 너무나 추상적이다. 한국은 그간 정치적 상황 때문에 명령·지휘권자의 형사처벌에 초점을 둘 수 없었으므로 책임자 처벌이라는 과거청산 원칙이 제도화 과정에서 빠졌다. 가해자는 결국 '국가'라고 하는 추상적인 권력과 어떤 체제, 관료제로 상정되었다. 바우만은 아렌트의 경구 "누구도 통치하지 않는다"rule by nobody를 인용하며 근대 관료주의의 분절화된 특징을 정확하게 지적했다. 관료제는 구조적 차원에서 책임이 분산되고 누구에 의해서도 지배되지 않는 체제다.[39] 명령과 집행의 위계는 분절되어 있고 행위의 결과는 행정절차의 한계를 넘어선다.

이승만 정부의 지도자들 중에서 민간인 학살의 잔학 행위를 밝히거나 그 책임을 인정한 이는 없다. 진실화해위원회는 중대한 인권침해의 책임을 국가라고 하는 일반화된 주권(또는 기관)에 있다고 명시함으로써 현실적으로 '국가의 책임'을 강조하려 했다. 하지만 가해 책임자(또는 집행자)에 대한 행정적·도덕적 책임까지는 묻지 못했다. 다시 말해 상급자와 하급자는 근대 관료 조직 내에서 명령을 내리고 이 명령을 집행하기 때문에 인권침해의 내적 과정을 개혁하는 데 필요한 책임 소재를 소홀히 다루었던 것이다.[40] 책임과 가해 문제에서 가장 논란이 되는 것은 불처벌을 개별 국가의 정치적 상황에 따라 협소하게 다루거나 또는 너무 이상적인 것으로 간주할 위험에 있다.

최근 제노사이드에 대한 책임은 단순한 실행자와 상급자 모두를 향하고 있다. 하급자가 살인을 저질렀다고 해서 상급자나 명령권자의 책임이 없어지는 것이 아니라는 점이다. 르완다국제형사재판소ICTR는 규약 6(3)조에서 제노사이드 범죄 행위에 대한 상급자 책임을 명시했다.[41]

> 하급자에 의해 저질러졌다 하더라도, 하급자가 그런 행위를 하려하거나 이미 저질렀음을 상급자가 충분히 알 수 있었고, 상급자가 그 행위를 사전에 막거나 범죄자를 처벌하기 위해 필요하고 합리적인 조치를 취하지 않았다면 상급자의 범죄 책임은 경감될 수 없다.

가해자와 그 책임자의 광범위하고 조직적인 인권침해와 권한 남용의 결과는 이행기 정의 과정에서 논쟁의 대상이 된다. 유엔인권고등판무관실OHCHR은 가해자에 대한 처벌 여부는 구체적인 인사 개혁 프로그램과 연계되어 있을 뿐만 아니라, 시민사회와 피해자들이 요구하는 공공성에 의해 평가되고 기관 인사와 대체 인력 풀pool을 고려한 개혁 방향 등 정치적 의지와 맞닿아 있는 사안이라고 밝혔다.[42] 인권침해자, 곧 인권법 위반 행위는 피해자 구제 조치와 맞물려 국제인권법과 국제인도법의 가장 중요한 의제였다. 2005년 12월 유엔총회는 〈국제인권법의 중대한 위반과 국제인도법의 심각한 위반 행위의 피해자 구제조치와 손해배상에 관한 기본원칙과 지침〉을 채택했다. 유엔의 이 결의문은 범죄를 저지른 자를 국제법에 따라 기소할 국가의 의무를 강조하는데, 이 의무는 피해자 중심의 관점에서 구제 조치와 손해배상의 권리를 존중하며, 책임성과 정의 그리고 법치주의에 따른 국제법 원칙과 피해자에 대한 인간적 연대를 확인하는 것을 의미한다.[43] 이 원칙은 인권 발전의 새로운 전기를 맞이한 것으로서 인권침해 피해자와 가해자, 개별 국가와 국제사회가 어떤 법적·인도적 관계를 가져야 하는지에 대해 가장 광범위하고 구체적으로 실행 방안을 규정한 것이다.

시민에 대한 광범위한 인권침해로서 살해가 발생하는 환경은 과거의 것만이 아니다. 진실을 감추려고 하는 정부의 의도는 현재에도 계속되고 있기 때문이다. 학살은 법률적인 잣대가 아니라 정치적인 목적에 따라 실행되었고, 적으로 간주된 사람은 재판도 증거도 없이 제거되었다. 정치적인 합목적성만이 기준이 되었는데 군인이나 경찰의 살해 행위는 권한과 권력이 통제되지 않는 상황, 조직이 민주적으로 작동하지 않을 때 발생했다. 상대방을 눈앞에 두고 이뤄지는 살인은 관료화된 조직에서 지휘관의 명령과 병사들의 복종을 요구한다. 이것이 아무리 불법적인 지시라고 하더라도 명령을 받은 하급자가 이를 거부할 권리는 없다.

상관의 명령은 거역할 수 없는 경우가 대부분이고 또한 작전 수행으로 합리화된다. 실전에서 부하들이 이의를 제기하거나 다른 선택을 할 여지는 거의 없다. 가해를 실행하는 자는 자신이 받은 명령에 대한 행동의 결과를 고려하지 않는다. 부당하거나 합법적이지 못한 명령으로 발생한 피해를 외면하는 것은 정치사회화의 결과인데, 이 과정은 경찰이나 군대와 같은 기관에서 상부의 지시대로 실행자에게 명령이 집행되면, 그 행동이 아무리 파괴적이라 해도 정당화되어야 한다는 것을 의미한다. 민간인에게 총격을 가한 사람들은 한결같이 상관의 '명령'과 '작전'이라는 중립적인 언어로 자신들의 인권침해 행위를 변명한다.

　가해자에게는 상관의 명령에 따라 방아쇠를 당겼다 해서 사건이 끝나는 것은 아니다 우리가 주목해야 할 문제는 가해자가 살해 이후 갖는 트라우마(정신 외상)다. 군인이나 경찰들이 살해 이후에 갖게 되는 트라우마는 그동안 논의의 대상이 되지 못했다. 국가는 이들에게 보통 사람이 납득하기 어려운 일을 시켰고, 어떤 의미에서 이들은 대부분 그 일을 잘해 냈다. 그들이 총을 쏠 때 인간성은 고려의 대상이 아니었다. 효율적으로 집행하는 것이 중요했다. '내부의 위협이 되는 사람들을 제거하는 것'은 가해자의 심리적 부담을 없애는 데 효과적이었고, 살인을 정당화시켜 주었지만, 그럼에도 불구하고 사람을 죽이는 행위는 가해자에게 심한 정신적 상흔을 남겼던 것이다.

2

국민보도연맹원 학살

학살은
언제, 어디서부터 있었나

수도 서울 포기와 혼란

집단학살이 시작되기 전 마음속에 이것을 상상하는 일은 결코 쉽지 않다.[1] 한국에서 일어난 사건의 희생자들도 아마 그랬을 것이다. 전쟁 발발 직후인 1950년 6월 28일부터 국군과 경찰은 후퇴를 거듭하면서 자국민을 살해했다. 한강 이남에서 조직적으로 이루어진 이 사건의 희생자는 국민보도연맹원과 요시찰인 등 정치적 반대 세력이 대부분이었다. 좌익 세력의 사상 전향을 목적으로 한 국민보도연맹은 1949년 4월 20일 중앙본부 결성을 시작으로 개전 직전까지 남한 전역에 걸쳐 만들어졌다. 검찰이 조직 결성을 주도하고 경찰이 적극적으로 협조해 가입과 인원을 할당하는 방식으로 구성했다. 사상검사들은 지역별로 관리와 지도를 맡았는데, 오제도는 마포와 서대문 지역의 지도를 맡았고 정희택은 본부, 선우종원은 성동과 동대문 지역을 담당한 것으로 알려졌다.

　서울 지역의 국민보도연맹원은 개전과 거의 동시에 소집되어 각종 구호 활동을 전개했다. 이들은 각 구별로 검찰의 지휘하에 반공 활동을 했는데 검찰은 의무실에 전시를 대비한 비상 구호반을 편성했다.[2] 오제도와 정희택 등은 서울에서 철수하기까지 각 구 국민보도연맹 지부를 돌아다니며 이들의 '동태를 장악'했다. 6월 28일 정부가 수원으로 옮겨 가기까지 그들은 각 구에서 통제를 받고 있었다. 이들은 경찰서와 같은 별도의 장소에 소집된 것이 아니고 각 구 국민보도연맹 사무실에 집합해 있었다. 검속 성격을 띤 이와 같은 검찰의 조치에 따라 국민보도연맹원은 공식적으로 피난을 떠나거나 개별 활동을 하지 못했다.

국민보도연맹원은 서울로 쏟아져 들어오는 피난민 구호 활동을 한 것으로 알려졌다. 정희택은 서소문동 본부에서 이들과 간부를 지휘했으며, "시민이 피란을 떠나고 행정도 마비돼 갔지만 1만6천8백 명의 보련은 일사분란하게 상부 명령에 따라 자리를 지키고" 있었다고 밝혔다.[3] 그는 한국전쟁이 터지자 "保聯盟員들을 각 구별로 집합시켜 그들의 동태를 장악했"고, "이들을 시켜 서울로 쏟아져 들어오는 피난민 안내, 구호사업, 포스터 부착 등의 일"을 했다. 선우종원 역시 오제도, 정희택과 함께 회원들을 각 구별로 긴급 소집해 선무공작을 지도했다.[4]

한편 전쟁 이전 검거되어 있던 '사상범'의 일부는 개전 직후 곧바로 사살되었다. 남조선노동당(약칭 남로당) 활동을 주도하다 1950년 3월 27일과 28일 체포된 이주하와 김삼룡은 6월 26일 오후 6시경 '처형'되었다.[5] 그들은 남산 헌병사령부에 수감되어 있었는데, 사령부 뒷문 500미터 지점의 소나무에 묶여 총살당한 것으로 알려졌다. 그러나 경찰 자료에는 그들이 26일 한강변 모래사장에서 총살형이 집행된 것으로 기록되어 있다.[6] 어느 경우든 전쟁은 '좌익 사범'을 처리하는 데 좋은 빌미가 되었다.

6월 28일 정부가 수원으로 후퇴한 이후 서울 지역의 국민보도연맹원이 어떻게 되었는지는 정확히 알 수 없다. 다만 직장연맹의 조직이었던 경성방직 소속 국민보도연맹원을 수원으로 데려갔는데 그들은 거기서 행방불명된 것으로 밝혀졌다.[7] 서울 지역의 국민보도연맹원은 대부분 살아남았을 것으로 보이나 일부는 살해되었을 것이고, 또 다른 일부는 수복 당시 월북하거나 부역 혐의자로 검거되어 희생되었을 것이다.

38도선 접경 지역의 국민보도연맹원은 인민군의 급속한 남한 점령으로 인해 소집되거나 사살되지는 않았다. 당시 남한 지역이었던 경기도 연백군(현재 황해남도 연안읍)의 경우 국민보도연맹이 조직되어 있었고, 그 규모 또한 상당했다. 북한 노획 문서의 내용으로 봤을 때, 이들은 군과 경찰에게 검속당하지 않았는데 인민군이 점령하자 의용군에 입대한 것으로 밝혀졌다.[8] 개성이나 인제 등지에서 검속과 학살은 알려지지 않았다. 38도선으로 지역이 나누어진 인제군의 경우 많은 지역이 북한의 통치 하에 있었고, 남한 지역이었던 기린, 상남, 남면 일부는 인민군이 곧바로 진주함으로써 국민보도연맹원이 사살되지 않았다. 인제에 살던 김성렬은 1950년 6월 초에 지서장의 지시로 국민보도연맹에 가입했고, 전쟁이 나자 피난길에 올랐다.[9]

38도선에 인접한 춘천 지역의 국민보도연맹원 150여 명은 전쟁 발발 직후 소집되어 횡성으로 끌려가 사살되었다. 6월 28일 6사단 헌병대 일등 상사 김만식은 강원도 횡성에서 이들을 총살했다.[10] 그는 1950년 6월 말경 횡성과 원주에서 부대원과 경찰의 지원을 받아 국민보도연맹원을 처리했는데 횡성에서는 헌병대장 정강이 지휘했고 자신은 소지하고 있던 권총으로 확인 사살을 한 적이 있으며, 원주에서는 본인이 대원들을 지휘해 처형했다고 밝혔다.

횡성읍 추동리에서도 국민보도연맹원이 살해되었다. 부친이 국민보도연맹원으로 죽은 조양식은 "곡교리 마을 사람 몇 명도 경찰에 끌려가 횡성읍 추동리 고내미 고개에서 희생되었다"는 얘기를 전했다. 횡성 지역

사람들 20여 명이 이곳에서 총살되었다.[11] 횡성 아래 지역인 원주에서는 검속과 거의 동시에 살해가 있었는데 국민보도연맹원은 판부면 금대리 (일명 가리패 고개)에서 사망했다.[12] 그리고 원주 인근 지역의 문막은 '제2의 모스크바'로 불릴 정도로 좌익 세력이 강한 곳이었는데, 이로 인해 많은 사람들이 국민보도연맹원에 가입했고 이들은 문막면 궁촌2리와 비두리 경계 지점에서 살해되었다.[13]

동해안의 강릉 지역은 6월 25일 당일 새벽 인민군에 의해 점령되었다. 이 지역의 국민보도연맹원이 어떻게 되었는지는 현재까지 알 수 없다.[14] 강릉 남쪽인 삼척의 경우 규모는 알 수 없지만 국민보도연맹이 조직되어 있었다. 삼척경찰서 "신원조사처리부" 자료의 신원조회 회보 내용에는 조사 대상자의 친인척 중에 국민보도연맹과 관련된 경우가 기록되어 있다. 기록은 이들 가운데 열여덟 명의 과거 행적에 대한 것이다. 그중 일부는 월북하거나 '처형'되었으며, 또 다른 일부는 전쟁 이후까지 생존한 것으로 기재되어 있다. 삼척에서 국민보도연맹원은 개전 직후 일부가 연행되어 살해되었음을 알 수 있다.[15]

급작스런 개전으로 양주와 양평 등 한강 이북 지역의 국민보도연맹원은 무사할 수 있었다. 윤승한은 작가이자 교단(은현초등학교 분교)에서 일했는데 양주군 은현면 용암리에 사는 홍원표의 포섭으로 국민보도연맹에 가입했다. 전쟁이 발발하자 그는 경찰서에 잡혀갔으나 다른 경찰과 면 유지들에 의해 풀려났다. 양평군 지평면에서는 현봉운과 정현택이 경찰에 불려 갔다 왔지만, 희생자는 없었다. 지평면 곡수리에는 국민보도연맹원이 네 명 있었고[16] 청운면에는 지광용, 지창옥, 윤병대, 김ㅇㅇ 등 약 열두세 명이 있었으나 개전 초기 희생된 사람은 없었다.[17] 인민군이 남침하면서 2~3일 만에 점령한 38도선 접경지나 서울, 경기, 강원 북부 지역은 사전 검속이 이뤄질 수 없었다. 그리고 시간적 차이를 두고 지역별로 구금이 진행되었으나 일부 지역에서 경찰은 초기에 붙잡은 사람들을 풀어 주기도 했다.

한강 이남부터 발생한 집단학살

이 지역은 군경이 남쪽으로 후퇴하는 시점에 국민보도연맹원을 살해했다. 이승만 정부가 서울을 포기하고 후퇴하자 국방부와 육군본부 역시 남쪽으로 이동했다. "육군역사일지"에 따르면 국방부와 육군본부는 1950년 6월 28일 수원(전 방위학교)으로 이동해 7월 4일 평택, 7월 5일 대전, 7월 14일 대구로 이동했다.[18] 전쟁지휘부의 후퇴 시기는, 곧 그 지역에서 살해가 발생한 시점과 거의 일치했다. 국민보도연맹원 등 요시찰인의 살해는 군과 경찰의 이동 지역과 시점 그리고 인민군 점령과 깊은 관련이 있었다.

한강 이남 지역에서 최초로 학살이 발생한 곳은 안양, 시흥군 안양읍(현재 군포시)과 과천이었다. 김종인에 따르면 부친 김한천은 전쟁이 발발한 이후 경찰에 끌려갔고, 경기도 시흥군 신동면 말죽거리(현재 양재동)에서 총에 맞아 사망했다.[19] 김종인은 전쟁 이전 안양경찰서 사무실에서 아버지를 포함해 국민보도연맹원 20~30명이 모여 있는 것을 목격한 적이 있었다. 안양경찰서 과천지서에 근무한 이병문은 김한천의 사망을 확인해 주었다.

이병문은 전쟁이 일어나고 얼마 되지 않아 동료 경찰로부터 김한천의 죽음에 대해 전해 들었다. 그는 김한천과는 개인적인 친분은 없었으나 전쟁 이전부터 알고 있었고, 동료 경찰로부터 '국민보도연맹을 소집해서 처리했다'라는 말을 들었다. 이병문은 과천에서 7월 초쯤 국민보도연맹원을 안양경찰서로 보냈고, 거기서 이들이 죽었다는 사실을 나중에 들었다. 이병문은 김한천이 안양 지역에서 좌익 활동을 대중적으로 했으며 국민보도연맹 간부였던 것으로 기억했다.[20] 김한천의 경우처럼 과천 지역에서 경찰은 국민보도연맹원을 사살한 것으로 알려졌다.

수원 지역에는 6월 27일부터 7월 3일까지 370여 명이 사살되었고, 수원형무소에서는 총기를 난사해 좌익 사범 37명이 피살되었다.[21] 이즈음 국방부와 육군본부는 서울을 철수해 7월 4일 평택으로 이동하기까지 수원에 머물러 있었다.[22] 미군은 수원 지역에서 '정치범' 1,800여 명이 계획적으로 사살된 것으로 기록하고 있다. 미공군정보부 요원이었던 도널드 니콜스Donald Nichols는 이런 사실을 다음과 같이 기록했다.[23]

나는 전 과정을 속수무책으로 지켜보았다. 두 대의 대형 불도저가 끊임없이 움직였다. 한 대는 참호 모양의 무덤을 팠다. 그때 체포된 사람들을 가득 실은 트럭들이 도착했다. 손이 모두 등 뒤로 묶여 있었다. 그들은 서둘러 판 무덤 언저리에 길게 줄지어 세워졌다. 그리고 순식간에 머리에 총탄을 맞은 채 무덤 속으로 굴러떨어졌다.

수원경찰서 사찰계에 근무한 전기순은, CIC(방첩대)가 서울 등지에서 사람들을 끌고 와 처리했고, 경찰서 유치장에 구금돼 있던 국민보도연맹원 약 27명을 27~28일쯤 광교 수리조합 인근 산자락에서 사살한 것을 증언했다. CIC가 이들을 데려온 것은 정부가 급히 서울을 후퇴하면서 검속자들을 한강 이남 지역으로 이송해 사살한 것으로 볼 수 있다. 이들 중 일부는 대전형무소로 이송되어 수감된 것으로 알려졌는데 그중에는 서울 지역의 형무소 재소자가 포함되어 있었다고 한다.[24]

조태순은 강서구 내발산동에 살았는데 전쟁이 날 무렵 영등포역 앞에 있던 경성방직(현 신세계백화점 영등포점 A관)에 근무하며 기숙사 생활을 했다. 이웃에 살던 류호중이 이 회사 과장으로 재직하면서 동네 사람들을 많이 취직시켜 주었는데, 그의 사촌 류호득이 회사 내에서 국민보도연맹 가입을 주선해 조태순도 연맹원이 되었다.[25] 개전 직후 조태순은 다른 사람들과 함께 수원으로 이송되었고 그 후 다시 돌아오지 못했다. 그의 호적은 아직까지 행방불명 상태로 남아 있다. 경성방직 국민보도연맹 간부였던 류호득은 전쟁이 끝나고 경찰에 붙잡혀 수감된 후 풀려났다. 다른 참전 경찰에 따르면 수원에서 국민보도연맹원 수백 명이 죽었는데 광교에서 100여 명이 총살되었다. 검속된 사람들 일부는 수원에서 화차에 실려 후퇴하는 도중 대전에 못 미친 곳에서 죽었다.[26]

한 외신 보도에 따르면 6월 29일~7월 3일 사이 인천에서 약 1,800명이 살해되었다.[27] 미 8군은 7월 18일 "6월 29일 인천에서 한국 정부에 반기를 드는 움직임이 있은 후 공산주의 사상을 가진 주민 400명이 처형되었고 이로 인해 인민군에 동조하는 분위기가 일고 있다"라고 극동군사령부에 보고했다.[28] 인천 경찰은 좌익 관련자를 경찰서 유치장에 가둬 놓고 죽인 것으로 드러났다. 또한 수원으로 후퇴한 경찰이 다시 인천으로 들어와 국민보도연맹원을 인천 앞바다에 수장해 버렸다. 인천경찰서에 근무한 최경모에 따르면, 1950년 7월 4일 경찰은 이들을 체포해서 월미도 앞바다에 수장시켰다.[29] 경기도경찰국장으로부터 내려온 이 지시에 경찰은 대한청년단의 도움을 받아 처리했다.[30]

경기도 이천군 대월면 초지리에서 태어난 이천재는 아버지와 함께 국민보도연맹에 가입되었다. 전쟁이 일어날 무렵 서울에서 학교에 다니고 있던 그는 인민군이 서울을 점령한 6월 말경 광나루를 건너 천호동을 거쳐 이천 집으로 향했다. 서울을 떠난 지 닷새가 되는 날 정오쯤 이천읍을 지나 수산리 마을 어귀에 도착했는데, 도착한 그는 이날이 아버지 장례일이라는 것을 직감했다. 3일 전 경찰이 아버지를 데려갔는데 어머니는 다음 날 일찍 지서에 갔으나 그곳은 이미 텅 비어 있었다. 그즈음 이천에서 많은 사람들이 떼죽음을 당했다는 풍문이 돌기 시작했다. 어머니는 대월면 초지리 구릉에서 총에 맞아 죽은 70여 구의 시신을 일일이 뒤졌지만 허사였다. 돌아오는 길에 장호원에서도 같은 소문이 들려 가보니 쓰러진 36구의 시체 가운데 손이 묶인 남편을 발견할 수 있었다.[31]

장례를 치른 다음 날 이천재는 장호원의 현장으로 가보았다. '밀목'이라는 작은 구릉은 차마 눈 뜨고는 볼 수 없는 참상이었다. 가매장도 하지 못한 시체에서 흘러나온 검붉은 피는 7월의 태양에 변색되어 검은 흙빛으로 변해 있었다. 삼죽면 사무소에서 13년을 근무한 그의 아버지는 뛰어난 지식인이었고, 친척들 중에도 유난히 수학한 형제들이 많았다. 친척 중에는 재종 지간으로 감옥에서 출소한 지 두 달된 이봉재와 만기 출소한 지 10일 정도 된 이용재, 이인재까지 죽산과 안성에서 죽었고, 현장에서 총탄을 빗맞은 이긍재는 겨우 살아남았다. 이천재는 장호면과 대월면에서 사망한 사람이 110명 정도 될 거라고 증언했다.[32]

안성에서 일부 국민보도연맹원은 2~3일 정도 짧게 구금된 후 살해되었다.[33] 7월 4일 인민군이 안성에 들어오기 직전 경찰은 각 면별 검속자를 소집해 안성경찰서에 구금한 후 '소머리고개'와 '녹배고개'에서 총살한 것으로 알려졌다. 이 지역의 좌익 활동가들은 경찰의 자수 권유에 따라 국민보도연맹에 가입했다. 안성경찰서 사찰계에 근무한 최영선은 국민보도연맹원 200여 명 정도를 경찰서 유치장에 구금해 두었다가 인민군이 점령하기 전에 헌병대에 인계했다. 헌병대는 이들 중 30~40여 명을 트럭에 태워 미양면 신기리 소머리고개로 데려가 죽였다.[34] 이렇게 볼 때 경기 이남 지역에서 짧게 구금된 사람들은 심사나 분류는 없었고 후퇴 직전 곧바로 살해되었다.

평택 지역에서 국민보도연맹원은 별다른 절차 없이 구금 후 사살되었다. 1950년 7월 1일 공군 헌병대는 수원에서 후퇴한 후 평택에서 일주일간 머무르는 동안 국민보도연맹원 40~50명을 붙잡아 총살했다.[35] 오예식은 포병 학교 정보과 중위였는데 평택에서 있었던 일을 증언했다. 그는 평택에서 "이 동네에 보도연맹원 3명이 있는데 그들은 북한군이 빨리 내려오기만 기다리고 있다"는 요지의 첩보를 입수한 후 선임하사에게 "사복을 하고 서울 중앙당에서 왔다고 얘기하고 그들의 사상이 어느 정도인가를 확인"하라고 지시했다. 오예식은 국민보도연맹원들이 "악질적인 분자로 생각되어 처치하라고 지시했다"며, "24:00시가 넘어서 실탄 1케이스를 다 쏘아 총살해 버렸다"라고 밝혔다.[36]

평택 사건은 증언자를 통해서도 사실을 확인할 수 있다. 정묘근은 경기도 평택군 팽성면 노와리에 거주했는데, 부친(정태관)이 다른 주민들과 함께 사망한 것을 증언했다.[37] 정태관은 1949년에 경찰에 붙잡혀 가서 국민보도연맹에 가입해 있었는데, 전쟁 발발 후 2~3일이 지난 어느 날 밤 경찰 세 명이 총을 메고 집으로 찾아와 그를 데려간 후 사살했다.

국민보도연맹원 등에 대한 연행과 검거는 전국적으로 비슷한 양상으로 전개되었으나 경기 이남 지역은 다른 지역보다 체계적으로 이루어지지 않았다. 수원 지역은 개전 초기 혼란과 인민군의 갑작스런 점령으로 인해 이들에 대한 검속은 있었지만 심사나 분류는 이뤄지지 않았다. 과천, 시흥, 수원, 이천 지역에서 검거된 사람들은 곧바로 사살되었다.

요약해 보면, 한강 이남 최초의 국민보도연맹원 집단살해는 시흥군(현재 과천, 안양 지역)에서 발생했고 인천, 수원, 이천, 평택, 안성 등지에서도 대량으로 일어났다. 이들 지역에서는 연행과 살해가 거의 동시에 이루어져 장기간 구금이나 심사·분류 절차가 없었다. 살해 현장 역시 제대로 밝혀지거나 시신을 수습한 경우도 다른 지역에 비해 아주 드물었다. 이는 현지 경찰이 인민군 점령 직전에 급히 후퇴하거나 피난을 떠났기 때문이며, 희생자는 물론이고 가해 기관이나 책임자에 대한 사실관계 역시 일부 지역에서 부분적으로만 밝혀졌다.

대량학살이 반드시 전쟁에서 일어나는 것은 아니지만, 전쟁과 제노사이드의 친화성은 충분히 예상할 수 있다. 국민보도연맹원을 어떤 '정치집단'으로 규정하는 것은 이미 전쟁 이전의 정치과정 속에서 이뤄진 것이었다. 적대적 사상을 가진 사람들로 범주화된 이들은 전쟁 중에 적으로 바뀌었고 결국 대규모 살인의 대상이 되었다. 제노사이드와 같은 폭력은 정치의 연장으로서 전쟁에서 촉발되기도 하지만 반드시 학살로 수렴되는 것은 아니다. 잔혹 행위는 삼남 지방에서 계속 진행되었다.

전언통신
비가시성과 거리 두기

수화기 너머로 전해 온 검속 명령

살해 명령은 전언통신으로 하달되었다. 충북 지역에서 검속된 사람들은 경찰서에 구금된 상태에서 과거 활동에 대해 조사받았다. 서울 지역의 국민보도연맹원이 개전 직후 검찰 지휘 아래 일사분란하게 움직이는 동안 충청 지역에서도 곧바로 소집이 이루어졌다. 태안군 태안면 안면읍 서기로 일하던 송영섭은 전쟁이 발발한 일요일 오전 집에서 쉬고 있었는데, 친구인 경찰이 찾아와서 따라나섰다가 대전형무소에 수감되었다. 송영섭이 끌려가자 아들 송재명은 국군 장교였던 처남 박작래에게 연락해 대전형무소의 아버지 상태를 확인할 수 있었다. 그러나 박작래도 장인을 살릴 수 없었다. 1950년 7월 10일 아침 그는 대덕군 산내(현재 대전시 동구 낭월동)로 끌려갔다는 얘기를 대전형무소 측으로부터 듣고 가족에게 알려 주는 것밖에는 달리 방도가 없었다.[38] 이렇게 죽은 사람들은 지속적으로 경찰의 신원 기록 파악 대상이 되었다. 서산경찰서는 1980년 "신원기록심사보고"에 송영섭이 '처형되었으나 부역 사실이 없거나 부역 사실 유무가 불확실 한 자'라고 표기해 국민보도연맹원이었던 그가 별다른 혐의 없이 사살된 것을 기록하고 있다.[39]

충청 지역에는 6월 말부터 국민보도연맹원이 소집된 후 구금되었다. 군과 경찰은 청주, 청원, 괴산 등지 사람들을 다른 요시찰인과 함께 검거해 경찰서 유치장과 창고 같은 곳에 수용했다. 이들 지역에서 군과 경찰이 검속을 단행했고 일부 지역에서 후퇴하는 헌병이 이를 지시하기도 했다. 위로부터의 지시는 군과 경찰의 지휘 계통을 통해 전언통신문으로 일선에 하달되었다. 진천경찰서 사석지서에서 사찰 업무를 맡았던 김재옥은 6월 25일 경찰서로부터 명단을 보내라는 전언통신을 받았다.[40]

보도연맹이 6·25가 일어나구서 바로 전통(전언통신문)이 왔어요. 내 그때 여기 근무했을 땐데. 또 그때 사찰계를 담당했었어. 그때 내가 전통이라고 해서 필기 준비를 해가지고 있었더니 6·25 때 보도연맹에 가입한 사람들은 전부 명단을 제출해라. 그렇게 해서 그 명단을 말이여 그날 바로 제출했어요. 제출했더니 며칠 있다가 또 전화가 왔어요. 전화가 오기를 이 명단 중에서 제일 그 혼동을 야기할 만한 이런 중요한 인물을 택해 가지구서 보고를 해라. 그래서 여기서 몇 사람을 보고를 했어요. …… 그것이 치안국에서부터 이렇게 내려온 거지유. 여기 경찰국을 통해서 진천경찰서루다 전통이 와가지구 진천경찰서에서 전통을 받아가지구 한 거지유.

진천경찰서 통신계에 근무했던 정종모는 충북경찰국에서 무선통신과 전화로 "지서별로 보도연맹원들을 일정 장소에 소집시켜 놔라"는 지시를 받았다.[41] 진천경찰서는 국민보도연맹원 등 검거자들에 대한 신상과 동향을 개전 직후부터 파악하고 있었다. 소집할 명단은 경찰서와 지서에서 명부를 보유하고 있었기 때문에 사찰계에서 각 지서에 전화를 걸어 이를 전달했고, 지서에서는 해당자를 소집했다. 이런 지시에 따라 국민보도연맹원들은 사석출장소 앞 물레방앗간에서 하루를 머문 뒤 오창으로 실려와 곡식 창고에 감금되었다.

사석출장소에서는 각 마을(지암리, 문봉리, 상계리, 사석리, 연곡리, 구곡리, 도하리)의 국민보도연맹원만 소집한 것이 아니라 경찰이 방공호를 파야 한다며 마을 청년들을 사석출장소 앞으로 모았다. 김재옥은 명령을 받고 마을 남자들을 정미소 앞에 소집한 뒤, 헌병이 지시하는 대로 100여 명을 군용 트럭에 태워 오창으로 보냈다. 헌병은 소집 과정에서부터 경찰을 지휘했다.[42] 신순철은 좀 더 상세한 소집 과정과 인원, 장소, 시간 등을 증언했다. 그는 7월 8일 오후 사석출장소 김재옥, 나세찬 순경이 마을로 와 '아군을 위해 방공호를 파야 하니 청년들은 삽과 괭이를 들고 지서로 오라'라고 하여 동네 사람 30여 명과 함께 갔다. 도착하자 경찰이 명단을 보며 약 100명을 불러내어 군인들이 보초를 서고 있던 방앗간으로 들여보냈고, 다음 날 9시경 덮개를 씌운 군 트럭 세 대가 이 사람들을 태워 오창으로 떠났다. 같은 시각 경찰에 소집되어 사석지서로 갔던 김재현은 방앗간 안으로 들어간 후 다음 날 트럭에 실려 오창 창고로 이송되었다.[43] 오창면 곡식 창고에서 벌어진 사건의 경우 오창지서 경찰은 좌익 단체나 국민보도연맹에 적극 가입했던 주동자 12명을 다른 구금자들보다 먼저 살해했다. 오창면 의용소방대원이었던 김수철은 헌병이 권총으로 "해치우"는 현장을 직접 목격했다.[44]

국민보도연맹원 중에서 초기 검속되었다가 풀려난 후 재소집에 응하지 않은 사람은 살아남았고, 다시 소집된 경우는 사살되었다. 괴산, 청원 지역의 사람들은 각 지서에 소집된 후 지리적으로 가까운 증평읍과 북이면으로 이송·구금되었다. 군경은 지서나 창고 등에 이들을 수용했다가 증평읍과 북이면으로 이송했다. 북이지서에 소집된 사람들은 간부들만 남고 풀려난 후 다음 날 재소집되었는데, 이 과정에서 석성리 국민보도연맹원 13명이 이에 응하지 않아 목숨을 구했다.[45]

괴산군 감물면 국민보도연맹원은 지서에 먼저 소집된 후 지서 주임 황대홍의 지시로 풀려났지만 며칠 후 CIC 요원에게 재소집되었다. 괴산경찰서 관할 감물지서에 근무한 이옥출은 경찰서의 자시에 따라 국민보도연맹원을 소집했는데 지서 주임이 '상황이 좋지 않으니 피난을 가라'며 모두 석방했다고 한다. 그런데 이틀 후 CIC 요원들이 지서로 들어와 국민보도연맹원을 다시 소집하라고 지시해 피난을 가지 않은 6명을 연행해 CIC에 인계했는데 이들은 지서 옆 감물면 공동묘지에서 총살되었다.[46]

청주시에서 약 10킬로미터 북쪽으로 떨어진 청원군 북위면 신기리 마을의 7월 초순은 전쟁 소문으로 뒤숭숭했다. 정종수는 어머니와 함께 노을이 지고 있는 황톳길을 걷고 있었다. 어머니가 머리에 이고 있는 짐은 아버지의 저녁 밥상이었다. 아버지는 어제부터 이 마을 국민보도연맹원 22명과 함께 북위초등학교 교실 한곳에 갇혀 있었다. 어제 낮 북위지서에서 경찰관이 마을에 찾아와 남자 23명을 데려갔고, 끌려간 사람들의 가족들은 이들에게 줄 밥을 해서 날랐다. 그러나 다음 날 정종수는 학교에서 아버지를 찾을 수 없었다. 증평에 있는 창고로 옮겨졌다는 소문이 나돌았다. 결국 이들은 옥녀봉에서 모두 집단 사살되었다.[47]

7월 6일 청원군 국민보도연맹원들이 증평으로 끌려가기 시작할 무렵 괴산군 사리면 사담리에도 경찰이 모습을 드러냈다. 평소 마을 사람들과 안면이 있던 경찰은 국민보도연맹원을 찾아 나섰다. 스물일곱 살 청년 우홍은은 아침 일찍 일어나 논일을 마치고 집에서 점심상을 막 물리려던

참이었다. 그는 국민보도연맹에 들지 않으면 비료를 주지 않는다는 말에 지난해 가입했었다. '경찰서장이 특별 강연을 한다, 하룻밤만 지나면 다들 집으로 돌려보낸다'는 경찰의 말에 그는 마을 사람 35명과 함께 별다른 의심 없이 군용 트럭에 몸을 실었다. 트럭은 시골길을 달려 4킬로미터쯤 떨어진 증평읍으로 접어들었고 어떤 창고 앞에 멈춰 섰다. 30평 남짓한 창고 안에는 이미 증평과 청원군에서 잡혀 온 사람들로 가득 차 있었다. 괴산에서도 속속 사람들이 끌려왔다. 하룻밤 뒤에 보내 준다는 약속은 지켜지지 않았다. 우홍은은 창고에서 찌는 듯한 무더위에 사흘 동안 갇혀 지냈다.[48]

7월 9일 청원군 진천 마을에서 온 70~100여 명의 주민들이 오창 창고에 구금되었다.[49] 점심 무렵 헌병은 마을별로 구금자를 호명해 지서 안으로 데리고 가 국민보도연맹 가입 여부와 활동 등을 조사했다.[50] 잡아 온 사람들을 모두 죽이려 한다는 얘기가 땀과 배설물 냄새에 뒤섞여 창고 안에 퍼져 갔다. 사흘 뒤 굳게 닫혔던 문이 열렸다. 헌병과 경찰들이 삼엄하게 둘러선 채 구금된 사람들에 대한 분류 작업이 시작되었고 창고에는 두세 명만 남았다. 나머지 사람들은 새끼줄에 손이 묶인 채 트럭에 실려 어디론가 끌려갔다. 우홍은은 사람들이 트럭에 실려 가는 것을 본 순간 번득 '맞아, 모두 죽는 거야'라는 생각이 들었다. 두 다리가 후들거리며 머리를 세게 맞은 듯 아득해졌다. '이들은 어디로 끌려갔을까.' 그는 나중에야 군인으로 전사한 동생 때문에 끌려가지 않았다는 것을 알게 되었다. 목숨을 건진 그는 자기 마을이 과부 마을로 불리고, 해마다 음력 5월 26일이 되면 서른다섯 집이 같은 날 제사 지내는 것을 지켜본다.

북위초등학교로 끌려간 사람들은 옥녀봉이 무덤이 되었다. 7월 11일 오후 1시쯤 청원군 북위면 내추리 내수초등학교에서 조금 떨어진 옥녀봉 골짜기에는 군인과 경찰 40여 명이 기관총과 소총으로 무장한 채 대기하고 있었다. 잠시 후 학교 앞 국도에 국민보도연맹원을 실은 트럭이 속속 도착했다. 새끼줄로 손이 묶인 20~30대 남자들이 트럭에서 내린 후 옥녀봉 산비탈을 향해 섰다. 그러자 곧바로 총들이 불을 뿜었다. 넋이 빠진 젊은이들은 아무런 저항도 하지 못하고 피를 뿜으며 고꾸라졌다. 열 명이 쓰러지면 그다음 줄에 있던 열 명이 시체를 밑으로 굴러떨어뜨린 뒤 다시 그 자리에 섰고, 또 쓰러져 갔다. 군인들은 미친 듯 총을 쏘아 댔다. 피의 살육은 세 시간 동안 계속 이어졌다.

총성이 멎은 후 시체 800여 구는 대충 흙으로 덮였다. 며칠 뒤 이곳을 지나던 피난민들은 차마 눈 뜨고 볼 수 없는 시체들을 맨손으로 흙을 퍼 덮었다. 피비린내가 가시지 않은 시신이 썩으며 악취가 코를 찔렀고 파리 떼가 썩고 있는 살점마다 우글거렸다. 뒤늦게 소식을 듣고 달려온 가족들이 남편과 자식의 시신을 찾느라 아우성이었다. 가족들의 흐느낌과 곡소리가 옥녀봉 골짜기에 울려 퍼졌다. 북위초등학교로 끌려간 아버지에게 도시락을 나르던 정종수는 어머니와 함께 옥녀봉 골짜기에 널 부러진 시체를 찾아 헤맸지만, 아버지는 그곳에 없었다. 국민보도연맹 주동자들은 보은으로 옮겼다는 소문이 떠돌았지만 그곳에서도 끝내 시신을 찾지 못했다.[51]

보은군 내북면 면사무소 직원인 김영배는 한낮에 아곡리 골짜기에서 들리는 총소리를 듣고 깜짝 놀랐다. 그는 전쟁이 일어났다는 얘기는 들었지만 벌써 보은에서까지 전투가 벌어졌을까, 의아해하면서 마을 뒷산으로 달려갔다. 총소리에 놀란 다른 사람들도 산으로 뛰어올라가고 있었다. 그는 큰길가에 군용 트럭이 세워져 있는 것을 보았고, 길옆 아래쪽 골짜기에는 이미 150여 명의 사람들이 아무렇게나 쓰러져 있었다.[52] 이 광경을 본 김영배는 몸서리를 쳤다. 100여 명이 넘는 시체들이 참혹하게 떼죽음을 당한 현장은 지옥이나 다름없었다. 사람들이 가지고 내린 도시락과 음식 보따리가 터져 여기저기 흩어져 있었다. 그는 마을 사람들과 함께 구덩이를 몇 군데 파서 50여 구 정도씩 매장했다. 그가 목격한 것은 청주에서 끌려온 국민보도연맹원이었다.

검거 대상자가 없을 경우에는 가족이 대신 변을 당하는 경우도 있었다. 충북 청원군 미원면 출신 김진선은 보성전문학교 졸업 후 1947년 고려대학교 정치학과에 입학했다.[53] 이때부터 학교의 남로당 서클에 가입해 활동했으며 종로구와 노동자가 가장 많은 영등포구 민주애국청년동맹(약칭 민애청) 당책을 맡았고, 1950년 4월 남로당 서울시 조직부장으로 있던 중 경찰에 체포되었다. 학생 출신으로 남로당과 운명을 같이한 그는 전쟁이 발발한 당일 마포나루에 경찰과 함께 있었다. 그 시각 고향에서는 경찰이 아버지를 연행해 가고 있었다. 김환철은 아들의 좌익 활동 때문에 경찰에 연행되어 7월 10일 미원면 미원리 연초 건조 창고에서, 어머니 정문심은 수복 후인 10월 8일 미원면 지서에 잡혀간 후 사망했다.[54] 괴산군 사리면에 살던 연규철은 형 대신에 잡혀가 죽었다. 괴산경찰서 기동대에 근무한 김부용은 국민보도연맹원을 소집할 때 요시찰인 명부에 기재되어 있는 인원수를 채워야 했기 때문에 관련 없는 사람을 붙잡아 간 것이라고 증언했다.[55] 이처럼 군과 경찰은 요시찰인 명부에 오른 대상자 수를 어떻게든 맞추려 했다.

대전형무소에서는 충북 내륙 지역의 국민보도연맹원과 요시찰인들이 검거되어 낭월동에서 사살되었다. 인근 지역에서 희생된 사람들의 규모는 대전에서 최소 1,400여 명, 공주 250~300여 명, 연기 200~300여 명 등이었다. 논산, 서천 지역 등에서는 최소 20여 명 이상이 대전형무소로 이송되어 총살된 것으로 알려졌지만 정확한 규모는 알 수 없다.[56]

이런 현상은 충청 지역에서 대부분 유사하게 진행되었다. 서산, 당진, 태안, 홍성, 보령 등 서부 지역은 단기간에 검속이 이루어졌다. 검거는 6월 25일부터 7월 초순경까지 인민군이 남하하는 시기에 따라 진행되었다. 검거된 사람들 중 일부는 송영섭처럼 대전형무소에 구금되었는데, 이들은 간부이거나 초기에 연행된 사람들이었다.[57] 충청 지역에서 붙잡혀 구금된 사람들은 형식적인 심사 과정을 거쳐 총살되었다. 하지만 대부분은 과거 좌익 활동에 대한 임의적인 분류였고 극소수를 제외한 국민보도연맹원이 집단으로 총살되었다. 구금된 사람들을 구분하는 것 자체도 어떤 기준에 의한 것이 아니었기 때문에 실제 총살은 현장의 경찰관이나 군·헌병대 지휘관의 판단대로 이뤄졌다.

학살의 행정적 과정은 희생자들의 인간성 자체를 보이지 않게 하는 방법이다. 인간성을 보이지 않게 하는 것은 헬렌 페인Helen Fein이 고안한 대로 "의무의 세계"universe of obligation에서 이들을 축출하면 되는 것이다. 바우만은 대량학살이 비가시성과 거리두기와 같은 '도덕적 수면제'moral sleeping pills를 현대의 관료제가 능숙하게 활용한 것이라고 주장했다.[58] 전언통신은 수화기 너머로 전해 오는 음성과 문자이고 복잡한 체계 내에서 인과관계를 명확히 드러내지 않는 비가시성을 제공한다. 또한 학살 과정과 결과 전체를 행위자들에게 보이지 않도록 하는 '거리두기'는 경찰과 군인에게 도덕적으로 발생하는 혐오감을 줄이는 것이었다.

무선으로 내려온 살인 전보

전북 지역에는 1950년 7월 초순경 국민보도연맹원 간부들이 일선 경찰서에서 전북경찰국으로 이송되어 살해되었고, 나머지는 경찰이 후퇴할 즈음에 사살되었다. 군 단위별로 조금씩 차이는 있지만 대체로 7월 초순부터 중순 사이에 국민보도연맹원 등 요시찰인이 소집되거나 연행되었다. 이들은 경찰서 유치장에 구금되었다가 7월 중순 이후 경찰이 후퇴하기 직전에 사살된 것으로 알려졌다.

국민보도연맹원에 대한 소집과 구금, 사살 명령은 전북경찰국으로부터 전화 통지문 형태로 각 경찰서에 하달되었다. 경찰국 사찰과에 근무한 전전희에 따르면 사찰과는 개전 초기 경찰서에서 연행한 주요 인물들을 유치장에 구금한 후 사살했다. 후퇴가 임박해서는 각 경찰서에 이들에 대한 사살 명령을 내렸다.[59] 군산(옥구) 지역의 경찰은 인민군이 시내에 진입하는 것을 보고 후퇴했는데, 유치장에 구금되었던 사람들을 이즈음 사살했다. 경무계에서 트럭 운전수로 근무한 정용채는 지역의 헌병대장과 CIC 대장에게 불려 다닌 어느 날 경찰서에 와보니 건물은 텅 비어 있고, 직원은 한 명도 없어서 혹시나 하고 유치장 계단을 내려가려다 신음 소리를 듣고 도로 뛰쳐나왔다.[60]

전주(완주) 지역의 경우 각 경찰서에 구금된 간부들은 경찰국 유치장에 이송되었다. 경찰국 유치장은 열두 개였는데 한곳에 20~30명 정도씩 모두 350명 정도가 붙잡혀 있었다. 수용된 사람들 중에는 여자도 있었고 그중에는 어린아이를 데리고 있는 사람도 있었다. 국민보도연맹원은 구금되어 있는 동안 조사를 받았는데, 여름철이라 덥고 먹을 것이 부족했으며 잠도 제대로 자지 못해 유치장 안에서 사망한 사람도 있었다. 익산(이리) 지역의 국민보도연맹원은 경찰에게 연행되어 유치장에 구금되었다. 경찰은 과거 전력에 따라 '갑'으로 분류한 요시찰인을 먼저 총살하고 나머지 구금자들은 후퇴하기 직전에 사살했다. 전전희는 "처음에는 갑종들을 먼저 죽이고 후퇴할 무렵에는 다 죽였다. 각 경찰서에 따라 후퇴를 전후로 해서는 다급해서 유치장에서 총을 쏜 곳도 있다"라고 진술했다.[61]

치열한 교전 없이 인민군이 점령한 전남 지역은 상대적으로 긴박한 전선이 형성되지 않았다. 태양이 한여름을 빨갛게 달구던 7월 11일, 논에서 물을 대던 노기현은 경찰이 국민보도연맹원을 지서로 부른다는 얘기를 동네 이장으로부터 들었다. 아무리 좋게 생각하려 해도 자신을 귀찮게 하는 연락이었다. 전쟁이 난 줄도 모르고 다른 사람들과 마찬가지로 소집에 응했는데, 그는 영문도 모른 채 신광지서에 구금되었다.[62] 이튿날 경찰은 소집한 이들을 분류해 함평여자중학교로 이송했다. 그는 경찰이 "임시 수용시키려고 하니까 순순히 응하라"라고 하는 말을 믿고 학교에 수용되었다.

노기현은 자신이 무엇 때문에 구금되어 있는지 몰랐다. 전쟁이 일어난 것만 겨우 전해 듣고 수용되어 있는 동안 경찰이 자기를 죽일 것이라는 것을 전혀 눈치채지 못했다. 수용된 사람은 모두 222명이었다. 인원을 정확하게 기억하는 것은 하루 두 번씩 앉은 점호를 하는데 그가 제일 마지막 222번이었기 때문이다. 222명 중 나산면 출신 세 명은 석방되고 219명이 남아 있었다.

며칠이 지난 어느 날 아침, 경찰은 수용된 사람들을 아침부터 세 명씩 끈으로 묶기 시작했다. 경찰은 한 사람씩 손을 뒤로 묶은 뒤에 다시 세 명씩 같이 묶었는데, 사람들의 신발을 벗기고 가족들이 가져다준 도시락을 주지 않았다. 노기현은 경찰이 새끼줄로 묶고 신발을 벗기자 비로소 '죽이는구나'라고 알아챘다. 200여 명을 묶는 데 점심때가 지나 버렸다. 경찰은 사람들을 트럭에 태우고 38식 소총을 휴대한 서너 명이 함께 탔다. 이동하는 동안 이들은 고개를 들 수 없었다. 노기현은 218명과 함께 트럭 12대에 분승한 후 나산면 넙태로 끌려갔다. 그는 '지금 유치장이 좁아서 더 안락한 수용 장소로 보내드리니 순순히 응해' 달라는 경찰의 거짓말을 들어야 했다.

오후 세시 경, 넙태에서 경찰이 쏘는 총소리가 사방으로 울려 퍼지기 시작했다. 차량이 도착하는 순서대로 사살이 있었는데 경찰은 세 사람을 한꺼번에 앞으로 걷게 한 후 뒤에서 총을 쏘았다. 총을 쏜 사람들은 국민보도연맹원을 수송한 함평경찰서 경찰이었다. 새끼줄에 묶인 세 사람 중 오른쪽에 있던 노기현은 살아야 한다는 생각에 산 쪽을 향해 "대한민국 만세"를 불렀다(이렇게라도 하면 총 쏘는 것을 멈출까 싶어서였다). 두 사람이 따라서 외쳤고 만세 삼창이 끝나자마자 뒤에서 총소리가 들렸다.[63]

총소리를 듣고 세 명이 함께 쓰러졌다. 내가 살아 있는 것을 확인한 경찰이 나를 가리키며 '저쪽 가에, 요쪽 가에' 하는 소릴 들었어. 그래서 나를 다시 쏘는구나 하는 생각이 들었고, 총열이 가열되어 장전이 안 되니까, 상급자가 '오줌을 눠라.' 이런 소리도 다 들었어. 총열을 식히는 소리, 지지직거리는 소리까지 다 들었어. 아무 생각이 없었지.

경찰은 확인 사살을 했고 노기현은 기절했다. 한참을 지나 깨어나 보니 총알이 오른쪽 등 뒤에서 쇄골 뼈 쪽으로 관통해 있었다. 그가 쓰러져 있는 동안 소나기가 잠깐 내렸다. 언덕배기에 유난히 빨갛게 핀 백일홍마냥 넙태에는 200여 명의 사람들이 흘린 핏빛으로 뒤덮여 있었다.

함평에서 검속된 사람들은 갑·을·병으로 분류되었고 '갑'은 각 지서에 구금되었다가 경찰서 유치장과 목포형무소에 이송된 후 인근 지역에서 사살되거나 수장되었다. '을'과 '병'으로 분류된 국민보도연맹원은 함평여중에 수용되었다가 학교면 얼음재와 나산면 넙태에서 사살되었다.[64] 이 지역에서 검속된 이들은 정도에 상관없이 거의 모두 살해당했는데, 넙태에서 사망한 200여 명을 포함해 300명쯤 될 것으로 추정하지만 사망자로 신원이 확인된 인원은 82명에 불과했다.[65]

순천경찰서 사찰계에 근무한 안경득은 사찰계장 임병욱으로부터 검속 지시를 받아 예하지서에 이를 하달하고, 경찰서와 지서에서 연행한 요시찰인을 구금했다.[66] 국민보도연맹원은 각 지서에서 50여 명씩 대략

700~800여 명이 구금되었고, 경찰은 이들을 갑·을·병이나 A·B·C로 구분했다. 보성경찰서 사찰계에 근무한 김운철은 국민보도연맹 조직을 결성할 때 명부를 직접 작성했는데, 상부 지침에 따라 이들을 A·B·C급으로 나누었다. 전쟁이 발발하자 분류된 사람들은 죽여야 할 대상(A), 선별해서 죽일 대상(B), 석방 대상(C)으로 나뉘었다.[67] 나주경찰서 수사계에 근무한 김이순은, '국민보도연맹 사람들은 갑·을·병으로 급이 있었는데 그중에서 '갑'에 해당되는 사람들만 죽였을 것이라고 증언했다. 국민보도연맹원 각 면 책임자들은 A, 적극적으로 활약한 사람은 B, 동조한 사람 같은 경우는 C에 해당했다.[68]

전남 지역에서 경찰은 7월 초순부터 중순 사이에 국민보도연맹원 등 요시찰인을 소집한 후 구금했다. 이들은 해당 지서를 거쳐 경찰서와 형무소, 학교 등에 수용된 후 살해되었다. 지역별로 차이는 있지만 경찰 사찰계가 이들의 소집과 연행, 구금, 살해를 주도했고 군과 헌병도 개입했다. 충청 지역에 비해 검속자들에 대한 구체적인 심사가 이뤄진 곳도 있지만 이 역시 형식적이었다. 개전 초기에는 주요 간부들을 중심으로 사살이 진행되었고 군과 경찰이 후퇴하는 시점을 기준으로 나머지 검거된 사람들에 대한 집단 사살이 단행되었다.

인간을 심사하고 분류해서 나누는 것은 어디에서 비롯되었을까. 인간은 이성이라는 명목으로 모든 세계를 합리적으로 설명하기 시작했고 심지어 사상까지도 도식화하는 작업으로 체계화한 것이다. 죽이기 위해서 인간을 구분하는 그 자체는 이성의 파국적 행태라고 해도 지나치지 않는다. 개별 인간 사이의 관계를 좌익, 국민보도연맹 등으로 분류해 집단으로 살해하는 행위는, 인간의 존재를 조작하고 오직 정치적 관리의 측면에서만 이들을 바라보기 때문일 것이다.

낙동강 방어선은
안전했나

사람을 심사하고 분류하다

인민군이 최후까지 점령하지 못한 대구 이남 지역에서 학살은 다른 지역보다는 조금 늦게 시작했지만 더 오랫동안 진행되었다. 북한의 점령 위협에 있던 대구는 국민보도연맹원에 대해 상대적으로 철저한 연행이 이루어졌다. 개전 직후 내무부 치안국에서 도 경찰국, 남대구경찰서를 거쳐 지서로 이들을 연행하라는 지시가 내려왔다. 남대구경찰서 현풍지서에서 의용 경찰로 근무한 엄상헌은 지서에서 관리하던 요시찰인 명부에서 관할 지역의 국민보도연맹원을 연행해 남대구경찰서로 이송했다.[69]

경찰서 사찰계는 국민보도연맹원을 각 급으로 분류해 요시찰 대상으로 관리하고 있었다. 대구경찰서 역전지서에 근무한 이용팔에 따르면, CIC는 사찰계와 대구 주둔 헌병(16헌병대)을 지휘해 반정부 인사들을 검거했다.[70] 국민보도연맹원은 대구시 동인동에 위치한 CIC 사무실로 연행되어 조사를 받았다. CIC 문관으로 근무한 이병필은 '좌익' 관련자들을 사무실에 잡아 와 조사했고 이들을 갑·을·병으로 분류한 후 '병'은 훈방했으나 '갑'은 사살, '을'은 조사 후 사살 여부를 결정했다고 증언했다.[71] CIC는 이 모든 상황을 책임 있게 통제하고 있었다.

인민군이 대전을 점령하고 낙동간 방어선이 아직 형성되지 않았던 7월, 대구에서 의원을 운영하던 이원식은 개전 소식에 '마침내 올 것이 오고야 말았다'는 생각으로 전황에 귀를 기울이며 하루하루를 보내고 있었다. 전선이 대구로 향하고 있던 7월 14일 그는 남대구서 형사대에 체포되어 감방에 수감되었다. 그런데 어찌된 영문인지 다음 날 저녁 8시경 경찰은 그를 석방했다.[72] 그러나 위협을 계속 느낀 그는 백부 집 뒷마루를 개조해 그 밑에 숨어 지냈다. 이원식이 숨어 버리자 경찰은 다시 그를 찾기 위해 혈안이 되었고, 7월 31일 결국 그의 아내 정신자를 끌고 갔다.[73]

이원식의 어머니(박후곡)가 면회를 간 다음 날, 정신자는 경찰서에서 끌려 나갔고 행방은 묘연했다. 이원식은 아내가 잡혀간 것도 모르고 90여 일간을 땅속이나 이중으로 진열해 둔 양복장 속에서 숨어 지냈다. 그는 결국 "죽음의 공포도 진정된 무렵"인 10월 18일 스스로 경찰서에 출두했다.[74] 9·28 서울 수복 후 전선은 이북 지역에 형성되어 있었고 후방은 어느 정도 안정을 되찾은 때였다.

대구·경북 지역에서 검속된 사람들은 가창골과 경산 폐코발트 광산 등지에서 사살되었다.[75] 정신자는 다른 사람들과 함께 가창골에서 희생당한 것으로 알려졌고, 1960년 유족회를 결성한 이원식은 이 지역 일대에서 대규모 유해를 발굴했다. 그러나 희생자의 유골이라도 찾고 싶었던 다른 유족들의 바람이 허사였듯이 그도 아내의 신원을 끝내 확인하지 못했다. 이 지역에서 얼마나 많은 사람이 죽었는지는 정확히 알 수 없다. 국민보도연맹원뿐만 아니라 대구형무소 재소자들도 이들과 함께 학살되었는데, 1960년 4대 국회는 대구형무소에서 이송된 1,402명이 군과 경찰에 인계된 명단을 통해 확인했다.[76] 이들은 다른 형무소로 이감된 것으로 알려졌지만 실제로는 학살당한 것으로 추정하고 있다.[77]

개전 초기 비교적 일찍 인민군이 점령한 동해안 울진 지역의 경우 국민보도연맹원들은 6월 말경부터 7월 초순에 소집 통보를 받고 지서에 구금되었다. 이들의 구금 기간은 아주 짧았고 연행된 당일 군에 의해 바로 사살되기도 했다.[78] 낙동강 전선 위쪽이었던 김천·구미 지역의 국민보도연맹원은 7월 4일부터 검속되기 시작해 10일부터 29일 사이에 살해되었다. 7월 중순부터 전선이 남쪽으로 이동하면서 대전에 있던 정부는 후퇴했고, 경부선의 주요 요충지인 김천·구미 지역에서 검속은 계속 진행되었다. 경찰은 명부를 갖고 국민보도연맹원을 신속하게 검속했으며, 각 지서로부터 연행되어 본서로 이송된 이들은 헌병과 CIC에 인계되었다.[79]

생존자들의 증언에 의하면 김천에는 상주, 선산, 문경 등지 국민보도연맹원이 체포되어 이송되었는데 옥사가 부족해 형무소 내 재소자들의 작업장인 다섯 개 공장에 분산·수용된 후 살해되었다. 김천소년형무소는 이전부터 1천여 명에 달하는 재소자들로 가득 차 있었다. 1950년 7월 22일 미 24사단 CIC는 김천에서 '급진적이고 위험한 공산주의자들'은 이미 전쟁 발발 전 모두 체포되어 처형되었고, 전복 세력으로 간주되는 '공산주의 동조자들 1,200명'이 김천경찰서에 의해 구금된 상태라고 보고했다.[80]

칠곡 지역의 국민보도연맹원은 7~8월경 경찰의 소집 통보를 받고 지서와 경찰서에 출석하거나 연행된 후 구금되었다. 1960년 제4대 국회 "양민학살사건진상 조사보고서"의 칠곡군 편을 보면 북삼면 유가족들은 1960년 6월 13일(보손동)과 15일(오평동) 국회 조사반에 "보도연맹으로서 6·25사변이 발생하자 불법구속 피살당하였다"는 요지의 탄원서 2부를 제출했다. 피살된 이들은 1950년 7월 1일 북삼지서로부터 출두하라는 통지를 받고 지서를 경유해 칠곡경찰서로 연행되어 10여 일간 구금되었다. 그들은 조작된 죄명으로 국민보도연맹원이 되었으며 가입한 지 2개월도 못 되어 억울하게 총살당했다.[81]

전투가 치열했고 인민군이 일부 지역을 점령한 영천은 요시찰인 명부에 따라 국민보도연맹원이 검거되었다. 경찰서는 경비 전화로 자천지서 관내 국민보도연맹원과 요시찰 인물에 대한 검거 지시를 내렸다. 서정원의 증언에 따르면, 그는 자천지서에 근무할 때 경찰서에서 하달하는 국민보도연맹원 검거 지시를 경비 전화로 받았다. 이후 사찰계 경찰이 이들을 '처형'했는데, 이 과정에서 민보단과 대한청년단이 경찰에 협조했다. 대구 지역에서 대한청년단 간부로 일하다 경찰로 채용되었던 노승만은 우익 청년 단원들이 국민보도연맹원을 연행하는 과정에 동원되었음을 증언했다.[82] 영천경찰서에 수용된 이들은 사찰계의 관리를 받았고 격전지였기 때문인지 이들에 대한 취조와 고문이 매우 심했다. 육군공병단 정보과 하사관으로 근무한 이수봉은 경찰에서 한두 명씩 파견 나온 사찰계 경찰과 함께 근무하며 협조했다. 경찰은 '사상범'을 잡으러 다녔고 검속한 사람들을 심사했는데, 경찰의 취조는 잔인해서 전기 고문을 할 때도 있었다.[83]

인민군이 점령하지 못했던 대구 지역에서 검속되어 장기간 구금된 국민보도연맹원 등은 과거 행적에 대해 개별 심사를 받은 후 총살되었다. 경북경찰국으로부터 각 경찰서로 요시찰 대상자에 대한 연행 지시가 내려졌고, 경찰서는 사찰계를 통해 각 지서로 이들을 연행하라는 전통을 하달했다. 이를 지휘한 것은 CIC였는데 검속된 사람들에 대한 심사는 법적 근거나 절차 없이 이루어졌다. 이들에 대한 심사 내용은 국민보도연맹 가입 여부와 활동, 과거 좌익 경력 등이었지만 이는 자의적인 것이었고 대부분의 사람들은 심사·분류와 상관없이 죽었고 풀려난 사람은 극소수였다.

장기간 구금한 후 살해하다

경남 내륙 지역은 인민군이 점령하지 못했지만 집단살해는 오히려 빈번했다. 밀양군 내 국민보도연맹원은 1950년 7월 15일부터 8월 초순 사이에 지서 단위로 소집되어 지서나 관내 초등학교 등에 구금되었다. 이들은 밀양경찰서 유치장과 옛 삼랑진면사무소 건물, 삼랑진지서, 삼랑진역 강생회 지하 창고 등에 수용되었다. 강생회 지하 창고에 구금된 사람들은 손이 묶여 있었고 감시하는 사람에게 돈을 준 경우 몰래 면회가 가능했다.[84]

이곳에서 김원봉의 동생들이 한꺼번에 총살되었다.[85] 김원봉은 1948년 4월 '남북제정당사회단체연석회의'에 참석하기 위해 월북했다가 이북에 남았고, 북한 정부 수립 이후 국가검열상이라고 하는 중요 직책을 맡고 있었다. 그는 9남 2녀의 장남이었는데 전쟁 때 남동생 4명과 여동생 1명, 사촌동생 1명, 모두 6명이 검속되어 남동생 김용봉·김봉기·김덕봉·김구봉은 사살되었고 여동생과 사촌동생은 무사했다. 나머지 동생들은 타지에 거주하고 있었기 때문에 경찰에 붙들려 가지 않았다. 경찰에 잡혀 있다 풀려난 김원봉의 막내 여동생 김학봉은 큰오빠로 인해 다른 오빠들이 변을 당했다고 증언했다.[86]

김봉철은 부산으로 이사를 간 후 따로 살고 있어 화를 면할 수 있었지만 김학봉은 사복형사에게 연행되어 밀양 시내에 있던 '나가노'라는 직물 공장 창고에 구금되었다. 그녀가 갇혀 있던 공장 창고에는 4명의 여자와 남자 300명 정도가 있었다. 구금된 사람들 대부분이 국민보도연맹원이었으나 그렇지 않은 사람도 있었고, 더러는 아무 이유도 모르고 끌려온 이들도 있었다. 그런 와중에도 몸이 아픈 사람이나 경찰에 '힘을 좀 쓴 사람들'은 석방되었고, 나머지 사람들은 20명씩 불려 나간 후 총살되었다. 경찰은 "저 사람들 또 골로 간다"라며 수군거리곤 했다.

8월 중순경 김구봉은 집에서 형사에게 붙들려 갔고 김덕봉은 밀양시 유성모직 회사에 근무하는 중에, 결혼한 후 분가해 내이동에 살던 김봉기는 자택에서, 같은 내이동에서 '대중양복점'을 운영하던 김용봉은 양복점에서 같은 날 경찰서에 끌려간 후 살해되었다. 유해는 1960년 밀양시 안태리 뒷산에서 발굴한 유해 속에 섞여 공설운동장에서 장례식을 치른 후 합동으로 모셔졌다.[87] 침울한 분위기 속에서 거행된 이날 장례식에서 유족들은 죽은 가족의 이름을 부르면서 울음바다를 이루었다.

이뿐만 아니라 김태근은 김원봉의 사촌동생이라는 이유로 경찰에 붙들려 유치장에 구금되었다가 밀양읍 내일동에 위치한 CIC 사무실에서 조사받았다.[88] 그는 부산에서 재판에 회부되었다가 헌병대 대위로 근무하던 친구가 신원을 보증해서 석방될 수 있었다. 김봉철의 조카 김용건은 백부 김원봉의 월북으로 전쟁 때와 1961년에 파탄이 되어 버린 일가의 비극을 증언했다.[89]

1950년 7월 8일 계엄사령부 마산지구 위수사령관 이유성 중령과 진해군항 사령관 김성삼 대령은 마산, 고성, 창원, 통영 지역에 비상계엄령을 선포했다. 계엄령 실시 직후 마산 지역에는 지구 계엄사령관이 '예비검속'에 관한 조치를 언론에 발표해 국민보도연맹원 등 요시찰인에 대한 구속을 기정사실로 여겼다. 그들은 이 지역의 검속 대상자들을 소집하고 연행한 사실을 밝히면서 주요 국민보도연맹원을 구속했으나 그 외에는 신분을 신중히 검토해 2~3일 내에 석방할 것이며, 이를 관계 기관과 협의 중이라고 밝혔다.[90]

7월 15일경부터 마산 시내 거주자와 창원군 진전, 진북, 진동면 사람들은 마산시민극장으로 연행된 후 마산형무소에 수용되었다.[91] 이 지역의 CIC는 형무소 측에 수용된 구금자들을 심사해 이들의 과거 행적을 작성해 제출하도록 명령했다. 그 내용에 따라 CIC는 국민보도연맹원을 풀어 주거나 사살했다. 진전면 국민보도연맹원 70여 명은 지서로 소집되었는데, 김영상도 곡안리 출신 15명과 함께 연행되어 경찰의 인솔로 마산형무소에 구금되었다. 그는 '고백서'를 작성하라는 지시에 백지를 제출했는데, "백지를 낸 사람은 나오고 뭔가 활동 내용을 쓴 사람은 희생"될 것이라고 생각했기 때문이었다.[92] 8월 23일부터 10여 일 동안 곡안리와 대정리 출신 6~7명이 석방되었지만 나머지 사람들은 마산 앞바다에 수장당하거나 창원 웅남면 아리송골과 김해 생림면 나밭고개에서 총살되었다.

증언을 요약해 보면, 마산지구 CIC는 마산형무소 내에 주둔하면서 국민보도연맹원에 대한 조사와 처리를 책임졌다. 형무관 김영현은 CIC가 이들을 A·B·C로 분류했다고 증언했고 마산경찰서 소속 박호종은 계엄령하에서 모든 결정은 CIC가 했다고 밝혔다.[93] 진해 해군통제부 정보참모실 마산지구 파견대장 강순원 대위는 '국민보도연맹원에 대한 구속은 군경 수사기관의 합의하에 비상사태에 대비한 조치'라고 발표했다.[94] 이런 발표는 마산뿐만 아니라 인근 진주를 비롯한 후방 지역에서 국민보도연맹원에 대한 광범위한 검속과 구금, 사살이 있었음을 보여 준다.[95]

남해안 거제 지역은 CIC와 헌병, 경찰, 민보단, 비상시국대책위원회 등 거의 모든 조직이 학살에 개입했다. 민간인 살해 죄로 재판을 받은 거제경찰서 사찰 주임 강화봉 등에 대한 군법회의 판결에 따르면, 1950년 7월 14일(또는 15일) CIC 통영파견대장 강경일은 거제경찰서와 CIC 문관 등에게 국민보도연맹원 260명 중 '갑' 43명을 구속해 보고할 것과 '을'로 분류된 사람들을 보고하라고 지시했다.[96] 오후 6시 지시를 받은 거제경찰서는 다음 날인 7월 15일(또는 16일) 각 지서에 통보해 이들을 검거했다. 7월 19일 오전 10시경 사찰 주임 강화봉 등이 '을' 29명의 명단을 보고했다. 이 보고를 받은 강경일은 7월 21일 오후 9시까지 이들을 구속하라고 명령했고, 거제경찰서 등은 이 지시에 따라 이들을 구속하고 그 결과를 보고했다. 그리고 구금된 이들에 대한 집단학살은 곧바로 단행되었다.

남동 지역인 울산에서 국민보도연맹원은 개전 직후부터 속속 구금되었다.[97] 검속은 CIC 요원들이 각 지서의 경찰을 지휘하면서 주도적으로 수행했는데, 이들은 '명부'를 갖고 국민보도연맹원 여부를 확인했다. 중남지서장 김을동의 증언에 의하면, CIC가 이들에 대한 검속을 명령하면 울산경찰서 사찰계에서 각 지서로 이 지시를 하달하고, 각 지서에서는 경찰과 의용경찰들이 대상자들을 연행했다. 서생지서 의용경찰 추길현은 국민보도연맹원을 소집한 뒤 울산경찰서로 이송시켰는데, 이 과정에서 CIC는 검속이 잘 이행되고 있는지를 감시하기 위해 각 지서까지 내려오기도 했다. 경찰의 소집 통보는 대체로 정례 모임이나 훈련, 회의 등 일상적 모임이 있으니 참석하라는 것이었으나 일부는 노역을 하는 것으로 알고 삽을 가지고 간 경우도 있었다.

후방 지역은 인민군이 남하하는 동안 시간적 여유가 있었기 때문에 구금된 사람들은 수차례에 걸쳐 좌익 경력에 대해 조사받았다. 청량지서의 경찰 이병우가 경찰서 유치장에는 국민보도연맹원 간부급이 있었을 것이라고 밝혔듯이, 과거 행적이 중한 경우에는 경찰서 유치장에 수용한 것으로 알려졌다.[98] 구금된 이들은 갑·을·병으로 나뉘었다. 갑과 을은 유치장, 병은 연무장에 각각 분리·수용되었다. 하지만 등급을 표시하는 방법은 A·B·C로 되어 있기도 했는데 A·B급은 유치장에 C급은 연무장에 구금되었다.[99]

울산경찰서 대공과는 전쟁 당시 처형자와 그 연고자를 '대공인적위해자'로 분류해 관리했다. "대공인적위해요소명부"는 한국전쟁 당시 처형자 및 동 연고자 명단(607명)이 기재되어 있는데, 이들의 성명, 본적, 주소, 생년월일, 성별, 처형 일자, 연고자가 기록되어 있다. 처형자의 연고자 1,233명에 대해서도 위와 유사한 항목으로 개인별 상황을 기록했는데, '시찰급류' 항목에서 처형자 가족들을 감시한 사실을 알 수 있다. 이 명부는 각 면별 "보도연맹원명부", "좌익출소자명부" 등이 포함되어 있어 CIC가 울산 지역에서 검속한 이들을 어떻게 '처형'했고, 경찰이 그 가족들까지 요시찰인으로 관리했는지 전 과정을 자세하게 보여 주는 중요한 자료다.[100]

이 지역에서 생존한 사람들은 대체로 3개월이 지나 풀려났고, 검거된 사람들에 대한 사살이 끝난 후 남은 사람들은 유치장으로 옮겨졌는데 이들은 일정한 절차에 따라 차례로 풀려났다. 그러나 살아남은 국민보도연맹원 등 검속자들의 석방 기준과 절차는 밝혀지지 않았다. 울산경찰서에서 펴낸 『경찰연혁사』는 "국내 정세와 관내 치안에 조감 국민보도연맹원 일부를 일시 구금하였다가 석방함"이라고 기록함으로써 국민보도연맹원의 구금과 석방 사실을 밝히고 있다.[101]

　　대구 이남과 경남 지역의 국민보도연맹원 등은 장기간 구금되었기 때문에 심사·분류 절차가 다른 지역에 비해 가혹했고, 일부이기는 하나 실제 석방된 사람도 있었다. 전국적으로 단행된 국민보도연맹원 등 요시찰인의 구금과 살해는 최후방, 인민군이 점령하지 못했던 지역에서 조직적이고 체계적으로 그리고 장기간 이뤄졌다. 개전 직후부터 요시찰인 중에서 중요 인물들이 먼저 붙잡혔고 전선의 압박이 심해지면서 대부분의 요시찰인이 연행되었다. 밀양과 같은 경남 내륙과 마산·거제·울산 등 해안 지역에서 CIC는 심사와 분류를 체계적으로 진행한 후 헌병과 경찰을 동원해 이들을 살해했으며 9월 말 이후 후방이 안정되자 구금자 일부를 석방했다.

진영 지역과
임시 수도 부산의 만행

진영: 독립운동가, 민족주의자, 기독교 사회운동가의 죽음

진영읍이 속한 김해 지역의 요시찰인 검속과 집단학살 과정은 경찰 자료를 통해서 명확하게 알 수 있다. 1950년 6월 말경부터 9월 18일까지 경남지구 CIC 김해파견대는 경찰과 헌병, 공군항공사령부 김해(항공) 기지부대 G-2(정보참모부)를 동원해 이 과정을 지휘했다. CIC는 김해읍에서 검거한 1천여 명의 사람들을 경찰서 유치장과 임시 창고, 읍사무소에 수용한 후 대동면 주동광산과 생림면 나밭고개 등지에서 살해했다.

김해읍 서상동에 살던 국민보도연맹원 허석은 전쟁 직후부터 8월 하순까지 경찰서에 매일 나가 주거지를 이탈하지 않았다는 확인 도장을 찍으며 지냈다. 그러다 8월 하순 갑자기 소집 통보를 받았다.[102] 김해경찰서에서 작성한 "부역자명부"에는 1,220명이 검속되었는데 그중 국민보도연맹원은 전체의 59퍼센트인 721명이었고, 비맹원은 전체의 41퍼센트인 499명이었다.[103] 이 지역에서 구금은 여러 기관이 합동으로 진행했다. 김해에 주둔한 CIC는 독자적으로 검속을 진행해 구금자를 김해경찰서로 연행하지 않고 김해읍 부원동에 있는 CIC 임시 유치장(김해 전매소 창고)에 수용했다.[104]

검속 시기를 살펴보면, 6월 28일부터 9월 18일까지 CIC는 2~3일 간격으로 국민보도연맹원 등을 연행했다. 이와 동시에 김해경찰서는 6월 25일부터 9월 초순까지 이들을 구금했다.[105] 경찰서와 CIC 김해파견대가 동시에 검속을 실시했던 이 같은 상황은 6월 28일부터 9월 초순까지 지속되었다. 이들 기관 이외에도 공군정보처는 17명, 해군 G-2는 2명, 명지면 SIS(CIC의 전신)[106]는 1명, 부산 CIC는 2명을 연행했다. 그중 공군정보처가 데려간 사람은 대저면 국민보도연맹원이었고, 해군 G-2가 연행한 사람은 모두 진영읍 국민보도연맹원이었다.[107] 김해와 진영에는 경남지구 CIC 김해파견대와 진해 해군통제부 정보참모실(G-2) 진영파견대, 공군항공사령부 김해 기지부대 정보처(G-2) 등 각 군 정보부대가 주둔해 있었다. 각 기관의 정보부대가 이 지역에 주둔하게 된 이유는 진영이 경남 서남부 지역에서 김해와 부산으로 향하는 길목에 위치해 있기 때문이라고 볼 수 있다.[108]

김해군 내에서도 가장 많은 희생자가 발생한 진영 지역에 대해 자세히 살펴보자.[109] 경찰과 군은 진영읍에서 붙잡은 250여 명을 6월 28일부터 8월 17일까지 진례면 냉정고개와 한림면 안하리 가자골, 창원군 동면 덕산고개, 진영읍 뒷산에서 사살했다. 전쟁이 일어나고 피난민이 남쪽으로 밀려들기 시작할 무렵, 밀양과 수산교를 사이에 둔 진영에는 군인과 우익 단체가 결집해 있었다. 지리적으로 마산, 창원, 밀양, 김해, 진해와 경계를 이룬 이곳은 대대로 낙동강을 바라보고 진영 평야가 펼쳐진 기름진 곡창지대였다.[110]

7월 중순경 진영에는 관을 중심으로 우익 단체와 지역의 유력 인사들이 참여한 비상시국대책위원회가 꾸려졌다. 진영읍 국민회 부위원장 이석흠이 위원장을 맡았고, 진영지서 주임 김병희, 진영읍장 김윤석, 부읍장 강백수, 청년방위대장 하계백, 의용경찰 강치순, 김태선, 정창형 등이 참여했다. 이 위원회는 사설 군법회의처럼 사람들을 다루었다. 다양한 이력에서 알 수 있는 것처럼 이들은 일제강점기에 복무했거나 해방 후 우익 운동에 앞장섰던 사람들이었다.[111] 이들이 중심이 된 비상시국대책위원회는 관민 조직으로서 군과 경찰의 업무에 협조했고, 군경은 지역의 사정을 잘 알고 있는 이들을 활용해 국민보도연맹원 등 요시찰인을 처리했다. 이 조직이 독자적인 업무를 처리할 수 있는 것은 아니었지만 국민보도연맹원을 구금하고 사살하는 데 나름대로 역할을 수행했다. 이 위원회는 진영읍사무소 2층에 사무실을 마련하고 경찰과 청년방위대원을 동원해 진영읍, 한림면, 진례면, 창원군 대산면에서 국민보도연맹원과 사회운동을 하던 사람들을 연행해 진영 금융조합 창고에 수용했다. 그들은 주민을 가둬 놓고 돈을 받기도 했는데, 뇌물을 건네는 사람은 풀어 주었고 남은 사람들은 생림면 나밭고개와 창원군 덕산고개 등지에서 사살했다.[112]

비상시국대책위원회에 끌려간 사람 중에는 독립운동을 한 김정태와 일본 유학에서 돌아온 김영봉 그리고 한얼학교 설립자이자 교육운동가 강성갑 목사가 있었다. 7월 중순경 김정태는 영문도 모른 채 위원회 사무실로 끌려갔다가 당일 풀려났다. 경남지구 CIC 김해파견대의 일부 대원이 진영읍에도 있었는데 진영에 파견된 CIC 대장은 이명규 중위로 알려졌다. 김정태는 CIC 대원 중에 친분이 있는 사람이 있어 일시 석방될 수 있었지만, 그날 오후 다시 끌려간 후 결국 행방불명되었다.[113]

1919년 진영에서 3·1 만세 운동을 주도했다가 체포된 가장 나이 어린 열아홉 살 청년이 김정태였다.[114] 해방이 되자 진영 지역에도 민족주의 세력과 사회주의 세력 간에 편이 갈렸다. 1946년 3·1절 기념식을 두고 우익 진영은 대창초등학교에서, 민족주의(좌익) 진영은 진영중학교에서 행사를 열었다. 만세 운동을 주도한 독립운동가 김정태는 진영중학교로 향했고 이 일로 우익들과 갈등을 빚게 되었다. 더구나 그는 일제강점기 때 진영읍 서기를 지내고 해방 후 부읍장을 하고 있던 강백수와는 좋지 않은 관계였다. 강백수는 김정태에게 사감을 갖게 되었고 전쟁은 보복을 하기에 더할 나위 없이 좋은 기회였다.

한편 1950년 7월 21일 김영봉은 진영에 주둔한 진해 G-2에 이끌려 지서 유치장에 수감되었다.[115] 그는 국민보도연맹에 가입하면 '내가 과거의 것을 자백했습니다'라고 하는 '양심서'를 쓴다는 것을 알고 있었다. 하지만 그는 그 어떤 것도 작성한 적이 없었다. 생각하기에 그가 국민보도연맹에 가입한 것은 지서 주임이나 읍장, 지역 유지 같은 사람들이 한 것이었다. 김영봉은 자신도 모르게 국민보도연맹원이 되어 있었다. 진영에 파견된 진해 G-2 대장 김식은 김영봉에게 진해까지 가서 물어볼 게 있다며 다른 주민 열한 명을 한트럭에 태우고 읍내를 출발했다. 얼마를 갔을까, 군인들은 창원군 동면 덕산고개 즈음에서 갑자기 차가 고장났다며 사람들을 트럭에서 내리게 한 뒤 두 사람씩 밧줄로 묶었다. 김영봉은 도로변에서 100미터 정도 떨어진 산으로 끌려 올라갔는데, 산 쪽에서 갑자기 군인 일고여덟 명이 쏘는 총소리가 요란하게 나더니 옆에 선 사람들이 쓰러지기 시작했다. 경찰은 이미 기관총을 준비해 두고 이들이 도착하자마자 총격을 가했다. 열두 명이 한꺼번에 끌려갔는데 여덟 사람이 죽고 네 사람이 살았다. 김영봉은 옆구리와 허벅지에 총상을 입었지만 목숨은 건졌다.

그가 현장에서 살아나 도망쳤다는 소문이 금방 진영지서에 알려졌다. 지서장 김병희는 그를 잡기 위해 한얼중학교(진영여중) 교사인 김영봉의 누이동생 김영명을 데려다 고문했다. 그는 8월 13일 의용경찰 강치순과 김대선, 정창현을 시켜 그녀를 진영읍 뒷산에서 사살했다.[116] 살해 현장에서 겨우 살아난 김영봉은 인근의 친구 집에서 한 달쯤 숨어 지내며 치료를 하고 있었는데, 누이동생이 죽은 줄도 모르고 있다가 누군가 밀고를 해서 붙잡혔고 이번에는 부산으로 이송되었다. 결국 김영봉 대신 여동생 김영명이 죽음을 당했고 그후 집안은 풍비박산이 났다.[117]

강성갑 목사 역시 우익들에게 모함을 받은 경우였다. 인민군이 진주 인근까지 진출한 1950년 8월 1일 밤 그는 집으로 찾아온 지서장과 경찰 두 명에게 끌려갔다. 청년방위대장 하계백과 부읍장 강백수, 지서장 김병희는 강성갑 목사와 최갑시 한얼중학교 이사장(과수업자)을 죽이려고 의논한 뒤였다.[118] 그들은 다른 사람들처럼 지서 유치장이나 금융 창고에 구금되지 않고 곧바로 창원군 대산면 일동리 수산교 인근 낙동강변에서 살해되었다.[119]

연희전문과 일본 도시샤 대학同志社大学에서 공부한 강성갑은 목사이자 교육운동가였다.[120] 그의 성향에 굳이 이름을 붙이자면 기독교 사회개혁 운동가였다. 그는 덴마크 사회운동가 니콜라이 그룬트비히Nikolai F. Grundtvig 정신에 따라 기독교 복음 정신과 농민운동, 사회운동을 결합해 농촌 사회를 개혁해야 한다고 생각했으며, 진영교회에서 목회를 하면서 교육운동을 펼쳤다.[121] 그러나 우익 인사들은 강성갑 목사를 좋은 시선으로 보지 않았다. 더욱이 그는 1950년 제2대 국회의원 선거에 후보로 출마한 안창득의 사무장을 맡아 2개월 동안 선거운동을 했다. 안창득은 국민보도연맹원이었던 것으로 알려졌고, 전쟁 때 사살된 것으로 밝혀졌다.[122] 강성갑은 이 선거로 지역 유지들과 우익 측으로부터 공산주의자로 매도당했고 그들과는 더욱 좋지 않은 사이가 되었다.

농민과 학생들을 위한 그의 노력은 한얼중학교 탄생으로 이어졌고 지역 교육의 중심이 되었다. 우익 측 사람들이 볼 때 그가 학교에서 학생들과 함께 흙벽돌을 굽고 같이 생활하는 기독교 공동체 사상은 사회주의나 공산주의와 마찬가지였다.[123] 그가 사망한 이후 한얼학교 재단을 빼앗아 간 것에서 알 수 있듯이 지역의 좌우 대립은 사상 교육과 경제적 이해관계가 얽힌 문제였다.

전란 중에 묻힐 뻔한 이 사건은 강성갑 목사와 함께 수산교 밑으로 끌려갔다가 총상을 입은 최갑시가 낙동강에 빠졌다가 구사일생으로 살아남으면서 밝혀졌다. 그는 이런 사실을 폭로하면서 지역에서 여론을 일으켰고 강성갑 '목사'의 신분으로 말미암아 미국 선교 단체와 국제연합한국재건단UNKRA에서 문제 삼기 시작했다. 여론이 악화되자 경남지구 계엄사령부 민사부에서 사건을 조사하고 헌병대에서 관련자를 기소하기에 이르렀다. 9·28 서울 수복 후인 1950년 10월, 진영에서 강성갑 목사를 살해하는 데 가담한 자들이 군법회의에 기소되어 재판을 받았다.

경남 지역의 계엄사령부 민사부장 김종원 대령은 진영사건에 관한 진상을 발표했다. 피의자들은 헌병대 수사를 거쳐 기소되었고 이들에 대한 제1차 군법회의는 1950년 10월 3일 개정되었다.[124] 피고들에 대한 선고는 10월 4일 이루어졌는데, 재판부(재판장 김태청)는 강성갑 목사와 김영명 살인에 적극적으로 가담한 진영지서 주임 김병희에게 책임을 물어 사형을 선고했다.[125] 그리고 국민회 회장 김윤석, 부읍장 강백수, 청년방위대장 하계백은 징역 10년이 선고되었다.[126] 학살 사건 가운데 드물게 가해자들이 군법회의 재판을 받았는데 '진영 살인 사건'으로 알려진 이 경우는 우여곡절 끝에 군법회의에서 피의자들을 살인죄로 다루었다.

재판 자료를 보면 열두 명이 기소되었는데 언론에 보도한 것처럼 김병회는 사형, 강백수와 이석흠, 하계백, 김윤석은 징역 10년에 처해졌고 나머지 일곱 명은 무죄였다.[127] 살인 사건에 관한 이 판결은 1950년 경남 계엄사 특별명령 제3호에 의해 설치된 군법회의에 따라 이루어졌다. 이 재판은 강성갑과 김영명의 살해만을 다루고 있는데 사형과 10년형의 유죄를 선고받은 이들은 살인죄였다. 이 재판에서 흥미로운 점은 피의자에게 살인죄를 적용한 법률이 〈비상사태하의범죄처벌에관한특별조치령〉(약칭 〈특별조치령〉) 제3조였다는 것이다.[128]

경남지구 계엄사령부 군법회의에서 재판장을 맡았던 김태청은 진영 살인 사건에 대한 담화문을 발표했다.[129] 하지만 이 군법회의는 일부 살인 사건에 국한한 것으로서 이 지역에서 동일하게 발생한 다른 민간인 학살에 대해서는 다루지 않았다. 지서 주임 김병회만 사형을 당하고 나머지 사람들은 10년 징역형을 받았는데, 이들은 김종원에게 3천만 원을 건네주고 한 달도 못 되어 형 집행정지로 풀려났다.[130] 그중에서 세 사람은 1960년까지 진영에서 그대로 살고 있었다.

비상시국대책위원회는 관민 조직이었으며 군과 경찰은 지역의 사정을 잘 알고 있는 이들을 활용해 검속자를 처리했다. 익산군 북일면에 거주하는 홍순영은 1950년 4월 북일면 국민보도연맹 결성식에서 고문으로 위촉받았다. 전쟁이 발발하고 7월 3일 북일면 비상시국대책위원회 보급부장으로 추대되었는데 그는 면내 납세자 1위였다. 시국대책위원회는 기부금을 모으는 수단으로 그를 임원으로 추대했으며 경찰을 후원하기도 했다.[131] 경찰서나 군 정보기관의 활동을 도운 비상시국대책위원회는 1950

년 7월 초순 거제에서도 조직되었다.[132] 거제 지역의 CIC 대원들은 경찰 서장을 통해 시국대책위원회로부터 20만 원을 받았으며, 식비와 부식비 명목으로 3개월 동안 수차례에 걸쳐 약 35만 원을 받은 것으로 나타났 다.[133]

공주에서는 시국대책위원회가 국민보도연맹원을 살려 주기도 했다. 사곡면 국민보도연맹원 150여 명이 면사무소에 수용되어 있었는데, 그중 많은 사람들이 시국대책위원회에 재정을 지원하거나 뇌물 등을 주고서 빠져나갔다.[134] 공주읍장 지헌정 등은 시국대책위원들을 활용해 김영배 등 여러 명의 국민보도연맹원과 공주 지역 유지의 자제들을 학살에서 제 외시켰다.[135] 이런 민관 조직은 독자적으로 업무를 처리할 수는 없었지 만, 요시찰인을 처리하는 데 있어 그들을 살려 주거나 사살하는 데 직·간 접적으로 가담했다.[136]

공무원과 경찰, 우익 단체가 공모해 벌인 진영 살인 사건에서 김병희 는 지서장이었고 김윤석은 읍장, 강백수는 부읍장, 하계백과 이윤석은 우 익청년단 소속이었다. 말단 국가기관이 지역의 우익과 결탁해 벌인 이 살 인 사건에 대한 재판은 두 사람의 피해자만을 대상으로 하고 끝났다. 추 측할 수 있듯이, 학살에는 우익과 결탁한 공무원과 일제강점기 때부터 그 들이 숙명적으로 안고 있는 독립운동가, 민족주의자에 대한 반감과 개인 적인 사감이 작용했을 것이다.

김병희는 만주군 출신으로 일본 부대에 근무한 자이고, 강백수와 김 윤석은 일제강점기에 관직에 있었다. 비록 직급이 높은 관료는 아니었지 만 말단이라 해도 친일을 한 사람들이었고 지역에서 존경받는 상황이 아 니었다. 이들이 해방 이후 보여 준 행적은 국민회에 참여한 것에서 알 수 있듯이, 이승만의 친미 반공 노선이자 식민지에 복무했던 방식 그대로였 다. 김정태는 독립운동을 한 전력이 있었고 김영봉의 선친 김성윤은 진영에서 상당한 학식을 가진 재력가이자 인재를 키운 이름난 민족주의자였다. 그는 일제강점기 때 재산을 털어 독립운동에 자금을 대고 학생들을 공부시키는 등 대단히 신망을 받고 있던 경남의 선각자였으며, 강성갑 목사는 보기 드문 교육자이자 농촌운동가였다. 조그만 읍 단위에서 벌어진 이 사건은 국민보도연맹원이나 요시찰인이 무엇이었든지 간에 전쟁이 어떻게 사람을 죽이는 빌미를 제공하는지를 생생하게 보여 주고 있다.

부산: 전선의 배후에서 벌어진 학살

전쟁이 발발하자 최후방인 부산에서도 난리가 났다. 많은 피난민이 임시 정부가 있는 부산으로 밀려들고 있었다. CIC는 다른 지역보다 더욱 가혹하게 시내 가가호호를 수색하면서 국민보도연맹원과 좌익들을 찾아내느라 혈안이 되었다.[137] 이곳은 1950년 7월부터 9월까지 광범위한 좌익 색출 작업이 진행되었다. 국민보도연맹원과 반정부 인사들은 경찰과 헌병, CIC에 끌려가 각 경찰서와 부산형무소 등지에 수감된 후 사하구 구평동 동매산과 해운대 장산골짜기, 오륙도 인근 등지에서 총살되거나 수장당했다.[138] 부산 지역의 국민보도연맹원 검속에는 검찰이 개입해 있음이 드러났다. 8월 2일 부산지방검찰청 검사장 이태희는 법조 기자단과 가진 회견에서 이들의 검속을 시국에 따른 조치라고 설명하고 당국의 지시에 따를 것을 강조했다.[139]

전쟁으로 긴장이 높아질 때 송경희는 동래에서 수산업을 하며 지역 활동가, 지식인으로 살고 있었다. 1950년 6월 동래고등학교 사친회장을 맡고 있던 그는 서울에서 열리는 전국야구대회에 학교 야구부를 이끌고 참가해 있었다. 마침 그때 전쟁이 터졌다. 서울에 사는 그의 둘째 여동생이 부산에 내려가면 죽을지도 모르니 서울에 머물라고 했다. 전쟁이 나자 송경희에 대한 경찰의 감시와 그가 국민보도연맹원이었다는 사실은 집안사람들에게 위협으로 느껴졌다.

서울에는 국민보도연맹원이 소집되어 각 구 사무실에서 집단생활을 하고 있었고, 이 소문이 시내에 돌고 있었다. 이미 전쟁 소식을 들은 시민들이 거리에 쏟아져 나와 혼란스러운 상황이었고, 멀리서 대포 쏘는 소리가 들리기 시작했다. 국민보도연맹원을 감금하고 있다는 얘기가 있었지만 송경희는 '죄 지은 게 있어야 피하지, 학생들만 어찌 보낼 수 있노'라며 학생들을 데리고 기차 편으로 부산에 내려왔다.[140]

송경희는 부산에 도착해 야구부 학생들을 집으로 돌려보낸 후 자신도 동래로 급히 달려갔다. 집에 도착하자마자 그의 행방을 감시하고 있던 경찰에게 붙잡혀 동래경찰서 맞은편 소방서 건물에 수감되었다. 이렇게 연행되어 온 이들은 240여 명쯤 되었는데, 경찰서 유치장과 맞은편 소방서 2층 사무실에 나누어 수용되었다. 7월 7일 점심 무렵 송경희는 아들(송철순)이 건너편 유치장에 입감된 사실을 전해 들었다. 며칠 뒤 사람들이 점점 사라지기 시작했다. 한밤중인 한두 시가 되면 10여 명씩 어디론가 싣고 가는 트럭 소리가 요란하게 들렸다. 경찰은 명부를 보고 데려갈 사람들을 호명한 후 손을 묶었다. 송철순은 '김 형사'의 도움으로 7월 20일경 무사히 빠져나올 수 있었지만 송경희는 4일쯤 뒤에 유치장에서 사라졌다.

동래 지역에서 경찰이나 CIC에 검거되어 사라진 사람들은 회동수원지와 기장읍 장안리 길천, 해운대 등지에서 총살되었다. 7월부터 8월 중순경까지 계속된 사건은 부산지구 CIC가 주도했다.[141] 사무실을 둔 이 부대는 8월경 경남지구 CIC로 개편되었고 김창룡 중령이 부대장을 맡았는데, 언론에 따르면 '유격대 아지트'를 급습하고 '매국 제5열의 소굴'을 조사한 것으로 보도되었다.[142] 또한 CIC는 부산형무소에 수감된 국민보도

연맹원 일곱 명도 처리했다.[143]

　1950년 7월 1일 새벽 이승만 대통령은 쏟아지는 폭우 속에서 아무도 모르게 대전을 빠져나와 여수로 향했다. 그리고 7월 2일 새벽 그는 다시 경비정으로 부산에 도착해 경남도지사 관사에서 도내 행정기관장 회의를 주재하고 부산을 수도로 할 것을 공표했다. 부산이 임시 수도가 되자 각급 행정기관이 들어섰고 국민보도연맹원과 요시찰인, 반정부 인사들에 대한 제거가 대대적으로 단행되었다.

　인민군이 점령하지 않아 상대적으로 안전한 곳이라고 생각하기 쉽지만 실상은 전혀 달랐다. '좌익'과 조금이라도 관련이 있거나 이승만 정부에 비판적인 인사들에 대한 제거는 단순한 살해 이상을 넘어 조작과 공작으로 진행되었다. 대표적인 사례가 지식인과 언론인에 대한 검거와 학살이었다. 소설가 김정한은 CIC와 경찰이 진보적 지식인을 없애려고 혈안이 되어 있었고, 일단 이들을 붙잡아 둔 뒤 '문화공작대'나 '과학자동맹'이라는 단체를 조작했다고 증언했다.[144] 언론인에 대한 탄압은 8월 중순경 절정에 이르렀다. 부산라디오와 『부산일보』, 『국제신문』, 『자유민보』, 『항도일보』, 『부산매일신보』 소속 기자 30여 명이 검거되었다. 검속된 기자들에게는 '문화인 인민군 환영 위원회'를 구성했다는 혐의를 씌웠다. 이들 중 일부는 붙잡힌 당일 고문으로 죽기도 했고 많은 기자들이 거동도 못할 정도로 심한 고문을 당했다.[145]

　이를 지휘한 것은 경남지구 CIC였다. CIC는 헌병과 경찰을 지휘하면서 시가지 전체를 공포 속으로 몰아넣었다. 가택 수색은 7월 초부터 서울이 수복되는 9월 말경까지 무려 세 차례나 이 잡듯이 이뤄졌다. 검거된 사람들은 동광동 CIC 사무실에서 취조를 받거나 부산형무소와 경찰서 유치장에 수용되었다. 군경은 매일 저녁 수십 대의 트럭에 사람을 가득 싣고 영도 앞바다에 수장시키거나 양산, 김해 신어산, 해운대 등지에 데려가 학살했다.[146] 이 지역의 검속자들에 대한 처리는 다른 지역보다 훨씬 체계적이고 조직적으로 이루어졌다. 전시 임시 수도라는 점에서 국민보도연맹원과 요시찰인은 물론이고 반정부 인사들에 대한 구금이 광범위하게 이뤄졌다.

임시 수도에서 정권에 비판적이라고 간주되는 사람들은 목숨을 부지하기 어려웠다. 이승만 정권의 편집광적인 행동은 피난민이 가장 안전하다고 여긴 최후방에서 제일 극심했다. CIC나 경찰에 검거된 국민보도연맹원 중 일부는 부산형무소에 수감되었다가 사하구 구평동 뒷산과 부산터널 위에서 집단으로 살해되었다. 형무소에서 이렇게 숨진 재소자들은 국민보도연맹원뿐만 아니라 '정치범'들도 상당수 있었다. 김정한은 부산형무소에 구금되었다가 용케 목숨을 건졌는데 가족들은 그가 죽은 줄 알고 영정을 만들어 장례까지 치른 뒤였다. 임시 수도 부산은 산 자도 장사 지내는 그런 시절이었다.

제노사이드의 발생 가능성이 높은 것은 새로운 정치체제와 이념에 바탕을 둔 경우다.[147] 상대방을 서로 다른 체제에 속한다고 여기게 되면 이들 사이의 긴장과 갈등이 높아지고 결국 대량학살로 이어질 가능성이 커진다. 희생자 집단에 대한 가해자의 정의는 정치적 권리의 박탈과 사회적 분리로 구체화된다. 국민보도연맹원과 요시찰인의 살해에서 보듯이 생명권을 박탈하는 것이 가장 전형적이다. 현실적이고 잠재적인 위협을 제거한다는 측면에서 이는 내부의 위협을 다루는 제노사이드라고 할 수 있다.

또 하나 주목할 것은 낙동강 방어선을 경계로 경상남북도 내륙 지역과 임시 수도 부산의 학살이 갖는 특징이다. 앞서 살펴본 한강 이남과 충청, 전라 지역에서 학살은 개전 초기 중요 요시찰인과 간부급 국민보도연맹 살해를 제외하면 인민군의 남침과 군경의 후퇴라고 하는 비슷한 시점에서 발생했다. 물론 연행과 구금은 인민군이 지역을 점령하기 훨씬 전에 이루어진 조치였다. 그런데 대구 이남을 보면 울산과 밀양, 진영, 김해, 부산 등은 낙동강 방어선이 형성된 1950년 8월 초순 이후에도 많은 희생자가 발생했다. 전황의 악화만으로는 이런 대규모 살인을 설명할 수 없다.

대량학살은 전쟁 중에 일어나기도 하지만 반드시 그런 것은 아니다. 국가 내의 특정한 '정치집단'이 삶의 터전을 빼앗기는 것은 전쟁이 아니더라도 충분히 가능하다. 르완다의 유엔평화유지군 책임자 로미오 달레르Romeo A. Dallaire 장군은 후투Hutu 족이 투치Tutsi 족을 죽이는 것이 반군과 정부군 사이에 벌이는 전투와는 별개라는 것을 알았다. 그는 전선에서 일어나고 있는 것은 배후에서 벌어지는 집단살해와는 별개의 것임을 눈치챘다. 후투 족은 한쪽 배후에서 투치 족을 제거하고 있었다.[148] 국가 폭력을 단순히 전쟁의 산물이라고 할 수 없는 이유는 이 집단에 대한 제거가 정치적 목표가 되기 때문이다. 이는 내전과는 별개이자 전선과는 인과관계 없이 일어나는 경우다. 임시 수도 부산에서 자행된 것을 살펴보면 이는 정치적 반대 세력을 제거하려는 배후의 움직임으로 충분히 해석할 수 있는 집단학살이었다.

국민보도연맹 사건에서 보듯이 국가와 시민의 관계에서 중요한 것은 개인들을 정치적 실체로서 인정하는가의 여부다. 국민보도연맹원은 그 탄생에서부터 국가와 시민이라는 관계 속에 존재하지 않았다. 라인하르트 벤딕스Reinhard Bendix가 주장했듯이 공동체의 구성원으로서 국민, 주권자를 결정하는 것은 개인 권리의 확장 여부다.[149] 개인을 정치 행위의 주체이자 공동체의 구성원인 국민, 나아가 주권자로 인정하는 것은 근대성의 보편적 특징이었다. 그러나 한국에서 국민보도연맹원은 국민으로서 존재 그 자체를 부정당해야 했던 가장 비극적인 희생자였다.

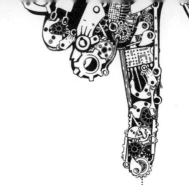

3

최고위층의 명령

누구의
명령인가

전쟁 초기 긴박했던 3일

공식적으로, 유일하게 폭력을 행사할 수 있는 국가기관이면서 가장 위계화되어 있는 군대와 경찰 조직에서 상급자나 지휘관의 명령을 하급자는 어떻게 받아들일까. 이 질문에 답을 얻기 위해 먼저 한국전쟁으로 돌아가보자. 개전 직후 경찰과 군인은 국민보도연맹원 등 요시찰인을 연행한 후 구금하거나 총살했다. 이승만 대통령은 1950년 6월 25일 아침 10시경 임시회의를 소집해 전쟁 상황에 대해 보고받았으나 전면 남침인지 무력 충돌인지 분명하지 않아 산회했다. 오후 2시 비상회의를 속개해 채병덕 육군참모총장으로부터 북한의 전면적인 남침 개시와 국군의 작전 등에 대한 전황을 보고받았다. 이날 회의는 어떤 결의 사항도 없이 3시 30분에 끝났다.[1]

다음 날인 26일 아침 8시 신성모 국방부 장관은 방송에서 '국군이 인민군을 물리치고 북진 중에 있다'라는 내용을 중심으로 거짓 담화를 발표했다. 정부는 6월 27일 새벽 경무대에서 비상 국무회의를 개최해 서울 철수 문제와 수원으로의 정부 이동을 결정했고, 그날 아침부터 한강을 건너 수원으로 이동했다. 그러나 이승만 대통령은 이날 새벽 국무회의에 참석하지 않았고 각료는 물론이고 국회의원, 하물며 국방부(육군본부)에도 알리지 않고 열차를 타고 대구까지 내려갔다가 다시 대전으로 올라와 피난해 있었다.[2] 대전에 머무는 동안 그는 개전 후 처음으로 국민을 상대로 자신이 서울을 떠나지 않고 국민과 함께 서울을 지킬 것이라는 요지의 거짓 연설을 방송했다.[3]

대통령과 정부 인사들이 우왕좌왕하는 사이 6월 25일 내무부 치안국장(장석윤)은 전국 경찰국에 〈전국 요시찰인 단속 및 전국 형무소 경비의 건〉(城署査 제1799호)이라는 비상 통첩을 무선전보로 하달했다.[4] 통첩의 주요 내용은 '전국 요시찰인 전원을 경찰에서 구금'하는 것이었다. 치안국은 추신을 통해 인원과 수용 관계를 고려해 '각 지서에서 요시찰인 중 특히 의식 계급으로서 사찰 대상이 된 자에 한해 먼저 구속하고 성명·연령·주소를 명기해 보고할 것'을 아울러 지시했다. 치안국은 6월 29일 〈불순분자 구속의 건〉, 6월 30일 〈불순분자 구속처리의 건〉을 각 도 경찰국에 하달했다.[5] 〈불순분자 구속처리의 건〉은 '국민보도연맹 및 기타 불순분자를 구속, 본관 지시가 있을 때까지 석방을 금한다'는 내용이었다. 7월 11일에는 "불순분자 검거의 건"이라는 제목으로 일련의 치안국장 통첩을 하달해 국민보도연맹원과 요시찰인에 대한 검속을 단행했다.

경찰 사찰과(계)에서 관리하던 요시찰인에는 대부분 국민보도연맹원이 포함되어 있었다. 이런 사실은 각종 자료와 진술을 통해서 확인할 수 있는데, '요시찰인 구금'과 관련해서 국민보도연맹원이 주요 대상이던 것이다. 요시찰 제도는 식민지 일제 경찰이 독립운동을 한 '정치범'을 감시하기 위해 만든 제도로서, 해방 이후 경찰에 그대로 승계되었다.[6] 경찰의 입장에서 보면 이들은 사상 전향이 확인되지 않은 자들이기 때문에 요시찰 대상이었다. 일부 경찰서에서 발견된 '요시찰인 명부'에도 국민보도연맹원을 요시찰 대상자로 분류해 놓고 있었다.

다른 요시찰인과 마찬가지로 국민보도연맹원은 6월 25일 치안국 전언통신에 따라 전국에서 검속되었다. 경찰 조직에서 이런 비상조치들이 이뤄지는 동안 정부는 6월 28일 대통령긴급명령 제1호인 〈특별조치령〉을 선포했다.[7] 이 조치령은 모든 범죄행위에 대해 '사형선고'가 가능하고 재판 과정도 '기소 후 20일 이내에 공판'을 열어 '40일 이내에 언도'하도록 규정해 '단독판사'에 의한 '한 번의 판결'로 선고가 결정되고 '증거 설명도 생략'이 가능한 매우 위험한 조치였다. 대통령 긴급명령인 〈특별조치령〉은 형식적 심리만을 거쳐 일률적으로 엄벌에 처하는 것이었는데, 엄격히 말하자면 이는 재판이 아니었고 행정 조치에 불과한 것이었다.[8]

〈특별조치령〉에서 방화나 군수물자 갈취, 수도·전기 훼손 등의 위반자를 일률적으로 사형에 처하도록 한 것은 "엄중 처단의 수준을 훨씬 넘어선 것으로서 지나치게 극단적"이고, 이에 해당하는 피의자에게는 '사형' 아니면 '무죄'를 판결하게 되어 있어 어떤 혐의자든 사형에 처할 수 있는 것이었다.[9] 무엇보다 〈특별조치령〉의 가장 큰 문제점은 형법과 형사소송법을 배제하고 만든 대통령령이었다는 점과, 〈특별조치령〉이 실제 적용된 것은 수복 후 진행된 수많은 부역 혐의자를 처형하는 데 악용되었다는 데 있었다.[10]

정부는 전시하의 작전 수행을 위해 7월 8일 전라남북도를 제외한 전국에 비상계엄령을 선포했다.[11] 계엄이 가장 먼저 실시된 곳은 강원도 지역이었다. 이 지역의 방위를 맡고 있던 8사단장 이성가 대령은 6월 25일 10시 전투 지역에 경비계엄을 단독으로 선포했다. 계엄사령부 역할을 수행할 육군본부는 7월 9일 군사작전에 수반되는 대민 관계를 신속하게 처리하기 위해 산하에 장교 14명과 사병 20명으로 사령부를 편성하고 예하 부서를 두었다. 계엄 업무는 민사부에서 수행하되 헌병대와 방첩대, 범죄 수사대를 계엄사에 배속시켰고 육군 각 사단과 진해 해군통제부에 민사 과를 두어 업무를 수행하게끔 했다.[12]

계엄령이 선포되고 각 지역의 사법·행정 사무가 계엄군에 귀속된 이 후에는 육군본부 정보국이 계엄 사무를 주관했다. 후방의 실질적인 계엄 업무와 관련해 국방부는 "1950년 7월 중순 ~ 9월 초순, 전 사단이 낙동강 방어선에 투입되어 후방 지역 계엄 업무는 헌병, CIC 등이 수행한 것"으로 기록하고 있다.[13] 이 자료에 의하면, 7월 25일 각 사단에 배속된 CIC와 HID 파견대를 해체 동시에 육군본부 정보국 직할로 편성했다. 이와 별도로 7월 12일 헌병사령관(사령관 송요찬)은 계엄 지역에서 '예방구금'을 할 수 있는 〈체포·구금특별조치령〉을 선포했다.[14] 7월 21일 계엄은 전국으로 확대되었다.[15]

한편 경찰 등 정보수사기관에서는 '예방구금'과 '예비검속'을 유사한 용어로 사용하고 있었다. 1950년 대구교도소가 재감 인명부를 정리하면서 작성한 "헌병예입인명부"(제2호)에는 재소자 2명의 죄명란에 '예비검속'이라고 표기되어 있다.[16] 또한 이와 비슷한 표현인 '예비구금', '예방구금'이라는 표현 역시 일반적으로 사용되었다. 〈체포·구금특별조치령〉은 군 작전상 필요에 따라 계엄법 12조 소정 조항 중 체포·구금·구속에 관해 특별조치를 취할 수 있었다. 이 포고는 체포·구금·구속에 관해 법원의 영장을 필요로 하지 않았고 계엄 시행 지역에서 '예방구금'을 할 수 있는 조치였다.[17] 대구형무소 "헌병예입인명부" 범죄란에는 '예방구금'을 의미하는 예구豫拘가 표기되어 있다.[18]

국민보도연맹원 등 요시찰인 연행과 구금, 살해는 일부 예외적인 지역을 제외하고는 한강 이남에서 거의 동시에 유사한 방식으로 이루어졌다. 6월 25일 '요시찰인 단속과 전국 형무소 경비'와 '요시찰인 구금' 조치에 따라 여러 지역에서 해당자들이 연행되었다. 제주 성산포경찰서 기록에 따르면, 6월 27일에 검거한 요시찰인 구속자를 상부에 보고했으며 전국적으로는 28일부터 소집·연행한 국민보도연맹원 등 요시찰인 일부가 살해되기 시작했다.

증언으로 살펴보면 제6사단 헌병대 상사였던 김만식은 6월 27일 '처형' 명령을 무전으로 받았고 다음 날부터 이 명령을 실행했다.[19]

> 6월 27일경 헌병사령부를 통해 대통령 특명으로 분대장급 이상 지휘관은 명령에 불복하는 부대원을 사형시키고 남로당 계열이나 보도연맹 관계자들을 처형하라는 무전 지시를 직접 받았다. …… 본인은 당시 헌병대 6사단에 소속돼 28일 강원도 횡성을 시작으로 원주 등에서 많은 보도연맹원을 처형한 후 충북 충주로 이동했다.

충남경찰국 사찰과에 근무했던 서재성은 '6월 말'이라는 시점을 특정하면서 치안국으로부터 '좌익과 국민보도연맹원을 처리하라'는 전문이 내려왔다고 밝혔다.[20] '학살을 실행하라'거나 '죽이라'는 문구가 표시된 자료는 아직까지 밝혀지지 않았지만 6월 28일부터 CIC와 헌병, 경찰 등은 전국에서 검속된 이들을 순차적으로 살해하고 후퇴했다. 따라서 이들에 대한 '처리', 곧 '살해' 명령은 어느 특정한 기관에서 내린 것이 아니고 정부 차원에서 결정된 것이라고 해야 할 것이다.

이승만 대통령이 서울을 떠난 날은 6월 27일 새벽이고, 육군본부 후퇴일은 "육군역사일지"에 기록된 6월 28일 새벽이다. 6월 28일은 서울이 인민군에게 점령된 날이었고 대전에서 이승만 대통령이 참석한 국무회의가 열린 날이기도 했는데, 정부는 이날 〈특별조치령〉을 공포했다.[21] 그런데 국방부 전사는 동일한 자료에서 이 조치령을 6월 25일 공포한 것으로 기록하고 있다. 법령집 등 각종 자료집에는 6월 25일 공포했다고 명기하고 있지만 6월 25일 비상국무회의에서 이 조치령을 논의했다는 기록은 없다. 전사를 기록한 일지편(1950. 6. 28)에는 〈비상시법령공포식武특례에 관한령念〉, 〈특별조치령〉, 〈예금등지불특별조치령〉을 공포한 기록이 나온다. 따라서 6월 28일에 공포한 것을 3일 소급해 법령집에 6월 25일자로 기록한 것이라고 볼 수 있다.[22]

정부는 〈특별조치령〉을 왜 3일 소급해서 공포한 것으로 '조작'했을까. 정부가 공포일을 6월 25일자로 소급 조치한 이유는 실제 제정일인 28일자로 이 령을 공포할 경우 정부가 서울을 탈출하기 이전에 발생한 시민들의 행위에 대해서는 처벌할 근거를 갖지 못하기 때문이라고 볼 수 있다.[23] 또한 주한 미국 대사관이 국무부에 보고한 문건에는 김준연 법무부장관의 언론 보도 내용과 〈특별조치령〉에 대한 문제점이 자세히 보고되어 있는데 여기에도 공포일은 6월 28일로 나타나 있다.[24]

6월 28일에 전국적으로 국민보도연맹원 등이 살해되기 시작한 것은 〈특별조치령〉 시행과도 연계되어 있을 것으로 보인다.[25] 학살이 시작된 시점과 조치령의 성격을 비교해 볼 때, 전쟁이 일어난 지 3일 후인 6월 28일 피난지 대전에서 조치령이 나온 것과 각 지역의 사찰계 형사들이 받았다는 명령을 종합해 보면, 개전 당일 국민보도연맹원 등 요시찰인 '구금' 명령이 소집과 검속에 그친 것이었다면, 이승만이 대전에 머물기 시작한 27일 이후부터 인민군이 대한민국의 수도 서울을 점령한 28일 사이에 별도의 살해 명령이 내려졌을 가능성이 높다.

앞서 논의한 대로 〈특별조치령〉은 여러 가지 문제점을 안고 있었다. 이 긴급명령은 1952년 9월 9일 헌법위원회가 위헌 결정을 내렸던 것으로 언론에 보도되었다.[26] 위헌의 구체적인 내용은 제9조 제1항인데, 이는

〈특별조치령〉 위반죄의 심판은 단심으로 하고 지방법원 또는 동 지원의 단독판사가 행한다고 규정하고 있다. 헌법위원회는 단심제가 헌법상 대법원에서 심판을 받을 수 있도록 보장하고 있는 국민의 기본권을 박탈하므로 헌법에 위반된다고 결정했다.[27]

전쟁과 정치의 관계에 대한 분석에 따르면, 전쟁 중이거나 준전시 상태의 국가에서 정치는 "가장 극단적인 '적과 우리'의 논리"에 따라 이뤄진다.[28] 전쟁 수행 원리에 따라 국가 운영이나 정치가 이뤄질 때 정치·사회 갈등이 폭력으로 변하고 "'적과 우리'의 원칙과 담론"은 지배 질서를 유지하기 위해 사용된다. 국가권력의 행사나 일상적인 정치 활동에서 정치 갈등을 내전이나 비정규 전쟁과 구별할 수 없게 되면 적으로 지목된 집단을 부정하는 전쟁의 보편화와 일상화가 진행되어 국가 내부의 야당, 저항운동, 비판적 시민까지 적으로 취급된다. 이와 같은 정치적 실천을 '전쟁 정치'라고 부른다.

전쟁 정치에서 지배 체제에 비판적인 집단 혹은 시민은 국가 내부의 적으로 의심되어 최소한의 법적 보호에서 배제된다. 폭력적 진압의 대상이 되는 순간 이들의 인권은 국가기관의 공권력 집행 과정에서 고려의 대상이 되지 못한다. 전쟁 정치의 가장 위협적인 요소는 바로 민주주의를 파괴한다는 데 있다. 근대국가에서 정치과정의 핵심을 민주주의라는 보편적 원칙의 적용이라고 본다면, 주권을 위임한 시민의 권리는 지배 체제의 이데올로기나 담론, 정책보다 우선적으로 존재한다. 그러나 전쟁 정치는 이런 제 권리를 규정한 법이라는 테두리 속에서 폭력을 행사하고 비판적 시민들을 정치과정에서 내쫓는다.

국민보도연맹원 등에 대한 구금 방침은 전쟁 첫날부터 수립되어 집행되었다. 연행·구금 대상자는 전선의 이동에 따라 평소 경찰이 갖고 있던 명단의 국민보도연맹원을 포함해 요시찰인 전원으로 확대되었다. 이 과정은 일선에서 주로 경찰이 도맡았으나, 이미 7월 8일 계엄령이 선포되기 이전부터 CIC와 헌병, 행정기관과 우익 단체들이 총동원되어 있었다. 이는 어느 한 국가기관의 명령과 집행에 의한 것이 아니라 정부 차원에서 체계적이고 조직적으로 시행되었음을 의미한다.

명령을 내린 최고위층은 누구인가

국민보도연맹원 등 요시찰인에 대한 살해는 이승만 정부의 최고위층의 명령에 의한 것이었다. 참전 군인과 경찰들은 CIC가 주도한 이 사건을 대통령의 명령에 따라 집행한 것으로 증언하고 있다. 앞서 인용한 헌병대 상사 김만식은 27일 '헌병사령부를 통해 대통령 특명'으로 '처형' 지시를 받았다. 그리고 학살은 28일부터 시작되었다. 포항경비부 사령관이었던 남상휘는 자신이 주둔한 포항에서 국민보도연맹원을 검속하고 살해했음을 밝혔다. 그는 군 계통을 통해 명령을 받았는데, 최종적인 명령권자는 군 통수권을 가진 이승만 대통령이라고 증언했다.[29] 그는 신성모 국방부 장관이 7월 초 육군참모총장과 해군참모총장 등에게 '좌익분자'를 처형하라는 명령을 내렸고, 포항경비사령부는 이 명령을 수령한 후 포항·경주·영덕 경찰서의 협조로 용공분자 명단에 올라 있던 각 경찰서 관할 지역의 주민 400~500명을 체포했다고 밝혔다.[30]

영동경찰서 외근계에 근무한 권혁수는 "특무대원이 영동경찰서로 직접 들어와 보도연맹원들을 소집하라고 지시했다. …… 최초 명령권자는 이승만으로 알고 있다. 보도연맹원들이 인민군과 합세하지 못하게 하기 위해 사살 지시가 내려진 것"이라고 증언했다.[31] 그리고 서재성은 "국방부 장관이 이승만 대통령의 재가를 얻어서 좌익 처리를 명령했을 것"이라고 추정했다.[32]

미군 제24사단 CIC에 근무한 김영목은 국민보도연맹원과 '사상범'은 CIC가 경찰과 군을 지휘해서 처리했고, 독자적인 판단은 이승만 대통령이 추인했기 때문에 가능한 것이라고 진술했다.[33]

특무대에서 경찰을 지휘해서 했다는 거. 동시에 또 특무대의 지위가, 그냥 정보국장, 정보국 산하에 있는 게 아니라 독자적으로 그러한 단독 행동을 할 수 있는 그러한 지위에 있었다. …… 육군 참모총장이나 육본의 정보국장이라던가 혹은 또 참모총장의 지휘하에서 행동을 하여야 하는데 그러한 지휘계통을 무시하고 직접 자기들 독자적인 판단으로써, 이제 독자적인 판단이라는 건, 이것을 할 것 같으면 이승만 대통령한테 추인을 받겠지, 나중이라도. 거기에 대해서 문책을 받지 않겠다는 전제하에 행동한 걸로 본 것이 타당할 겁니다.

경찰이나 군에 복무한 사람들은 일선에서 구금과 살해를 명령하고 주도한 것은 CIC라고 증언한다. 육군본부 정보국 CIC 대원이었던 오상근은 명령이 "육군 지시"에 의한 것이었으며, CIC 실권자이자 이후 특무부대장이 되는 김창룡[34]의 지휘하에 정보국 3과(CIC)가 실행한 것이라고 진술했다.[35]

그러니까 6월 28일 날, 다 수원으로 몰려 내려왔지. 장도영이가 있을 땐데, 그때 육군지시가 뭐라고 했냐하면, '정보국 1과, 2과, 3과장은 다 집합'하더니, 상공부 자리 그게 옛날 육군병원 자리거든. 그리로 집합시켰다고. 집합을 시켜 놓고 나서, 정보국 3과, 5과 요원은 김창룡 중령이 지휘해서 '내려가면서 잔비(殘匪) 소탕을 하고, 숨어 있는 보도연맹원이나 후방을 교란시키는 적색분자를 색출하라.' 이런 특명이 떨어졌지.

CIC가 요시찰인의 구금과 살해를 주도한 사실은 김해와 제주 지역 경찰 자료의 기록과 부합한다. 이 지역 자료에는 1950년 7월 8일 계엄령 선포 이전부터 공식적으로 육군본부 정보국 CIC가 국민보도연맹원 등에 대한 검속과 살해를 실제 집행한 것으로 나타나 있다. 정보국 소속이었던 김종필 역시 요시찰인 등 검속자 처리를 CIC에서 한 일이라고 증언한 바 있다.[36] 그는 제주 지역의 '예비검속'자와 대전형무소 등의 학살에 대해 "그런 건 전부 CIC에서 다했어"라고 말했다. 1950년 8월 경, CIC 본부가 대구에 주둔했을 때 간부였던 장경순은 CIC 책임자 한웅진의 지시에 따라 체포한 좌익 혐의자를 군법회의에 회부하지 않고 '즉결 처형'했다고 진술했다.

여기서 의문은 CIC 내에서 김창룡의 공식/비공식 역할이다. 앞서 살펴본 것처럼 오상근은 CIC 내에서도 특별히 김창룡이 이 일을 지휘했다고 증언했다. 김종필 역시 "김창룡 씨가 그런 거 한 거에요. 나중에, 나중에, 나중에 알았어요. 우리가 대구에 가니까 그런 일 죽 있다고 그래"라고 언급했다. 또한 일선 사찰계 경찰이나 군 정보 요원들도 CIC와 김창룡이 '사상범' 처리를 명령한 것으로 알고 있었다. 격전지 영천은 군인이 '사상범' 체포에 관여했는데 육군 공병단 정보과 출신 이수봉은 군 수사 관련 업무는 '김창룡 부대'가 했다고 밝혔다. 그는 '대위급인 정보과장을 통해서 작전명령이 내려오면 맹목적으로 따르기만 했다'고 말했다.[37]

1956년 1월 발생한 김창룡 저격 사건 관련자 신초식은 재판 과정에서 "6·25 후 후퇴 남하 시 김창룡은 경남지구 CIC 대장임을 기화로 당시 보도연맹원 등을 검거 처단하든 시에"라고 진술했다.[38] 그의 진술은 피난지 부산에서 CIC가 김창룡 지휘하에 요시찰인의 구금·살해를 주도한 사실을 뒷받침해 주고 있다. 앞서 서술한 대로 오상근은 육군본부가 수원에 머물 무렵 장도영이 명령을 내리고 이를 지휘한 것은 김창룡이라고 밝혔다. 개전 초기 CIC는 공식적으로 육군본부 정보국장인 장도영과 과장으로서 책임자였던 한웅진이 위와 같은 명령을 내릴 수 있었다.[39]

장도영은 자신의 회고록에서 이 부분에 관한 내용은 전혀 언급하지 않았다.[40] 또한 그는 2000년 MBC〈이제는 말할 수 있다〉취재 과정에서 이런 내용을 모른다고 증언했다.[41] 육사 3기생으로 CIC 출신인 이근양은 CIC와 관련된 일은 한웅진 중령의 지시를 받았으며 김창룡은 지휘 선상에서 제외되어 있었던 것으로 알고 있다고 진술했다.[42] 기록상으로는 1950년 3월부터 그해 10월 21일 CIC가 독립 부대인 특무대로 개칭되기까지의 책임자는 한웅진이었다.

김창룡에 대한 의문은 여기에 있다. 공식적으로 그는 개전 당시 CIC에서 5사단으로 배속되어 공군본부에 파견된 것으로 나타나 있다. 김창룡 자신이 쓴 것으로 보도한 "비밀수기" 내용에 따르면, 1949년 9월 동대문 일대 권력가인 민보단장 고희두가 CIC에서 고문으로 치사당한 사건이 발생했다. 그는 이 사건에 대한 책임을 지고 공군에 파견된 것이었다.[43] 장교자력표에는 김창룡이 5사단 배속(1949. 10. 17, 육본 특226호) 이후 육군본부에 전속되었으며(1949. 10. 27, 육본특 231갑호) 동 일자로 공군본부에 파견된 것으로 기재되어 있다.

소속 기관의 신분을 보면 김창룡은 공군에서 숙군을 진행하면서 전쟁을 맞은 것으로 볼 수 있다. 그러나 이는 어디까지나 형식적인 부대 파견일 가능성이 크고 실제로 그가 맡은 '대공' 업무를 보면 여전히 CIC에서 활동한 것으로 이해하는 것이 타당할 것이다. 그는 1950년 8월 초 경남지구 CIC를 확대·개편할 때 부대장으로 복귀했고, 9·28 서울 수복 후에는 경인지구합동수사본부장(1950. 10. 4)으로 활동했다.[44] 한편 장교자력표 일부에는 김창룡이 1950년 10월 21일에 이미 특무부대장이었던 것으로 기재되어 있다.

다시 말해 1950년 8월 이후 부산에서 국민보도연맹원 등 요시찰인에 대한 연행과 살해는 그가 지휘한 사실이 여러 증언과 기록에서 일관되게 나타난다. 그렇지만 가장 많은 사건이 발생한 1950년 6월 말에서 7월 말까지 그가 어떤 직위에서 무슨 역할을 했는지 문서상으로는 불분명하다. 하지만 김창룡의 최측근이자 CIC 요원이었던 허태영은 김창룡이 "6·25 후퇴 당시 정보국 제3과장으로 근무"한 것으로 기억했고,[45] 오상근 역시 김창룡이 특무부대장을 맡기 전에 정보국 3과장을 했다고 주장했다.[46] 오상근, 허태영, 김종필 그리고 '군의 연락 업무를 보았다'는 오제도의 증언[47]과 함께 일선에서 명령을 실행한 군인과 경찰의 증언을 종합해 보면, 김창룡은 비공식적으로 정보국 CIC 주요 간부로서 이 사건에서 가장 중요한 핵심 인물이었다.

전국에서 국민보도연맹원 등 요시찰인을 연행, 구금한 경찰 사찰과(계)는 이미 그 이전부터 CIC와 긴밀한 협력 관계에 있었다. 각 도의 CIC 파견 대원은 도 경찰국 사찰과에 업무 협조 형식으로 함께 근무했고, 사찰과(계) 출신이 CIC에 문관으로 재직하기도 했다. 대공·방첩 업무에 관한 한 이 두 조직은 사실상 거의 같이 움직였다. 전쟁이 발발하자 CIC가 각 경찰서에 국민보도연맹원의 명단을 제출하도록 요구했고, 이후 구금된 이들의 분류 작업도 함께 수행했다. 이런 과정을 볼 때 CIC와 경찰은 매우 긴밀한 협력 관계를 유지했고, 명령은 각 기관에서 별도로 받았지만 이는 결국 CIC의 권한이었다. 당연히 이 정책은 최고위층의 단일한 의사 결정에 의해 이루어진 것이라고 볼 수 있다.

미국 국립문서기록관리청NARA에서 해제된 문서에 따르면, 주한 미국 대사관 소속의 밥 에드워드Bob E. Edward 중령은 국무부 보고서에 1950년 7월 대전 낭월동에서 처형 장면을 찍은 사진 열여덟 장을 첨부해 보고했다. 그는 "서울이 함락된 후 1~2주 내에 수천 명의 정치범들이 처형되었"

고, "처형 명령은 의심할 바 없이 최고위층으로부터from top level 내려졌는데, 왜 냐하면 그러한 처형들은 전선에만 국한된 것이 아니기 때문이"이었고, "대전 에 있는 1,800명의 정치범을 처형하는 데는 3일이 걸렸으며, 1950년 7월 첫째 주에 일어났다"고 기술했다.[48]

이승만 대통령이 6월 27일 새벽 서울을 떠나 대구를 거쳐 대전에 머 물고 있을 때, 잔류 부대장이었던 이장석은 30일경 임시 각료 회의에서 "임시 대책, 피난민 관계, 포로 관계, 사상범 처리 문제 등등 여러 가지가 논의"되었다고 증언했다.[49] 다시 말해, 28일 서울이 인민군에 의해 점령 당한 이후 각료 회의에서 요시찰인 '처리' 문제가 공식적으로 논의되었다 는 것이다. '사상범'과 같은 요시찰인 처리 문제는 대통령이 관계한 각료 회의나 정부 최고위층의 대책 회의에서 협의·결정되었을 것이다. 그러나 살해 명령을 대통령이 직접 내렸는지의 여부는 아직까지 확인할 수 없다. 실제로 이 명령에 관해 알 수 있는 지위에 있었던 사람은 모두 사망했고, 고위직에 있었던 사람 중에 최근까지 생존했던 장도영은 관련 내용을 부 인하거나 증언을 거부했다.[50] 하지만 대통령이 요시찰인 검속과 살해를 지시했는지 여부와 상관없이 정황상 이 과정을 알고 있었고 보고받았을 것으로 추정할 수 있다.

왜냐하면 이 같은 정황은 전쟁 초기 기록은 아니지만 1952년 11월 26일 열린 제104회 국무회의에서 대통령과 총리서리를 비롯한 내무부· 국방부 장관 등 열여섯 명이 참석해 논의한 것에서 밝혀졌다.[51] 이 자리에 서 이승만은 "경찰의 예비검속은 공표하지 말라"고 지시했다. 이는 대통 령의 '유시諭示 사항'이었고 사실상 비밀을 지키라고 한 것이었는데, 전시 에 이승만이 직접 나서서 '예비검속'을 은폐하도록 지시한 것이다. '검속' 을 은폐하려고 한 것은 그 이후에 단행된 '살해'까지 감추는 것이었고 공 식적인 국무회의에서 논의할 수 있는 최종 단계 역시 '검속'이었을 것이다. '학살'이나 '살해'라는 용어를 국무위원들이 모인 자리에서 공개적으로 발언하고 기록으로 남겨 두기는 어려웠을 것이다.

직책으로 볼 때, 민간인 살상을 알고 있어야 할, 책임 있는 위치에 있었던 사람들은 모두 부인하거나 모른다고 잡아뗐다. 이들은 자신들이 알고 있는 기억을 은폐하기 위해서인지, 사실을 부정하고 책임을 전가하며 자신의 행동을 합리화하고 또 상대화하는 경향을 띠었다.[52] 학살을 애써 모른 채 한 사람들은 한 나라의 지도자들이었고 병사들의 생사여탈을 쥐고 군대를 지휘한 사람들이다. 관료제는 책임지는 사람을 보여 주지 않는다. 위계의 한 지점에서 모두 그만큼의 명령을 수행함으로써 다음 지점으로 이 명령을 옮겨 놓을 뿐, 행위의 전체적인 구조와 원인, 결과를 알 수 없거나 결과 자체에 관심을 갖지 않도록 유도한다. 홀로코스트 연구들이 관료주의적 특징과 가해자들이 차지하는 역할에 대해 제시한 바와 같이, 고위 관료는 이른바 "탁상 범죄자"desk murderers들이다.[53] 한국에서도 이는 예외가 아니었다.

이승만 대통령은 대공·방첩 업무를 경찰과 CIC 두 기관에 일임하고 있었지만 요시찰인이나 국민보도연맹원 등 '정치범' 학살에 대해 일일이 보고받지는 못했을 것이다. 하지만 그가 이런 명령을 직접 내렸는지 또는 관련 사실을 보고받았는지 여부와 상관없이, 행정부와 계엄사령부를 지휘하는 정부의 최고 권력자로서 집단학살에 대한 책임이 있다. 또한 자신의 부하인 군과 경찰의 지휘관들이 그런 일을 명령하고 저지른 사실에 대해서도 중대한 책임을 갖고 있다. 하급자들, 명령을 받은 군인이나 병사들은 이 명령에 대해 판단하지 않았다. 아니 그렇게 할 수 없었다. 최고 명령권자에 대해서 또 자신의 직속상관에 대해 판단하는 행위는 그들의 임무가 아니었다. 전시에 하급자들이 상부로부터 받은 명령, 곧 '말'은 '법'이었다.[54] 따라서 상급자와 지휘관의 책임은 명령을 실행한 이들보다 결코 가볍지 않다. 이승만 자신이 알고 있었는지 모르고 있었는지, 보고와 지시가 어느 선에서 이뤄졌는지도 중요하지만 가장 염두에 두어야 할 것은 그가 이 끔직한 대량학살에 대해 반드시 알고 있어야 하는 대통령직에 있었다는 사실이다. 만약 이 참극을 몰랐다면 문제는 이승만 자신이 대한민국의 대통령이라는 사실을 깨닫지 못한 것으로 이해해야 할 것이다.

경찰과 검찰의
임무 수행

치안국의 불순분자 검거와 집단살해

에드워드 중령이 언급한 '최고위층'이 이승만 대통령을 지칭하는지 아니면 정부의 장관급이나 중요 정책을 의결하는 국무회의를 가리키는 것인지는 확실하지 않다. 정부의 명령 계통을 보면, 신성모 국방부 장관, 백승욱 내무부 장관(7월 17일 조병옥), 형무소를 관할하는 이우익 법무부 장관 등이 이승만 대통령과 함께 주요 정책을 결정하고 있었다. 내무부 치안국장은 장석윤이었고, 국방부 정보국장은 장도영, 헌병사령관은 송요찬이었다.

전쟁이 터지자 정부는 국민보도연맹원과 과거 '좌익' 활동이나 반정부 활동에 가담했던 사람들을 구금하는 조치를 내렸다. 치안국 산하 경찰은 국민보도연맹원 등 요시찰인을 연행·구금·사살하는 데 개입했고 사찰과(정보수사과)에서 이 업무를 전담했다. 1949년 9월 정부는 내무부 직제를 개정했는데 사찰과의 경우 민정 사찰과 외사경찰 외에 '특명에 의한 사찰 사항'을 추가해 그 업무 범위를 넓힌 바 있다. 1950년 3월 중앙 기구 개편과 함께 사찰 업무는 더욱 확대되어 국민보도연맹 운영까지 담당했다. 사찰과의 서무계는 서무·보련반保聯班, 사찰계는 정문政文·형사취조반, 외사계는 외사·외사형사반, 분실은 지하공작 등으로 업무를 분장하고 있었다.[55] 사찰과(계)는 국민보도연맹과 좌익 관련 업무를 담당했다.

1950년 8월 4일경부터 낙동강 방어선이 형성되었고 정부는 내무부 직제를 개정하는 대통령령 제380호를 선포했다.[56] 이에 따라 8월 10일 내무부 치안국은 사찰과와 수사과를 통합해 정보수사과로 개편했다.[57] 정보수사과는 민정, 사찰, 외사경찰, 범죄, 수사의 지도 및 내무부 장관의 특명에 의한 사찰과 범죄 수사에 관한 사항을 담당했다. 정보수사과 설치는 조병옥과 선우종원이 주도했다.

정부가 대전에서 대구로 이동한 7월 15일 이후 내무부 장관에 임명된 조병옥은 국민보도연맹을 관리한 선우종원 검사에게 치안국 부국장 자리를 제안했다.[58] 그러나 선우종원은 이를 거절하면서 "말단이라도 좋으니 공산당과 정면으로 대결할 자리"를 달라고 건의했다. 이에 대해 조병옥은 치안국 정보수사과장직을 제의했고 선우종원은 초대 과장이 되었다. 자신의 회고에 따르면 선우종원은 8월 13일자로 정보수사과장직을 발령받았다.[59] 법무부 소속의 현직 검사가 내무부 치안국의 정보수사과 책임자가 된 것은 특이한 인사였다. 선우종원은 서울지방검찰청 정보과 소속으로 국민보도연맹을 조직하고 관리한 사상검사였다. 이로 볼 때 정부는 국민보도연맹원이나 요시찰인과 같은 '사상범'을 가장 중요하게 다루었고 선우종원은 정보수사 계통에 더할 나위 없이 적합한 인물이었다.

선우종원은 치안국이 사찰과와 수사지도과를 합쳐 정보수사과를 만든 것에 대해 "전국에 약 1만 명의 사복경찰관을 거느리는 경찰 최대 기구요, 심장이었다"라고 표현하면서, 조직 규모와 업무의 중요성을 평가했다. 조병옥 장관 역시 정보수사과장에 선우종원 검사를 앉히면서 "경찰의 심장부다. 이 경찰의 심장을 당신한테 맡긴다"라고 말할 정도였다.[60] 그만큼

경찰에서 사찰과 수사를 지휘하는 정보수사과는 막강한 권한을 가진 조직으로서 '정치적'인 임무를 수행하기에 가장 적합한 곳이었다.

경찰은 전쟁 이전부터 국민보도연맹원 등을 요시찰 대상으로 관리했고 사찰과(사찰계)가 이들을 관리·감독했다. 충북경찰국을 살펴보면 1950년 경찰국 사찰과 직원은 40~50명 정도였다. 영동경찰서 자료는 국민보도연맹원이나 부역자로 전쟁 중에 사살된 자, 인민위원회 시절 간부로 활동한 후 월북한 자, 남로당 등 좌익 단체에 가입한 후 기소된 자, 또는 자수한 자 등의 신원과 요시찰인으로 분류된 이들의 가족 이름, 본적, 가족 관계 등 신상 정보와 신장, 두발, 체격 등 인상 특징, 재산 관계와 관찰 사유 등을 기록하고 있다. 또한 보호관찰 등급을 가·나·다로 분류한 후 등급별로 요시찰인을 관리했다.[61] 전북 고창경찰서에서 작성한 '요시찰인 명부'에는 30명의 국민보도연맹원이 기재되어 있다.[62]

각 경찰서 사찰계의 요시찰인 감시는 최고위층에게까지 보고되었고, 이승만 대통령은 사찰계의 정보를 신뢰한 것으로 알려졌다. 어떤 경우에는 경무대로부터 직접 경찰서로 지시가 내려오기도 했다.[63] 경찰은 요시찰인 명부를 가지고 이들을 관리했고 때로는 직접 교육하기도 했다.[64] 사찰계는 경찰서 외부에 분실을 설치해 운영했고, 별도의 예산을 집행하면서 사찰 업무를 수행했다.[65] 또한 사찰계는 요시찰인을 분류하고 사찰한 '의견서철' 등을 별도로 작성했다. 사찰계 형사들은 국민보도연맹원 등 요시찰인을 연행하고 구금하는 데 앞장섰다. 문건이 발견된 김해경찰서의 경우를 보면, 1950년 7월 12일 오전 11시 김해경찰서의 사찰계는 각 관할 지서에 〈불순분자 구속에 관한 건〉이라는 전화 통첩을 하달했다.[66] 이 통첩은 하달일과 문서 제목으로 볼 때, 7월 11일 치안국에서 지시한 〈불순분자 검거의 건〉에 근거한 실행 조치로 간주할 수 있다.

국민보도연맹원 등의 구금과 사살에 관한 경찰의 지휘는 내무부 치안국이 주도했다.[67] 치안국과 도 경찰국의 명령은 경비 전화를 통해 일선 서에 전달되었다. 단양경찰서 사찰계에 근무한 김정인은 1950년 7월 초 충북경찰국으로부터 "보도연맹원들을 감시하라"는 지시를, 며칠 후에는 "보도연맹원들을 사살하라"는 명령을 무전으로 받았다.[68] 이리경찰서 소속 이구형은 "보도연맹 사건은 '예비검속'에서 사살까지 이리경찰서장과 사찰계 소속 경찰들에 의해 수행되었다. …… 사찰계 직원이 20~30명가량 되었으나 필요 시 다른 계 소속 경찰들도 살해 현장에 동행"했다고 진술했다.[69] 요시찰인에 대한 연행과 살해가 전국적으로 집행되었다. 내무부 치안국의 명령은 무선전보나 경비 전화로 각 도 경찰국으로 하달되었고, 도 경찰국에서는 각 지역의 시·군 경찰서로 명령을 내리고, 경찰서에서는 각 지서로 하달했다.

'전국 요시찰인 단속'과 '형무소 경비'에 대해 명령을 내린 치안국장 장석윤은 일본 육사 27기 출신으로 CIC 전신인 대한관찰부 사정국, 대한정치공작대 책임자였다. 그는 미 제24군단 정보참모부에서 활동하다 한국 주둔 미군 제971 CIC 파견대에서 근무한 요원이었다.[70] 그는 이승만 대통령의 최측근 친위 세력이었고 정보·공작의 전문가로서, 미군 정보·방첩 분야에서 활동한 매우 중요한 정보원이었다.[71]

서울시경국장 김태선은 후퇴가 한창이던 1950년 7월 13일 『시카고 트리뷴』The Chicago Tribune 지 기자에게 남한 경찰이 1,200명의 공산주의자와 그 혐의자들을 처형했다고 밝혔다.[72] 치안국과 그 예하 경찰 사찰계는 국민보도연맹원 등을 검속하고 사살하는 현장을 통제하고 지휘했다. 정보수사(사찰) 분야의 막강한 권한은 일선 서장을 거치지 않고 경찰국과 곧바로 연락하는 것에서도 알 수 있다. 주재 분실은 정보 요원을 통해 주민들의 동태를 파악하는 데 주력했으며, 경찰과 행정기관의 지휘 체계 등에 있어 우월적인 지위를 갖고 있었다. 그리고 이승만 대통령의 신임을 받으면서 여론 동향을 파악해 보고했다. 이는 경찰 직제에서 사찰계가 요시찰인 처리의 독자적인 권한을 행사하면서 다른 부서를 압도하는 권력을 행사했다는 것을 말해 준다.

치안국의 주요 요직에 있었던 사람들은 정보와 방첩 전문가이거나 '사상검사'로서 국민보도연맹의 조직 결성에 깊숙이 개입했던 당사자였다. 사찰계가 사찰 업무를 확대하고 국민보도연맹원에 대한 직접적인 관리를 맡으면서 전쟁 때 국민보도연맹원들에 대한 피해가 더욱 광범위하게 발생했다. 또한 경찰은 이들을 검속해 구금할 경우 우익청년단을 동원하고 사살한 이후에는 현장을 통제했다. 경찰은 CIC와 헌병이 통제한 지역에서는 이들의 지휘와 명령을 받았고, 후퇴하는 도중에는 피난민을 검문해 그중 적발한 국민보도연맹원 등 요시찰인을 살해했다.

무책임한 검찰

선우종원과 오제도는 자신들의 자서전에서 국민보도연맹원이 학살당한 것에 대해서 단 한 줄도 언급하지 않았다. 그들은 참혹한 집단학살에 대해서, 그 조직을 만들고 구성원을 관리했던 책임자라면 반드시 짚고 넘어가야 할 문제였지만, 한사코 국민보도연맹의 조직 결성과 그 성원들의 사상 전향이라고 하는 자신들 나름대로의 성과에 대해서만 언급할 뿐, 집단살해는 몰랐다는 증언으로 일관했다. 그러고는 마치 사후에 그런 일이 있었냐는 등, '그랬다면 그건 참 안된 일'이라고 자신들과 무관한 것처럼 태연하게 보이려고 애썼다.

국민보도연맹원이 군인과 경찰에게 집단학살당한 데에는 이들에게도 직접적인 책임이 있다. 사상검사들은 서울지방검찰청 정보과 소속으로 서울을 후퇴한 이후 국민보도연맹원들을 직접 관리하지는 못했지만,

개전 초기 3일 동안 서울 지역의 국민보도연맹원을 소집해 전시에 대비하고 있었다. 그리고 6월 28일부터 학살이 집행되기 시작할 때 그들은 이런 사실을 충분히 인지할 수 있는 위치에 있었다. 더구나 선우종원은 8월 중순경부터 내무부 치안국 정보수사과장을 맡아 사찰과 수사 업무를 총괄했다. 그런 그가 인민군이 점령하지도 않은 경상남북도 지역에서 9월 중순경까지 단행된 국민보도연맹원 학살을 모르고 있었다면 이는 거짓이다. 그러면서 그는 치안국 차원의 전국 단위 역할 즉, 명령이나 책임에 대해서는 한사코 부인하면서 일선 '경찰서'에 책임을 미루었다. 그는 학살 행위의 책임을 경찰 조직이 져야 한다며 국민보도연맹원 학살이 "전쟁의" "부산물"이라고 말했다.[73]

오제도 역시 검찰 내에서 국민보도연맹을 창설할 때부터 조직 결성을 주도했고 정보부에 검사를 배치해 조직 운영과 교육, 활동을 총괄했다. 검찰의 정보 부서는 일선 경찰을 지휘해 국민보도연맹원을 관리했고 이들의 사상 전향을 공식화하는 '탈맹식'을 주관하면서 전향자 확보와 사상 심사, 전향 교육 등을 관리했다. 개전 이후 검찰은 서울과 충청, 부산 지역에서 국민보도연맹원 검거에 개입했다. 오제도는 개전 직후 서울 시경 최운하 부국장으로부터 국민보도연맹원 관리를 맡아 달라는 전화 요청을 받았다.[74] 이 요청으로 보면 적어도 서울 지역에서 국민보도연맹원에 대한 관리 권한이 경찰에서 검찰로 인계되었음을 알 수 있다. 물론 검찰 정보 부서는 이전부터 국민보도연맹 조직과 그 성원을 관리하는 핵심 기관이었다. 그러므로 최운하 부국장의 요청에 대한 오제도의 반응을 살펴보면, 권한의 공식적인 인수인계가 아니라 개전 초기 국민보도연맹원들을 통제하기 위한 조치로 봐야 할 것이다. 검찰의 국민보도연맹 관리 인력과 그동안의 내역을 본다면, 일선 경찰의 도움 없이 검찰 자체적으로 이들을 통제하는 것은 불가능했다.

개별 사례를 살펴보면, 충북 일부 지역에서는 청주지방검찰청 검사장 명의로 국민보도연맹원 등을 소집하라는 지시가 내려져 각 경찰서에 이를 하달한 것으로 알려졌다.[75] 청주지방검찰청에서 검속 지시가 있었다는 내용으로 볼 때, 국방부의 공식 의견처럼 검찰청에서 각 지방검찰청으로 조치가 취해졌던 것으로 추정할 수 있다. 대전형무소 '정치범' 처리와 관련해서 검사장이 사살 명령을 내렸다는 증언도 있다. 형무소 특별경비대 분대장 이준영은 7월 1일 당직 간수장으로부터 검사장이 사살 명령을 내린 사실을 전해 들었다.[76] 이 진술을 근거로 한다면, 이날 새벽 3시 이승만 대통령은 충남도지사 공관을 빠져나간 후, 그가 머물던 곳에서 불과 수킬로미터 떨어진 산내 골령골에서 학살이 일어났던 것이다.

최후방이었던 부산에서 검찰은 국민보도연맹원의 구금에 깊숙이 관여하고 있었음이 언론 보도에서 드러났다. 1950년 8월 2일 부산지방검찰청 검사장은 법조 기자단과의 회견에서 '국민보도연맹원 일부를 검속한 것은 시국에 비추어 부득이 일부 맹원을 예비검속한 것이다. 그러나 이것은 상황이 호전되면 곧 석방할 것이다. 미구금자는 당국의 지시에 따라 행동해 주기 바라며, 만약 도피한 자가 있다면 절대 용서치 않을 것이다'라고 밝혔다.[77] 계엄령 초기 제주지방검찰청은 각 경찰서로부터 '예비검속'자 명부를 제출받고, 검사장이 계엄사령관의 승인 아래 7월 27~30일에 걸쳐 관내 검거 상황을 시찰하면서 그 집행 과정을 점검했다. 제주지방검찰청 검사장은 1950년 8월 6일 제주도경찰국장에게 〈예비검속자 명부 제출의 건〉을 명했고 이에 대해 제주도경찰국장이 명부를 제출한 것으로 문서에 나타나 있다.[78]

제주도경찰국은 제주지방검찰청으로부터 검속 상황을 명부로 제출하라는 통첩을 받자, 이를 치안국에 보고하고 지휘를 요청했다.[79] 치안국장은 제주도경찰국에 하달한 통첩에서 '예비검속'은 "전시 계엄에 속하는 사항으로서 검찰과는 무관한 사항"이라는 입장이었다. 또 제주지구 계엄 사령관은 검속자 명부에 대해 "동 사령관의 명 없이는 타 기관에 일절 연락 제출을 엄금한다는 지시"를 내린 상태였다.[80]

치안국에서는 요시찰인 검속을 전시 계엄 업무로 인식하고 있었으며, 제주 지역의 경찰도 이런 통첩 및 지시에 따라 업무를 처리했다. 제주도경찰국은 치안국 지시에 따라 이 검속을 '절대 극비로 취급하게 되어 있고 제주지구 계엄사령관에게 1건의 서류를 전달하게 되어 있으며 그 외 관공서에 대해서는 일절의 연락을 취하지 않는다'는 방침을 정했다.[81] 이런 과정에서 제주지방검찰청은 8월 8일 들어 그때까지 경찰서로부터 제출받아 소지하고 있던 명부 일체를 군 당국에 제출했다.[82] 따라서 초기에는 국민보도연맹원의 구금에 대해 경찰이 검찰에 보고하는 지휘 관계였지만 계엄령이 확대된 이후에는 군에서 이를 관장했다.

개전 초기부터 검찰은 제한적이긴 하지만 직·간접적으로 국민보도연맹원 처리에 개입했다. 서울은 인민군 점령 직전까지 소집된 사람들을 지도 검사들이 통제했다. 일부 지역에서 검찰은 이들의 소집과 연행, 구금을 명령했고 살해에 대해서도 인지하고 있었음이 밝혀졌다. 국방부는 이런 검찰의 역할을 전쟁사에 공식 기록하고 있다. '예비검속'과 같은 전시 조치에 대해 국방부는 "검찰청에서는 각 지검에 긴급 지시하여 국민보도연맹의 조직 점검과 아울러 반공계몽의 선봉에 서게 하여 이탈을 예방하거나 재전향하는 것을 차단하였다"라고 해, 검찰의 활동을 높이 평가하고 있다.[83] 검찰이 국민보도연맹원에 대한 검속과 학살에 개입한 책임은 피할 수 없다.

검찰의 책임은 단순히 지휘 계통상의 문제가 아니라 여러 지역에서 국민보도연맹원의 검속과 구금에 대해 경찰에 명령을 내리는 위치에 있었고 대외적으로도 자신들의 권한임을 강조한 데 따른 것이다. 당연히 국민보도연맹 조직을 결성하고 그 성원을 지도했던 책임도 더해야 한다. 1998년 폴 포트Pol Pot는 죽기 전 『파 이스턴 이코노믹 리뷰』Far Eastern Economic Review와 가진 마지막 인터뷰에서 캄보디아에서 벌어진 학살은 베트남 군인들 때문이라고 주장했고, 투올슬렝 감옥에 있는 고문 시설을 알고 있으면서 이를 부인했다. 그는 덧붙였다. "나는 최고의 위치에 있었으므로 오로지 큰 문제에 대한 큰 결정들만 했을 뿐이다. 나는 이렇게 말하고 싶다. 투올슬렝은 베트남 전시물이었다."[84] 높은 지위에 있으면 더 많은 책임을 져야 하는 것이 아닐까. 사실을 '몰랐다'고 해서 책임이 없는 게 아니다. 설사 '알지 못했다'고 해도 그 직위에 합당한 대가를 치러야 하는 것이 정치권력을 행사하는 사람들의 책임이다.

제2차 세계대전 이후 나치 전범을 다룬 뉘른베르그 재판에서 나치 2인자 헤르만 괴링Hermann Göring은 법정에서 검찰 측이 1,150만 명의 사람들을 노예처럼 부리고 살해하는 데 가담한 증거를 댔을 때, 아무것도 기억나지 않는다고 부인했다. 그는 "지위가 높으면 높을수록, 아래에서 일어나는 일은 잘 알 수가 없습니다"라고 진술하며 변호인에게 자기 말을 믿으라고 강권했다.[85] 세상이 다 알고 있는 잔혹 행위에 대해 전혀 들은 바가 없냐는 검찰 측의 계속된 질문에 그는 '수많은 소문을 들었지만 그런 종류의 소문을 믿지는 않았다'라고 답변했다.

오제도는 살아생전 여러 차례의 탐사보도 매체와 가진 인터뷰에서 국민보도연맹원 학살을 인정하지 않았다. 선우종원 역시 마찬가지였다. 괴링과 폴 포트가 늘어놓았듯이 그들도 높은 지위에 있어서 집단살해를 몰랐을까. 64년이 지나는 동안 그런 소문을 듣기는 했지만 믿지는 않았던 것일까. 이들과 이들이 소속된 검찰은 국민보도연맹원 학살을 계획한 '최고위층' 못지않은 배후 조직이었다. 직접 명령을 내리지 않았다고 해서 또한 그런 명령을 직접 수행하지 않았다고 해서 책임이 없어지는 것이 아니다. 하물며 명령에 복종했다는 것이 불법을 저질러도 된다는 것을 의미하는 것은 더더욱 아니다. 더구나 이것은 사람을 무차별로 죽이는 살인 행위였다.

계엄사령부의
민간인 업무

계엄사령부 편성과 대민對民 관계

개전 직후 군과 검찰·경찰은 별도의 지휘 체계를 통해 요시찰인 검속을 단행한 것으로 볼 수 있다. 1950년 7월 8일 비상계엄 선포 이후 검·경의 사무가 통합되어 사법·행정 사무는 계엄사령부에서 도맡았다. 김해와 제주 지역의 자료를 통해 볼 때, 계엄령을 전후한 지휘 체계는 군경이 별도의 지휘 계통에서 검속을 단행했지만 사실상 군의 지휘 체계에 있었다. 제주 지역은 전국적으로 계엄령이 선포되기 이전에 군이 검속 업무를 관할하고 있었고, 김해 역시 6월 28일부터 CIC가 주도적으로 국민보도연맹원을 검거했다. 정부는 전시하의 작전 수행을 위해 7월 8일 전라남북도를 제외한 전국에 비상계엄령을 선포했다.[86] 계엄사령부 역할을 수행한 것은 육군본부였다. 정부는 계엄 선포 이후 군사작전에 수반되는 대민 관계를 신속하게 처리하기 위해 7월 9일 육군본부에 계엄사령부를 편성하고 그 예하 부서로 민사부를 설치했다.

계엄 업무 중 대민 관련 사무는 민사부에서 수행하되 CIC와, 헌병, HID를 계엄사에 배속시켰으며, 육군의 각 사단과 해군의 진해 통제사령부에 민사과를 두어 계엄 업무를 수행했다.[87] 초대 민사부장에는 이지형 대령(법무감)이 보직을 맡아 민사부를 창설했다.[88] 각 지역의 지구계엄사령부 역시 이와 같은 조직으로 동일하게 편성되었다.[89] 계엄 선포 이후 사법·행정은 계엄 포고 1호 "사법행정기관의 군 귀일軍歸 협력을 요망한다" 라고 해서 전국의 사법 업무를 계엄사령부가 담당했다. 계엄사령부는 7월 9일 〈계엄 실시요령에 관한 건〉을 하달하고 '계엄 선포와 동시에 각 지구부대장(위수사령관 독립단대장 이상)은 계엄 실시 요령에 따라 계획을 수립하고 그 실시에 만전을 기'할 것을 지시했다.[90] 육군본부에 설치된 계엄사령부에는 헌병과 CIC, HID, 행정부, 민사부가 편성되었다.[91]

계엄 업무는 육군본부에서 총괄했는데 중요한 점은 '사상범' 처리를 도맡은 CIC 조직이 정보국에서 그대로 계엄사령부에 배속되었다는 점이다.[92] 여기서 주목할 내용은 민간인에 관한 업무 분장이다. 계엄하에서 민간인에 대한 철수, 복귀, 고용, 치안 기관 감독, 민간인 연락 등은 민사부의 주요 업무에 속했다. 그러나 피난민에 대한 심사와 '사상범' 처리는 CIC에서 전담했다. 계엄사령부의 업무 중 민간인의 사법권은 헌병과 CIC에 있었고, 국민보도연맹원 등 좌익 관련이나 사상범에 해당하는 경우는 CIC 주도로 처리했다.

대민 업무에 관한 군 기관 간의 지휘 체계를 살펴보자. 7월 8일 계엄령 선포 이후 7월 12일 계엄사령관 명에 의해 헌병사령관(송요찬 대령)이 계엄법 제13조에 근거한 〈체포·구금특별조치령〉을 포고했다. 공시적으로 국방부는 1950년 7월 중순부터 9월 초순경까지 전 사단이 낙동강 방어선에 투입되어 후방 지역의 계엄의 업무는 헌병, CIC 등이 수행한 것으로 기술하고 있다. 이는 역시 국민보도연맹원 등 검속자 처리와 같은 민사 관련 업무는 CIC와 헌병이 수행했다는 의미다. 계엄령과 〈체포·구금특별조치령〉 선포 이후인 7월 중순경부터 군경의 지휘 체계는 육군본부에 설치된 계엄사령부(정일권) 예하 정보국 중심으로 이루어졌다고 할 수 있다. 후방의 계엄 업무는 CIC가 주도하고 헌병과 경찰, 각 군 G-2 등이 가담했다. 국방부 전사편찬위원회 "육군역사일지"에 의하면 1950년 7월 25일 각 사단에 배속된 CIC 및 HID 파견대를 해체와 동시에 육군본부 정보국 직할로 편성했다.

계엄 업무 수행에 있어서 각 기관 사이의 수사 한계에 관한 원칙은 헌병대와 CIC의 지휘 관계에서 파악할 수 있다.[93] 군 수사기관은 군인·군속의 범죄, 적포로, 간첩, 군사에 직접 연관된 '사상범', 적유격대원(속칭 제5열第五列)의 범죄 및 계엄지구 내에 있어서 특히 계엄사령관이 직접 수사를 명한 범죄에 대한 수사를 행한다. 군 수사기관 상호 간의 업무 한계에서 CIC는 사상범과 적유격대원, 적 포로에 대한 수사를 주관하고 헌병사령부는 이들의 체포만을 담당했다. 헌병대가 위 사항에 해당하는 자를 체포했을 때는 신문이나 취조 없이 CIC에 즉시 신병을 인도하는 것이었다.

계엄하에서 경찰은 군의 지휘 체계 내에 있었다. 군과 경찰의 관계에 대한 구체적인 내용은 경남경찰국 문서에서 확인할 수 있다. 1950년 7월 15일 경남경찰국 사찰과는 관하 경찰서에 〈불순분자 처리의 건〉이라는 통첩을 하달하면서 "본건本件 구속자와 기旣히 구속된 불순분자는 헌병대에서 신병 인계를 요청하는 시는 이를 인도할 것"이라고 지시했다.[94] 경남경찰국 사찰과는 7월 25일자 통첩 〈구속중의 불순분자명부 제출의 건〉에서 "구속자 명부만을 군에 인계하고 신병은 상금當今 보호 중인 서署에서는 그 이유를 명기할 것"이라고 지시해, 경남경찰국 관하 경찰서에서 검속한 사람들의 명부와 대상자들을 이미 군에 인계했음을 알 수 있다.[95] 김해에서 경찰과 경남지구 CIC 김해파견대가 검속을 함께 실시했던 것은 1950년 6월 28일부터 9월 초순까지였다. 그러나 국민보도연맹원을 어떻게 처리할 것인지를 최종 결정하는 것은 언제나 CIC의 몫이었다.[96]

개전 초기에는 국민보도연맹원 등 요시찰인의 구금과 간부에 대한 사살을 경찰이 주도했고, 일부 지역에서 군이 개입하기도 했으나 7월 8일 이후에는 공식적인 명령 주체가 계엄사령부와 대민 계엄 업무를 맡은 정보국 CIC로 단일화되었다. 요시찰인 검거는 군경 등 모든 정보수사기관이 총동원되어 이루어졌다. CIC는 물론 CIC 파견대와 헌병대, 해군 G-2, 공군 G-2 파견대, 시·군 경찰서와 각 지서 등이 일선에서 가담했다. 일부 지역에서는 호림부대와 민보단, 해상방위대, 의용소방대가 관여하기도 했다. 경찰의 전산 자료와 문건, "헌병예입인명부" 등에는 미군과 우익 단체의 가담 사실도 알 수 있다.

군 수사기관 헌병대의 민사 업무

초기 헌병대의 구성과 임무를 기록한 『한국헌병사』에 따르면, 70헌병중대는 사회질서 안정과 불순분자의 색출에 만전을 기하기 위해 시내 각 경찰서에 헌병을 파견했고 각 역, 항만 등 중요한 곳에 파견대를 설치했다.[97] 수도사단 헌병대는 1950년 7월 8일 진천군 문백지서에서 헌병사령부로부터 파견된 헌병 30명을 모아 창설되었다. 2사단 헌병대는 7월 22일 (충북 보은군) 수한에서 낙오병 수습에 주력하는 한편 지역의 국민보도연맹원 240명을 체포해 후송하고 적 2명을 체포했다.[98]

사례를 보면, 많은 지역에서 헌병대는 국민보도연맹원 사살에 개입했다. 육군헌병대는 '가장 민중의 이목을 끌던 국민보도연맹원에 대한 무사공평한 특수공작을 감행하였다'라고 활동을 기록하고 있다.[99] 최초의 집단살해 역시 헌병대에서부터 시작한 것으로 볼 수 있다. 이미 인용한 대로 1950년 6월 28일, 6사단 헌병대 일등 상사 김만식은 춘천에서 끌고 온 국민보도연맹원을 횡성에서 총살했다.[100] 후퇴하는 곳에서 헌병이 구금한 사람들을 데려가 살해하는 것이 일반적인 형태였다. 안성에서 헌병은 사찰계로부터 인도받은 국민보도연맹원을 살해했고 평택에서는 후퇴하는 도중에 자신들이 직접 이들을 검거해 살해했다.[101] 대전이나 마산 등 형무소에서도 헌병은 경찰을 지휘해 재소자와 붙잡혀 온 요시찰인을 인근 골짜기나 해안으로 데려가 사살했다.

충북 괴산군 칠성면에서는 헌병대가 마을을 돌아다니며 국민보도연맹원을 재소집하라고 경찰을 지휘했다.[102] 경찰이 먼저 소집한 후 풀어준 사람들을 헌병이 데려가 총살한 것이다. 김만식은 헌병대가 경찰서에서 국민보도연맹원을 인계받은 뒤 연대 헌병대 주관 아래 보병과 경찰 병력 일부를 지원받아 총살을 집행했고, 경찰서에서 이들을 인계받을 때 신분장을 넘겨받은 적은 없고 대충 숫자만 파악했다고 밝혔다. 전선이 남쪽으로 이동하면서 헌병대의 피난민 심사는 더욱 강화되었고 전쟁을 독려하는 사례가 많아졌다. 7월 28일 제3사단 헌병대 일부가 제23연대의 영덕 전투에 참가했는데, 사단 헌병대는 영덕으로 이동해 독전督戰과 피난민 대피, 제5열 색출 임무를 도맡았다. 적의 공격으로 아군의 사기가 저하되어 도망자가 속출하자 헌병대 전원이 출동해 독전과 낙오자선(낙오자, 전선 이탈자 등을 체포하기 위해 설치하는 통제선) 설치 등을 수행했다.[103]

계엄사령부에 배속된 헌병의 임무 중 중요한 것은 민사 업무였다. 헌병대의 주요 임무는 독전과 낙오자 수용, 교통정리, 포로 취급, 군 풍기 단속, 제5열 적발, 피난민 조치, 지휘소 경비 등이다. 전쟁 발발로 인해 보병과 함께 헌병도 일선 전투에 참가해 수색과 적정敵情 탐색 등을 수행했다.[104] 헌병대는 각 헌병대 관구에 1개 헌병 대대를 배치하게 했다. 헌병에 관한 사무는 헌병령에서 규정했는데, 국방부에 헌병사령부를 설치해 총참모장의 지휘 감독을 받아 군사에 관한 사항에 한해 행정경찰과 사법경찰의 임무를 수행했다.[105]

헌병은 지방방위에 관한 군사경찰에 있어서는 사단장 또는 기소재지의 최고군사장관의 지휘 감독을 받도록 되어 있고, 헌병사령관은 사법경찰에 관하여는 사법경찰관으로서 검사와 같은 지위를 가지고 있었다. 헌병 법률에 따라 군 수사기관으로서 군인·군속의 범죄에 대한 수사를 맡았다.[106] 하지만 "군사 또는 군인, 군속의 범죄와 관련 있는 일반인의 범죄에 대하여는 형사소송법의 규정에 의하여 이를 수사할 수 있으되 긴급구속은 할 수 없"었다. 그리고 헌병은 수사상 검사가 발한 지휘명령에 복종하게 되어 있었다.[107]

1950년 8월 1일 연대 헌병대는 해체되어 편성함과 동시에 보병사단 헌병대에 편입되어 CIC와 함께 계엄사령부에 배속된 후 임무를 수행했다.[108] 헌병대는 국민보도연맹원 등 좌익 관련자를 처리하는 과정에 개입했으며, 계엄 실시 이후에는 CIC와 함께 후방에서 피난민과 요시찰인 검속 조치 등 대민 업무를 수행했다. 그들은 전선의 이동으로 후퇴하면서 때로 CIC의 지시와 협조를 받아 민간인을 사살했는데, 이는 '사상범'에 대한 처리가 명시적으로 CIC의 권한이었기 때문이다. 헌병대는 CIC가 통제하지 않는 지역에서 경찰을 지휘해 국민보도연맹원 등을 연행, 구금하거나 살해했고 대전 등지의 대규모 학살에는 주도적으로 개입했다.

학살을
주도한 CIC

특수한 지위의 '사상범' 처리

미군 제24사단 CIC 파견대에 근무한 김영목은 한국 CIC가 이승만 정부의 신임을 얻어 민간인을 학살하는 데 독자적인 행동을 한 것으로 보았다. 그는 특무대가 육군의 한 부대이지만 이승만 대통령에게 직접 정보를 제공하고 또 그로부터 지시를 받았다고 증언했다. 그는 CIC가 군 내에서도 특수한 지위를 갖는 독립적인 존재이고 독자적인 권한을 갖고 있음을 강조했다.[109] 이승만 대통령의 신임을 얻어서 특무대는 직접 대통령에게 여러 가지 정보를 전달했으며, 이승만 대통령의 지시에 의해서 움직였다. 한국군의 CIC는 특수한 지위에 있으면서 상당히 독자적인 지위를 가지고 있었던 것이다. 민간인 학살에 관해 CIC가 작전을 시작한 때이고 한국의 모든 지역이 작전 구역이었는데 경찰과 다른 기관보다도 특무대에서 사상 관계에 깊숙이 관여하고 독자적인 결정권을 가지고 있었다.

김영목은 대전에서 특무대가 조사 중인 사람들의 연행 명단을 직접 보았는데, 그중에는 해방 직후에 과학자동맹에 가입했던 동료 화학 교사도 있었다. 한국 CIC는 이미 개전 초기부터 좌익계 인사로 분류되어 요시찰 명단에 있는 사람들을 확보해서 구금하고 있는 상태였다.

CIC는 육군본부 정보국 산하에 있는 과課 단위 조직이었으며, 1950년 10월 21일 육군 특무부대가 창설되면서 독립 조직이 되었다. 거슬러 올라가 보면, 1945년 11월 13일 군정법령 제28호에 따라 과도정부 국방사령부 산하 '정보과'가 창설된 후 1946년 1월 14일 조선경비대 정보과로 발전했다. 그해 6월 1일 정보과는 정보처로 확대·개편되었는데 이는 군이 필요로 하는 정보 수집과 군 내의 방첩 활동, 국내 주재 해외 무관武官과의 연락 업무를 도맡았다.

정부 수립 직전인 1948년 5월 27일 군은 미군 제971 CIC를 모방해 경비대총사령부 정보국 제3과(특별조사과)를 설치했다. 정보 요원에 대한 교육이 진행되어 1차로 장교 훈련을 개시했고, 현역 장교 후보생이 교육을 받은 후 정보국에 전입했다. 7월 통위부 국방경비대 정보국에 김점곤 대위를 비롯한 24명이 발령받았다.[110] 1948년 8월 15일 정부 수립으로 국군이 창설되면서 대통령령 제37호에 따라 9월 15일 정보국은 국방부 직제상 육군 정보국으로 개편했다. 정보국이 설치된 이후 주한 미군 제24군단 G-2에서는 미군 철수를 대비해 주한 미군 방첩대의 임무를 계승할 군 방첩대를 만들기로 결정했다. 미군 971 CIC는 60여 명의 한국인을 모집해 6주간의 교육을 실시했고, 이승만 정부는 미군의 CIC를 모방한 정보기관을 창설하려 했다. 하지만 당시 국회는 정부의 군 정보기관 창설 계획에 반대했고 결국 CIC 대신 대한관찰부로 명칭이 바뀌었다.[111]

미군 제24사단 정보참모 토머스 와팅톤Thomas Wattington은 한국군 내에 군사 CIC를 창설할 것을 구상했는데 육군본부 정보국 3과(특별조사과)가 그 임무를 수행하게 되었다. 여순 14연대 반란 사건을 조사하는 과정에서 미 제971 CIC 요원이 국군 정보국 요원을 교육했다. 그 직후인 1948년 11월 1일 특별조사과는 방첩대(SIS)로 개칭되며 기구를 확대·개편했다. 부대는 군 반란 지역에 주요 인력을 배치하고 나머지는 각 도 및 38도선 일대를 담당했다. 특별조사과는 제3과로 불렸으며 과장은 김안일 대위였다. 특무부대 약사에는 부대의 기원을 이때의 제3과에 두고 있다.[112] 1949년 6월 1일 남산정보학교가 설치되었고 육군본부는 5과로 확대·개편되었는데, 제2과가 방첩대 업무를 맡았다. 1949년 10월 20일 방첩대(SIS)는 CIC로 명칭을 변경했다.[113]

육군본부 정보국에서 민간인을 대상으로 담당했던 좌익 관련 업무는 1949년 8월부터 방첩대에서 취급했다. 정보국은 적 적발 및 원조 물자 유출 방지 임무를 수행했다.[114] 육군본부 정보국에는 행정과를 비롯한 4개 과가 설치되었고 방첩대는 검사실과 함께 제2과에 속해 있었다. 파견대는 전국 21개소에 두었던 것으로 알려졌다. 제5사단(전라남북도 지역) CIC 파견장교들의 장교자력표를 살펴보면, 1950년 5월 15일부터 7월 30일까지 사단과 연대급에 정보국 소속 CIC 파견대가 운용되었다.[115] 개전 초기 CIC 근무자들은 사단과 연대급 CIC 파견대에 배속되어 방첩 업무를 처리했다. CIC가 계엄사령부에 배속된 1950년 7월 중순 이후부터는 정보국의 지역 파견대 소속으로 근무했다.[116] 이 외에도 각 지구 파견대는 개성, 인천, 주문진, 부평, 부산, 대전, 대구, 춘천, 양양, 청주, 광주, 여수, 목포, 포항에 있었다.[117] CIC 지구나 파견대가 있었던 지역의 수는 있었지만, 각 경찰서나 주요 지역의 기관에 두세 명이 파견 형식으로 나가 있기도 했다. CIC는 이런 조직을 바탕으로 국민보도연맹원 등 검속자 검거와 사살에 직접 개입하면서 군과 경찰을 효율적으로 통제했다.

1950년 9·28 서울 수복 직후에 김창룡을 중심으로 경인지구 CIC가 설치되었다. 10월 21일 육본 일반명령 제91호에 따라 CIC를 정보국으로부터 분리·독립시켜 육군본부 직할의 특무부대를 창설했고, 초대 부대장으로 김형일 대령이 임명되었다.[118] 국군 정보기관으로서 CIC는 관련 법률에 수사권의 한계가 정해져 있었다.[119] 법률에 의하면 "국군정보기관의 소속원과 방첩원은 군인, 군속의 범죄만을 수사할 수 있"었고, "전 항의 경우에 있어서 국군정보기관의 소속원과 방첩대원은 헌병과 동일한 권한"이 있었다.[120] 이는 군사·군인 또는 군속의 범죄에 관련이 있는 일반인도 조사할 수 있으나 구속과 같은 조치는 할 수 없었다. 정보기관의 군 수사의 경우, 특무부대에 근무하는 장교와 준사관, 하사관은 군 수사원으로서 군인군속의 방첩에 관한 범죄에 한해 헌병과 동일한 직권을 행사할 수 있었다. 그러나 신체의 구속은 원칙적으로 헌병만이 할 수 있는 것이었다.[121]

군 정보기관에 근무하는 장병이라고 해서 모두 군 수사원이 될 수는 없었다. 특무부대(CIC)와 첩보부대(HID)에 근무하는 장교와 준사관, 하사관으로서 소속 부대장이 발행한 신분증명서를 소지하는 자에 한해 군 수사원의 자격을 갖고 특정 범죄에 대해 수사할 수 있었다. 군 특무부대원의 수사 범위는 군사에 직접 관련이 있는 '사상범', 단 현행범(상태범은 현행범으로 간주)은 체포할 수 있으나 기타의 범죄에 대해서는 이를 직접 체포하거나 구속할 수 없었다. 그렇지만 헌병이 주둔하지 않은 지역에서 CIC 대원은 범인을 체포하거나 구속할 수 있었다.[122] 국군 CIC의 전시와 평시 임무는 '한국군 CIC 복무조항 2조'와 '한국군 규정 355-2'의 규정에 나타나 있다.[123]

1951년 12월 10일 김창룡 특무부대장은 전 파견대장 회의를 소집한 후 대공 활동에 관한 업무 지침을 하달했다.[124] CIC의 대공 활동 지침 및 방안에 의하면 주요 업무는 요시찰인 사찰 업무, C-5공작(숙군 정리), 낙오 장병 취급, 간첩 유격대원 취급, 526군부대(대남 유격 지도처) 봉쇄와 근멸, 방첩 및 태업 안전 조사, 민간인을 가장한 침투 간첩 색출, 야지 침투 봉쇄(통비 용의자 및 좌익 요주의 인물에 대한 사찰 강화), 석방 민간인 억류자 동향 사찰, 검문소 근무 강화, 공산 오염 방지 및 색출 활동 등이었다.

CIC의 권한은 전시와 평시를 불문하고 민간인에게까지 확대되어 있었다. CIC가 민간인을 수사할 수 있는 기준은 한국군에 고용된 군속이었다. 그러나 CIC는 국방경비법 제1조 4항을 확대 해석할 권한, 그리고 군인구금규칙 제2조에 따라 군법회의 대상인 사람을 재판에 회부할 수 있는 권한을 갖고 있었다.[125] 국방경비법 제32조와 33조는 국가에 적대적인 죄를 지은 사람은 누구나 군법회의에서 재판을 받게 했다. CIC는 이와 같은 과정을 거쳐 군법에 종속되지 않는 민간인도 위의 경우에 해당할 경우 체포, 수사한 후 재판에 회부할 수 있었다.

CIC 직원의 체포권은 앞서 살펴본 대로 〈헌병및국군정보기관의수사한계에관한법률〉에 의해 군인·군속의 범죄에 대해서만 수사권이 부여되어 있었고, 민간인의 범죄에 대해서는 설령 군과 관련된 범죄나 또는 군인군속과 공범 관계가 있다 하더라도 범인의 체포는 오직 헌병만이 할 수 있었다. 그러나 '사상범'과 적 유격대원, 포로 등은 법률상 상태범으로 인정되었으므로 현행범으로 취급해 이를 체포할 수 있었다. '사상범'이라는 포괄적인 범주는 군 정보기관인 CIC가 민간인을 상대로 수사 범위를 확대하는 데 가장 좋은 구실이었다. 전시는 이를 더욱 명확하게 했는데, 국민보도연맹원이나 요시찰인 등이 직접적인 대상이었다.

가장 책임 있는 기관의 집행

1950년 7월 중순 이후 육군본부 정보국 CIC 본부는 대구에 주둔하고 있었다. CIC는 한웅진의 지시로 본부 조직 외에 대구 시내에 열 개의 분소를 설치해 서로 경쟁적으로 좌익을 체포했다. CIC 조직의 지시는 절대적이었고, 체포한 좌익 혐의자들을 '갑'과 '을'로 분류했다. 분류된 사람들은 군인이나 민간인을 구분하지 않고 군사재판이나 지방법원에 회부되는 절차도 없이 CIC 대장의 지시로 사살되었다. 장경순은 한웅진의 지시로 체포한 사람들을 즉결 처형했으며 그가 "'이놈이 빨갱이다'라고 하면 총살되었다"라고 증언했다.[126]

CIC는 '사상범' 처리에 대한 권한은 가지고 있었지만 전국 조직을 갖지 못한 상태에서 헌병과 경찰을 수족처럼 부렸다. 김영목은 선우종원이 CIC와 경찰이 '협조 관계'였다고 한 것에 대해서 CIC가 경찰을 "총지휘를 했고", "사상범들을 체포해서 처형"했다고 밝혔다. 대구에서 CIC 요원들은 지서별로 한 사람씩 배치되어 있었던 것으로 알려졌다.[127] 충남 태안 경찰서 순경이었던 박기룡은 경찰이 후퇴할 때 국민보도연맹원을 사살한 것은 경찰이 독자적으로 할 수 없었고 상부 지시에 의한 것이라고 증언했다.[128] 현장에서 사살을 명령하거나 집행한 사람도 그 책임에서 완전히 자유로울 수는 없으나, 더 큰 책임은 그 명령 체계의 고위층에서 집행을 결정하고 하달한 자들에게 귀속된다.

형무소 재소자와 인근 지역에서 검속되어 형무소에 수감 중이던 사람들을 '처리'하는 데 최종 결정을 내린 것도 CIC였다. 마산지구 CIC는 형무소에 주둔하면서 국민보도연맹원을 조사·분류했는데 형무관 김영현은 이를 목격했고 증언했다. 마산지구 CIC에는 허태영과 노양환 등이 근무하면서 경찰을 지휘했고, 계엄령하에서 이런 결정은 그들의 몫이었다.[129] 마산경찰서 소속 이영구도 형무소의 모든 명령은 CIC가 한 것이라고 진술했다.[130] 창원군 대산면은 지서 주임이 CIC에게 국민보도연맹원 명단을 주었는데 그 명단에 있던 사람들은 모두 사망했다. 대산면 서북청년단장은 'CIC 지시하에 대산면에서 많은 사람들을 모아서 김해시 생림면 나박고개에서 총살했다'라고 밝힌 것으로 알려졌다.[131]

국민보도연맹원 등 요시찰인 집단학살에 책임 있는 기관은 CIC였다. CIC가 심사에서부터 분류, 살상까지 검속자 등 국민보도연맹원에 대해서 경찰과 헌병을 지휘했다. 이와 같은 결론은 1961년 5·16 쿠데타 이후 단행된 '예비검속'과 이 업무를 수행하는 과정에서도 확인할 수 있다. 쿠데타 직후 방첩부대장 이철희 준장은 계엄사령관 장도영에게 "위험인물 예비검속계획"을 발신하면서 재가를 요청했다. 방첩부대장은 군사혁명위원회의 지시에 따라 위험 인물을 별지 계획에 의해 검속한다고 밝혔다.[132]

이 계획에 따르면 검속 방침은 "각 지구 계엄 사무소장의 지휘 책임하에 각 지구 육군방첩대가 주관하여 경찰의 협조를 얻어 체포 후 계엄사무소장이 지정하는 장소에 수용"하게 했다. 세부 계획에 의하면 먼저 "예비검속 대상자의 소재를 파악한 후 경찰과 합동 수사하여 체포한다." 다음 "체포된 자는 각 지구 계엄사무소장이 지정하는 장소에 수용한다"(각도 경찰국 소재지 경찰서 유치장 또는 형무소). 그리고 '수용소의 경비는 수용된 당해 관서에서 담당할 것이나, 이에 대한 감독관(방첩대 및 헌병)을 배치하여 경비에 만전을 기할' 것을 지시하고 있다. '수용자의 처리는 계엄사령관의 명에 의해 처리'하는 것으로 나타나 있다.

"위험인물 예비검속계획"에 따르면 검속 방침은 "각 지구 계엄사무소장의 지휘 책임하에 각 지구 육군방첩대가 주관하여 경찰의 협조를 얻어 체포 후 계엄사무소장이 지정하는 장소에 수용"하는 것이었다. 검속된 자의 분류는 이들을 심사한 후 A는 "지도적 입장에 있던 자, 주동인물, 배후조종자, 현저한 범죄사실이 있는 자"이고 B는 "결사 집단의 구성원, 의식적으로 활동한 자, 직접 간접으로 협조한 자", C는 "범증이 불충분하여 입건 대상이 되지 않는 자"였다. 또한 이들에 대한 처리 기준은 A와 B로 분류된 자는 군경 합동으로 취조한 후 계엄고등군법회의에 송치하고, C로 분류된 자는 계엄사령관의 허가를 얻은 후 훈계 방면하도록 했다.[133]

방첩대는 검속된 이들의 처리 지침을 마련했다. 방첩대는 〈군검경합동수사본부 설치에 대한 건〉이라는 제목으로 '예비검속'한 사람들에 대해 "합리적인 방법으로 의거 처단"하기 위한 구체적인 절차를 입안했다. 이 부분에서 방첩대는 과거 자신들이 한 일을 자랑스럽게 기록하고 있다.[134]

> 이는 과거 6·25 당시 긴박한 사태하에서 공산분자의 처단을 1개 기관이 전담함으로서 현금에 이르기까지 국민의 원성과 혹심의 대상이 되었든 전례에 비추어 이러한 전철을 답습하지 않고 만전을 기하기 위한 견지에서도 지극히 요구되는 것입니다.

1961년 방첩부대가 주도한 '예비검속'과 심사는 증언을 통해서도 확인할 수 있다. 쿠데타 이후 설치된 군사재판(혁명재판부)의 검찰관으로 있었던 이재운은 계엄하에서 검거된 사람들을 직접 분류했다.[135] 그는 대전

공군기술교육단에 근무하다가 5·16 쿠데타 직후 충청남북도 지역 계엄분소의 군검경합동수사본부에 파견되어 구속자 심사를 담당했다. 지구방첩부대장이 해당 지역의 합수부장을 맡았는데 그는 '예비검속'한 사람들을 A·B·C로 분류했다.

1961년 방첩부대 기안 문건에 있는 대로 1950년 한국전쟁 때 국민보도연맹원을 포함한 요시찰인 검거 업무의 지휘 기관이 CIC였다는 사실은 내부 자료에서 확인할 수 있다. 전쟁기 대민 업무 수행에 있어서 CIC는 헌병과 경찰을 지휘하며 후방에서 '사상범' 업무를 총괄했다.[136] 계엄하의 피난민 조치 등에 관한 업무에서도 CIC가 책임 기관이었다. CIC는 '사상범' 처리에 관한 권한을 가지고 경찰과 헌병, 공군·해군의 정보처, 우익청년단까지 지휘하면서 국민보도연맹원 등 검거된 사람들을 살해했다.

이 사건의 핵심 기관인 경찰 사찰과(계)는 물론 육군본부 정보국 CIC는 전쟁 발발 후 사실상 무소불위의 권력을 휘두르고 있었으며, 이 권력은 이승만 대통령의 강력한 신임에서 나온 것이었다.[137] 두 조직의 실질적인 최고 책임자인 치안국장 김태선과 CIC의 김창룡은 지휘 계통을 뛰어넘어 경무대에 직접 보고할 수 있는 위치에 있었으며, 대통령의 깊은 신뢰를 받고 있었다.[138] 장경순은 김창룡이 숙군 문제와 전쟁 전후 좌익 혐의자 처리 문제를 이승만 대통령과 상의한 것으로 알고 있었다. 그는 군 내에서 김창룡이 이승만과 독대했고 좌익 사건을 처리하고 있다는 것은 일반적으로 잘 알려진 사실이라고 증언했다.

전쟁 이전부터 이승만 대통령과 김창룡은 특명을 지시하고 보고받은 것으로 알려졌다. 1949년 10월 신성모와 함께 경무대를 찾은 김창룡에게 이승만은 다음부터 그가 경무대를 자유롭게 드나들 수 있도록 조치했고, 그 후부터 독대가 이어졌다.[139] 1951년 1월 이후 이승만 대통령이 가장 자주 만난 사람 역시 방첩 업무를 담당하던 김창룡이었다.[140] 관련 내용은 김창룡이 1951년 1월 28일부터 매주 또는 격주로 그해 5월까지 경무대를 찾은 공식 약속일을 기록하고 있다.

1949년 1월경 숙군 이후 이승만 정부는 '좌익' 사건 처리에 관해 김창룡에게 거의 모든 것을 일임하고 있었다고 해도 지나치지 않다.[141] 공국진은 회상록에서 이승만이 김창룡을 어떻게 이용했는지 시사하는 내용을 남겼다. 그에 따르면 경리감 이효 장군은 군 내에서 김창룡의 월권을 두고 "저런 꼴로 만들어 놓은 것은 첫째는 이승만 대통령이 그 자의 우직하고 외곬통으로 가장된 충성심에 현혹되어 그를 정치적 도구로 쓰고 있는 데서 온 오만" 때문이라고 보았다.[142] 대통령 이승만과 수사정보기관, 특히 공식 직급을 떠나 그 조직의 실권자였던 인물들은 특수 관계에 있었다. 백선엽에 따르면 전쟁 중인 때에 "특무부대는 편제상 육본 정보국의 구처區處를 받았으나 이 대통령으로부터 직접 특명 사항을 받아 처리하는 경우"도 많았다고 회고했다.[143]

조직의 집단 범죄라고 하는 관점에서 이 사건을 요약해 보면, 이승만 대통령이 살해 명령을 직접 내렸는지 여부와 상관없이 어떤 식으로든 집행에 관여했을 가능성은 크다. 국민보도연맹원은 개전 직후부터 1950년 9월 중순까지 장기간에 걸쳐 전국적으로 집단살해되었고, 상층부에서 이런 상황을 충분히 파악했을 것인데도 살인은 저지되지 않았다. CIC는 이 과정의 중심에 있었고 '사상범 처리'를 집행한 '책임 있는 기관'이었다.

바우만이 오늘날의 사회조직에 대해 비판하고 있는 것은 우리에게도 시사하는 바가 크다. 그는 사회적 조직화의 성취로 규칙성을 든다. 그에 따르면, 모든 사회조직은 목적의식이 있거나 총체적으로 만들어지는데, 조직 내부 단위들의 행동은 가치 평가의 도구나 절차적 기준에 종속시키는 대상으로 구성된다. 이보다 더욱 중요한 것은 집단적 목적에 대해 단위들의 행동이 자율적이 될 수 있게 해주는 기준을 합법적으로 보장하지 않고 불법으로 만드는 데 있다.[144] 다시 말해 구조적인 반복 가능성과 예측 가능성은 현대 사회조직의 총체적 결론이다. CIC는 바로 이런 사회체계에서 가장 발달한 도구적·절차적 합리성을 가진 조직이고 '사상범'을 처리하는 핵심 기관으로 구조화되어 갔다.

미군 CIC: 방관자 이상의 책임

미군 CIC는 민간인 학살에 어떤 역할을 했는가. 미군은 후퇴하는 지역에서 한국 경찰이 '정치범'을 구금하고 피난민을 대상으로 국민보도연맹원을 색출하는 것을 인지하고 있었다. 1950년 7월 16~18일경 미군 제24사단 CIC 파견대는 옥천경찰서가 공산주의자로 의심되는 200여 명을 구금하고 있다는 보고를 받았다. 옥천경찰서는 이 지역으로 접근하는 모든 피난민을 대상으로 검문을 실시하고 있었다.[145] 전쟁기 미군 방첩대의 주요 활동은 피난민과 월남민 심사, 포로 심문, 보안, 방첩, 적정(적에 대한 정보) 수집 등이었다.

1950년 7월 초부터 제24사단 CIC 파견대에 근무한 김영목은 해방 이후 미군 CIC에서 일한 적이 있었다. 그는 대전공업중학교에서 교편을 잡고 있던 평범한 교사였는데, 전쟁이 나자 자신의 과거 경력을 알고 있는 경찰 측에서 도와 달라는 요청을 받고 미군 포로특별심문반(약칭 포로심문반)에서 관련 업무를 시작했다. 포로심문반의 임무는 개전 초기 인민군 장비, 병력에 대한 정보를 포로들을 통해 파악하는 것이었다. 이 소규모 포로심문반은 6월 28~29일경 대전 충남도청에 사무실을 두었는데, 한국전쟁에서 처음으로 인민군 장교(군관) 2명과 사병 10여 명이 붙잡혀 있었다.

김영목은 포로심문반에 합류해 인민군을 심문했다. 인민군이 대전 가까이 남하하자 부대는 부산으로 후퇴하면서 그에게 계속 합류하기를 원했지만, 그는 고향 근처인 대전에 남았다. 그러다가 다시 24사단이 대전에 오자 미군 CIC에 근무하게 되었다.[146] 하루는 대전공업고등학교 동료 교사 송종운의 친척이 그를 찾아왔다. 그 친척의 용건은 송종운이 대전경찰서에 연행되어 갇혀 있는데 좀 알아봐 줄 수 있느냐는 것이었다. 그 길로 그는 대전 CIC에 갔다.

　　한국 CIC는 '좌익' 활동가들을 연행해 조사 중이었다. 김영목은 혹시나 하는 마음으로 '그 명단을 볼 수 있는가' 하고 물었더니, 한국 측 요원이 그의 동료인 송종운이 포함된 목록을 보여 주었다. 약대 출신인 송종운은 화학 선생으로 재직하고 있었는데 해방 직후에 '과학자동맹'과 같은 좌익계 조직에 가담했던 것 때문에 요시찰 대상자로 지목된 인물이었다. 김영목은 그 사실을 나중에야 알게 되었는데, 한국 특무대원에게 자기 책임하에 보증을 해서 송종운을 석방시켰다.

　　한국 군경이 국민보도연맹원을 살상하자 미군은 이 사실을 더글러스 맥아더Douglas MacArthur 사령관에게 보고했다.[147] 따라서 한국군이 저지른 대량학살은 미군 고위층에도 보고되어 맥아더 사령관도 알게 됐으며, 그는 존 무초John Muccio 주한 대사에게 '적절한 처형'인지 살펴볼 것을 주문한 것으로 밝혀졌다. 무초 대사는 이승만 대통령과 신성모 국방부 장관에게 '불법적이고도 비인간적인 처형'에 관해 항의했던 것으로 알려졌다. 1950년 8월 25일 무초 대사가 맥아더 사령관 예하 월턴 워커Walton Walker 미8군사령관에게 보낸 편지에는 "한국군과 경찰 등이 공산군 등을 무단 처형하는 것에 대해 항의하고 적법한 법 절차에 따라 조치할 것을 요구"한 것으로 기록되어 있다.

　　미군이 한국군과 경찰의 민간인 살해를 알고 있었다는 사실은 여러

보고 문서와 증언으로 밝혀졌다. 대구 근교 덕천리 학살 현장에 있었던 미 육군 헌병 조사관 프랭크 피어스Frank Pierce 상사는 중대장에게 제출한 보고서에서 "한국군이 극히 처참하게 정치범들을 대했으며 여성과 12, 13세 된 어린이까지 포함된 200~300명이 덕천에서 처형됐다"라고 기술했다. 무초 대사의 수석보좌관 에버렛 드럼라이트Everett F. Drumright가 작성한 보고서에는 자신이 대전 학살을 반대한 것으로 나타나 있고, "현장에서 미군 소령이 학살 장면을 카메라로 촬영했"다고 기록했다.

미군 제25사단 CIC 분견대는 1950년 10월 7일자 전투 일지 및 활동 보고서에서 대전과 인접 지역에서 과거 공산당 가입과 활동으로 체포된 1,400명을 한국 경찰이 살해했는데 그에 대한 명령이 7월 1일 한국 정부로부터 내려진 것이라고 보고하고 있다. 미 육군성 G-2 소속 에이할트 대령은 7월 3일 유럽 지구 총사령관 등 해외 지구 사령관에게 보낸 비밀통신문에서 '한국 경찰이 대전에서 모든 공산주의자들을 체포해 시 외곽에서 처형하고 있다'면서 '7월 2일 오후 6시께 국방부 장관 신성모가 수원에서 지프를 타고 대전으로 왔고 채(병덕) 장군과 한국군 G-2 강 대령 등 참모 6명이 동행'한 것을 보고했다.[148]

한국전쟁에 참가한 미군 부대는 도쿄의 미 극동군사령부 지휘하에 임무를 수행했으며 전쟁에 필요한 첩보와 정보 역시 이곳으로 보고되었다.[149] 미군 CIC의 '한국전쟁 시기 CIC의 작전과 활동에 대한 보고서'에 의하면, 전쟁 초기 "한국 CIC는 남한 정부를 전복하려는 세력뿐만 아니라 공산주의자가 아닌 반대자들까지도 아무런 재판 없이 수많은 처형을 저질렀다"라고 기록했다. 그리고 몇몇 한국 CIC 요원들은 민간인들을 강탈하는데 관여했다.[150]

미국 국립문서기록관리청 자료에는 '대전에서 벌어진 정치범political prisoners과 관련해 1,800여 명에 대한 처형이 1950년 7월 첫째 주 3일 동안 진행되었다'라고 밝히고 있다. 앞서 서술한 대로 이 문서는 주한 미국 대사관 에드워드 중령이 1950년 9월 23일 보고한 것으로서, 여기에는 처형 장면을 찍은 사진이 별도로 첨부되어 있었다.[151] 김영목은 에드워드 중령의 메모는 미국 대사관에 근무하는 무관으로서 한국 국내 정세에 대해 보고한 것이라고 평가했다. 그는 대민 업무와 관련해 미군 CIC에서 한국군에게 "이렇게 해라 저렇게 해라, 혹은 그렇게 해도 좋다던가 이러한 관계는 있지 않다"라고 보았다. 그러나 미군으로서는 한국군이 무슨 일을 하는지, 될 수 있는 대로 많은 정보를 수집하려고 했기 때문에 위 문서가 작성된 것이라고 그는 추정했다.

미군 CIC는 한국군 CIC와 긴밀한 협력 관계를 유지하고 한국 경찰의 검속자 처리를 인지하고 있었다. 미군 제24사단 CIC의 보고에 따르면 1950년 7월 8일 남한 경찰은 조치원 서쪽 5마일 부근에 남쪽으로 내려오는 피난민 중 제5열을 적발하기 위해 심사 지역을 설정했다. 미군 CIC는 "이 지역 경찰들이 조금이라도 의심스러운 사람은 모두 사살해도 좋다는 지시를 받았다"라고 보고했다.[152] 미군은 의심되는 민간인에 대한 한국 CIC의 살해 조치를 알고 있었으며, 또한 한국 CIC와 함께 좌익 검거 작전을 수행하고 있었다. 그러나 7월 중순 이후 전시작전권을 가진 미군이라 하더라도 한국 민간인과 관련한 업무는 미군이 개입할 수 있는 부분이 제한되어 있었다고 볼 수 있다. 일선에서 한국군이 수행하는 작전에 대해 미군이 직접적인 명령을 하달하는 경우는 흔치 않았다.[153]

하지만 인민군이 일부밖에 점령하지 못했던 경남 지역을 관할한 3사단의 미 군사고문관 롤린스 에머리히Rollins S. Emmerich는 학살의 승인을 자신의 비망록에 남겼다. 개전 초기 3사단 23연대장 김종원은 인민군이 부산을 점령할 경우 형무소 재소자들이 봉기할 것을 우려해 수감자 3,500명을 처리할 계획을 세웠다. 이 사실을 인지한 에머리히는 한국 측이 대량학살을 저지를 경우 유엔 감시단에 보고할 것이라고 경고해 살해 계획을 중지시켰다. 그렇지만 그는 인민군이 부산 외곽에 이를 경우 감옥 문을 열고 기관총으로 수감자들을 사살하도록 허가했다.[154] 미군은 사전에 승인했고 결과는 이미 사실로 밝혀졌다. 그 결과 정확한 규모는 밝힐 수 없었지만 한국군과 경찰은 부산형무소 재소자를 학살했다.

중요한 점은 김영목 자신이 인정하고 있듯이, 미군은 한국 군경이 민간인을 대규모로 살해하고 있다는 것을 인지하고도 그대로 내버려 두었다는 사실이다. 미군이 무초 대사를 통해 이승만에게 '정치범' 처리의 부당함을 완고하게 항의한 것은 개전 초기의 집단살해가 거의 마무리되는 8월 하순경이었다. 미군 CIC는 한국군에 상당한 영향력을 갖고 있었다. 정보 계통으로는 한국 CIC 자체가 미군의 훈련하에 조직되었기 때문에 업무 처리와 보고 체계 등은 매우 유사했다. 비록 한국 국민이었지만 미군이 전시 민간인 보호에 대한 확고한 방침을 한국 측에 전달하고 강력하게 통제했다면 집단살해는 예방하거나 최소한 충분히 줄일 수 있었을 것이다.

한국 CIC의 업무에서 특별한 것은 민간인에 대한 수사 권한이었다. 한국군 정보기관 CIC가 창설될 때 미군 CIC 장교들이 초기 조직과 훈련을 담당했다. 주한미군사고문단이 마운트 조이P. B. Mount Joy 소령이 보고한 '한국군 CIC 조직과 기능'에 의하면, 한국군 CIC는 미군 CIC가 다루지 않는 부분을 추가로 담당하고 있었다. 그는 한국군 CIC의 일부 기능이 미국의 사법부 조사 기능과 유사하다고 표현하면서, "평시와 전시에 한국군 CIC의 수사 권한은 군인뿐만 아니라 모든 민간인에게까지 확대된다"라고 밝힌 바 있다.[155]

위 문서의 보고 시점에서 한국 CIC에는 총 400명의 장교와 요원, 사병이 있었고, 9개 지역에 조직되어 있었다. 그리고 전술 CIC 부대는 한국군 3개 군단에 각각 있었으며, 전방 사령부에 1개 팀이 배속되어 있었다. 그는 한국 해군과 공군에도 CIC라고 부를 수 있는 기관이 있었으며, 한국의 수사기관들이 민간 수사 영역에까지 활동 범위를 넓히고 있다고 보고했다.

미군 CIC는 한국 CIC와 협력하면서 일할 수밖에 없었다. 왜 그런가하면 미 육군 CIC는 소속 부대에 관한 안전과 통제를 중심으로 업무를 수행하는데, 작전지역에 들어가면 일단 한국 경찰이나 특무대와 협조해서그 지역의 치안 상태와 대민 관계를 점검해야 했기 때문이다. 미군은 한국 CIC를 통해 피난민을 검문하고 조사했다. 사례를 보면 미군 제441 CIC는 한국 CIC를 통해 전방에서 체포한 사람들과 전선을 통과한 사람 25명 이상을 심문했다.[156] 이는 피난민 중에 북한이 고용한 적병이 있을것으로 추정했기 때문이었다.

미군의 "한국전쟁 시기 CIC의 작전과 활동에 대한 보고서"에 의하면미군 CIC 부대에는 일부 한국 CIC 요원들이 배속되어 있었다. 한국 CIC 요원들은 미군 CIC와 협력 관계 속에서 조사관, 정보원, 피난민 심사, 통역, 연락 요원 등의 임무를 수행했다. 미국 CIC 학교에서 조사원을 한국에 파견해 활동 중인 CIC 요원들을 인터뷰하고 목격한 것을 바탕으로 쓴보고서에 따르면, 미군 CIC 소속 부대원의 62퍼센트는 한국군 CIC와 관계를 만족스러워했다. 그러나 보고서는 한국 CIC가 비효율적이고 비협조적이며 잔인하다고 그 단점을 지적한 미군 CIC 보고를 인용했다.[157]

한편 미군은 자체적으로 국민보도연맹 조직에 대한 한국 정부의 조사를 면밀히 예의 주시하고 있었다. 미군 제25사단 CIC는 1950년 7월 16일 경북 영천 지역에서 정보원으로부터 이들을 수사 중이라는 정보를 인지해 G-2(정보참모부)에 보고했다. 이 보고는 정보원이 국민보도연맹원을 수사하고 있다는 사실을 미군 CIC가 매우 구체적으로 파악하고 있었음

을 보여 준다.[158]

미군 CIC는 한국 CIC와 업무 협조는 물론 작전을 함께 수행했을 뿐만 아니라, 인적 교류를 통해 상호 협력 관계를 유지하고 국민보도연맹에 대한 한국 정부의 수사에 대해서도 파악하고 있었다. 미군은 한국 CIC의 '사상범' 검거와 피난민 심사, 대규모 학살에 대해 인지했을 뿐만 아니라 내부적으로 군경의 무단 처형에 대한 조치를 논의하기도 했다. 그리고 이런 살해 명령이 한국 정부 최고위층에서 내려진 것으로 인지하고 있었다.

대규모 민간인 학살에 대한 미군, 맥아더 사령부의 입장은 국무부 관리로서 전장에 파견되었던 세발드W. J. Sebald의 보고에서 짐작할 수 있다. 그는 1950년 12월 19일자 국무부 보고 전문에서 맥아더 사령부는 민간인 학살 문제를 "남한 내부의 문제"South Korean internal matter로 보고 있으며, 그렇기 때문에 "특별한 조치는 취하지 않았다"라고 적시했다.[159] 미국 중앙정보국CIA과 미군 첩보대는 관련 사실을 상부에 보고하면서 집단 처형 현장에 미군이 입회하거나 감독했다는 사실은 밝히지 않았지만 처형 사진은 한 달이 지나 국무성으로 보내졌다. 미군이 집단학살에 참여했는지 여부에 대한 조사를 프란시스 패럴Francis W. Farrell 장군이 지시했다는 사실은 확인됐지만 실제 조사가 이뤄졌는지는 알 수 없었다. 이런 미국의 불분명한 태도는 서울이 수복된 1950년 가을에도 계속됐던 것으로 드러났다.

미국은 왜 국군과 경찰이 국민보도연맹원 등 요시찰인을 집단 사살하는 것을 방조하고 묵인 또는 승인했을까. 미군은 살해 현장에서 사진을 촬영하고 기록했으며, 지휘 계통을 통해 상부에 보고했다. 이뿐만 아니라 어떤 지역에서는 사전 승인을 하기까지 했다. 여러 형태의 미군 보고서와 증언은 남한에서 민간인 학살이 매우 광범위하게 진행되었고 그들이 이 사실을 인지하고 있었음을 보여 준다. 그렇다면 미국은 왜 한국 군경이 저지른 불법 행위에 대해 제지하지 않았는지, 달리 말해 사건의 전 과정을 충분히 파악하고 있었음에도 어떤 면에서는 적극적으로 침묵하고 동조했을까 하는 점이다.

미군이 한반도에서 전쟁을 수행하는 군인 또는 한국인을 대하는 태도는 이런 의문에 대한 하나의 실마리를 제공한다. 21세기 들어서서 학살 문제가 국제적으로 불거졌을 때, 전쟁 당시 대전에 주둔했던 미군 고문관 프랭크 윈슬로Frank Winslow는 "한국은 당시 주권국이었다"라고 하면서 "내게 있어 한국인들에 모든 책임이 있다는 데 아무런 의문이 없었다"라고 언론 인터뷰에서 주장했다.[160] 형식적으로 그의 논리는 전시작전권이 맥아더 사령관에게 있었던 점을 감안하면 지지받기 어려울 것이다. 그러나 내용적으로 학살 문제에 관한 '주권국'의 결정이라는 차원과 '남한 내부의 문제'라는 인식은 충분히 일리가 있는 지적이라고 볼 수 있다. 학살은 먼저 한국 내부의 문제였지만 이를 묵인하고 방조한 미국(군)은 주권국에 대한 내정간섭 그 이상의 책임을 갖는다고 봐야 할 것이다.

어린이나 여성들이 피학살자에 포함되어 있다고 보고한 미군의 문건은 죽은 사람들이 단순히 '정치 사상범'이 아니라는 것을 충분히 알 수 있었음을 의미한다. 다시 말해 미군 당국이 개입하려는 의지만 있었다면 한국군의 위법한 행위를 제재할 수 있었다는 사실이다. 학살이 자행되는 일선 부대의 현장에서부터 최고위층에 이르기까지 한국군의 지휘 체계가 여러 경로를 통해 미군과 협력 관계에 있었음을 고려할 때 이는 얼마든지 가능한 일이었다. 따라서 이렇게 표현하는 것이 가장 적절할 듯하다. '그럼에도 불구하고 미국은 한국에서 벌어진 학살을 방치했다.'

미국(군)의 입장을 추론할 수 있는 단서를 제시해 보면, 첫째, 이는 미국 본토의 분위기와 무관하지 않았을 것이다. 둘째, 맥아더를 비롯해 한국인에 대한 미군의 인종주의적 인식을 예상할 수 있다. 이는 한국인에 대한 민간인 학살에 미군도 직접 가담한 사건에서 쉽게 확인할 수 있다.

셋째, 미국의 대외 정책 측면이다. 기본적으로 미국은 자국의 이익에 반하지 않는 이상 아무리 잔혹한 행위가 개별 주권국가에서 벌어져도 개입하지 않았다. 물론 집단학살이 발생해서 어느 정도 마무리된 다음에 그 태도는 달라졌다.

먼저 매카시즘에 관한 미국 내의 정치적 분위기부터 살펴보자. 1949년 말부터 미국 정계를 휩쓴 극단적인 반공산주의, 매카시즘은 한국의 '공산주의자 처형'으로 알려진 민간인 학살을 묵인하는 데 일조했을 가능성이 크다. 1946년 상원 의원 선거에 공화당 소속으로 당선된 조지프 매카시Joseph McCarthy 의원은 1949년부터 행정운영위원회 소속 반미조사위원회를 이끌며 공산주의자 색출과 추방에 앞장섰다. 1950년 2월 9일 그는 웨스트버지니아 휠링에서 열린 공화당 정치 집회에서 '국무성 안에는 205명의 공산주의자가 있다'라는 폭탄 발언으로 미국 전역을 반공산주의 광풍에 휩싸이게 만들었다.

이와 같은 미국 본토의 사회적 분위기는 미국인들 자신이 공산주의자로 몰릴까 봐 전전긍긍해 하고 반공에 앞장서야 하는 여건을 조성했다. 이 시기 미국에서 한국의 대량학살을 알고 있거나 이에 반대하는 사람이 있었다 해도 공개적으로 반론을 제기하거나 비판할 수 있는 상황이 아니었다. 민간인 학살을 보고한 대부분의 미군 보고서에는 희생자들이 '공산주의자'이거나 '공산주의자로 의심되는' 사람들 또는 '공산주의자를 지지하는' 세력으로 범주화되어 있었다.

다른 한편 한국인에 대한 인종주의적 태도는 한국전에 참전한 미군 병사들과 맥아더를 비롯한 그의 참모들에게서 찾아볼 수 있다.[161] 미군이 남한에서 저지른 학살에는 인종적 편견이 작용하고 있었다.[162] 미군 극동 군사령부는 '전쟁범죄'를 인민군이나 중국인민지원군이 저지른 사건으로 제한했다. 이 부분에 대해 1950년 맥아더 사령부에서 전쟁범죄 조사를 총지휘한 육군 법무관 하워드 레비Howard Levie 대령은 한국전쟁에서 미군 지휘관들이 '눈 뜬 장님처럼 행동했다'라고 회고했다. 그는 제2차 세계대전 때 미군이 유럽에서 저지른 만행은 적었지만 상대적으로 한국전에서는 그 빈도가 훨씬 많았다고 지적했다. 레비 대령은 그 이유를 "미군 장병들이 동양인을 [비하하는 표현인] '국'gook으로 생각하기 때문"이며 "자신들보다 낮은 존재라고" 여기는 인종주의 때문이라고 분석했다.[163]

미군이 아시아인에 대해 갖는 인종차별은 제2차 세계대전 때부터 일반적인 현상이었다. 맥아더의 심리전 참모였던 보너 펠러스Bonner F. Fellers 준장은 비망록에서 "태평양 전쟁은 인종주의 전쟁"이었다고 밝혔다.[164] 한국인이나 '공산주의자'에 대한 인종주의적 편견은 '국스'gooks와 같은 경멸적인 용어 사용에서 쉽게 알 수 있었다. 미국인들이 한국인을 보는 시각이 상당히 부정적이었던 것만은 틀림없었다. 또한 에모리 보가더스 Emory S. Bogardus가 실시한 미국인들의 타민족 선호도 여론조사에 의하면, 1946년 한국인은 28개 민족 중 거의 꼴찌인 27위를 차지했다.[165]

마지막으로 미국의 대외 정책에서 주권국가의 문제에 개입하는 것은 반드시 자국에 이익이 될 때였다. 한 국가 내부에서 벌어진 패악은 미국의 관심 사항이 아니라는 이 입장은 국무부 고위 관리들의 전통적인 '현실주의' 외교정책이다. 미국은 인도주의 '사회사업'을 위해 강력한 군사력을 가지고 있는 게 아니라고 주장한다.[166] 한국에서 벌어진 학살은 실제 미국에게 큰 해가 되는 것이 아니었다. 한국민에게는 비극이지만 미국의 비극은 아니라는 말이다. 전쟁 당시 미군은 숱한 '노근리 사건'을 일으켰다.[167] 훗날 이 사건으로 미군의 행위가 전 세계적으로 비난을 받았지만, 미국이 한국 군경의 학살을 문제 삼는다면 자국 군인의 전쟁범죄에 대해서도 책임을 져야 한다는 점에서 딜레마였을 것이다.

미국의 현실주의 대외 정책은 유대인 학살, 터키·한국·캄보디아·이라크·유고·르완다에서 벌어진 제노사이드와 '인종 청소'에서 유사하게 이어졌다. 이들 사건은 미국이 직접적으로 간여할 만한 어떤 이익의 기준에 미치지 않았다. 결국 학살은 충분히 비극적이었지만 이에 대한 미국의 태도는 자국의 이해관계를 벗어나지 못했다. 미국은 일이 진행되는 동안에는 그저 바라만 보고 있다가 수십만, 수백만 명의 사람들이 살해당하고 갈 곳을 잃은 다음에야 서서히 개입하기 시작했다.

김영목이 지적하는 것처럼 미군의 묵인과 방조는 단순히 명령·지휘 체계상 한국군과 경찰에 관여할 권한이 있느냐 없느냐 하는 문제만은 아니었다. 부산형무소의 경우처럼 명확한 지침만 있었다면 미군은 한국의 군과 경찰에 충분한 통제권을 행사할 수 있었다. 이는 단순히 한 국가의 '정치범'을 다루는 내정 문제가 아니었기 때문이다. 주권국가에 대한 정치적 민감성을 충분히 고려하는 듯한 미군의 태도는 사실상 책임을 회피하는 것에 지나지 않는다. 이 쟁점에서 가장 중요한 논지는 미군이 한국의 대량학살에 대해 가진 모호한ambivalent 태도였다. 미국은 국제정치에서 방관자의 위치를 선택한 것이다.

4

거
창
사
건
의

불
처
벌

11사단 9연대
작전명령

인민군이 거창을 점령하다

1951년 2월 초순 국군 제11사단 9연대 3대대 소속 군인이 경남 거창군 신원면에 진주했다. 군인들이 그 일대 6개 리 마을 사람을 학살하고 가옥과 재산을 파괴한, 이른바 '거창사건'이 발생했다. 이 사건은 명칭에서부터 어떤 대상을 지칭하는지에 대해서 논란이 있다. 〈거창사건등관련자의 명예회복에관한특별조치법〉(약칭 〈거창사건특별법〉)에서 '등'은 산청·함양군 일대의 유사한 학살을 염두에 두고 삽입되었다.[1] 법률의 자구적인 해석에 따르면 '거창사건'은 경남 거창군 신원면 일대의 민간인 살상을 말하고, '등'은 산청과 함양의 피해를 일컫는다. 산청과 함양 지역은 거창과 비슷한 시기에 9연대 작전명령(약칭 작명)과 3대대 군인이 동일하게 일으킨 것이다.[2]

　　〈거창사건특별법〉 2조는 "공비토벌을 이유로 국군병력이 작전 수행 중 주민들이 희생당한 사건"으로 규정하고 있다. 법률과 시행령에는 사건의 주체와 그 발생 시점이 빠져 있고 단순히 지역으로만 '거창'과 '등'으로 나누어 지시할 뿐이다. 1951년 사건 발생 이후 이뤄진 군법회의에서는 신원면 지역 주민 살상을 "거창양민학살사건"이라 했고, 이후에 국회조 사단에 대한 국방부의 "거창합동조사단 방해사건"이 일어나 두 개의 군 법회의를 나중에 병합 심리하면서 하나의 "거창사건"으로 명명되었다.[3] 이에 따라 거창사건은 3대대 군인이 일으킨 주민 살상과, 국회의 현장 조 사 방해를 시도한 군의 위장 공격 사건, 그리고 피의자들을 처리하기 위 한 군법회의 과정 등을 통칭해서 부르게 되었다.[4] 결국 내용상으로는 산 청과 함양 지역에서 발생한 것은 빠지게 되었다.

거창사건은 국회의 진상 조사와 이승만 정부의 조작·은폐, 국회조사 단 방해 그리고 피의자들에 대한 군사재판, 명예회복, 위령 공간 조성, 국 가 배·보상 등 지난 60여 년 동안 매우 지난한 과정을 거쳤다. 이 사건은 문민정부 이후 특별법 제정과 피해자, 유족 인정 등의 심의 과정을 거쳐 실체적 진실이 드러난 것처럼 알려져 있다. 그러나 거창사건 자체에 관한 정부의 공식 조사는 이뤄지지 않았으며, 다만 특별법에 의해 명예회복 조 치가 진행되고 있다. 이 장에서는 1951년과 1960년 국회의 진상 조사 활 동, 이승만 정부의 거창사건 처리 과정, 그리고 군법회의의 쟁점이었던 9 연대 작전명령 제5호의 진위 여부와 조작 내용 등에 대해 살펴보자.[5] 또 한 정부의 명예회복 조치 이후에도 여전히 해결되지 않고 있는 국가배상 문제와 기무사(특무부대)의 자료 등에 대해서 알아보자.

개전 직후 북한은 파죽지세로 남한을 장악했다. 인민군 제4사단(사 단장 이건무 소장)은 대전을 거쳐 거창으로 진주했다. 4사단이 거창을 통 해 부산으로 진격하려던 이유는 이 지역의 군사적 중요성에 있다. 인민군 이 거창 지역으로 진격한 것이나 빨치산 유격대가 지리산 인근을 중심으 로 활동한 것은 이곳이 지리적 요충지이기 때문이다. 거창은 김천과 진주의 중간 지점에 있는 전략적으로 중요한 병참 중심지로서 남원·진안·하동·김천에서 도로망이 집중되고, 대구와 마산으로 향하는 도로가 동쪽으로 뻗어 있는 곳이다. 유엔군과 한국군도 거창을 중요한 군사적 요충지로 여기고 방어했다. 거창이 인민군에 점령되기 직전 그곳에 배치되어 있던 미군은 제24사단 34연대 병력 1,150명이었다.[6]

인민군 제4보병사단 제18보병연대(연대장 김홍삼 대좌)를 지원한 4포병연대 1대대 포병 간부의 기록은 북한군의 거창 지역 점령 상황을 보여준다.[7] 전투 일지에 따르면 1950년 7월 28일 인민군은 안의安義에서 군경과 싸운 후 그곳에서 4킬로미터 되는 지점까지 진출했고, 한국의 군과 경찰은 거창 방면으로 퇴각했다. 당일 23시경 인민군 18연대는 안의를 출발해 다음 날 새벽 2시 거창에 도착했다. 한국군은 거창 전투에서 막대한 손실을 입고 7월 29일 8시에 합천 방면으로 퇴각했으며, 거창 지역을 점령한 북한군은 같은 날 21시에 합천 방향으로 진군했다.[8]

인민군의 거창 점령에 대한 상세한 과정은 조선인민군 군사고문단장이며 북한 주재 소련 대사관의 무관으로 활동했던 블라지미르 니콜라예비치 라주바예프 중장의 기록을 통해 알 수 있다.[9] 그는 전쟁에 관련한 자료를 수집하고 평가해 소련의 상급 기관에 보고했는데, 이 문서에 따르면 인민군 제1군단 주력부대인 제2, 3, 4 및 제10 보병사단, 제105 탱크사단은 동남부 방면으로 진격해 대구를 점령하게끔 되어 있었다. 제4사단은 안의를 점령하고 합천으로 진주한 후 낙동강을 도하해 대구-부산으로 향하는 도로를 차단하라는 지시를 받았다. 사단은 부여된 임무를 수행하기 위해 7월 28일 정오에 합천으로 진격했다. 사단 예하 부대들은 후퇴하는 미군과 국군을 추격해 7월 29일 아침 6시 거창 전투를 전개했으며, 7시 40분에 이 지역을 점령했다.[10] 인민군의 거창 지역 점령에 관한 위 기록은 한국 측 군사 자료와도 거의 일치한다.[11] 거창을 점령한 인민군은 대구 남쪽의 낙동강 전선에 쉽게 진출할 수 있어 미군과 한국군에게는 큰 위협이 되었다.

인민군은 거창을 점령한 후 신원면에서 북한의 점령 정책을 실행에 옮기도록 했다. 한국의 신원면 행정기관인 신원지서는 1950년 7월 27일 이미 철수했고 인민군은 인민위원회와 농민위원회, 청년동맹, 부녀동맹 등의 조직을 만들어 '통치'를 시작했다. 거창경찰서장 김갑용은 거창사건이 발생한 이후인 1951년 3월 8일 경남경찰국장에게 보고한 "국군토벌작전에 수반한 적성분자 사살에 관한 건"에서 신원면이 인민군 치하에 있었음을 밝혔다.[12]

신원면에서는 인민군에 의한 정치적 숙청이 없었던 것으로 알려져 있다.[13] 사건 피해자 문홍한의 증언에 따르면 인민군에 대한 신원면 마을 주민들의 반응은 상당히 호의적이었다.[14] 이런 사실은 향토방위대장이었던 임주섭의 증언에서도 확인할 수 있다.[15] 1950년 8월 15일 점령 당국은 농지개혁을 단행했다. 주민들은 자기가 가진 논을 등록하고 소작농을 보고했으며, 면위원회는 30마지기 이상의 논이 없는 자에 대해 분배를 실시했다. 하지만 신원 지역에는 대농이 없어 몰수의 대상은 별로 없었고 소작을 주었던 논은 소작인에게 주어야 했다. 또한 마을 사람들을 대상으로 정치교육이 이루어졌고, 학생들을 동원해 교양 사업이 실시되었다.[16] 그러나 신원면에 대한 인민군의 점령 정책이 완벽하게 시행된 것은 아니었다. 주민들에게 2개월에 걸친 인민군의 통치는 북한의 정책을 피부로 느끼기에는 짧은 기간이었다.

유엔군이 참전한 후 낙동강 방어선을 구축하고 반격을 개시하자 인민군은 후퇴하기 시작했다. 신원면은 서울 탈환 이후 1개월이 더 지나서야 행정이 회복되기 시작했다. 1950년 9월 27일 거창경찰서는 수복되었지만 신원지서는 11월 5일이 되어서야 경찰이 복귀했다. 하지만 인민군

유격대는 신원면에서 물러난 지 한 달여 만인 12월 5일 신원지서를 다시 공격했다. 경찰의 행정 아래 있던 신원지서를 유격대가 공격해 점령하고 신원면 내에 영향을 미치기 시작했다.[17]

이 전투로 신원면 일대는 9연대 3대대가 들어오기까지 '미수복 지대'로 남아 있었다. 유봉순의 증언에 따르면 신원면이 수복이 늦은 이유는 거창 지역이 11사단 9연대 관할이 아니고 전주에 본부를 두고 있던 13연대의 관내로 되어 있었기 때문에 9연대가 거창 지역에 들어갈 수 없어서였다.[18] 이에 거창 군수와 거창 읍내 유지들이 9연대에 진정을 해 관할이 변경됨으로써 주둔할 수 있게 되었다. 신원면 6개 리는 가구 수 1천여 호에 주민이 8천여 명이었는데, 6천여 명이 타지로 피난을 가버리고 2천여 명이 남아 있었다.[19]

1951년 초 신원면 인민위원회 활동에 대해서는 정확하게 밝혀진 것이 없다. 다만 국군 3대대가 공격을 개시하기 전인 1951년 2월 2일 거창군여맹위원회의 보고에 따르면, 1950년 12월 28일 674명이던 맹원은 1월 8일 거창군 내 13개면 97개리 부락 257개, 초급 단체 수 9개의 맹원 374명으로 줄어들었다. 이 조직과 맹원들은 군의 공격으로 와해되어 수습을 못하고 있었다. 신원면에서 인민유격대에 정보를 제공하거나 유격 활동을 했던 조직은 인민위원회 하급 기초 단체 2개였다. 그러나 경남 여성동맹 측에서 신원면은 미해방 지구였고, 374명의 맹원 중 1명도 장악하지 못하고 있었다.[20] 거창군과 하동군여맹위원회 보고에 따르면 교양 사업과 선전 활동에 참여하는 맹원 역시 매회 줄어들고 있었다.

경남 인민유격대의 편제에 따르면, 거창사건이 발생할 때 신원면 일대 유격대는 1951년 1월 25일 편성된 제2병단 소속 부대다. 이 편제는 경남 인민유격대의 4차 편제에서 이루어진 것인데, 제2병단은 경남 산청군 삼장면 죽전리에서 조직되었다. 소속 인원수는 312명이었고 그중 무장한 사람은 202명이었다. 주요 거점은 함양군 휴천면 운암리였는데 남원-신원, 함양-인월, 함양-산청 지역을 주요 활동 지구로 삼고 있었다.[21]

이 부대에 관한 유봉순 거창경찰서 사찰 주임의 구체적인 진술에 따르면, 신원면에 근거지를 두고 있던 유격대는 지리산 집결 부대인 308부대로서 합천에 사령부를 두고 대현리를 근거로 활동했고, 지리산 기동부대인 305부대는 중유리에 본거지를 두고 있었다.[22] 하지만 3대대가 거창에 들어와서 신원면 작전 계획을 수립할 때 한동석 대대장이 신원 지역의 상황을 묻자, 유격대원이 얼마나 있는지 사실을 파악하지 못하고 있다고 답했다.[23] 거창경찰과 신원지서는 이 지역을 근거로 활동 중인 인민유격대에 관한 정보를 부대 외에 자세한 규모와 활동까지 파악하고 있지는 못했다.

'작전지역 내 주민은 총살하라'

1950년 9월 25일 국방부는 국군과 유엔군이 서울을 탈환한 이후 후방에 흩어져 있던 인민군과 빨치산을 토벌하기 위해 11사단을 창설했다. 육군본부 작전명령에 따라 제9연대와 13연대, 20연대를 예하 부대로 두었다.[24] 경무대에서 있었던 국무회의에서 내무부 장관은 전남 함평, 장흥, 논산 등 지리산 일대에 약 4만 명의 인민군 유격대가 있는 것으로 보고했다. 내무부 장관은 이를 치안 문제라기보다는 군대 문제라고 인식하고 있었다.[25] 그러나 군에서 보고한 내용은 이보다 훨씬 적은 규모였다. 수복작전에 관한 육군본부의 기록에 따르면, 1950년 10월 말 38도선 이남 지역의 빨치산은 1만5천 명에 불과했다.[26] 11사단 9연대가 지리산지구에서 작전을 할 때 주변 지역에는 무장 1,330명, 비무장 370명으로 모두 1,700명의 인민유격대가 활동하고 있는 것으로 알려졌다.[27]

11사단은 1950년 11월 22일부로 부대 호칭을 별도로 부여했다. 9연대는 지리산지구전투사령부, 13연대는 전북지구전투사령부, 20연대는 전남지구전투사령부로 불렀다. 11사단의 작전은 시기별로 구분할 수 있는데, 제1기가 시작하는 1950년 10월 4일부터 제4기가 끝나는 1951년 3월 30일까지다. 제4기에 시행되었던 사단 작전 계획은 '공비 소탕'과 근거지 파괴, 식량을 없애는 데 성공한 것으로 평가했다.[28] 거창사건은 제4기에 해당하는 1951년 2월 1일부터 3월 31일 사이에 발생했다.

11사단의 토벌 작전 개념은 견벽청야堅壁淸野인데 이는 최덕신 사단장이 제시한 것이다. 그는 이 작전을 꼭 지켜야 할 전략 거점, 곧 군청 소재지 등 경제·통신·문화가 집중된 곳을 확보해 군 보급로를 확보하는 데 역점을 두고, 빨치산이 식량을 확보하거나 인력과 건물을 이용하지 못하도록 산간벽촌에서 인력과 물자를 이동하고 건물을 파괴하는 것이라고 설명했다. 11사단 전투상보는 '10월 26일부터 12월 31일까지의 작전은 견벽청야 작전으로서 적 근거지를 교란하여 적의 보급로 및 연락망을 차단, 적을 기아에 빠뜨려 산중에서 월동 저항하기 어렵게 하고 양민을 산간벽지에서 소개해 농작물을 공동으로 추수하게끔 하며 아군의 통신·보급·기동이 유리한 거점을 확보해 잔비 소탕에 노력했'다고 기록했다.[29] 그러나 훗날 최덕신은 언론 인터뷰에서 사단 작전으로 견벽청야라는 개념을 썼지만, 이에 대해 주민들의 원성이 컸고 작전이 타당하지 못했음을 인정했다.[30]

사단의 기본 작전 개념에 따라 9연대는 연작명 제4호에 의거 1951년 2월 2일 경남 진주에서 함양으로 이동했다.[31] 3대대장 한동석은 거창사건이 있기 직전 열렸던 연대 작전 회의에서 오익경 연대장으로부터 견벽청야 작전에 대한 설명을 들었고 각 대대는 작전 내용을 지시받았다. 연대본부는 작전명령 제5호 부록의 주의 사항으로 여러 가지 사항을 하달했다. 그중에서 한동석과 함께 작전명령을 받은 이종태의 증언은 대략 첫째, 작전지역 내에 있는 사람은 전원 총살하라. 둘째, 공비의 근거가 되는 가옥은 전부 소각하라. 셋째, 적의 보급품이 될 수 있는 식량과 기타 물자는 안전 지역으로 후송하거나 불가능한 경우는 소각하라는 것이었다.[32] 이 내용은 군법회의 재판 과정에서 한동석이 수정되었다고 주장하는 작전명령과 김종원이 주장하는 것과는 다른 내용이다.[33]

3대대는 거창 지역에 진주해 치안과 행정을 회복하기보다는 점령군의 행태를 보였다.[34] 주둔하고 있는 동안 부대는 국민회, 청년단, 관공서를 중심으로 군비상대책위원회를 만들었다. 비상대책위원회는 거창군내 각 면을 통해 쌀 600섬, 장작 300여 평, 부식 90만 원어치를 무상으로 거둬들였고 회사금 명목으로 지역 유지와 엽연초 경작자들로부터 금품을 거두기도 했다. 그뿐만 아니라 작전상의 이유를 들어 거창군 북상면의 민가 1,200여 가구를 불태우고, 그곳 주민들이 기르던 농우를 잡아먹거나 쌀을 반출해 거창 시장에 내다팔았다.

2월 5일 한동석 대대장이 지휘하는 3대대는 거창읍을 출발해 신원면으로 진격했다. 3대대는 신원면 토벌 작전에 군인들뿐만 아니라 거창군 일대 청년방위대와 향토방위대, 경찰을 부대에 배속시켰다. 거창 지역의 향토방위대와 청년방위대가 화랑부대의 지리산 토벌 작전에 참여하게 된 것은 2월 4일 밤 유봉순의 인솔하에 3대대가 머물고 있던 거창농림고등학교에서 부대를 편성할 때였다.[35]

3대대는 신원면을 수복한 뒤 산청 쪽으로 진격하도록 임무를 부여받았다. 대대장은 새벽 5시에 공격 명령을 내렸다. 공격 부대는 감악산甘岳山을 향해 전투대형으로 공격을 개시했다.[36] 한동석은 대대 병력을 두 개로 나누어 한 부대는 정보장교 이종대의 인솔하에 박대성 지서 주임이 안내하고, 임주섭 향토방위대장이 안내하는 또 다른 부대는 대대장이 지휘했다. 박대성이 안내한 부대는 그날 아침 내동 부락에 들어섰다. 이 부대는 마을에 불을 지르고 부역자를 색출한다며 동네 사람들을 모이게 했는데, 정보장교 이종대는 이 마을에서 첫 살인을 저질렀다.[37] 임주섭의 진술은 내동마을에 살고 있었던 김운섭의 증언 내용과 일치한다. 김운섭은 "덕산리 내동마을에 진격한 3대대가 주민 모두를 마을회관에 모이게 해서 주민 4명을 총살했고, 나머지 청장년들은 짐꾼으로 데려갔다"라고 밝혔다.[38]

3대대가 신원면에 도착했을 때 이 지역은 고요했다. 한동석 대대장이 목격한 마을 주민은 부녀자와 아이, 노인들이 대부분이었다.[39] 부대는 아무런 저항 없이 신원지서를 수복한 뒤 오정리를 거쳐 서주리로 진격했다. 신원면에 처음 들어선 3대대가 별다른 전투 없이 산청 방향으로 이동한 후 경찰과 향토방위대원들이 신원지서를 맡았다. 김갑용에 따르면 3대대는 2월 5일 신원면을 거쳐 함양군 수동면과 산청군 금서면으로 향했고, 2월 7일 신원지서에 대한 인민유격대의 공격으로 10여 명의 사상자가 발생했다.[40] 그러자 서장은 서면과 구두로 군에 이 사실을 보고했고, 산청·함양까지 진출했던 3대대는 다시 신원면으로 되돌아왔다.

이 과정을 자세하게 설명하면, 3대대 10중대는 덕산리에서 내동 방면으로 진입하고 11중대는 감악산을 가로질러 과정리로 향했고, 12중대는 산청에서 중유리 방향으로 진격하는 것이었다. 대대 집결 장소는 과정리에 있는 신원초등학교였다. 부대가 산청에서 신원면으로 다시 들어왔지만 작전을 전개하기 전 주민 소개령을 공식적으로 내리지는 않았다. 10중대는 덕산리 청연·내동·오래·청룡·수동 마을을 포위했고, 11중대는 대현리 내탕·외탕·소야·상대·중대·하대 마을, 12중대는 역동·상유곡·중유곡·하유곡 등 중유리 일대 부락을 포위했다. 수색 소대는 면 소재지가 있는 과정리 일대를 담당했다. 2월 9일 신원면 내동골에 도착한 10중대 병력은 청연마을을 비롯한 이웃 동네 주민 62명을 사살했다. 이들과 동행했던 신원지서 박기호 순경은 주민들이 어린이와 노인들이라며 아무리 작전명령이라 하더라도 사람들을 죽일 수 없다고 군인들을 가로막았지만 멈추게 할 수 없었다.[41]

2월 10일 3대대는 와룡리 주민들에게 피난을 가야 한다며 탄량골로 몰아세웠다. 이때 116명의 주민이 골짜기에 들어갔다. 군인들은 주민들 중에서 군인이나 경찰, 향토방위대원의 가족 10명을 나오게 하고 나머지 100여 명은 모두 죽였다. 시체들은 솔가지에 덮여 기름에 불태워졌다. 함경남도 영흥군 인흥면 포하리 출신으로 민주청년동맹(약칭 민청) 일을 하던 김교영은 전쟁이 발발하자 정치위원으로 인민군을 따라 남하했다. 인민군 점령 지역의 민청 사업을 담당한 그는 8월경 진주에 이른 후 하동군 민청부위원장으로 일하다 후퇴하는 도중에 지리산으로 들어갔다. 그는 경남 민애청 정치문화 선전부장을 맡아 1954년까지 유격대 활동을 했다. 거창사건이 있은 지 얼마 후 신원면에서 그가 목격한 것은 시체들이 솔가지에 덮여 타다 남은 현장이었고, 동네에는 사람을 찾아볼 수가 없었다.[42]

현장에서 기적처럼 살아난 대현리 주민 임분임은 탄량골에서 세찬 총소리에 놀라 기절해 있다가 눈을 떠보니 시체가 솔가지 불에 그을려 있었고, 자신의 치맛자락도 불에 그을렸으나 화상은 크게 입지 않은 채 살아났다.[43] 군인들은 2월 10일 와룡리·대현리·중유리 일대 마을 주민들을 신원초등학교에 모두 모았다.[44] 유봉순은 학교에 모인 주민들이 교실 두 칸에 600여 명이었다고 전했다. 군은 현지 형사인 조용호, 박세복과 박대성 지서 주임을 시켜 주민들 중에서 군경 가족과 14세 미만의 어린이, 60세 이상의 노인들을 분리시켰다. 그리고 나머지 300여 명은 '즉결 총살'한 것으로 알려졌다.[45]

군인들은 신원초등학교에 모인 주민들을 "두들겨 패고" "빨갱이편 손들어라"라며 꼭두각시처럼 만들었다.[46] 이뿐만이 아니었다. 그들은 운동장에서 소를 잡고 주민들의 보따리와 귀금속 등 재산을 빼앗아 가져갔다.[47] 병사들은 주민을 보호하거나 유격대를 도와주었다는 부역자를 찾는 것이 아니었다. 또한 박대성은 국회조사단의 증언에서 총살 현장에는 없었다고 했지만 주민들이 전하는 상황은 달랐다. 1960년 4대 국회 '양민학살사건진상조사특별위원회' 경남반이 거창군 신원면 현지에서 벌인 조사에는 박영보 면장뿐만 아니라 박대성 지서 주임도 박산골 총살 현장에 있었다.[48] 신원초등학교에 모여 있던 사람들은 다음 날 이종대 정보장교의 인솔로 박산골짜기에서 학살당했다. 현장에서 살아난 사람은 단지 두세 사람뿐이었다.[49]

유봉순은 거창경찰서 사찰 주임으로 군사작전에 협력했지만 지역민이 3대대에 의해 학살당할 만한 일을 저질렀다고 생각하지 않았다. 군이 신원 일대의 치안과 행정, 작전 등 모든 통제를 하고 있었기 때문에 경찰이 나서서 피해 상황을 공개적으로 파악할 수는 없었다. 그는 군인들이 박산골짜기에서 학살을 자행한 후에 임주섭으로 하여금 3대대의 비행을 내사하도록 지시했다. 임주섭은 박대성 지서 주임과 주민들의 도움으로 박산골에서 죽은 마을 주민의 수가 517명이라는 것을 파악했다.[50]

거창사건을 파악하는 데 있어 또 다른 문제는 발생일의 차이다. 민간인 학살이 일어난 전후의 정황을 합쳐 사건 발생일이라 하더라도, 기록이나 증언에서 차이가 있다는 점이다. 먼저 국회 차원의 조사는 1951년과 1960년 2회에 걸쳐 있었는데, 이때 증언자들이 진술한 사건 발생일은 2월 10~12일이 대부분이다. 이에 따라 1951년 국회에는 11~12일까지 주민 살상이 있었다고 보고했으며, 1960년 국회 조사에서는 발생일을 특정하지 않고 다만 12일까지 3대대가 작전을 폈던 것으로 기록하고 있다. 1951년 정부가 공식 발표한 공보처장의 내용에 따르면 2월 12일에 마지막 주민 살상이 있었다. 그리고 군법회의 일부 기록 역시 3대대의 마지막 학살일은 12일이고,[51] 1989년 『항도일보』 역시 12일에 박산골에서 학살이 있었던 것으로 보도했다.

〈거창사건특별법〉을 제정할 때는 사건 발생일을 특정하지 않고 있었는데, 2004년 3월 개정을 시도한 법률에서는 2월 8~11일까지로 했다.[52] 그러나 피해 유족들이 주장하는 사건 발생일은 2월 9~11일까지이며, 2차 문헌 자료와 기사들도 대부분 이를 따르고 있다. 11사단장 최덕신의 거창사건 보고 전문에는 10~11일까지이며, 거창사건사업소에서 공지하고 있는 사건일은 8~11일까지다. 이 부분에 대해서는 3대대의 전투일지 등 관련 자료의 비교를 통해 명확히 밝혀져야 할 것이다.

작전으로서 학살에서 유념해야 할 것은 군의 작전 성과와 주민 피해의 연관성이다. 경남 인민유격대는 거창과 산청의 피해 규모가 주민 학살 1,382명, 가옥 소각 729호에 달한다고 기록하고 있다.[53] 인민군이 급속히 물러난 1950년 9월 29일 경남 인민유격대 수는 총 112명이었다. 그리고 1951년 1월 25일 1,502명, 5월 15일 1,267명이었다. 그중에서 무장 병력은 절반 정도에 불과했다.[54] 인민유격대(1950. 10 ~1951. 3)의 전사자와 부상, 포로, 이탈, 행방불명된 자는 총 708명에 불과하다. 또한 1951년 2월 6일 한국 경찰의 일일 보고 자료는 신원면 기백산 일대 무장 100명, 비무장 50명, 산청군과 신원면의 곤박산 일대 무장 100명, 비무장 150명, 산청군 떡갈산에 무장 30명, 비무장 20명으로 기록하고 있다.[55] 인민유격대에서 파악하고 있는 피해 통계는 11사단의 전과와는 상당한 차이가 있었다.

11사단의 작전 성과는 다른 사단에 비해 인원수가 많다는 사실을 보여 준다. 후방 토벌전과 및 피해 통계(1950. 10. 7 ~ 1953. 6. 30) 중 11사단의 전과는 사살(24,226명), 생포(3,690명), 귀순(28명)이다. 이와 같은 통계는 다른 사단에 비해 월등한 수치다.[56] 유격대 활동이 많은 시기였으며, 11사단의 짧은 작전 기간(1950. 10. 4 ~ 1951. 3. 30)을 고려하고 전라남북도 지역의 성과까지 모두 더해진 것이기는 하지만, 이 전과는 부풀려졌거나 민간인 피해가 포함되었을 가능성이 높다.

견벽청야와 9연대 작전명령 제5호에 따라 이 사건을 개념적으로 논의해 보면 일본군이 중국에서 벌인 초토화작전에 비견할 수 있다. 삼진작전三盡作戰으로 알려진 이 군사전략은 특정 지역 내의 사람을 죽이고 불태우고 굶겨서 없애는 절멸 작전이다. 초토화작전의 기능은 게릴라와 그 지지자들의 은신처와 식량을 박탈해 항복을 유도하고, 지역 주민을 정부가 통제하며 게릴라를 지지하는 혐의가 있는 마을 주민을 처벌하는 강력한 수단이다.[57] 이런 배경에서 일어난 거창사건을 제노사이드의 정의와 관련해서 검토하면 초크와 조나슨이 제기한 대로 이는 국가의 군대가 신원면이라는 작전지역 내의 사람들을 일방적으로 살해한 것이다.[58] 죽은 자들은 국가가 지켜 주지 않는 외부의 존재자로서, 보호받지 못하고 공동체의 구성원이 되지 못한 자들이다.

또 고려해야 할 것은 9연대 3대대의 학살이 국가권력으로 통제할 수 없었는가 하는 점이다. 적절하게 통제할 수 없는 권력은 폭력이 되기 쉽다. 인민유격대의 신원지서 공격에 대한 보복 행위로 볼 수 있는 3대대의 집단적인 증오와 광기는 학살의 잔인함을 부추겼다. 브라우닝이 적절하게 지적했듯이 국가에 의한 것뿐만 아니라, 베트남 미라이 학살처럼 보복에 의한 학살이 얼마나 비참한지 거창사건은 잘 보여 준다. 통상적인 작전 행위뿐 아니라 이에서 벗어난 잔혹 행위가 포함된 것이다.[59] 전쟁터의 광기와 통상적인 작전에 의한 잔혹 행위는 거창사건의 경우 명확하게 구분하기 어렵다. 주민들을 적의 손에 방치하고 후퇴한 것은 국군과 경찰, 행정 당국이었고 인민군의 수중에서 통치에 맡겨진 사람들은 별다른 선택의 여지가 없었다. 앞으로 살펴보겠지만 신원에서 벌어진 집단살해 과정을 보면 지역 경찰과 3대대의 알력 속에서 군인들의 학살이 기록되었고 생존자들의 진술을 토대로 전시 2대 국회에서 진상이 알려졌다.

국회와
정부의 대결

제2대 국회 거창사건특별조사위원회 활동

거창사건이 국회에 알려져 정치 문제로 비화된 것은 1951년 3월 29일 이 지역 출신 신중목 국회의원이 본회의에서 폭로하면서부터였다. 그는 문제의 심각성을 인식해 공개 중이던 회의를 비공개로 요청해 발언했다.[60] 국회는 신중목 의원의 보고 이후 사건의 중대성에 비추어 국방·내무·법무부 장관과 함께 이승만 대통령의 출석을 정부 측에 요청하고 사건의 진상규명과 그 대책을 논의하기로 결정했다.[61] 그러나 이승만 대통령은 국회에 출석하지 않았고, 국내 제반 사항에 대해 거창사건이 해외에 보도되지 않도록 비밀리에 조사해 시정할 수 있게 해달라는 서한만을 보내왔다.[62] 다음 날 제55차 국회 본회의에 출석한 장면 총리와 조병옥 내무부 장관, 김준연 법무부 장관, 신성모 국방부 장관은 거창사건의 진상을 둘러싸고 각각 엇갈린 보고를 했다.

신성모 장관은 "신원면의 희생자 수는 187명으로 공비들에게 협력했기 때문에 즉결 처형할 수밖에 없었다"라고 허위 보고를 했다.[63] 내무부 장관 조병옥 역시 축소·은폐된 내용을 국회에서 진술했다.[64] 1951년 3월 8일 김갑용은 "국군토벌작전에 수반한 적성분자 사살에 관한 건"을 이성주 경남경찰국장에게 보고했다. 이 보고에서 김갑용은 군에 의해 '즉결 처분'된 주민 수가 294명이라고 밝혔다. 이 보고는 거창경찰 측에서 작성한 두 번째 보고에 해당하는 내용이었다.[65]

김갑용의 이와 같은 주장은 거창사건에 대한 경찰 측의 두 번째 보고가 그 자신에 의해 축소되었음을 의미한다. 거창경찰서의 첫 보고 내용은 피해자가 약 600명으로 그중 어린이, 부녀자, 노인, 청년을 구분해서 집계한 것이었다. 1960년 제4대 국회 조사에서 박대성은 1951년에 이미 인명 피해 상황을 조사했는데, 그 인원이 596명이었다고 진술했다. 그는 피해자 명부를 작성해서 거창경찰서에 보고했다.[66] 그런데 이성주는 자신이 신성모 장관과 가까운 관계로 그의 정치적 입장을 고려해 조병옥 내무부 장관에게 허위 보고를 했다.[67] 따라서 이성주 역시 피해 규모를 축소·조작해 내무부에 알렸던 것이다.

한편 법무부는 거창 신원면의 피해 인원을 517명으로 파악했다. 이 보고는 대통령에게도 전해졌던 것으로 밝혀졌다.[68] 결국 국회에서 공개된 정부 측 내용을 보면 경찰(내무부 차관)에서 조사한 피해 인원이 294명, 법무부는 517명, 국방부에서 조사한 것은 한동석의 주장대로 '군법회의에서 간이재판'으로 총살한 187명이었다. 피살된 주민에 대해 신성모 국방부 장관은 주민들이 모두 인민유격대에 가담했거나 내통한 사람들이라고 주장했고, 조병옥 내무부 장관과 김준연 법무부 장관은 희생자 대부분이 주민이라고 보고했다.

거창사건이 국회에 알려지기 전인 2월 26일 신성모 국방부 장관은 최경록 헌병사령관과 이성주 경남경찰국장, 헌병사령부 부사령관 김종원, 헌병사령부 수사과장 윤우경, 육군본부 여군부장 김현숙, 대한부인회 김철안 회장 등을 이끌고 비공식 현지 조사를 실시했다. 박대성의 증언에 따르면 신성모 국방부 장관은 직접 현장을 다녀갔다.[69] 이와 별도로 내무부는 장영복 경무관, 법무부는 김준연 장관의 지시로 부장급 검사 두 명이 각각 현지 조사를 실시했다. 그러나 각 부의 조사 내용은 국회 보고에서 알 수 있듯이 상당한 차이가 있었다. 조병옥 내무부 장관과 김준연 법무부 장관은 신성모 장관의 실각에 좋은 기회라는 입장에서 거창사건을 처음부터 '민간인 학살'이라는 관점에서 조사한 반면, 신성모는 사건을 무마하려고 애썼다.[70]

국회는 각 부처의 보고가 다르고 사안이 중요한 만큼 특별위원회를 구성해 현지 조사를 실시하자는 내용의 결의안을 채택했다.[71] 국회는 1951년 3월 30일 본회의 의결을 통해 거창사건의 진상을 규명하기 위한 거창사건특별조사위원회와 내무·법무·국방부가 합동조사단을 구성해 파견하기로 결정했다.[72] 국회를 중심으로 구성된 조사단은 '국회조사단'으로 칭한다. 왜냐하면 내무·법무·국방부가 참여한 3부의 조사는 거창사건이 국회에 알려지기 전인 3월 16~17일 현지에서 '합동조사단'으로 실시되었기 때문이다. 위원회는 조사 방법 등 운영 방침을 논의한 결과 국회의 독자적인 조사를 원칙으로 하고, 필요할 경우에는 관계 행정기관과 합동으로 조사하는 방법을 택할 수 있다는 데 의견을 모았다.[73] 4월 1일 오후 3시 국무총리 및 관계부 장관과 내무부 차관실에서 위원회 조사단 활동에 따른 제반 문제를 논의했다. 국회 특별위원회 소속 의원 8명을 비롯해 내무부 치안국 경무관인 장영복(내무부 장관 특명 조사관) 등 6명, 법무부의 서울고등검찰청 명순겸(법무부 장관 특명 조사관) 검사 외 2명, 그리고 경남지구계엄민사부장 김종원 대령이 국방부 장관 특명 조사관으로 임명되어 국회조사단에 합류했다.[74]

국회조사단은 4월 3일 신원면 사건 현장으로 출발했다. 그러나 현장에 도착하기 전 조사단은 '위장 공비'의 방해로 거창경찰서로 되돌아왔다. 조사단은 거창경찰서에서 한동석 대대장을 비롯한 거창경찰서장과 형사, 신원면장 그리고 현지 주민 등 모두 열두 명에 대한 증언 조사를 벌였다. 조사에서 주민으로 나선 박판용은 사건은 단지 소문으로만 알게 되었을 뿐 진상에 대해서는 전혀 모른다고 증언했다.[75]

신원지서 주임 박대성은 군인들이 죽인 사람 중에는 여자들도 있다는 사실을 알았다. 그러나 그는 사건이 발생한 일주일 후에 현장을 확인했는데도 계속되는 국회의원의 추궁에 말끝을 흐리며 시체가 섞여 구분되지 않았다고 진술을 번복했다.[76] 이 내용은 죽은 사람 중에서 여자는 전혀 없었다는 한동석의 증언과 다른 것으로, 국회의 현지 조사 전에 증언 조작이 있었음을 의미한다. 박대성은 1960년 4대 국회 조사에서, 1951년 2대 국회조사단의 현지 조사 때 사찰 주임 유봉순이 증인으로 선정된 주민들의 진술 내용을 사전에 조작한 사실을 밝혔다. 박대성이 전하는 임주섭의 증언 조작은 "지금 국제문제가 되어 가지고 있으니까 노인도 포함 안 되었다. 어린애도 포함 안 되었다. 이십세 이상 사십세 이하의 사람으로 이적 행위를 한 사람이 사형을 받았다. 거기서 군법회의를 해서 사형시켰다. 이렇게 증언을 하라고 말했다"는 것이다.[77]

국회는 현지 조사 이후 4월 18일 제60차 본회의 비공개 회의에서 양민학살사건진상조사특별위원회로부터 활동 결과를 보고받았다.[78] 김종순 의원의 "거창사건조사서" 보고 전문은 이승만 정부의 국회 보고와 별다른 차이가 없었다.[79] 내용의 주된 논지는 첫째, 3대대 작전 이전에 신원면은 빨치산과 내통한 자들이 많았다. 이것은 군경이 적성 지대라고 설정한 마을 주민 전체가 이적 분자였다는 것이었다. 둘째, 총살당한 187명은 간이재판에 의한 적법한 사형 집행이었다. 셋째, 피살된 사람 중에 어린이와 노인은 없다. 다만 부녀자 몇 명은 군인의 총살 전에 대항한 자들이다. 넷째, 혹시 신원면 주민 중에 어린이와 노인이 죽었다면 그것은 유탄에 맞았거나 인민유격대 지역에서 전투 중에 총에 맞았다는 것이었다.

1951년 5월 8일 국회는 거창사건조사결과처리위원회를 설치해 보고서를 제출하도록 했다.[80] 이로부터 얼마 후 이시영 부통령은 거창사건과 국민방위군 사건[81] 등 일련의 사태에 유감을 표시하며 사의를 했다. 신성모 국방부 장관이 물러나고 이기붕 장관으로 바뀐 다음 국회는 거창사건 처리에 관한 결의문을 채택하기로 의결했다.[82] 5월 14일 국회는 제81차 본회의에서 〈거창사건 조사 처리에 관한 결의안〉을 채택한 후 이를 정부로 이송했다.[83] 국회는 결의문에서 187명에 대한 총살은 법무관 출정이 없는 비법적 행형임을 지적하고, 지휘 감독의 책임이 있는 사단장과 현지 책임자를 처벌할 것을 정부에 요구했다.[84]

국회조사단 활동에 대한 김종순 의원의 보고는 국방부의 주장, 특히 현지 조사 활동에서 김종원과 한동석, 이종대가 진술하거나 주장한 내용을 대부분 수용한 것으로서, 결국 신성모를 비롯한 김종원과 현지 군인들의 의도대로 작성되었다. 김철수는 1960년 국회 조사에서 증인으로 나서 1951년 국회조사단의 조사는 외부의 위협으로 사건이 축소되었음을 분명히 밝히고 있다.[85]

1951년 국회 조사는 김종원의 사전 조작과 현장 통제에 따라 주민 피해의 규모나 책임자 문제를 제대로 밝히지 못했다. 다만 총살 집행 과정의 위법한 행위에 대해 관련자들을 사법 처리할 것을 정부 측에 요구하는 것으로 일단락했다. 진실을 규명하는 데 한계가 있었음에도 불구하고 국회가 민간인 학살을 공론화하고 현지 조사에 임한 것은 행정부의 위법한 공권력 행사를 견제하는 데 대단히 의미 있는 조치였다. 더구나 전시 상황에서 군사작전이라는 명분에 굴복하지 않고 대규모 민간인 학살을 파헤치려고 노력한 것은 나름대로 평가받을 만한 역할이었다. 그리고 국회의 소명은 이것으로 끝난 게 아니었다.

이승만 정부의 사건 축소와 은폐 공작

국방부 최초의 거창사건 조사는 최경록 헌병사령관의 지시로 남원헌병대에서 이루어졌다. 이 조사에서 헌병대는 사진과 함께 사망자 명부를 만들었다.[86] 유봉순은 현장 사진을 찍어 헌병사령부 등 관계 기관에 보내기도 했다. 최경록 헌병사령관이 가지고 있던 이 사진은 신성모 국방부 장관이 사건의 증거를 없애기 위해 현장 사진을 불태우도록 명령했으나 최경록 사령관의 거부로 소각되지 않았다.[87]

이뿐만 아니라, 신원사건이 국방부에서 문제가 되자 1951년 3월 12일 최덕신 사단장은 피해 사실을 일부 축소한 자체 보고서를 국방부에 제출했다.[88] 최덕신의 조사 내용은 여러 증언을 통해서 확인되는데, 한동석의 시신 은폐에 대한 피해자들의 증언으로 볼 때 이 보고는 믿을 만한 근거를 갖고 있었다. 1960년 공개된 최덕신 사단장의 "거창사건(양민 사살) 보고 전문"은 3대대의 무차별적인 사살에 주민들이 "무한한 공포심을 포지抱持하고 있으며 군에 신뢰감이 전무한" 상태라고 밝혔다. 또한 보고 전문은 시체 은폐와 부녀자에 대한 강간, 물품 강요 등을 매우 상세하게 서술하고 있어 사단 자체에서 이미 사건의 전말을 파악하고 있었음을 보여준다. 보고서는 피해자를 350명이라고 밝혔고, 3대대 군인들이 주민을 학살한 원인은 이들이 적정에 대해 함구하고 인민유격대에 식사나 금품을 제공했기 때문이라고 적시했다.[89]

최덕신은 보고에서 국군의 비행과 한동석의 사건 은폐를 직접 거론했다. 그러나 사단장의 보고는 국방부 장관 신성모에 의해 공개되지 못했고 장관은 학살을 은폐하려고 했다. 11사단 참모장이었던 박경원은 신성모 국방부 장관으로부터 "첫째, 외국이나 국내에서 떠든다고 해서 군대를 다른 곳으로 이동하지 마라", "정치적으로 말썽이 나니까 부대를 이동하면 오해가 더 많아진다", "둘째, 사상자를 이장하라, 셋째, 그 다음에 위장하라"는 명령이 하달되었다고 밝혔다.[90]

신성모는 비공식 국방부 조사에서 이미 사건을 축소해 보고했는데,

이때 그는 300만 원을 피해 유족 위로금 명목으로 현지에 가져갔다.[91] 신성모의 이런 행적은 거창사건이 처음이 아니었다. 1949년 12월 24일 발생한 문경석달 사건에서 신성모는 이와 유사한 방법으로 피해 유족을 무마시키고 사건을 은폐했다. 문경군 산북면 석달마을에서 주민 학살이 발생한 후 1950년 1월 8일 신성모가 현지에 나타났다. 그는 사건 현장에서 2킬로미터 떨어진 김룡초등학교에 모인 유족들을 문경군수, 문경경찰서장과 함께 만났다. 그는 자신이 3개월 전 여순사건 현장에 다녀왔다는 이야기며, 해방 후 우리나라에서 이런 일이 자주 일어나 슬프다는 등의 이야기를 했다. 그리고 그 자리에서 이정희 문경군수에게 현금 100만 원을 주었고 유족들에게 담요 열일곱 장을 전달했다. 신성모가 건넨 위로금 명목의 이 돈은 불타 버린 가옥을 새로 짓는 데 사용되었다. 신성모 장관이 돌아간 후 문경경찰서장과 산북면 지서 주임 이기용이 직위 해제되었고, 주민들은 공비에 의해 사살된 것으로 호적부에 기록되었다. 신성모는 문경석달 사건을 현지 경찰 책임자를 인사 조치함으로써 은폐했고, 학살을 공비 소행으로 기록함으로써 왜곡·조작했다. 하지만 현장 생존자 채의진은 이 모든 일을 낱낱이 기록했고 그의 노력으로 말미암아 사건의 진상이 밝혀졌다.[92]

거창 학살에 대한 내무부와 법무부의 개별 조사 그리고 최덕신 사단장의 내부 조사 보고에 이어 국방부에서는 3부 합동으로 현장 조사를 실시했다. 내무부 차관이 중심이 된 합동 조사는 1951년 3월 16~17일까지 거창경찰서장 사택에서 증인을 심문하는 형태로 이루어졌다. 그러나 김종원은 3부 합동 조사 내용인 "거창사건 현장 합동 조사 복명 지 건 보고"를 헌병사령관에게 제출했는데, 이는 국방부의 치밀한 사전 공작을 보여준다.[93]

(3) 신문을 받은 자는 제9연대 제3대대와 작전행동을 직접 감행하고 부락민을 교정에 집합 후 양민으로 인정되는 자를 선발한 경찰(형사) 1명으로부터 청취한 바이나 조사의 주목적과 착안은 유아 및 노인 처치에 대한 문제가 있었으나 이에 대한 답을 하등에 접촉되지 않은 답변으로 군 기정방침으로 14세 미만 60세 이상 노인은 제외하였다고 진술하였음. (4) 신원면장과 구장 3명도 신문받았으나 전부가 이구동성으로 군에 유리한 답변을 하였음. (5) 현장조사를 하겠다고 하였으나 사전계획에 의한 진행으로 적정(敵情) 불호(不好)하다는 전제로 현장조사는 중지하였음. (6) 현장도 사전 완전 처치하였으므로 하등 불안한 점이 전무함. (7) 17일 오후 5시 개략 조사를 완료하고 산청에 도착하였으나 국회의원을 파견 공작한 결정으로 하등 이상 무함. (8) …… 이 사건에 관하여는 군이 조금도 불리한 점이 없을 것으로 사료되옵고.

김종원의 보고는 합동조사단의 실질적인 통제가 국방부에 있었고, 증인 선정과 심문에 대한 답변에서부터 현지 조사 방해에 이르기까지 조사 내용이 사전에 조정되었음을 보여 준다. 그의 보고는 증인으로 선정된 경찰과 신원면장 등의 답변이 사전에 조작되었음을 의미한다. 또한 조사단의 현장 조사를 무산시키고 학살 현장 자체를 별도로 조치히는 등 증기인멸이 있었다. 피해 인원을 축소하고 조작한 것은 학살의 진상을 파악하고 있던 향토방위대장 임주섭을 통해서도 확인할 수 있다.[94] 김종원은 국회조사단 구성 의결이 있고 난 4월 1일 담화문을 발표했다.[95] 그는 이 담화를 계엄민사부장으로서 발표한 것인데, 거창사건에 대한 국회조사단 구성을 군에 대한 정치권의 간섭으로 여기고 사실상 진상 조사를 반대했다.

이 사건에 대한 정부의 공식 대응은 1951년 4월 24일 공보처장의 발표문이다. 정부는 이철원 공보처장을 통해 담화문을 발표하도록 했다.[96]

이에 따르면 사건 희생자는 대부분이 통비자通匪者였고, 군은 이들을 체포해 군법회의에 회부함으로써 남자 187명을 판결에 따라 사형을 집행한 것이었다. 군의 작전과 재판에 의해 총살했다는 것이 정부가 발표한 3부 합동 조사의 주요 내용이었다.[97] 정부의 담화문에는 신원초등학교에 집합한 부락민은 모두 600여 명이었고 총살은 2월 12일 이루어졌다. 공보처장 발표에서 신원면은 험준한 산악 지대에 있고 인민유격대의 출몰이 잦아 신원지서가 수차례에 걸쳐 습격당했다. 이와 같은 상황에서 정부는 작전명령 제5호를 적용해 주민 수백 명을 총살한 것이라고 에둘러 표현했다.[98]

공보처의 발표 내용은 국방부의 주장과 국회의 조사 보고 범위를 벗어나지 않는다. 군은 작전지역의 주민들을 철수하라고 경고한 점을 강조했고, 총살당한 사람들은 빨치산과 내통했거나 적에 동조한 사람이라고 간주했다.[99] 정부의 주장대로라면 신원면 주민들에게 작전명령 제5호를 적용해 이적 행위자로 단정 지어 총살한 것은 아무 문제가 없는 것이었다. 거창사건에 관한 정부의 공식 입장은 군 지휘관의 인식과 거의 유사했다.[100]

한편 신성모 국방부 장관은 국회에서 조사단이 구성된 후 조직적인 현장 조사 방해 공작을 지시했다. 국회조사단 방해 공작에 대한 최초의 명령은 11사단 사령부가 있던 남원에서 경남계엄사 민사부장 김종원과 김현숙 여군부장이 최덕신 사단장을 만난 뒤 열린 사단 작전 회의에서였다.[101] 이 회의에서 최덕신은 부사단장이었던 김익렬에게 그 임무를 내렸다. 그러나 김익렬은 '그런 경우 없는 짓을 저지르면 어차피 군인들 입에서 외부에 새어 나갈 것이고 그렇게 되면 반란 책임을 지고 중형에 해당하는 벌을 받을 것이 명약관화하므로 그런 짓은 할 수 없다'고 명령을 완강히 거절했다. 그러자 그에게는 바로 다음 날 새벽 제5사단 부사단장으로 전출 명령이 떨어졌다.

공작은 김종원이 신중목 의원과 조사단 숙소에 신원면에 수백 명의 적이 나타났다는 거짓 전화로부터 시작되었다. 국회조사단이 현지에 도착한 4월 3일 밤 김종원은 3대대 일부 병력을 빼내 감악산 수영덤이고개에 배치했다. 김종원은 매복한 군인들을 적으로 가장시키고 국회조사단이 올라오면 사격은 하되 사람이 맞지 않도록 하라고 주의까지 주었다. 경남계엄사령부 민사부장의 부관이었던 김영두 소위는 김종원이 오익경에게 신성모 장관의 부탁이라면서 병력 차출을 요구했다고 전한다. 오익경 연대장 역시 조사단 방해 공작이 김종원에 의해 치밀하게 계획되었음을 밝히고 있다. 그는 김종원이 국회조사단의 현지 조사를 막으라는 것이 신성모 국방부 장관의 지시임을 내세워 병력을 내놓으라고 강권해 9연대 수색중대 병력 40여 명을 지원해 주었다.[102]

국회조사단의 현장 조사를 방해하기 위한 피습 계획은 적으로 위장했던 병사를 통해서도 확인할 수 있다. 조사단 피습에 참가한 진이용에 따르면 위장 부대는 3대대 9중대 2소대 3분대 병력이었다. 그들은 매복과 총탄 신호, 사후 일처리까지 지시받았고 김종원으로부터 수고했다는 얘기도 들었다.[103] 국회조사단 호위 병력으로 동원되었던 최임준은 감악산에 매복해 있는 적이 위장임을 사전에 알았고, 교선을 할 때 사람을 향해서 쏘지 말라는 명령을 받았다. 이뿐만 아니라 진이용은 주민 학살이 저질러졌을 때는 수고했다며 자기 소대에 소 네 마리를 배당받아 포식했다고 밝히고 있다.[104] 그리고 김종원은 국회조사단이 거창 현지를 떠날 때까지 신원 지역의 적정이 매우 불안한 것처럼 조장했다.[105]

이와 같은 방해 공작으로 국회조사단은 현지 조사 활동을 더는 하지 못하고, 결국 거창경찰서에서 관계자의 증언만 청취할 수 있었다. 그러나 이마저도 김종원의 통제하에 있던 경찰과 주민들로부터 제대로 된 진술을 들을 수 없었다. 이때의 일을 국방부는 "거창사건 조사단, 정체불명의 폭도에 피습, 임무 수행치 못하고 귀환"이라고 기록하고 있다.[106]

유봉순은 1951년 국회 조사에서 죽은 사람들이 양민이라느니, 공산주의자가 아니라느니 하는 것은 중상모략이라고 주장했다.[107] 그러나 앞서 살펴본 것처럼, 1960년 제4대 국회 조사에서 박대성은, 1951년 국회 조사단의 조사에 증언으로 나온 주민들에게 유봉순이 사건을 축소·은폐하라고 지시하는 것을 직접 들었다고 밝혔다. 하지만 국회 조사에 대한 유봉순의 사전 조작은 그의 책임 범위를 넘어서는 것이었다. 그것은 경남 계엄지구 민사부장으로서 군과 경찰, 신원면을 통제할 수 있는 김종원에 의한 것으로 밝혀졌다.

김종원은 국방부 조사 내용에서 주민들은 '간이재판'에 의해 살상된 것임을 강조하고 피해 인원은 틀림없이 187명이라고 주장했다. 또한 법무부가 주장하는 피해 517명에 대해서도 조사한 증거가 없다고 강변했다. 김종원은 국방부의 보고 내용에 자신이 있기 때문에 합동 조사 활동을 하지 않고 부산으로 돌아갈 것이라고 해, 3부에서 정확한 증거만 있으면 조사에 답하겠다고 밝혔다.[108] 국회 조사에서도 김종원은 한동석의 증언과 박대성 주임의 진술이 다르게 되자 간이재판으로 "총살집행할 때에 여자들이 내 남편을 죽이니 나를 대신 죽여라 이렇게 대들어서 몇몇 죽어나간 일이 있다"라고 터무니없는 이유를 들어 한동석의 증언에 자신의 주장을 추가했다.[109]

김종원은 국회의 조사에 맞서 신원 지역을 적정이 매우 불안한 것처럼 조장하고 주민들에게는 위증을 강요했다. 국회조사단이 오기 직전 유봉순으로부터 '말이 통할 만 한 주민 대표 4~5명을 뽑아 보내라'는 지시가 있었다. 그때 증언에 나선 주민들에게는 조작된 증언 내용이 주어지고 만약 그대로 증언하지 않으면 총살을 면치 못할 것이라는 협박이 가해졌다.

공포 분위기는 주민들뿐 아니라 경찰들도 신변에 위협을 느낄 정도였다.[110]

이승만 정부와 국방부는 조사단에 대한 '위장 공비' 사건으로 국회의 압력에 직면했다. 결국 이승만 대통령은 4월 24일 국무회의에서 거창사건의 책임을 물어 국방·법무·내무부 장관을 사직하도록 했다.[111] 신성모 국방부 장관은 26일 사표를 제출했지만 이승만은 이를 처리하지 않았다. 하지만 국회의 진실규명 압력이 거세지자 대통령은 결국 신성모의 사표를 수리했고 5월 7일 이기붕을 국방부 장관에 임명했다.[112] 이로써 거창 사건을 둘러싼 국회의 진상 조사 압력과 정부 부처 간 갈등으로 3부 장관이 바뀌었다. 국방부 장관이 이기붕으로 바뀐 뒤 헌병사령부는 사건을 본격적으로 수사하기 시작해 5월 28일 연대장 한동석을 구속하고, 오익경과 이종대에 대한 수사를 이어 갔다.[113]

그러나 국회와 정부의 대립은 사건의 진실규명과 군 작전을 넘어서 사상 문제로 전개되었다. 이승만 대통령은 국회가 거창사건 진상 조사 결의안을 의결했음에도 불구하고 진실을 밝히는 데 소극적이었다. 그는 의회 내 야당 의원들을 비롯, 자신에게 반대하는 사람들을 친공분자로 간주했으므로 정부를 공격할 구실을 주지 않기 위해서라면 무슨 일이든 할 수 있었으며, 김종원과 같은 사람을 자기 심복으로 두어 정적을 괴롭히는 것을 정당한 것으로 보았다.[114] 이승만의 리더십과 정치력은 국회의 도전에 직면했으며 전쟁으로 말미암아 더욱 약화되었다. 한국민주당과의 권력 동맹 또한 정부 수립 이후 이승만 개인의 권위주의적 성격과 권력 행사로 내부 분열이 일어나 한국민주당이 이탈함으로써 권력 기반이 약화되었다.[115]

1950년 5·30 선거 결과는 대한국민당 62석, 민주국민당 48석, 친이승만 청년 조직 22석, 무소속 후보가 60석이었다. 2대 선거에서 이승만과 민주국민당은 모두 심각한 타격을 입었다. 이승만은 선거 일주일 후 "국민들은 선거 결과 때문에 오히려 혼란스러워하는 것 같다"라고 발언했으며, 온건파 의원들을 공산주의자 운동과 연계시켰다. 진정한 공산주의자는 선출되지 않았음에도 이승만과 그의 지지자들은 온건파들에게 "빨갱이 딱지"red tinge를 붙였다.[116] 이런 정국에서 거창 학살 사건이 제대로 밝혀지면 권력 기반이 취약한 이승만에게는 치명적인 타격이 될 수 있었다. 여론은 군대의 사병화를 염려했던 것이다.[117] 군대의 사병화 다시 말해 이승만의 정치적 의도에 따라 군이 동원될 수 있다는 점이 문제가 될 수 있었는데, 그 본보기가 국회조사단 피습을 위한 위장 공격이었다.

책임자
불처벌

사실을 밝히지 못한 군법회의

헌병사령부는 9연대장 오익경을 비롯해 3대대장 한동석, 정보장교 이종대 대위를 구속해 심문하는 한편 최덕신 등 관련자들을 수사했다. 헌병사령부 수사과장 김진호 대위는 최덕신 사단장, 오익경 연대장, 한동석 대대장을 심문했는데 그는 사단장이 작전에서 적절한 조치를 취하라는 작전명령을 내렸다고 전한다. 그러나 오익경과 한동석은 작전지역 내의 주민을 처단하라는 취지의 내용을 지시받았다고 진술했다.[118] 최덕신은 군 작전상의 여러 가지 불리한 여건들 때문에 작전 수행 중에 주민들에게 적지 않은 피해와 부작용이 빚어진 것을 인정했다. 군경이 작전 중에 일으킨 주민 피해는 광범위하고 막대한 것이었다.[119] 그러나 그는 '작전지역 내 주민을 전원 총살하라'는 요지의 작전명령에 대해서는 부인했다.[120]

이 부인은 일면 타당한 것이었다. 작전명령 제5호는 9연대에서 내린 것이었기 때문에 최덕신은 견벽청야 작전의 불가피한 측면에 대해서만 주장하고 있었다.

군검찰은 오익경과 한동석, 이종대를 기소했고 제1차 군법회의는 1951년 7월 28일 대구고등법원에서 개정했다.[121] 김종원은 군법회의가 진행 중이던 9월 국회조사단 피습 사건으로 추가 기소되었다. 공판에서 가장 중요한 쟁점은 연대 작전명령의 진위 여부였고 김종원이 기소된 이후에는 국회조사단 피습 사건이었다. 오익경, 한동석, 이종대 등 피의자들은 집단학살은 시인했으나 작전명령 내용과 하달 경위에 대해서는 서로 주장이 엇갈렸다. 또한 이들의 변호인은 신원면 상황과 군사작전의 불가피성, 명령에 의한 집행임을 강조했다.[122]

한편 군검찰의 심문은 매우 형식적이었다. 군법회의에서 군검찰은 거창군수를 비롯해 거창경찰서 사찰 주임 유봉순, 신원지서장 박대성과 신원지서 차석으로 근무한 박기호를 증인으로 채택했다. 박기호는 재판이 있기 하루 전날 검찰관에게 불려가 질문 요지와 답변 내용을 미리 전달받았고, 증언대에서도 그 각본대로 진행되었기 때문에 진실을 밝힐 수 없었다고 훗날 털어놓았다. 군검찰의 신문 내용은 인심 동태와 빨치산 상황 등을 중점적으로 다루었는데 증인으로 채택된 네 명 모두에게 형식적인 질문과 답변이 이어졌다.[123]

군법회의에서 논란이 되었던 작전명령과 관련해 1951년 국회 조사에서 한동석은 연대장으로부터 작전명령 5호를 지시받았다고 밝혔다.[124] 한동석의 주장은 부락민을 신원초등학교에 모이게 한 다음 거창경찰서 형사들을 시켜 이적 행위자를 판단했고, 이동 간이재판 권한으로 학교에서 2킬로미터 떨어진 곳에서 재판을 했다는 내용이었다. 그는 총살이 재판에 의한 사형 집행이라고 하면서도 죽은 사람들의 명부를 작성하지 않았다. 김종원 역시 신원면 주민들이 과거부터 불온사상을 가지고 있었던 것이 사실이라고 단정하고 있었다.[125]

한동석이 국회조사단에서 증언한 내용은 작전명령이 변조된 이후에 진술한 것이다. 그는 다른 대대장과 마찬가지로 한자리에서 명령을 받았는데, 요지는 '작전지역 내의 사람을 전원 총살하고 집은 불사르며 물자는 후송하라는 것이었다.'[126] 이 같은 사실은 9연대 1대대장이었던 이종태의 증언에서 확인할 수 있다. 그는 사건 발생 이후 작전명령을 회수하고 변조된 명령을 다시 내려보낸 사실까지 밝히고, 작전명령의 회수가 사단 차원에서 이뤄진 것인지, 국방부와 경남계엄사에서 한 것인지는 명확히 알고 있지 않았다.[127]

명령을 받았으니까 그렇죠. 결국은 사단 명령이 말이죠. 민간인을 죽이라는 것이 아니고 그 지역 내에 있는 사람을 사살하라고 명령이 나왔어요. ……
그러니까 그것이 민간인을 죽이라는 것과 똑같은 얘기가 아니겠어요? ……
문제가 생기자마자 직접 내려와서 전부 명령을 회수해 버렸어요. 그리고 다시 내려보낸 거예요.

이뿐만 아니라 김종원이 주장하는 것처럼 신원면 주민들이 좌익 활동을 했다는 것은 명확하지 않다. 이런 주장은 김종원과 유봉순 등 군인과 경찰 측에서 제기하고 있다. 한동석이 간이재판에서 이적 행위의 유일한 근거로 제시한 '빨치산에게 식사를 제공'한 것은 신원면 주민들에게는 빨치산뿐만 아니라 국군에게도 있었던 일이다.[128] 나아가 한동석이 주장하고 있는 '이적 행위'는 '식사 제공'뿐이었고, 이마저도 군인들이 간이재판 형식을 빌려 사형을 집행한 법적 근거에 해당하는 사안이 아니었다. 또한 그 많은 사람들을 한꺼번에 죽이는 이유, 불법 행위로 간주하기에는 인민유격대 활동과 연관을 지을 수 없는 사안이었다.

1951년 8월 5~6일 양일간 진행된 제2차 군법회의에 출석한 김종원은 국회조사단 습격을 단독으로 감행했다고 밝혔다.[129] 그러나 김종원은 자신의 진술로 국회와 여론의 진상 조사 요구가 거세지자 법정 증언을 뒤집는 "전말서"를 8월 13일 헌병사령관 최경록에게 제출했다.[130] 동시에 그는 기자회견에서 국회조사단 습격과 작전명령 제5호의 부록 변조는 신성모의 명령이라고 밝히면서 자신의 지휘 책임을 모면하려 애썼다.[131]

"전말서"에 따르면, 국방부 장관 신성모는 사건 현장에서 직접 11사단 참모장과 제9연대 부연대장에게 작전명령 5호를 수정하라고 지시한 것으로 드러났다. 김종원 자신은 다만 조사관으로서 의견만 연대장교에게 전달한 것이라고 밝혔다. 그리고 국회조사단의 습격에 대해서도 상관이 명령하고 있기 때문에, 이 의도를 참작해서 (조사단이) 사건 현장을 보지 못하게끔 하는 의견만 냈고 자신은 부대를 직접 지휘할 권한이 없음을 강조했다.[132] 김종원은 신성모에게 모든 책임을 지우고 있었고, 그에 대한 군검찰의 조사는 불가피해졌다.

김종원의 진술 이후 이승만 정부와 군에 관한 국민 여론은 매우 악화되었다. 그러나 신성모는 거창사건 수사가 한창이던 1951년 6월 10일 주일대표부 단장으로 임명되어 7월 7일 일본으로 떠난 뒤였다.[133] 8월 8일 국회는 김종원의 증언이 문제가 되자 국방부 장관으로부터 진상을 청취하기로 결정했다.[134] 8월 10일 국회의 압박이 계속되자 국방부 장관 이기붕은 기자회견에서 거창사건 등에 관련된 군인을 임시특별계엄위원회에 송부해 처리할 것이라고 발표했다.[135] 국회는 거창사건특별조사위원회의 현장 검증을 방해하기 위해 국군이 조사단을 향해 계획적으로 총을 쏘았다는 것이 판명되자, 사건의 진상을 정확히 밝히라고 정부 측을 압박하고 나섰다.[136] 이에 이기붕 국방부 장관은 국회에 출석해 관련자를 엄중

처단할 것이라고 답변했다.[137]

9월 10일 군검찰은 국회조사단 방해 공작의 책임을 물어 김종원을 추가 기소했고, 같은 날 군법회의가 속개되었다.[138] 군법회의에서 김종원은 군검찰관의 9연대장 작전명령 제5호 부록 제1항, '적의 손에 있는 사람을 전원 총살하라'는 것을 '작전 중대장은 작전지역에서 이적 행위자를 발견 시는 즉결하라'고 수정케 하고, 또한 '신원 작전에 참가하는 대대장은 이동군법회의의 설치 권한을 부여하는 동시에 이적 행위자로 판명되는 간이재판에 의지하여 현지 집행하라'고 수정케 했다는 기소에 대해 장관의 지시에 따랐다고 답변했다. 국회조사단의 방해 주모자에 대해서는 본인이라고 인정했다.[139] 김종원에 대한 법정 기소에 따라 국회조사단 피습과 작전명령 변조에 관해 신성모 전 국방부 장관에 대한 조사가 불가피해졌다. 9월 11일 재판부는 신성모에 대한 증인 신청을 채택하고 그가 출두할 때까지 휴정할 것을 선언했다.[140] 거창사건의 진상 조사는 신성모에 이르러 벽에 부딪힌 것이다.

10월 17일 국회는 본회의를 열어 신성모의 조사와 관련한 대정부 건의안 〈주일대사 소환에 관한 건의안〉을 재석 의원 124명 중 80명의 찬성으로 가결했다.[141] 군검찰은 신성모가 사건의 증인으로서 수차례에 걸쳐 고등군법회의 소환장을 발부받았으나 출두 명령에 응하지 않자, 그의 증언을 청취하기 위해 법무관을 일본으로 파견했다.[142] 11월 19일 김태청과 김부남 검찰관이 도쿄로 건너가 신성모로부터 증언 심문을 청취한 뒤 11월 24일 돌아왔다.

좀 더 살펴볼 문제는 재판 자료에 관한 것이다. 거창사건이 발생했을 때 헌병대는 현장 사진을 찍어 상부에 보고한 것으로 알려졌다.[143] 특무대 자료에도 이 사진의 존재는 등장한다. 김종원은 장면 총리에게 거창사건을 보고하면서 사진을 첨부했고, 총리 비서실장이던 선우종원은 김종원이 가져온 현장 사진을 보았다. 그런데 이 사진은 신성모의 은폐 지시에 따라 김종원이 소각한 것으로 알려졌다.[144] 하지만 군법회의가 진행되면서 현장 사진은 수사 기록에 첨부되어 있었다. 군법회의에 법무장교로 참여해 기록을 검토한 태윤기는 수사 기록에 첨부되어 있던 또 다른 현장 사진 세 장을 기억했다.[145] 최경록 헌병사령관이 가지고 있던 사진은 신성모 국방부 장관이 증거를 없애기 위해 현장 사진을 불태우도록 명령했으나 최경록의 거부로 소각되지 않았다는 증언도 있다.[146]

재판에서 또 한 가지 짚고 넘어가야 할 사안은 산청·함양군 일대 학살 또한 군법회의에서 전혀 논의되지 않았지만 동일한 부대, 동일한 지휘관에 의해 저질러졌다는 점이다. 사건의 책임자로 기소된 오익경과 한동석, 이종대의 위법 내용에는 거창사건만 해당하는 것이 아니라 산청·함양 건까지 포함해야 한다. 3대대의 작전 일시와 작전 경로를 볼 때도 거창과 산청·함양은 동일한 성격으로 다시 규정되어야 한다. 그것은 이미 〈거창사건특별법〉이라는 법적 구속력으로 인식되고 있는 사안이자 국방부에서 인정하고 있으며, 행정적으로 처리되고 있는 사안이다.

책임자를 처벌하지 않다

거창사건의 성격을 반드시 제노사이드 범죄로 규정하지 않더라도, 대규모 민간인 살상을 일으킨 가해자를 처벌하는 것은 법치국가의 일반적인 사법 절차라고 할 수 있다. 책임자 처리 문제는 두 가지 방향에서 검토해 볼 수 있다. 먼저 학살을 명령하고 실행한 11사단 지휘관들이다. 최덕신 사단장이 제시한 견벽청야 작전 개념 그 자체는 일본군이 중국에서 자행한 초토화작전을 모방한 것으로서, 민간인 피해를 충분히 예상할 수 있었다는 점에서 비판받아 마땅하다. 그러나 법적 책임의 소재는 9연대장으로부터 비롯되었다고 보는 것이 타당할 것이다. 왜냐하면 집단학살의 직접적인 계기는 연대 작전명령 제5호였기 때문이다. 따라서 민간인 학살의 명령과 실행이라는 측면에서 연대장 오익경과 3대대장 한동석, 3대대 정보장교 이종대에게 형사책임이 있다.

다음은 이승만 정부에서 사건을 은폐하고 국회 조사를 방해한 것에 대한 책임이다. 국방부(계엄사)와 11사단으로 보면 신성모 국방부 장관을 비롯해 경남계엄사 민사부장 김종원과 최덕신 사단장, 오익경 연대장 등이다. 내무부 치안국(경찰) 계통으로는 내무부 장관 조병옥과 치안국장 김태선, 경남경찰국장 이성주, 거창경찰서장 김갑용 등이다. 무엇보다도 사건 은폐와 조작 내용은 작전명령 제5호의 위·변조 명령과 그 여부다. 문제의 요지는 민간인 학살의 직접적인 발단이 된 이 명령을 누가 회수하고 재작성하게 했는가 하는 점이다. 그리고 국회조사단 현지 조사를 방해한 위장 공격에 대한 책임이다.

1951년 12월 3일 군법회의는 신성모 전 국방부 장관에 대한 일본 출장 심문을 시작했다. 김태청과 김부남의 출장 심문에서 신성모는 공문서 위조(작전명령 5호 수정)와 공무집행방해에 대해서 부인했다.[147] 군검찰도 신성모의 책임에 대해 더는 조사하지 않았다.[148] 김태청 검찰관은 "거창 사건을 수사하면서 이승만의 정치적인 외압은 없었고, 여론 때문에 (이승만 정권이) 밀려서 군사재판이 가능하게 되었다"라고 밝혔다. 그리고 "신성모 전 국방부 장관을 조사하러 일본의 병원에 갔을 때, 그가 수사를 피하려고 꾀병으로 입원한 것을 알았다"라고 증언했다.[149] 김종원은 법정 심문에서 국방부 장관이던 신성모의 명령에 복종해 작전명령 5호를 수정한 것이라고 재차 주장했다.[150]

1951년 12월 15일 군법회의는 10여 일간의 심리 끝에 구형 공판을 가진 후 16일 선고 공판을 열었다.[151] 강영훈 재판장은 김종원 피고의 문서위조죄에 대해서는 무죄, 공무집행방해죄에 대해서는 유죄를 인정해 징역 3년(징역 7년 구형)을 선고했다. 오익경은 살인죄와 군무불신임초래에 대해 유죄가 인정돼 무기(사형 구형)를 선고받았고 문서위조에 대해서는 무죄를 판정받았다. 한동석은 살인죄와 군무불신임초래죄에 대해 유죄가 인정되어 징역 10년(사형 구형), 이종대는 무죄(징역 10년 구형)를 선고받았다.[152]

군법회의의 증거로 제출된 문제의 작전명령에 대해 한동석은 이 작전명령이 그때 시달되었던 작전명령 내용과 전혀 다른 것이라고 진술했다. 그는 작전명령 제5호 부록에 "미복구지대의 적 수중에 들은 주민은 총살하라"는 조항이 있었음을 밝혔다.[153] 이런 내용은 작전지역에서 이적행위자를 발견 시는 즉결하라는 내용과는 전혀 다른 작전명령이었다. 그러나 군법회의는 작전명령의 진위 여부를 끝내 가리지 못했다.

훗날 피의자들은 언론 인터뷰에서 사실을 고백하기에 이르렀다. 오익경은 재판 과정에서 주민들을 '즉결 처분'한 것은 정당했다는 취지로 주장했고, 연대 작전명령에 대해서도 시인했다. 이뿐만 아니라, 그는 거창사건 외에도 다른 지역에서 유사 사건이 있었음을 인정했다.[154] 박산골 현장에서 총살을 직접 지휘한 이종대 역시 작전명령에 따른 학살임을 밝히고, 총살 이후 시체 처리 과정에 대해서도 지세히 증언했다. 그렇다고 진실을 모두 밝힌 것은 아니었다.[155] 1972년에 이뤄진 증언에서 이종대와 오익경은 자신들의 행위를 가감 없이 진술했다. 1951년의 재판은 사실상 형식적인 것이었고 군법회의 판결이 있은 지 1년도 채 되지 않아 이들은 모두 형 집행정지로 풀려났다. 이들에 대한 이승만 대통령의 사면복권은 민간인 학살을 사실상 승인하는 정치적 효과, 일종의 불처벌impunity을 의미했다.

국회 조사와 군법회의의 재판 결과를 보면 3대대 군인들은 187명의 주민을 살해한 것이 된다. 하지만 거창사건을 둘러싼 의혹은 충분히 해소되지 않았다. 신원면 주민 학살을 둘러싼 9연대의 작전명령과 그 위·변조 여부에 대한 판단, 그리고 국회조사단 방해 공작에 대한 최종 책임은 끝내 묻히고 말았다. 주민 학살에 대한 작전명령은 김종원, 한동석, 이종대의 증언에 따르면 최덕신 사단장의 토벌 작전 개념인 '견벽청야'로부터 오익경 연대장의 작전명령 제5호에서 구체화되었다.[156] 거창학살이 알려진 뒤에 연대 작전명령서는 김종원이 신성모의 지시였다고 했듯이 변조된 것으로 볼 수밖에 없다.

김종원의 "전말서"와 한동석과 오익경, 이종태의 진술 등 관련자들의 진술을 작전명령 제5호와 비교해 볼 때 변조되었음을 알 수 있다. 이 내용을 증언과 자료로 종합해 보면, '미수복지에 남아 있는 주민은 적으로 간주하여 총살하라'는 것을 '작전지역에서 이적 행위자를 발견 시는 즉결하라'로 바뀌고 '이적 행위자를 간이재판에서 처리하라'는 것으로 또다시 변조된 것으로 볼 수 있다. 그러나 군법회의는 원래의 작전명령서를 찾지 못했고, "'적의 손에 있는 사람은 전원 총살하라'고 명령"한 내용을 확인했을 뿐이다. 재판이 진행되면서 작전명령 내용은 두 차례에 걸쳐 변조되었을 가능성이 크다.[157]

국회의 현지 조사에 대해 '공비를 가장하여 국회의원을 습격하라'고 지시를 내린 적이 없다는 신성모의 주장과 달리, 김종원은 '어떻게든 국회의원이 사건 현장에 가는 것을 막으라'고 했던 신성모의 지시에 따라 위장 공격 부대를 꾸며 국회의원을 피습했다.[158] 군법회의는 작전명령 자체의 문제점과 최덕신 사단장의 책임,[159] 사건 은폐와 조작, 국회조사단 피습에 관한 신성모의 책임을 규명하지 않았다. 박산골에서 총살을 실행하고 잔인하게 사후 처리한 이종대 정보장교에 대해서도 형사처벌을 하지 않았다. 그리고 거창사건과 비슷한 양상의 학살 사건 등에 대해서는

이 재판을 끝으로 묻혀 버렸다.[160]

한편 미군은 거창사건의 전반적인 경과를 파악하고 있었다. 주한미 군사고문단은 국군 보병부대의 연대, 대대에까지 배치되어 있었다. 한국 전쟁 때 공식적으로 유엔군 연락장교였던 리영희는 11사단 9연대에서 미 군 고문관과 부대 지휘관 사이에서 통역을 맡았다.[161] 9연대에는 세 명의 고문관이 있었다. 리영희는 거창사건이 발생하기 전 미군 고문관과 함께 한동석 대대장이 지휘하는 작전지역인 신원면 일대에 자주 시찰을 나간 적이 있었고 대대장교로부터 상세한 정세를 보고 받았을 뿐만 아니라 주 민들과 직접 대화하기도 했다. 주한 미국 대사관의 주간 보고서Joint Weeka 는, 김종원이 대구에서 열린 군사재판에서 조사단을 습격한 것은 공산주 의 게릴라가 아니라 국군임을 증언했다고 보고했다. 1951년 8월 첫 주 보 고는 군사법원이 국회조사단 사건과 관련해 주일 대사인 신성모 전 국방 부 장관을 한국에 불러들이도록 외무부에 요청한 사실을 보고했다.[162]

또한 최근에 밝혀진 특무대(기무사) 자료에는 이승만 정부가 사건 발 생 초기부터 내용을 인지하고 수습에 나섰던 것으로 밝혀졌다.[163] 사건 발생 한 달여 만인 1951년 3월 10일 특무대는 〈거창사건에 대한 진상과 수습대책〉과 3월 15일 〈거창사건에 대한 수습결과 보고의 건〉을 작성해 국회에서 이 사건이 문제가 되기 이전부터 군과 경찰 계통을 통해 사건을 정확히 인지하고 있었다. 이뿐만 아니라 국방부는 수습을 위한 대책으로 사건 은폐를 기획했고 실제 그대로 실행되었음이 특무대 문서에 나타나 있다.

이 재판은 작전명령 위·변조에 대한 김종원의 무죄, 살인죄에 대한 이종대의 무죄, 11사단장 최덕신에 대한 미조사, 국방부 장관 신성모에 대한 미진한 조사와 불기소, 사건 조작과 현장 은폐 등은 아예 다루지도 못한 불처벌 사례로 볼 수밖에 없다.

잔혹한 행위를 부하들이 저지르도록 허용하는 지휘관의 책임은 논쟁이 될 수 있다. 널리 알려져 있지 않지만 태평양전쟁에서 야마시타 도모유키山下奉文는 일본군 제14방면군 사령관이었다. 그는 전후 전범 재판에서 전쟁법 위반, 자기 부하들이 야만적인 잔혹 행위를 저지르는 것을 승인했다는 혐의로 기소되어 유죄판결을 받았다.[164] 잔혹 행위는 필리핀 바탕가스Batangas 지역에 사는 대부분의 민간인을 학살하고 이곳의 개인과 공공 재산, 종교 재산을 파괴하려는 계획과 목적하에 2만5천 명의 남녀와 아이들, 비무장 민간인을 재판 없이 학대하고 살인했으며, 모든 촌락을 철저히 파괴한 것이었다. 야마시타는 미국 대법원에 항소했지만, 그는 사령관으로서 부하들이 잔혹 행위와 중대한 범죄를 저지르도록 승인하고 부하의 작전을 통제할 의무를 불법적으로 소홀히 한 혐의를 받았다. 결국 그는 전쟁법을 위반한 죄로 사형을 선고받았다. 부대 책임자가 잔혹한 행위를 부하들에게 명령하지 않았더라도 부하들이 그런 행동을 하는 데 책임을 다하지 않았다면 지휘관은 처벌받을 수 있다. 이 재판은 세상에 알려지지 않았지만 이런 계통의 유일한 판례였다. 허시는 이 판례가 "부하가 잔혹 행위를 저지르면 장교는 이런 판례하에서 책임을 지게 될 것이기 때문"에 사라진 것이라고 비판했다.

이 판례는 르완다국제형사재판소 재판에서 범죄로 다룬, 상급자의 책임과도 연관 지어 생각해 볼 수 있다.[165] 이 법정의 성과 중 주목할 부분은 명령권자와 상급자의 책임이다. 르완다국제형사재판소는 하급자가 저지른 범죄에 대해서 민간이나 군대의 상급자에게 범죄의 책임을 규정했다. 공식·비공식 위계 구조를 갖는 상하 관계가 존재하고, 하급자가 범죄를 저질렀거나 그렇게 하려는 것을 상급자가 알 수 있어야 하며, 상급자가 하급자의 범죄 행위를 사전에 방지하거나 범죄자를 처벌하기 위해 필요한 조치를 취하지 않은 경우 상급자의 범죄가 성립한다. 이 규약에 따라 르완다국제형사재판소는, 르완다에서 카이셰마Kayishema가 지방 경찰과 헌병, 군인, 교도소 간수 그리고 후투 족 비공식 극우 군사 조직인 인테라함웨 등 거의 모든 가해자에 대한 통제권을 가지고 권한을 행사했음을 판결했다.

불처벌과 관련해서 남아프리카공화국의 진실화해위원회는 가해자들이 증언하는 것을 조건으로 사면을 명문화하는 원칙을 마련했다. 한국의 경우 5·18 광주민주화운동을 제외하고는 가해자에 대한 법적 처리 방침이 마련되어 있지 않았다. 민주주의와 인권이라고 하는 보편적인 원칙에서 보자면 인권침해 책임자와 이를 실행한 자에게 법률적·역사적·정치적 책임을 묻는 것은 정당하다. 한국이 추구한 포괄적 과거청산 방식은 현실적인 측면에서 가장 바람직한 것으로 여겨졌으나, 가해자에 대해서는 사법 처리는 말할 것도 없이 최소한의 도덕적 책임마저 묻지 못하는 상황이 되었다. 가해자와 그 책임자를 처벌하는 것은 이행기 정의의 가장 중요한 원칙 중 하나였지만 개별 국가의 민주주의와 인권 수준에 따라 그 정도가 결정되었음을 알 수 있다.

학살의 정치적 승인

범법자들의 형 집행정지와 사면복권

중대한 인권침해자의 불처벌은 국제사회에서 항상 논란이 되어 왔다. 거창사건에 대한 처리에 있어서도 책임자 불처벌은 살상의 정치적 승인 효과와 연관되어 있다. 앞서 보았듯이 국방부와 내무부(경찰)는 학살의 실체를 알고 있으면서도 이 사실을 은폐하고 축소·조작했다. 군법회의에서 실형을 선고받았던 이들은 이승만 정부에서 모두 승승장구했다. 정부는 이 사건의 진상 조사와 해결에 매우 소극적인 태도로 일관했고, 관련자들 역시 사면되어 정부의 요직에 올랐다.

거창사건 관련자들에 대한 사면조치는 이승만 대통령이 직접 지시를 내린 것으로 전해진다.[166] 오익경은 고등군법회의 재판 결과 무기형을 선고받고 육군형무소에 수감되었다. 그러나 9개월 후인 1952년 10월 14일 중앙고등군령 442호 의병(依病) 집행정지로 석방되었다. 그는 1953년 8월 1일 대통령 명에 의한 사면법 제5조 2항의 규정에 따라 형의면제(육군법무감실 제787호)되었고, 11월 26일 국방부 특명 제72호로 현역에 복직했다. 1955년 6월 16일 산업진흥계획에 의해 대한중공업에 파견되었다가 이듬해 11월 30일 국방부 특명 제405호 따라 예비역으로 편입했다. 1960년 4·19 혁명 이후 거창사건 진상규명 요구가 불거졌을 때 그는 대한중공업에 근무하고 있었다.[167]

한동석은 군법회의에서 10년형을 선고받았다. 육군형무소에 수감되어 있던 그는 1952년 3월 1일 대통령 특사령으로 징역 3년형으로 감형되었고, 8월 15일 2년으로 감형되었다. 10월 8일 그 역시 "복형 성적 우수관형 집행정지" 처분을 받아 출옥했고, 사면 후인 11월 23일 국방부 특명 제72호로 군에 복직한 후 1956년 9월 1일 국방부 특명 371호에 의해 중령으로 진급했다. 1960년 그는 육군 HID(북파 공작) 부대 중령으로 복무 중이었다.[168]

김종원은 육군형무소에 복역 중이던 1952년 1월 21일 육본 특명 제29호, 국방부 특명 제128호에 의거 감형 조치된 후 3월 하순에 사면되었고 7월 18일 국방부 특명 제157호에 의해 복직했다. 그는 전남경찰국장을 거쳐 1956년 치안국장에 취임했다. 취임사에서 그는 거창사건과 국회 조사단 방해는 자신의 책임이 아니라며 "당시 사건 관계 연대장이 눈을 감아 달라고 하기에 눈을 잠깐 감아 주었더니 내가 책임을 지게 되었다" 라고 자신의 책임과 관련 사실을 전면 부인했다.[169] 주한 미국 대사 무초는 김종원이 이승만 대통령에게 직접 보고하고 지시를 받는 인물이었다고 평가했다.[170]

군사작전에서 비롯된 민간인 학살을 전투의 성과로 삼는 정치적 인정과 장려는 또 다른 형태로 등장한다. 학살을 수행한 병사들에게 인간 파괴 행위는 '국가 의무', '애국'의 이름으로 포장된다. 그리고 국가와 자신의 동일시는 군사주의와 결부된다. 군사적 총력주의는 적과 민간인을 가리지 않는 행위로 이어지며, 그 수는 아군의 성과와 노획물로 보고된다. 이것은 권위에 복종한 것에 대한 보상을 일컫는다. 군부대와 군인에 관한 포상은 전쟁 중에 11사단에서 있었다. 제11사단 20연대(연대장 박기병)는 토벌 작전이 한창이던 1951년 2월 24일 전공을 인정받아 대통령으로부터 훈장을 받았다.[171] 20연대는 1950년 11월부터 본격적인 작전에 들어가 이듬해인 1951년 4월 6일 11사단이 8사단에게 임무를 인계하기까지 전남 장성·화순·함평·순창군 일대에서 작전을 벌였다.

이 시기에 해당하는 1950년 12월 초순경부터 20연대는 전남 함평군 월야·해보·나산면 일대 주민 500여 명을 총살했다. 20일경에는 2대대 6중대 병사들이 고창군 심원면 일대 마을 주민 200여 명을 살해했다. 전라북도의회 보고서는 11사단 20연대 2대대의 작전지역과 일자가 20연대의 부대 역사 기록과 동일함을 보여 준다.[172] 또한 인근 해리면, 공음면, 상하면 일대와 순창군 등지에서도 학살이 있었음이 밝혀졌다. 11사단은 토벌 작전에서 혁혁한 전공을 세운 장병들에게 대통령으로부터 수여된 무공훈장 수여 전달식을 기록하고 있다. 훈장 수여 행사는 전남 광주 시내의 각 사회단체와 전남도지사를 비롯한 내빈 다수가 참석한 가운데 연대 연병장에서 거행했다.[173]

군인들에게 상관에 대한 복종은 보상과 명예를 동반한다. 무고한 민간인을 죽이는 학살 명령 역시 군대에서 의무와 명예로 일컬어지기도 한다. 베트남전쟁 당시 미라이에서 민간인 100여 명을 살해한 혐의로 기소된 윌리엄 캘리W. L. William Calley 중위는 "나는 평범한 남자이고 워싱턴 사람들은 나보다 총명하다. 그 사람들이 공산주의는 나쁘고 우리를 삼킬" 것이라고 말했다. 캘리 자신은 워싱턴 사람들을 "믿었다." 복종은 보상받고 의무와 명예, 용기와 같은 영광스러운 말로 장려된다. 이것은 또한 정체성이나 자긍심의 주입이나 파괴에 의해 강요된다. 악은 상징, 메달, 표창에 의해 장려되고 보상으로 돌아오기까지 한다.[174]

바우만이 날카롭게 지적했듯이, 유대인 학살의 피고들이 재판에 회부되어 승리했다면 그들 중 누구라도 죄의식을 갖지 않았을 것이다.[175] 거창사건에서 피고들은 살인을 저지른 범죄의 대가를 받았다. 그러나 그들 중 누구도 죄의식을 가진 피고인은 아니었다. 재판 기록에 나타나 있듯이 항변과 변명이 난무했고 명령과 지시가 대량학살의 혐오스러움을 정당한 것으로 위장했다. 재판 이후의 상황은 더욱더 학살에 대한 선악을 구분할 수 없도록 했고 이 사건을 사회적으로 다툼이 되지 않도록 승인 도장을 찍어 버렸다.

이승만 정부의 형 집행정지와 사면복권은 집단살상에 대한 정치적 승인, 면죄를 의미했다. 피의자에 대한 국가의 사면과 공무담임, 다시 말해 권력의 위임은 학살이 불가피했다는 인식을 공식적이고 공개적으로 보여 주는 것이다. 범죄자들이 다시 공직에 오르거나 군이나 경찰과 같은 조직에서 공권력을 행사할 수 있도록 한 것은 결국 한국의 정치권력이 학살을 승인한 것이자 면죄부를 준 것이었다. 그러나 그들은 4·19 혁명 직후 정치적 환경이 급변하자 다시 여론의 비판에 직면했다. 언론 보도는 이들이 군법회의 직후 모두 석방된 후 영전했음을 개별 기록을 통해 꼼꼼히 추적하고 있다. 그만큼 책임자들의 사면복권은 이승만 대통령의 자의였고 정치적 판단이었음을 의미했다.

앞서 살펴본 군사재판 결과는 약간의 살인을 인정하는 것이었다. "약간의 살인을 인정하는 것은 학살을 완전히 부인하는 것보다" 신뢰를 줄 수 있다. 1977년 폴 포트는 캄보디아 프놈펜에서 자신의 개혁에 반대한 1~2퍼센트의 캄보디아인 중 최소한의 인원만 제거했다고 밝혔고 외부 사람들은 이 말을 믿었다.[176] 거창사건에서 가해자 일부를 재판에 회부함으로써 집단살인을 조금은 인정한 것이었지만, 이후의 과정을 보면 결국 최종적으로 학살을 승인했음을 의미했다.

학살은 지속되었고 대한민국 국민들은 계속해서 '적'으로 내몰렸다. 국회의 현장 조사와 군법회의 결과는 토벌 작전 중 민간인의 살해에 대한 경각심을 불러왔지만, 지리산지구 토벌 작전에서 11사단이 8사단으로 교체 투입된 이후에도 학살은 계속 발생했다. 결국 주민에 대한 군의 학살을 막지도 못했고 관련자들은 모두 사면·복직되어 공직에 진출했다. 범죄에 대한 이와 같은 정치적 고려는 민간인 학살을 정당화하는 정부의 공식적인 기억과 역사관이라고 볼 수밖에 없다.

지속된 학살

국회에서 〈거창사건특별법〉이 제정되기 이전부터 산청·함양 지역의 주민들은 거창사건과 마찬가지로 자신들의 피해가 밝혀져야 할 것이라고 주장했다. 이는 피해자들이 정부와 국방부 측에 요청한 3대대의 작전지역과 기록을 바탕으로 한다. 국방부는 1951년 2월 7일 육군 제11사단 9연대 3대대가 산청군 금서면 가현리와 함양군 서주리 부근에서 토벌 작전을 전개한 사실을 확인하고 있다.[177] 이 사실은 산청·함양유족회가 국회와 대통령 비서실에 제출한 탄원서(1991. 4. 27)를 국방부에서 확인·검토한 결과에 따른 것이었다.[178] 이 내용에 덧붙여 국방부는 3대대가 거창사건 발생 2~3일 전에 산청·함양 사건을 일으킨 것이 사실이라면 거창사건과 동일한 차원에서 처리하는 것이 바람직할 것이라는 의견을 제시했다.

9연대 3대대의 산청·함양 지역 작전은 11사단 부대 기록을 통해서도 확인할 수 있다. 1951년 2월 7일 "제3대대는 가현리와 서주리를 향하여 대대적인 공격을 감행하여 잔적을 소탕"했다. 11사단 부대사는 이 작전에서 "적 사살 12명, 포로 7명, 부상포로 173명과 박격포 1문, 기관총과 소화기 다수를 노획"한 것으로 기록했다.[179] 그러나 이 보고에 대한 사실 확인은 좀 더 신중하게 이뤄져야 할 것이다. 왜냐하면 전과를 무리하게 올리기 위해 무기를 탈취하거나 적을 몇 명씩 죽이라는 명령이 빈번했기 때문이다. 3대대의 작전 이동 경로는 산청·함양의 피해자들 증언과 일치한다. 피해자들이 작성한 문서에 따르면 산청·함양 사건은 1951년 2월 8일 오전 8시경 경남 산청군 금서면 가현리에서부터 시작되었다. 3대대는 금서면 방곡리와 점촌리를 거쳐 함양군 유림면 서주리에서 주민을 사살했고, 산청군 생초면에서 하룻밤을 묵은 다음 날인 2월 9일 거창군 신원면 일대로 진격했다.[180]

이뿐만 아니라 산청군 금서면에서 발생한 학살은 산청군 일대에서 활동하던 인민유격대 자료에도 기록되어 있다.[181] 경남 인민유격대 사업보고서(1950. 10 ~ 1951. 6)는 "2월 7일 산청군 금서면 방곡리에서 남녀노소를 가릴 것 없이 학살"이라고 기록하고, 또 다른 자료인 경남도여맹 문교부장 동지 앞으로 보고된 문건(1951년 3월 7일)에는 함양군 13개 부락의 가옥 소각과 휴천면에서 300명, 유림면에서 170명이 학살당했고 그중에는 여자 22명과 어린이가 포함되었다는 피해 조사 내용을 언급하고 있다.

1991년 국회사무처가 유족들에게 통보한 "양민학살사건희생자명예회복"에 대한 진정 처리 결과 역시 앞서 살펴본 국방부의 민원 회신 내용과 동일하다.[182] 군이 이 같은 회신이 아니더라도 산청·함양 사건은 거창 사건과 같은 부대에 의한 학살로서, 동일한 성격으로 규정되어야 한다. 정부는 이미 관련 사실을 파악한 것으로 볼 수 있는데, 산청·함양 사건은 신원면 피해자들과의 우여곡절 끝에 〈거창사건특별법〉에 포함되어 위령 사업이 진행되었다. 산청·함양 사건의 피해자들은 1996년 5월 11일 유족 등록을 접수했는데 사망자는 399명, 유족은 1,650명이었다. 이를 바탕으로 경남은 7월 5일부터 12월 6일까지 사실 조사를 거쳐 사망자 386명(산청 292명, 함양 94명)과 유족 732명(산청 551명, 함양 181명)을 확인했고, 1998년 2월 17일 국무총리실 중앙심의위원회는 이들을 유족으로 결정했다.[183]

거창·산청·함양 사건으로 끝났어야 할 민간인 학살은 군 작전 중에 계속 발생했다. 이것은 무엇을 의미하는가. 국방부와 정부가 민간인 학살을 대하는 근본적인 인식에 아무런 변화가 없었음을 말해 준다. 사건 이후 군 지휘 계통을 통해 전시 민간인 보호와 작전 중의 민간인 살상을 예방하는 조치를 내렸다는 기록은 현재까지 찾을 수 없다. 11사단은 거창사건 이후에도 학살을 자행했고, 8사단이 지리산 일대에 투입되고 이후 백아전사령부 작전 중에도 이 문제는 계속되었다. 백선엽은 김성수의 친서를 내세우며 거창사건 이후 자신이 지리산 토벌 작전을 벌일 때에는 피해가 없었다고 주장했다.[184] 그러나 군인들은 여러 가지 이유를 대며 민간인을 계속 총살했다.

전북 고창군 상하면 자룡리와 용대리 마을에서는 110여 명의 동네 주민과 비둘기굴에 숨어 있던 피난민들이 11사단 20연대 3대대 8중대 병력에 의해 학살당했다.[185] 상하면은 인접한 심원면과 더불어 1951년 4월 초순에야 수복되었다.[186] 11사단과 교체 투입된 8사단은 1951년 4월 6일부터 지리산 작전에 들어갔는데, 11월 25일자로 백선엽이 사령관이던 백야전사령부에 배속되었다.[187] 8사단은 순창군 쌍치면 일대에서 여러 건의 학살을 자행했다.[188]

진실화해위원회 조사 보고에 따르면 1951년 2월 이후 군과 경찰은 경남과 전라남북도에서 토벌과 부역 혐의자를 검거하는 과정 중에 민간인을 함부로 살해했다.[189] 11사단 20연대 작전지역에서 광범위한 민간인 사살이 발생했고 작전이라는 명목하에 군인들은 수복해야 할 지역에 진주한 후 빨치산을 도와준 것으로 의심되거나 인민군 점령지에서 이들을 도와준 부역 혐의자를 색출해 처리했다. 전라남북도 지역에서 군사작전은 부역 혐의자 검거와 중첩되어 있었고 20연대는 지역 주민을 대상으로 어떤 법적인 절차나 조치 없이 임의대로 사살했다.

한편 1951년 5월 10일 전북 고창군 무장면에서 발생한 학살 사건의 주동자 김용식 재판은 거창사건이 정치 문제가 되어 있는 와중에서 벌어진 일이었다.[190] 이 사건은 무장면 죽림마을 천씨 측과 용전마을 김씨 측 주민들 사이의 보복의 성격을 띠고 있었다. 전쟁 발발 직전 용전마을 김씨 측은 죽림마을 천씨 측이 좌익 세력을 조직한다고 밀고해, 천씨 측이 경찰서에 끌려가 심한 고초를 당했는데, 이로 인해 개전 후인 9월 20일 (음력) 천씨 측 사람들은 용전마을을 습격해 50여 명의 김씨 측 사람들을 죽였다.

전북경찰국 제18전투대대 소속 중대장 김용식 경위는 1951년 5월 10일 제8사단과 군경 합동으로 토벌 작전에 참가해 임무를 수행하던 중이었다.[191] 그는 본적지인 무장면 월림리에서 일가친척들이 천씨 측 주민들에게 피살당했다는 소식을 듣고 부대원을 시켜 마을 주민 중 천씨를 색출해 무장면 도곡리 삼이산 지역과 해리면의 속칭 '고습재'에서 90여 명을 사살했다. 그해 7월 3일 이 사건으로 김용식은 전주지방법원에서 유죄

판결을 받았고, 피고인이 상소해 1955년 12월 26일 대구고등법원 형사 제1부(재판장 홍남균)는 그에게 무기징역을 선고했다.[192] 학살은 거창사건 의 처리 과정 중에도 계속 발생했으며, 다른 한편 민간인 희생자에 대한 국가책임의 인정이 비록 일부이긴 하지만 전시를 불문하고 이루어지기 도 했다.

〈제노사이드협약〉이 발효되어 해당 조항을 범죄로 적용하기까지는 50년 이상의 세월이 걸렸다. 지금까지 국제사회에서 제노사이드 범죄로 피고인에게 유죄가 선고된 것은 1994년 후투 족이 투치 족에 대해 자행 한 르완다 학살과 보스니아 내전 중에 일어난 스레브레니차 집단학살이 전부다.[193] 사건의 성격과 관련해서 특정한 가해 집단이 일정한 작전 범 위 내에서 저지른 학살의 규모, 살해 방식과 그 이유라는 점을 살펴보면 거창사건을 포함해 11사단이 일으킨 학살은 제노사이드에 포함할 수 있 다. 굳이 사건 유형을 나누지 않더라도 한국전쟁기 학살 전체를 제노사이 드로 규정하는 것도 충분히 논의할 만한 가치가 있다.[194]

거창사건은 전투 결과가 이미 결정된 뒤에 발생한 희생자들이다. 다 시 말해 일방적 대량 살상의 성격을 띠는 제노사이드다.[195] 초크와 조나 슨이 주장하는 일방적인 대량 살상의 의미를 적용하자면, 가해 집단인 9 연대 3대대는 작전지역 내 거주자를 멸절시킬 의도를 가지고 있었던 반 면, 피해 집단인 신원면 주민들은 그런 의사나 계획을 갖고 있지 않았다. 이는 또한 피해자 집단이 가해자 집단에 저항할 만한 어떤 군사적 도구를 갖추지 못했음을 의미한다.

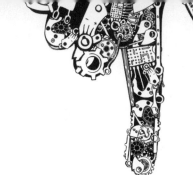

5

거창 학살, 기억의 사회화

부역자와
보복의 대상

특정한 집단에 대한 범주와 분류

거창사건은 〈거창사건특별법〉 제정과 정부의 피해자, 유족 인정 등의 심의 과정을 거쳐 사건의 진실이 명확히 드러난 것처럼 재구성되고 있다.[1] 이 사건은 지난 64년 동안 정치 세력과 유족들 간의, 사회 갈등과 해결 과정의 주요 사례가 되어 왔다. 따라서 전쟁기 유사한 민간인 학살 사건을 다루는 데 있어서 거창사건은 정치·역사적으로 중요한 의미를 갖는다. 1951년 군사 법정 이후 일부 제기되고 있는, 작전지역 내 주민들의 행위에 대해 살펴보자. 즉 특정 지역 내의 집단이 적을 이롭게 했다는 현지 군인의 임의적 판단이 군의 작전명령에서 분명해진다. 이 근거는 한동석 대대장이 정부 합동 조사와 국회 조사에서, 변조된 작전명령에 따라 총살했다는 애초의 진술과 고등군법회의 재판에서 되풀이한 주장이다.[2]

　앞서 살펴본 것처럼 군법회의의 증거로 제출된 문제의 작전명령(11사단 9연대 작전명령 제5호 2월 2일자 부록)에 대해 한동석은 이 작전명령이 그 당시에 하달되었던 내용과 전혀 다른 것이라고 진술했다. 그는 작전명령 제5호 부록에 "미복구지대 주민은 총살하라"는 조항이 있었음을 밝혔다.[3] 이는 작전지역에서 "이적 행위자를 발견 시는 즉결하라"는 것과는 다른 내용이었다.[4]

신원면에서 인민유격대가 군이나 경찰과 벌인 전투는 1950년 12월 5일과 1951년 2월 7일 신원지서에서 있었다. 사건과 관련해 직접 문제가 되는 것은 3대대가 신원면을 수복한 직후에 벌어진 신원지서 습격이었다. 이 사건으로 경찰과 향토방위대원들이 사망했다. 지서를 공격한 인민유격대는 신원 지역이 이미 국군의 통제에 들어간 것을 알고 곧바로 철수했다.[5] 3대대장 한동석이 신원면에 진주할 때나, 산청에서 다시 신원 지역으로 들어올 때 유격대와 치른 전투는 없었다. 3대대 작전에서 대대장이 이끄는 부대의 안내를 맡았던 신원면 향토방위대장 임주섭은 12월 5일 신원지서 습격 사건 때도 동네 사람들은 '불순분자'가 아니었고, 오히려 유격대가 신원지서를 점령하자 우익 측 인사를 구하기 위해 노력했다고 증언했다.[6]

쟁점은 신원 지역이 미수복 지역이긴 했지만 과연 인민유격대가 점령한 곳인지, 신원지서 습격이 마을 주민과 인민유격대 사이의 어떤 연계나 인민군 점령 시 조직된 인민위원회 맹원들의 정보 제공에서 비롯되었는지 등이다. 3대대가 신원면에 진주하기 직전 거창군에는 인민위원회 초급 단체 두 개가 있었다. 그러나 여성동맹 소속의 이 조직은 무장 세력이 그 지역을 확보해야만 활동이 가능한 조직이었다.[7] 그러나 앞서 서술한 대로 인민유격대 측에서 본다면 신원면은 해방 지구가 아니었으므로 374명의 맹원 중에서 그들이 제대로 장악한 인원은 한 명도 없었다.

3대대가 신원 지역을 수복한 후 일어난 지서 습격 사건이 마을 사람들의 정보 제공에 의한 것이라는 근거는 무엇인가. 경남 인민유격대는 그 지역 국군의 동태에 대해서 알고 있었다. 그들은 11사단 9연대가 1950년 12월 20일부터 1951년 3월 20일까지 함양(1대대), 하동(2대대), 거창(3대대)을 거점으로 하고 병력은 2,382명인 것으로 파악하고 있었다.[8] 지서를 습격한 인민유격대 존재 자체를 부정할 수는 없다. 중요한 점은 3대대 군인들이 주장하듯이 주민들이 이들을 도왔는지의 여부였다. 설령 그랬다 하더라도 어린이와 노인, 부녀자를 비롯한 마을 사람들이 합법적인 절차도 없이 그렇게 참혹하게 살해당해야 했는가는 또 다른 문제다.

인민유격대원에게 정보를 제공했다는 주장은 추론일 뿐이고 한동석과 이종대가 주장하는 것은 유격대에게 '식사를 제공'했다는 것이 전부였다. 다른 근거는 찾을 수 없었다.[9] 국회 거창사건특별조사위원회 조사에서 신원면 대현리 주민 김철수는 자신의 아내가 "산에 있는 빨갱이가 그러사니까 죽지 않을라고 (식사를) 해주었습니다. …… 국군한테도 해주었습니다"라고 증언했다.[10] 주민들이 유격대나 토벌하러 온 국군에게 식사를 제공한 것은 자신들의 생존을 위해 치러야 할 최소한의 대가였다. 한국전쟁처럼 후방 유격대와 빨치산들이 전투를 전개한 지역에서 주민과 이들을 구분하기는 쉽지 않을 수 있다. 그렇다고 작전지역 내 사람들의 활동을 '정치적 행위'로 간주하기에는 근거가 터무니없다. 결과적으로 이는 생존을 위한 일상을 '정치적 행동'으로 부각시킨 것으로서, 대량 살상을 '정치적 학살'로 위장하는 것일 뿐이다.[11]

작전 중에 일어난 학살은 국군과 경찰이 수복하지 못한 지역에서 민간인을 대상으로 벌어졌다는 점에서 문제가 된다. 전쟁에서 전선의 이동은 이를 확대해석하면, 정치체제의 경계가 바뀌는 상황을 의미한다. 이때 국가를 구성하는 국민이나 그 성원들이 속해 있는 집단의 성격은 구성원 자신들의 이념이나 행위에 의해 규정되지 않는다. 전시에 이 경계는 전투의 결과와 전쟁의 승패에 따라 결정되는 것이다. 신원 지역 주민들 역시 두 개의 정치집단, 무장력을 갖춘 집단 사이에 거주했던 것뿐이다.

설령 일부 마을 주민들이 적을 도운 혐의가 있다 하더라도 군인이 이들을 바로 죽일 권리는 없다. 간이재판의 권한이나 방법, 절차가 존재하는 것도 아니었다. 더욱이 '즉결 처분'은 군인을 대상으로 한 것이지 민간인을 대상으로 한 것이 아니었다.[12] 그때에도 〈사형금지법〉과 부역자를 처리하기 위한 〈부역행위특별처리법〉이 제정되어 있었다.[13] 그러나 군인들은 부역 혐의자를 찾지 않았으며, 한동석은 간이재판에 따라 총살을 집행하지도 않았다. 3대대는 신원면 사람들을 인민유격대를 도와준 행위자로 범주화한 후 의도적으로 사살했다.

한국에서 부역자는 적 내지는, 아군에게 위협이 되는 집단으로 분류된다.[14] 부역자가 갖는 의미는 적국의 국민, 또는 적을 이롭게 한 행위자다. 심지어 적극적인 반공을 하지 않는 것조차 부역자가 될 수 있었다. 이승만 정권이 〈부역행위특별처리법〉을 통해 그 혐의자 처리의 법적 정당성을 확보한 것은 국민과 비국민을 구별하기 위한 조치였다.[15]

경찰이 밝히는 부역자란 누구인가? "공산독재의 사상을 이념적으로 공모하거나 또는 이론적으로 맹신하여 대한민국의 민주정치를 반대함은 물론 국가의 기본조직을 파괴하는 행동을 취하거나 또는 그들의 행동에 가담하여 반민족적 비인도적 행위를 강행한 자를 총칭"하는 것이다. 이것은 네 가지 범주로 나뉘었다.[16] 이 개념 규정은 최근까지 계속되고 있다. 국방부는 부역자와 '통비분자', '양민'에 대한 정의를 자의적으로 범주화하고 있다.[17]

통비분자는 공비와 적극적으로 내통하여 이적 행위를 한 자이고, 부역자는 북괴군 또는 공비의 지시에 협조한 자를 말하며, 양민은 통비나 부역행위를 하지 않고 국법을 준수하는 민간인으로 규정하고 있다.

부역자나 통비분자에 대한 국방부와 경찰의 규정은 어떤 사회적 합의와 법적 검토를 거치지 않았다. 부역자라는 범주에 해당된다 하더라도 일반 형법상 범죄 요건에 성립되는 죄를 저지르지 않았다면 이념적 지향 자체가 재판에 의해서든 아니든 유죄나 살인의 이유가 될 수 없는 것은 너무나 당연하다.[18] 반정부적이라고 해서 소극적 '공산분자'로 규정하는 것과 네 가지 부류를 가려낸다는 것 역시 불가능하다. 이처럼 기준이 애매하고 막연하므로 결국 정치적 자의성이 가장 중요한 잣대가 될 수밖에 없다.[19] 임의적인 기준에 따른 판단은 권력의 편의에 의해 바뀌기 마련이다. 학살자를 처리하기 위한 법 적용에 있어서도 마찬가지다.[20] 문제는 이승만 정부와 군사정권이 정치적 이유, 즉 권력의 정통성과 기반이 약할 때 이를 물리적으로 보장하고 정치적 반대 세력을 적으로 둔갑시켜 정치적으로 활용해 왔다는 점이다. 무엇보다 가장 큰 문제는 '양민'을 규정하는 기준이다. 법률 용어도 아닌 이 개념을 국방부는 '국법을 준수하는 민간인'이라고 단순히 규정하고 있다. 이런 논리는 오늘날 횡행하고 있는 '종북'이라는 단어의 그것과도 유사한 것이다.

적이나 적으로 간주되는 집단에 대한 분류·범주화는 비단 한국에서만 발견되는 것은 아니다. 베트남전쟁에서 미군은 베트남인들에게 라벨을 붙이기 위해 범주화를 개발했다. 미군은 촌락민을 국민해방전선과 연루된 정도에 따라 범주별로 나누었다. 이 범주는 확실한 VC_Vietnamese Communist, VC 혐의자, VC 지지자, 억류자, 피난자, 탈당자로 나뉘었다. 미군이 마을에 들어갔을 때 소개될 주민들은 VC 지지자나 VC 혐의자로 간주되었으나 똑같은 마을 촌락민들이 캠프로 옮겨졌을 때는 피난민으로 불렸다. 미군 총에 맞아 죽은 베트남 사람들은 불가피하게 확실한 VC로 구분되었다. 이처럼 학살을 정당화하는 과정은 실제로 주민들의 성분을 조작하고 왜곡하는 것이었다.[21]

집단에 대한 이런 규정, 곧 피해자 집단의 성격은 가해자 집단이 일방적으로 결정한다. '부역 혐의자'라거나 '통비분자'와 같은 용어가 호명될 때 나타나는 문제점은 '집단'의 모호성이다. 특정 범주의 사람들을 어떤 집단이라고 일컫는 기준은 무엇인가. 사회과학에서 '집단'은 가장 모호한 개념이다. 이매뉴얼 월러스틴Immanuel M. Wallerstein이 지적했듯이, 역사적 범주이자 정치적 어휘로서 '집단'은 분류학적으로 가장 광범위하게 그러나 혼동되게 사용되는 용어들 가운데 하나이다.[22] 일방적으로 집단의 성격이 규정될 때, 국법을 준수한다는 것은 이들에게 어떤 의미가 있는가. 이는 시민권 위에서 폭력을 행사하려는 명백한 의도를 보여 주는 것이다.

과테말라 정부군의 대게릴라 전술에서도 볼 수 있듯이 군의 작전은 게릴라 활동에 뒤이은 보복으로서, 게릴라를 대상으로 하는 것이 아니라 민간인을 의도적으로 겨냥한 것이었다. 왜냐하면 주민들이 게릴라들과 관계 맺는 것을 저지하려 했기 때문이다.[23] 이승만 정부의 사건 은폐는 관련자의 책임에 국한된 것이 아니었다. 군은 신원 지역 주민들 개개인의 유죄 여부를 판단하려 하지 않았으며 인민유격대와 협력한 것으로 의심되는 마을 주민 전체를 표적으로 삼았다. 전투원과 비전투원을 식별하기 어려워서가 아니라 의도가 명백한 학살이었다.

일반적으로 사람들의 주의 주장은 가변적인 경우가 많다. 어느 하나의 기준을 자신의 유일한 신념으로 받아들이기도 하지만 다른 한편 개별 사안마다, 상황이나 조건에 따라 개인의 시각은 변하기 마련이다. 사상의 측면에서 매우 모호한 정치 세력을 특정 집단으로 지칭할 때, 그 범주는 지칭하는 사람들의 의도에 따라 결정된다. 법과 같은 명확한 규범이 아닌 이상 개인의 사상과 행위를 다른 사람의 주관적인 판단에 따라 규정하는 것은 자유와 민주주의 원리에 어긋나는 매우 위험한 발상이다.

신원면 사람들이 당한 살상은 그들이 어디에 살고 있으며 또 누구였는가 하는 점이 중첩되어 일어났다. 주민들은 국군이 작전지역으로 선정한 지역과 부역자라는 규정에 포함되었는데 이는 자신들의 자발적인 선택이 아니라 전선의 이동에 따른 불가피한 귀속 때문에 발생한 것이었다. 피해 집단에 대한 정의는 가해자인 군인들이 일방적으로 설정한 것이다. 군인들은 신원면 주민들이 '부역자'여서 죽인 것이 아니다. 신원면 청연마을과 탄량골, 박산골짜기에서 학살당한 노인과 어린이, 부녀자, 청장년들은 죽은 뒤에 '빨갱이'나 '부역자'가 되었다.

명령: '말'과 '법'에 대한 맹종

군인은 모든 명령에 복종해야 하는가. 학살은 특정한 사람들만이 저지르는 행위인가. 쉬운 질문이 아니다. 거창사건은 한국군 고위 장교들의 의식을 알 수 있는 좋은 본보기다. 군법회의 판결문은 피고들의 행위가 명백한 불법이었으며 명령을 악용한 것이라고 밝혔다.[24] 평상시 감독과 교육의 불충분함, 건군 정신에 배리된 군기의 결여, 부대장이 상부의 착오된 방침을 악용한 것이 학살의 원인이라고 지적할 수 있다.[25]

1951년 3월 12일 최덕신 사단장은 피해 사실을 일부 축소한 자체 보고서를 국방부에 제출했다.[26] 1960년 공개된 최덕신 사단장의 "거창사건(양민 사살) 보고 전문"에 따르면 명시적으로 11사단은 3대대 군인들이 주민을 학살한 것은 이들이 적정에 대해 함구하고 인민유격대에게 식사나 금품을 제공했기 때문이라고 적시했다.[27] 그러나 설령 주민들이 빨치산에게 식사를 제공했다 하더라도 3대대의 무차별적인 학살은 적법하다고 볼 수 없다.

피고인들은 군법회의 변론에서 작전명령을 수행한 부하들에 대해서는 형사책임을 추궁할 수 없다는 논리를 폈다.[28] 이들의 변론 요지는 첫째, 희생자들은 사상적인 면에서 적과 마찬가지로 취급할 수 있는 사람이 많았다. 둘째, 187명 외에 사형당한 사람이 없음에도 불구하고 파키스탄 신문 보도와 신중목 의원의 500여 명 학살 주장으로 사건이 정치적인 성격을 띠고 있다. 셋째, 연대 작전명령은 사단 작전 방침을 다하기 위한 것이었다. 넷째, 작전명령 수정과 공무집행방해보다는 허위 선전과 보고 등의 정치적인 문제가 오히려 군의 불신임을 초래한 것이다. 이런 변론은 상관의 지시와 명령에 대한 복종은 민간인 살상이라 하더라도 범죄가 되지 않는다는 논리였다. 변호인 김동섭은 한동석 대대장이 "상급 지휘관의 명령에 복종했을 뿐이니 무죄라고 주장"했다.[29]

그렇지만 명령에 대한 복종의 결과는 참혹한 범죄행위로 나타났다. 허버트 캘만Herbert C. Kelman과 V. 해밀턴V. Lee Hamilton은 권위가 도덕이나 법의 경계를 넘어서는 명령을 내렸을 때 결과적으로 "복종 범죄"crimes of obedience라고 하는 행위가 반복되어 왔음을 밝히고 있다.[30] 베트남전쟁에서 미군이 저지른 미라이 학살이 대표적인데, 이 범죄는 행위자가 불법이라는 것을 알 수 있었다는 점에서 "승인된 학살"sanctioned massacre이었다. 승인된 학살은 군사적 또는 준군사적 조직에 의해 이뤄지는 무차별적이고 체계적인 폭력 행위다. 희생자는 주로 방어 능력과 저항 능력이 없는 여성과 어린아이, 노인들이다.[31] 거창사건 군법회의에서 피고들은 학살이 상관의 명령에 따른 작전 수행이지 범죄가 아니라고 주장했다. 하지만 살인의 원인과 전개 과정, 이후의 조치와 결과, 군법회의의 변론과 판결문 등을 볼 때, 사건은 권위에 대한 명백한 복종인 동시에 그에 따른 범죄 행위였다.

대량학살에는 가해자가 상대를 죽이는 행위를 정당화하는 과정이 필요하다. 문화적·심리적·정치적으로 이뤄지는 이 과정에서 하급자는 특히 상급자의 명령에 복종하기 위해 살인을 할 때 죄의식을 갖지 않는 경우가 있다. 살인의 실행자는 명령을 따르는 것을 다른 어떤 고려 사항보다도 우선시함으로써 권위에 복종한다.[32] 물론 명령이라고 하는 위계관계에서 보면, 하급자들은 자신의 행위를 책임지는 위치에 있지 않다.

군법회의 신문에서 한동석은 자신의 행위를 "상부 지휘관의 명령에 복종한 것뿐이고 본인은 다른 생각을 할 여지가 없습니다"라고 답변했다.[33] 이종대 역시 '대량 총살이 합법적이라고 인식했나'라는 검찰관의 질문에 "본인도 합법적이라고는 생각지 않습니다마는 상관의 명령이므로 명령에 복종하였을 뿐입니다"라고 진술했다.[34] 이 진술은 명령이라는 '말'을 반드시 지켜야 하는 '법'처럼 인식했다는 의미로 받아들여도 무방할 것이다. 군 지휘관에 대한 무의식적인 복종은 군대 내 위계적 질서와 9연대가 겪었던 토벌 경험, 지휘관들이 식민지 시대에 받았던 군대 교육 등에서 비롯된 것으로 보인다.

집단살해를 수행하는 군인들은 상관의 명령으로 살해 행위를 정당화한다. 병사들은 상관의 명령을 수행했을 때 나타나는 어떤 결과를 고려하거나 가정하지 않는다. 명령에 복종하도록 강제하는 것은 정치적 사회화의 결과다. 군대에서 지휘관이나 병사들에 의해 일단 명령이 집행되면 그 행동이 아무리 파괴적이라 해도 정당화되어야 한다. 이 과정에서 핵심은 사건을 조작하고 왜곡하는 것이다.[35] 군법회의에서 피고들은 상관의 '명령'과 '작전 수행'을 들어 자신들의 살인 행위를 정당화하려 했다. 이것은 중립적인 '말'로 민간인 학살을 합리화한 것이다.

이들이 사용하는 이 '말'은 사실상 군대와 같은 조직에서 '법'이나 마찬가지다. 명령은 말로 전달된다. 상급 부대의 작전명령은 곧 '법'으로 해석될 수 있다. 그렇기 때문에 작전 중에 지휘관의 '말'은 일상적인 언어가 아니고 반드시 따라야 하는 '법'이 된다. 아이히만 재판에서 아렌트가 총통의 '말'과 '명령'의 차이에서 지적하고 있듯이,[36] 일상적인 명령과는 달리 작전명령은 병사들에게 '법'처럼 인식될 공산이 크다. 거창사건 군법회의에서 살펴본 것처럼, 작전명령은 학살과 무관하게 이 모든 일이 합법이라는 외관을 씌어 주었다.

또한 명령에 대한 병사들의 맹종은 9연대가 겪었던 제주 4·3 사건의 경험과 군의 위계적 질서, 지휘관들이 받은 식민지 시대의 군대교육에 기초해 있었다. 일체의 자주성을 인정하지 않는 노예적인 군인 정신은 병사들을 억압하고 구속하며, 채찍과 질책으로 전진시키는 것이었다. 이외에는 아무것도 고려하지 않았다. 이런 정황은 병사들을 제국주의 군기로 묶고, 맹목적인 복종을 강요했으며, 결국 독선과 비합리성을 짙게 할 뿐이었다.

덧붙여 생각해 볼 것은, 이런 명령을 거부할 수 있게 하는 것, 이런 명령을 거부했을 때 발생하는 처벌이나 불이익을 없애는 것이다. 군의 사명과 교육, 위계화된 관료제의 권위에 따르면 이들 조직에는 상급자에 대한 복종의 원칙이 작동한다. 그러나 이것이 절대적일 필요는 없다. 칠레와 엘살바도르의 진실위원회는 군인들이 내용에 상관없이 무조건 명령에 복종해야 하는 문제를 검토했다. 칠레의 진실위원회는 절대복종의 원칙이 포함된 군법 조항을 철폐하고 불법적인 명령을 받은 하급자가 명령에 복종하지 않을 경우 그들을 보호해 줄 수 있는 실질적인 절차를 마련할 것을 요구했다.[37] 군대와 경찰 조직의 순기능을 고려하면 절대복종의 원칙이 필요할 수 있다. 그러나 희생자뿐만 아니라 가해자의 인권보호와 증진이라고 하는 측면에서 집단학살과 같은 명령은 거부할 수 있도록 충분히 논의되어야 한다.

바하큰 다드리안Vahakn Dadrian이 강조했던, 가해 집단과 피해 집단 사이의 힘과 권력의 불일치는 거창사건에서도 적용된다.[38] 가해 집단인 11사단과 피해 집단인 신원면 주민들이 힘과 권력이라는 면에서 큰 차이가 있었음은 쉽게 상상할 수 있다. 이런 차이는 보복으로 이어지곤 하는데, 신원 지서 습격 사건이 일어나자 군은 이를 9연대와 3대대의 지휘관에 대한 도전으로 보고, 이를 처벌하고자 했던 것이다. 베트남 미라이 학살에서도 병사들이 주민들을 죽인 이유 가운데 하나는 동료 병사들이 공격을 당했기 때문이다. 캘만·해밀턴이 적절히 논증했듯이 학살 과정에서 분노가 발생했고, 분노는 보복으로 이어졌다. 분노라는 병사들의 심리적 상태가 잔인한 학살을 불러일으켰다.

군인들은 자신들의 규정대로 신원 지역이 적성 지대라고 믿게 되자 작전지역 내 주민들을 보복의 대상으로 삼았다. 여기에 어린이나 부녀자, 노인이라는 것은 하등 상관이 없으며 적으로 간주되는 순간 이들은 전혀 다른 정치 공동체의 성원이 되는 것이다. 살상의 대상이 되는 집단을 불법한 명령으로 살해하는 것은 언제든지 일어날 수 있는 일이다. 현재에도 마찬가지다. 군대와 경찰뿐만 아니라 관료 기관에서 불법한 명령에 복종하는 것은, 불법임을 알면서도 수행해 온 역사적 배경과 정치적 조건에서 형성된 현상이다. 불법임을 명백히 알 수 있는 명령에 대해 거부할 수 있는 조건이 민주주의의 기본 원칙이다.

유족과 정부의 대결

거창 유족들의 활동

1960년 4·19 혁명은 희생자 가족들에게 전쟁기 학살 문제를 해결할 수 있는 정치적 공간을 열어 주었다. 거창을 포함해 경상남북도를 중심으로 진실규명 운동이 조직적으로 전개되었다. 유족 단체가 사건과 지역별로 만들어졌고 이를 바탕으로 전국피학살자유족회가 결성되었다. 그들의 적극적인 활동은 국무원 사무처장에게 보낸 유족회 보고서에서 알 수 있는데, 이 자료는 유족회 회원 현황과 활동 개황 보고로 이루어져 있다. 4·19 혁명 이후 대중 여론은 집단학살의 진상규명을 촉구하는 것이었다.[39]

먼저 거창 유족들의 분노는 박영보 면장 살해 사건에서 쉽게 짐작할 수 있다. 1960년 5월 11일 밤 9시경 유족들은 사건이 발생한 1951년 2월 당시 신원면장이었던 박영보를 살해했다. 유가족 70여 명은 박영보를 박산골로 끌고 와 돌로 때려 실신시킨 다음 소나무 위에 박씨를 올려놓고 불태워 죽였다. 신문 보도는 박영보가 살해당한 것이 "거창양민학살사건 당시 면장으로 있으면서 동민 약 6백 명을 빨갱이로 몰"았기 때문에, "박씨를 보복 살해한 것"이라고 전했다. 언론은 10여 년 전 거창사건 때 보여준 박영보의 행위에 대해 유족들의 원한과 보복이 그칠 것 같지 않고, 범죄자를 잡지 않으면 또 다른 보복이 이어질 것이라며 원한을 풀지 못해 살기에 차있다고 보도했다.[40]

피해자들은 기회가 주어진다면 언제든 정치적인 집단이 될 수 있었다. 검찰총장은 거창사건을 재조사하도록 현지 검찰에 지시했고, 언론은 거창뿐만 아니라 민간인 학살 전반에 대한 피해자들의 억울함과 불법성에 대해 상세히 다루기 시작했다.[41] 5월 16일, 1951년 경남경찰국장이었던 이성주 국회의원은 거창사건이 최덕신의 명령에 의한 것이라고 밝혔다. 박영보 면장을 살해한 유족들은 신성모 등의 처벌을 요구하며 서울로 상경해 투쟁을 계속했다.[42]

한편 이종찬 국방부 장관은 각 지역에서 집단살해 문제가 불거지자 이를 무마하려고 애썼다.[43] 하지만 이미 사건에 자극을 받은 대학생들의 시위가 이어졌다. 1960년 거창사건의 진상을 요구하는 시위는 4·19 혁명 이후 한 달여 만에 지역 출신 학생들로부터 시작되었다. 그들의 요구는 매우 정치적이고 선동적이었다. 학살의 책임자로 지목된 김종원과 신성모, 유봉순 등에 대한 수사와 사법 처리 요구는 정치적 반향을 불러일으켰다. 사태가 이렇게 전개되자 곽상훈 국회의장은 박상길 의원이 제안한 거창·함양 등에 대한 건의안을 즉시 처리할 것을 제안하고 나섰다. 박상길 의원은 민주당 일부에서 동 사건의 재조사를 꺼려 하는 것에 대해 비판하고, 산청·함양을 포함하는 지리산 일대 사건을 조사하기 위한 특별위원회 구성과 내무·법무·국방부 등 3부가 합동으로 조사할 것을 요구했다.[44]

이런 유족들의 시위와 요구에 호응해 1960년 제4대 국회는 진상 조사에 나섰다. 먼저 거창·산청·함양 사건의 진상 조사에 관한 긴급 결의안이 의결되었다. 결의 내용은 지리산지구 사건을 조사하기 위해 국회조사특별위원회를 구성하고 내무·법무·국방부 3부 합동으로 사건을 밝혀서 관련된 범법자를 처단한다는 것이 주요 골자였다. 본회의에서는 이들 지역 사건뿐만 아니라 전남 함평과 통영, 남원, 문경지구 등에 대한 진상 조사 결의안이 함께 다루어졌다.[45] 국회 조사반은 경남·경북·전남반으로 나누어 조사 활동을 개시했다. 이에 따라 거창과 산청의 유족들은 피살자 명단을 작성했고,[46] 국회는 6월 3일과 4일 거창군 신원면 사무소와 거창군청에서 유족들의 증언을 청취했다.

유족들은 학살당한 주민들의 피해 실태를 구체적으로 신고했는데, 사망자 수에 대한 경과를 살펴보자. 사건을 가장 먼저 폭로했던 신중목 의원은 1951년 9월 10일 열린 군법회의에 증인으로 출석해 사망자가 517명에 이르고 그중에 어린이 227명, 60세 이상 51명, 여자 204명이라고 진술했다.[47] 그가 제시한 517명은 박산골짜기에서 살해당한 주민의 피해 규모다. 이 인원은 4·19 혁명 직후 언론에 알려진 피해자 수인 남자 213명, 여자 304명 등 총 517명의 개별 명단과 일치한다.[48]

이 명단은 1951년 사건 직후 거창경찰서 사찰 주임 유봉순, 신원지서 주임 박대성, 향토방위대장 임주섭 등이 주민들의 협조로 작성한 사망자 수 517명과 피해 인원이 동일하다. 명부에는 죽은 사람의 명단뿐 아니라 유가족 관계와 나이, 성별까지 기록되어 있다. 이 명부에 실린 피해자의 인적 사항 전문은 1960년 국회 조사에서 보충되어 719명을 최종 피해자로 집계했다. 피해자 전원에 대한 명부는 신원유족회, "거창사건 당시의 사망자 명부"에 실려 있고, 이 자료는 문병현이 제공해 월간 『마당』(1982년 6월) 지에 최초로 공개되었다. 리영희는 가장 세밀하게 취재한 이 잡지의 내용을 보고 자신이 9연대 미 군사고문관 메인 소령과 신원 지역을 다니면서 만나 보았던 주민들의 연령과 거의 비슷하다는 사실을 알았다. 사람들의 죽음에 대해 죄책감을 느낀 그는 이때부터 "우리 민족이 다른 민족의 '잔인성'을 나무라는 데 동조하지 않게 되었다"라고 회고했다.[49] 1960년 국회 조사에서 밝혀진 피살자 719명 가운데 어린이와 노인, 부녀자들이 다수였음을 알 수 있다.

거창 유족들은 1960년 3월 신원면 합동묘비건립추진위원회를 조직했다.[50] 사건 이후 위령비를 세우는 것은 이들에게 가장 중요한 상징 중의 하나였는데, 이는 피해를 기억하고 공공의 인식으로 확대시킨다는 데 의미가 있었다. 경남도지사는 도비 50만 환을 묘비 건립에 보조했다.[51] 이승만 체제가 끝나자 유족들은 본격적으로 기념물 건립에 나섰다. 4·19혁명 이전 합동묘비건립추진위원회를 구성할 때 유족들이 희생자들에 대해 갖는 집합 의식은 "6·25 동란 수난자"였다.[52] 그런데 유족들이 4·19혁명 직후 작성한 문건에서는 원혼들이 "반공정신이 확고하여 국군을 환영하여 묵묵히 끌려다녀 반항 없이 참사"당한 사람들로 바뀌었다. 4·19는 유가족이 희생자의 성분을 규정하는 데 영향을 끼쳤다. 그들은 "마땅히 국가에서 위령비와 위령제를 행해야" 할 것이라고 호소했다.[53]

1960년 11월 18일의 위령비 제막식은 국가의 합법적 조치를 강구하고 대책을 추진하는 것으로 표출된 의례였다.[54] 피해자들의 억울함은 "70, 80의 할아버지 할머님이 무슨 빨갱이 노릇을 하며, 어머니의 젖꼭지를 빠는 유아들이 무슨 사상이" 있느냐는 것으로 물어났다.[55] 유족들은 묘비 건립을 사건의 진실을 밝히는 계기뿐만 아니라 "정확하고도 공명정대한 민주주의 건설에 총궐기하여 타 읍면 타 군 시 부에서 모방하도록 솔선수범하는 길"이라고 의미를 부여했다.[56] 민주주의 이행의 진전으로 희생자들의 신원은 '전쟁으로부터 고통받은 자'에서 '반항 없이 참사당한 자'로 변하기에 이르렀고, 사건과 사망자들에 대한 유족들의 의식은 한층 집합적으로 모아지고 있었다. 유족들은 위령비 건립이 자신들만의 문제가 아니라 이와 유사한 사건들의 모범이 된다고 여겼고, 심지어 이 같은 일들이 민주주의와 연관되어 있다는 점을 명확히 했다.

5·16 쿠데타와 기억 투쟁

1951년 이후 거창 유족들은 자신들이 당한 일을 상징화하기 위해 조형물 건립에 나섰다. 기념물이나 조형물을 통한 형상화는 피해 유족들이 사건을 집합 기억으로 만들기 위한 것이다. 앞서 소개했듯이 그들은 1960년 11월 18일 박산골 합동묘역에서 제막식을 갖고 "국군의 손에 의하여 죄 없는 양민들이 집단살육을 당했음이랴"라는 글귀를 포함한 위령비를 세웠다.[57] 위령비 전문[58]은 1951년 제2대 국회에서 거창사건을 처음 폭로한 신중목 국회의원이 이은상에게 부탁해서 만들었다.[59] 그러나 5·16 쿠데타 직후인 1961년 5월 18일 유족들은 군사정권에 의해 검거되었으며, 묘역의 봉분은 해체되고 위령비는 그해 6월 땅속에 파묻혔다.[60] 군사 쿠데타가 발생한 후 군인과 경찰들이 거창 유족들을 합동묘소 앞에 모이게 해서는 비석을 부수고, 위령비를 정으로 쪼으라고 지시했다. 비문의 글을 직접 망가뜨렸던 신성균은 그날을 기억한다.[61]

군인도 있었고, 경찰도 있었고 …… 유족들이 많이 왔어요. 그래서 그 자리에서 비석을 뿌수라고 했어요. 옆에 있으니까 뿌수라 카는데 '손가락으로 뿌술까', 이랬어요. 오전에 기계를 가져오더니 기계로 뿌수라 그러드만요. 거짓으로 글자를 쪼으께 뒤통수를 치더라고요. 그날 뒤통수를 세 번이나 얻어맞았다고요. 그래 앞 글자는 제가 뿌쌌어요. 그리고 묘를 파라 캐서 결국은 팠지요.

유족들의 활동은 군사정부가 들어서면서 불법이 되었다. 쿠데타 직후 군사정권은 거창 유족뿐만 아니라 전국피학살자유족회 관련자들을 검거한 후 간부들을 반국가단체 혐의로 군사재판에 회부했다.[62] 군사정권은 진상규명 활동에 참여했던 피해자들을 범법자로 몰았으며 관련 자료를 탈취해 없애 버렸다. 거창사건 유족에 대해서는 박영보 면장의 살해 사건 혐의로 구속했다. 그리고 현지 거창경찰서는 무덤을 없애는 대신 박영보 타살 사건으로 구속되어 있던 신원면 주민들을 석방하겠다고 제안했다.[63]

1961년 7월 10일 군사정권은 경남도지사를 통해 유족들에게 합동분묘에 대한 개장명령서改葬命令書를 공식 하달했다.[64] 명령서는 개장 일시를 제시하고 유해를 한 구씩 개장하도록 했다. 위령비를 없애는 동시에 합동묘를 개인묘로 분장하라는 것이자 합동 봉분을 파헤쳐서 '사건'을 공식화하지 말라는 의미였다. 죽은 수백 명의 유골을 어떻게 개인별로 나눌 수 있는지, 무슨 수로 신원을 확인할 수 있는지, 한마디로 부관참시였다.

민간인 학살의 경우 정부 측의 공식 추모와 기록은 대단히 중요하다.

후대에 전해지는 교육 자료와 추모기념관 건립 등은 정부와 유족 또는 사회 세력 간 갈등의 대상이 되기도 한다.[65] 왜냐하면 사회 또는 집단의 상징을 조작하는 위치에 있는 사람들은 정치권력을 보유하고 있기 때문이다. 기억을 통제하는 것은 곧 정치권력이다.[66] 피해자들의 진상규명 요구는 정치권력과의 투쟁이 되는데, 결국 군사정권이 유족들을 범죄자로 제압한 것은 학살이 밝혀지면 자신들의 과거 행적이 드러날 수 있었기 때문이다. 그렇게 되면 쿠데타의 명분은 약화되고 국민의 지지 또한 받을 수 없었기 때문이다.[67]

1965년 피해자들은 성분진정서成墳陳情書를 통해 분묘의 원상 복구를 정부 측에 요구했다. 그리고 한참 뒤인 1979년 6월 29일 신원 관리장 김한용은 사건으로 죽은 사람이 무고한 것을 누누이 강조하며 위령비를 세우고 묘지 조성에 필요한 경비를 지원해 달라는 건의서를 작성했다.[68]

1982년 6월 1일 유족 임기섭 외 35명은 청와대 민원실에 첫째, 위령비 복원, 둘째, 위령회관 건립, 셋째, 위령 재단 설립을 요구하는 진정을 제출했다. 6월 9일 진정서는 대통령비서실에서 정부합동민원실로 이관된 후 다시 원호처로 이첩되었다(합민 125.4 9973). 6월 18일 원호처(감사 125-5697)는 위 내용을 내무부 소관 사항으로 결정해 내무부로 전달했다. 내무부에 전달된 진정서는 말단 행정기관인 거창군을 통해 회신이 전달되었다. 정부는 유족들이 요구한 사항을 다음 세 가지 이유를 들어 거부했다.[69]

가. 최근 북괴의 기습남침 징후가 짙어짐에 따라 우리의 안보대책이 더욱 강화되어야 할 시점에 동적상잔의 참상을 표면화한다면 북괴의 악선전으로 군, 관, 민간의 이간책동과 국제적 왜곡 선전 등으로 국가와 유족에게 결코 이로움을 가져올 수 없으며,

나. 불순분자 및 전쟁을 체험하지 못한 일부 전후 세대들이 정치적 혼란을 야기하여 국정을 혼란케 할 요소가 될 수 있으며,

다. 총력안보가 절실히 요청되는 때 국군의 신뢰도를 해칠 우려가 있는 점 등을 감안할 때 희생자와 유족, 전 국민이 애석한 일이나 평화가 정착된 후 조치하는 것이 좋을 것으로 판단하니 깊은 이해 있으시기 바랍니다.

이런 정부의 인식은 주민 살상에 대한 조사 요구를, 국가 위기나 국민 총동원과 같은 이데올로기를 들어 왜곡하는 것이다. 사건의 은폐는 학살의 또 다른 승인이자 정치를 통한 반공의 전 사회화 과정의 한 요소가 되었고, 이를 통해 지배 세력은 반공 국가의 신화를 창조하고 끊임없이 재생산했다. 이런 행위는 과거와의 진실한 대면을 방해하며 자기 성찰과 비판의 기회를 차단해 기억의 집단적 망각과 왜곡을 가져온다. 이는 국가 권력의 담당자들 또는 지배적인 사회 세력들이 과거의 사건에 대해 국가적 신화를 창조해 진실을 은폐하거나 왜곡·축소·과장하는 기억의 정치적 측면이다.[70]

군부독재 권력은 학살을 은폐하고 조작함으로써 기억의 정치를 고안하고, 피해자들을 극단적으로 통제하는 정책을 통해 반공 국가의 신화를 만들었다. 이에 맞서 피해 유족 2세들은 1988년 1월 22일 민주화합추진위원회(약칭 민화위)에 유족들의 서명을 날인해 "거창양민학살사건 희생자 복권 및 위령비 복원에 대한 진정"서를 제출했다. 1987년 민주주의 이행 이후 또 다른 차원의 기억 투쟁이 시작될 것이었다.[71] 그러나 그해 2월 10일 돌아온 민화위의 회신 내용은 다음과 같았다. '신중히 검토해 업무 수행에 참고할 것'. 1988년 유족들은 좀 더 상세한 희생자 현황을 조사했다. 이들이 집계한 희생자의 연령별·성별 사망 인원은 남자 320명, 여자 399명 등 총 719명이었다. 그들은 연령대별 분포를 자세히 기록했고

위령제를 치르기 위해 신원면에 보고했다.[72]

이것은 1960년 국회 '양민학살진상조사특별위원회' 조사와 1996년 〈거창사건특별법〉 제정 이후 실시한 유족 등록과 거의 일치한다. 유족들은 사망자 557명과 유족 963명을 피해자로 신청했는데, '거창사건등관련자명예회복심의위원회'(이하 심의위원회)는 그중 사망자 548명(97퍼센트)과 유족 785명(82퍼센트)만을 인정했다. 사건 직후 작성되었던 문서상의 피해 규모와, 피해자들이 사망자와 유족으로 등록을 신청한 수, 그리고 심의위원회에서 인정한 인원에는 조금씩 차이가 있다. 1951년 사건이 발생할 때의 피해자 수와 특별법 제정 이후 실시된 유족 등록 신청인의 차이는 일가족이 몰살당해 피해 유족으로 신청할 가족이 없는 경우와, 사건 이후 다른 지역으로 이주해 경남에서 사망자와 유족 등록 신청을 한다는 것을 제대로 알지 못한 경우다.[73] 그리고 사망자와 유족 신청자 중에서 심의위원회로부터 인정받지 못한 피해자들이 있다. 사망자가 학살당한 전후에 양자로 입적되었지만 호적법에 의한 신고 사실이 없거나 중혼의 배우자, 본처의 자녀 또는 후처의 자식과 사망자의 형제들인 경우에는 유족으로 인정받지 못했다. 사망자의 직계가족이 사망해 버린 경우에도 그 범위에서 제외되었다.[74]

기억의 사회화

피해 기억과 정체성

전쟁을 겪은 국가들은 대부분 어떤 형태의 기념물이나 추념 공간을 가지고 있다. 제2차 세계대전 이후 독일과 이스라엘, 일본은 패전이나 전쟁 피해로부터 국가와 국민의 정체성을 형성한 대표적인 나라이고 미국과 소련, 중국은 전승을 기념하는 상징물을 갖고 있다. 패전국인 독일과 일본은 아우슈비츠와 히로시마라고 하는 지역 또는 공간을 통해서 전쟁 책임과 피해를 기억한다. 아우슈비츠는 가해자로서의 독일인, 피해자로서의 유대인이라는 정체성을 형성하고 있으며, 가해인 일본인은 원폭의 상징인 히로시마로부터 피해자라고 하는 이중의 기억을 갖고 있다.

독일은 홀로코스트 가해자로서 역사의 책임에 대한 끊임없는 자각을 요구받고 있으나, 많은 독일인은 정치인들의 사죄에도 불구하고 아우슈비츠를 쉽게 극복하지 못하고 있다. 이안 부루마Ian Buruma는 아우슈비츠가 박물관으로서 '순교'에 초점을 맞추고 있다고 본다.[75] 이것은 독일인에게 아우슈비츠를 '내면화'하라는 다그침이지만 그들은 과거를 회피하거나 아무것도 몰랐다고 변명하기도 한다. 반면 유대인에게 아우슈비츠는 민족 정체성을 추구하는 나침반 구실을 하며 그들은 이곳을 통해 배타적인 역사관을 구성한다.

이에 반해 일본은 제2차 세계대전에 대한 책임에서 자유롭지 못하지만, 원폭 피해라는 측면에서 좀 더 복잡하다. 히로시마는 세 가지 관점에서 일본의 국민적 경험으로 이야기된다. 첫째, 비전투원의 죽음으로부터 전쟁 경험을 인식하는 피해자 의식, 둘째, 원폭 투하라고 하는 히로시마의 경험이 앞으로의 전쟁과 관련된다는 인식, 셋째, 미국과의 관계라는 측면에서 평화주의와 미일 우호에 대한 인식이다.[76]

학살의 정치학에서 중요한 논점 중의 하나는 앞서 논의한 것처럼 기억의 정치라고 하는 현상이다. 이삼성은 이를 기억의 조작과 정치적 신화의 창조를 의미한다. 이는 "집단적 기억의 망각과 왜곡, 부인, 조작의 정치"가 여기에 해당한다.[77] 사회-문화적 차원에서 기억의 정치를 살펴보면, 이는 "집합 기억의 역사화나 무화無化 과정에 개입하는 사회-문화적 및 정치적 힘들의 역학관계와 그것을 둘러싼 담론적 실천의 기제"라고 할 수 있다. 이 정치 담론의 효과는 "집합 기억의 선별·배제·억압·왜곡·인멸만 아니라 특정 기억과 특정 요소의 부각·환기·부양浮揚·재생"으로 나타난다.[78] 허시는 기억의 정치를 국가권력이 기억을 조장함으로써 정치적 폭력을 가져오는 것으로 본다.[79] 이 원리는 정치 지도자들이 조작된 기억으로 인종·종족·민족·종교적 증오심을 불러일으켜 학살을 저지르게 하는 것이다. 물론 허쉬의 이론은 대량학살을 설명하는 데 유용하지만 기억의 정치를 너무 협소하게 규정하는 것이다.[80]

집단학살에 있어서도 기억의 정치는 집단적 기억의 체계이며 여기에 개입된 정치의 차원이 중요하다. 그리고 이를 다룬 기념물은 집합 기억의 매개체가 되고 기념과 그 공간, 추모 행사 등은 기억의 정치가 작동하는 장場이 된다. 허시는 미국이 홀로코스트를 대하는 방식에서 기억의 정치를 발견한다. 지미 카터Jimmy Carter 행정부의 '홀로코스트에 관한 대통령위원회'는 첫째, 베트남전쟁 기념비와 같이 홀로코스트 기념비를 건립할 것과 둘째, 개인들의 기부금으로 홀로코스트 기념관을 건립하고 셋째, 홀로코스트 희생자 기념일을 선포하며 넷째, 세계 어느 곳에서든 인권이 유린되는 모든 사태에 대해 경종을 울릴 '시민양심위원회'를 설치할 것을 최종적으로 건의했다. 그러나 카터 행정부는 앞선 세 가지 건의 사항은 받아들였으나 가장 중요한 네 번째 항목은 국무부와 백악관이 함께 반대했다. 미국 정부의 이런 태도는 홀로코스트의 교훈은 미국의 현재 외교와 국가 안보 정책에까지 영향을 미치지 않는 한에서만 괜찮다는 것을 의미했다. 다시 말해 미국은 홀로코스트를 교훈 삼아 인권을 미국 외교의 일차적인 목표로 주장할 수 있는 권위 있는 민관 합동 기구가 설립되어 정부의 외교정책에 도전할 가능성을 염려했던 것이다.[81]

사회란 일종의 기억 장치다.[82] 학살 피해자와 사건에 대한 기념물은 그동안 국가가 정립한 전쟁 서사로부터 벗어나 다른 사회적 기억의 틀과 장치를 만든다. 이는 국가가 공식적으로 내세우는 하나의 관점에서만 이야기되었던 전쟁 경험이 다양한 측면에서 재구성될 수 있도록 해준다. 기억과 정치의 관계에서 중요한 것은 어떤 기억을 만들거나 전승하는 매개물에 있다. 물론 기억을 조작하는 것은 가시적으로 드러나는 어떤 형태만은 아니다.

앞서 보았듯이 군에서 대규모 살상을 이해하거나 병사들에게 주입하는 방식은 언어를 통해서 먼저 이뤄진다. 군은 '명령'이나 '작전', '상황' 따위의 표현을 사용해서 학살을 직접적으로 언급하지 않고 군의 영웅적 이미지를 유지하려고 한다. 프랑스는 홀로코스트 희생자들을 "추방된 자" déportés라고 부른다.[83] 이 언어는 프랑스인이 유대인을 소집하고 수용소로 보낸 사실을 모호하게 처리하는데, 이유는 나치에 대한 협력 사실을 모호하게 하고 영웅적인 레지스탕스 이미지를 강화하기 위해서다.

기억은 정치권력의 필요에 의해 부풀려지거나 강조되고, 심지어 억압되거나 부정되기도 한다. 전체주의나 독재, 권위주의 체제에서 국가의 공식 기억은 공동체의 기억을 규정하며 자신과 어긋나는 기억의 재현을 억제한다.[84] 따라서 국가 폭력의 기억들은 집단과 사회의 기억으로 등장하지 못한다. 예컨대 민간인 학살은 체제의 공식 기억인 냉전과 반공에 짓눌린 피해 기억으로서, 제대로 추념되거나 위로받지 못하고 피해자와 그 가족에게 정신적 외상으로 남게 된다.

모리스 알박스Maurice Halbwachs는 집합 기억을 기념 의례들에 의해 강화될 뿐만 아니라 과거사를 추념하게끔 해주는 것으로 보았다.[85] 집합적인 기억을 창출하는 것은 한 나라나 사회의 똑같은 상징을 묶어 내는 것이다. 이 상징은 긍정적이고 정당하며, 그렇지 못한 것을 사회와 문화는 일탈로 정의한다. 따라서 정당하지 못한 것에 대해서는 제재와 통제로 이어진다.[86] 행위 체계를 구성하는 과정으로서 집합 정체성은 목적이나 수단, 보상 등에 관한 인식이 하나의 공통된 언어로 표현되고 의례와 실천, 문화적 산물 등에 통합된다. 행위자들은 상호작용함으로써 의사소통하고 서로에게 영향을 주고 타협하며 결정을 내린다. 또한 집합 정체성은 이와 같은 행위자들의 관계망을 의미하고 합리적 생각뿐만 아니라 열정이나, 느낌, 사랑, 미움, 두려움과 같은 감정을 통해 집합체에 대한 소속감을 느끼게 한다.[87]

민족이라는 공동체의 정체성이 강조된 기념물은 사회 전체에 대한 지식인과 지배층의 헤게모니를 대변한다. 따라서 민족 내부의 갈등과 대립보다는 대외적인 저항과 승리의 역사가 부각되는데, 전쟁이 가장 대표적인 기념의 대상이 되는 것은 이 때문이다. 특히 계급 간 갈등이나 지역적 분리주의 운동처럼 민족적 통합에 부정적인 상징은 억압된다. 기념물은 과거 사건을 상징화함으로써 집단 정체성을 강화하고 문화적 통합을 높이는 정치적 효과를 가져온다.[88]

문화적 매개체로서 기념물은 집합 기억의 원형적인 형식이 되고, 이것이 상징하는 의미는 사건을 일상적으로 재현하는 정체성으로 발전한다. 조형물은 집단 정체성의 표현일 뿐만 아니라, 주민들이 동의하는 그 정도만큼 사회통제의 장치로 작동한다. 기념물은 정치 세력이 가진 정체성의 표현이며 일종의 사회교육 장치다.[89] 오늘날 과거의 비극을 자신들의 공동체를 구성하는 가장 중요한 정체성의 한 방식으로 사용하고 있는 것이 바로 유대인의 홀로코스트다. 문학작품을 비롯한 각종 텍스트, 신화와 종교적 제의, 기념물과 기념 장소, 문서 보관소 등 다양한 형태의 문화적 매체를 통해 홀로코스트의 기억은 제도적으로 공고화되고 조직적으로 전승되고 있다.

한국의 경우 1961년 쿠데타 이후 군사정권은 자신들의 정치권력를 정당화하기 위해 민간인 학살 유족들을 군사재판에 세웠다. 이것은 학살의 진상규명이 쿠데타를 일으킨 군부의 권력 기반에 심한 타격을 줄 수 있기 때문이었다. 그들이 억압 조치와 보복을 행사한 것은 학살에 관한 자신들의 과거 행적이 드러나 쿠데타의 명분과 이념이 훼손되고 법적 처벌을 받을 수도 있기 때문이었다.[90] 이것은 군부의 정책을 정당화하거나 합리화하는 데 민간인 학살과 같은 실체는 피해야 하고, 여기에 대한 어떤 기억도 가지지 못하도록 해야 했기 때문이다.

쿠데타 세력은 거창 위령비를 부수어서 버리거나 땅에 묻고, 징으로 비문의 내용을 알아보지 못하게 지웠다. 경찰들은 묘역을 파괴했고 유골은 낱낱이 부서져 강제로 흩어졌다. 군사정권은 사건 자체의 역사를 땅에 묻었고, 일방적으로 화석화시키기 위해 기억의 정치에 개입했다. 그것은 과거의 역사를 현재의 살아 있는 역사로서 적용한 것이 아니라 자신의 행태를 위해 과거의 의미를 죽여 버렸다.[91] 이렇게 함으로써 군사정권은 전쟁기 학살을 철저히 은폐하고, 진상규명을 요구했던 유족들에게 굴절된 기억을 만들었던 것이다. 상징물을 없애는 것은 기억이나 추념과 같은 (인식) 행위를 할 수 없게 하고 사건을 기억하고 공식화하는 것을 막기 위한 것이다.

기억을 통제하는 것은 과거와 대면하는 것을 방해하고, 국가의 자기반성과 자기비판을 가로막는다. 민족적인 신화와 이데올로기 창조만이 아니라 부인, 책임 전가, 합리화, 상대화 역시 기억의 억압과 조작, 역사를 재구성하기 위한 것이다.[92]

사회나 집단 내에서 상징들을 조작하는 위치에 있는 사람들은 정치 권력을 갖고 있는 사람들이다. 기억은 타의나 자의에 의해서, 권력과 개인(집단)의 위치에 따라 달라진다.[93] 1951년 2월 거창사건 이후 유족들은 줄기차게 학살 현장에 위령비를 건립하고자 했지만 독재와 권위주의 정권은 이와 반대로 위령 공간을 조성하거나 기념물을 만들지 못하도록 강제했다. 사건의 형상화, 기억 투쟁 그리고 정체성 논란이 끊임없이 벌어졌던 것이었다.

1961년 군사 쿠데타 이후 전쟁기 민간인 학살과 관련한 위령비와 합동묘가 없어진 곳은 거창을 비롯해 경남 진영, 울산, 밀양, 동래, 제주 등지다. 이는 위령비와 같은 기념물을 없앰으로써 사건을 추념할 수 있는 대상을 은폐하고, 기념물이 존재했던 공간을 무의미하게 만들려는 것이며, 학살이 있었다는 사실을 기억하거나 공식화하지 못하도록 하여 의례를 통해 집합 기억이 형성되는 것을 가로막으려는 정치 행위였다.

박산골 빗돌(위령비)의 과거와 현재

거창사건 위령비 건립은 1954년부터 논의되기 시작했고, 4·19 혁명 직전에는 이를 포함한 다양한 진상규명 시도가 시위가 이어졌다.[94] 앞서 보았듯이 1960년 3월 희생자 가족은 사건이 발생한 지 9년 만에 합동묘비 건립추진위원회를 조직했다.[95] 경남도지사는 도비 50만 환을 묘비 건립에 보조했고,[96] 이승만 체제가 끝나갈 무렵 유족들은 본격적으로 기념물 건립에 나섰지만 유족들의 집합 의식은 부침을 거듭하고 있었다. 전쟁의 피해자, 수난자라는 입장은 반공주의자라는 또 다른 처지를 입증해야만 자신들의 무고를 공개적으로 주장할 수 있는 것이었다.

유족들은 국가의 의무에 대해서 구체적으로 말하기 시작했다. 예컨대 국가에서 위령비를 세우고 위령제를 지낼 것을 요구했다.[97] 국가의 합법적 대책을 촉구하는 것은 사상을 넘어 인권의 문제라는 측면에서 진실을 알 권리에 대한 인식으로 한층 확대되었다.[98] 그들은 국가책임과 진실에 대한 요청이 거창사건 피해자 자신들에게만 국한된 것이 아니라는 점과, 근본적으로는 민주주의 문제임을 지적했다.

하지만 1961년 군사 쿠데타 이후 봉분이 해체되고 위령비는 땅속에 묻혔다. 사건의 진실을 밝히려는 피해자들의 요구와 노력은 위령비 건립으로 나타났지만 쿠데타로 인해 좌절되었고, 그 뒤로도 충분한 사회적 보상은 물론, 다른 사람들에게 그들의 노력이 포용되거나 사회적으로 받아들여지지 않을 것이라는 점에서 사회적 고립으로 이어졌다.

유족들은 반공 정권으로부터 스스로를 보호하고 방어해야 했으므로 박정희 정권 때 "절대로 우리가 빨갱이가 아니라는 걸 증명하려고", "오죽했으면 국민투표할 때 우리가 100퍼센트", "99퍼센트가 아니라 100퍼센트" 투표를 했다.[99] 선거를 하면 언제나 집권 여당에 몰표를 주었는데, 그때마다 집권 여당이 자신들의 소망을 저버리지 않을 것이라고 기대했기 때문이다.[100] 대통령이나 국회의원 선거에서 여당을 지지했던 것은 피해자들의 아픔을 어루만져 주고 보상해 줄 당사자는 정부와 여당이므로 그들에게 인정받고 싶은 기대 심리가 작용했기 때문이다.[101] 그래서 선거 때만 되면 유족들의 갈망은 집권 여당에 대한 몰표로 나타났다.

이는 다른 한편 '학살당한 핏줄이 공비거나 통비였다면 유족들이 정부나 집권당에 지지표를 던지겠느냐'라는 항변이기도 했다. 전쟁 중에 죽은 사람들이 빨치산이나 좌익 활동을 하지 않았다는 자기 강변이자, 군사 정권으로부터 자신들도 대한민국의 국민임을 어떤 식으로든 인정받으려 했던 것이다. 어떤 사회적 규범과 제도적 절차 속에서 자신들이 무고하게 희생된 피해 대중이라는 것을 반공 정권 앞에서 스스로 증명해야 했던 것이다.

이뿐만 아니라 유족들은 "통비분자라는 오명을 씻는 데 조금이라도 도움이 될 것을 생각하며", "새마을운동 등 국가행사"에 매우 적극적으로 참여했다.[102] 새마을운동이나 국민투표 등 "국가 시책에 대해서는 협조를 매우 잘"하는 것이 현지 관리들의 얘기였고, 그 바탕에는 자신들의 오해를 풀어 보겠다는 '의지'가 깔려 있었다.[103] 유족들은 정부와 여당이 자신들의 원한을 풀어 줄 것이라고 믿고 살았다. 박산골 위령비를 국가가 공식적으로 나서서 바로 세워 주기를 바랐던 것이다.

박정희의 유신 독재가 끝나고 전두환 정권이 들어서자 유족들은 위령비 복구를 추진했다. 그들은 위령비를 복구하는 과정에서 군부 정권에게 중요한 양보를 하기로 했다. 유족들은 위령 비문의 일부인 "일부 미련한 국군의 손에"라는 대목이 군의 위상에 손상을 줄 수 있다는 지레짐작에 그 부분을 빼고, "지리산에 잠복해서 횡포무도한 만행을 자행하는 공산 게릴라 도당을 숙청하기 위한 견벽청야(堅壁淸野) 작전의 과오에서"로 문구를 고치기로 했다.[104] 민간인 학살이 군 작전의 과오로 표현이 바뀌었지만, 이마저도 묵살되었다. 유족들은 위령비를 둘러싼 국가와의 갈등 상황에서 순응과 타협이라는 태도를 보였고, 자신들의 피해 의식이 담긴 반공 정체성은 군사정권과의 정치적 타협을 통해 재구성되었다.

민주주의 이행 초기인 1988년 1월 24일 유족들은 민화위에 위령비 복원과 국가보상을 중심으로 하는 진정서를 제출했다. 유족들은 호소문과 결의문[105]을 다시 작성해 신원면 사무소 앞에서 궐기대회를 가진 후 박산골로 향해 땅속(土俗)에 파묻힌 비석을 파내었다.[106] 1960년 건립되어 1961년 파묻힌 위령비는 마침내 민주화의 정치사회적 맥락 속에서 다시 공식적으로 모습을 드러냈다.[107]

일반 국민에게 보내는 호소문에서 유족들은 "반공을 제일로 여기는 애국 국민"으로 시작해 동포들의 정의와 화합, 정부의 책임을 강조하면서 "거창신원 양민학살사건은 광주의 모태"라고 규정했다. 그래서 새로운 정부가 이를 통첩하지 못하면 제2, 제3의 거창사건과 '광주 사태'와 같은 일이 발발하지 않는다고 장담할 수 있겠느냐고 되물었다.[108] 유족들은 군부에 의한 민간인 살상이라는 국가 폭력이 어디에서 비롯되었는지 정확히 인식하고 있었다. 피해자들은 "진정서"(1988. 3. 7)와 "청원서"(1988. 7) 등의 문건에서 정부가 나서서 빗돌을 세우고 명예를 회복시켜 줄 것을 지속적으로 요구했다.

유족들은 왜 비문의 내용을 바꾸면서까지 위령비를 복구하려 했을까. 이들은 학살이라는 국가 폭력의 피해자이면서도, 다른 한편 반공 이데올로기에 순응함으로써 자신들이 국가의 '적'이 아닌 대한민국이라는 공동체의 '구성원'으로 인정받고자 했다는 점에서 모순적인 위치에 있었다. '국가가 파괴한 위령비를 국가가 복원하라'는 일관된 요구는 그들에게 이런 모순을 극복하는 방법이었다. 또한 사건을 형상화한 위령비는 유족들에게 집합 기억의 원형이자 과거의 기억을 전승하기 위한 상징이었다. 유족들이 끝내 성취하고 싶었던 것 중의 하나가 위령비였다는 사실은 이를 반증한다. 다시 말하자면 위령비는 체제의 공식 기억에 반하는 대항 기억으로서 집단 정체성을 상징한다. 거창군 신원면 박산골에 비스듬히 누워 있는 위령비는 그 상태 그대로 지난 64년간의 역사를 우리에게 보여주고 있다.[109]

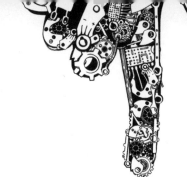

6

가
해
자
와

생
존
자

가해자

그들은 누구인가

사람을 죽인 가해자는 누구인가. 이들 중에는 평생을 가위눌리거나 정신
병 같은 심리상태에서 살아가기도 했다. 학살을 공모한 '최고위층'뿐만 아
니라 현장에서 살해에 가담한 사람들은 누구인가. 살해를 하도록 군인과
경찰을 독려하고, 민간인을 데려다 총을 겨누거나 방아쇠를 당기고 또는
물에 빠뜨린 그들은 과연 누구인가.[1] 군인과 경찰들은 민간인이 무차별
학살되는 등 피해가 컸던 것은 '전지'戰地라는 특수한 상황 때문이라고 주
장한다. 또한 상관의 '명령'에 따랐다고 말한다. 단지 명령에 따랐을 뿐이
라는 변명은 듣기에 불편할 뿐만 아니라 가해자의 행동에 대한 정확한 설
명이라고 할 수는 없다.

    양평경찰서 사찰계에 근무한 오교성은 "6·25 때는 철저한 공산주의
자가 아니어도, 저 새끼 빨갱이야 그러면 피해를 입고, 저 새끼 반동이야
그러면 인민군한테 죽"는 거라고 말한다. 가해자들은 '전쟁'을 강조하면
서 불가피한 상황에 대해 나름대로 역설한다. 후술하겠지만, 그렇다고 모

든 사람이 이 상황을 그대로 받아들인 것은 아니었다. 다시 말해 이들에게도 최소한 다른 선택을 할 수 있는 여지가 종종 있었다.

'전시' 작전명령은 민간인이 살해될 수 있는 환경을 조성한다. 거창군 신원면 박산골 현장에서 집단살해를 실행한 9연대 3대대 정보장교 이종대는 '명령에 따라' 주민들을 총살한 후 시체를 처리했다.[2]

> 거창사건의 총살집행의 직접 지휘를 제가 했습니다. 물론 상부의 명령에 의해서죠. …… 공비토벌을 하던 국군이 이렇게 주민을 집단 총살한 것은 "미수복지역에 진주하면 남녀노소를 막론하고 주민을 처단하라"는 작명에 따른 것입니다. 한동석 대대장이나 나나 모두 상부의 이 작명을 수행한 것입니다.

1972년 이 증언을 했던 이종대는 20여 년 동안 '할 말'이 많았지만 신변의 보장 없이 더는 이야기할 수 없다며 입을 다물었다. 그는 사건이 나던 1951년 2월, 23세 나이로 24세의 한동석 대대장의 명령에 따라 끔찍한 일을 저질렀다.

역시 거창사건에 연루된 김종원은 주민 살상이 상부에서 승인한 것이라고 강변했다. 그는 국회조사단이 관련자의 진술을 청취하는 동안 군법회의 설치와 '이적 주민'에 대한 살해는 장관의 명령을 받은 대대장이 간이재판에 따라 '즉결 처분'했기 때문에 위법이 아니라고 주장했다. 이뿐만 아니라 그는 죽은 사람들 중에서 '좌익에 부역행위 한 놈에 대해서는 마땅히 죽여도 좋다는 것을 상부에서도 역시 승인하고 있다'라고 말했다. 사단장은 말할 것도 없고 '작전명령'을 내린 연대장과 이를 실행한 대대장의 행위도 위법하지 않다는 논리였는데, 그는 국회 조사에서 논란이 된 노인과 유아는 죽은 주민들 중에 없었고 '즉결 처분'은 법적으로 정당한 것이라고 억지를 썼다.[3]

거창사건을 은폐했던 김종원에게 학살은 새로운 것이 아니었다. 그의 주장은 군인으로서 지난 시기에 민간인을 살해한 경험을 바탕으로 한다. 1948년 여순사건에서 일본도(刀)로 많은 주민들을 죽였던 그는 1950년 3월 14일(음력) 3사단 22연대 병력을 이끌고 경북 영덕군에 주둔해 있었다. 그는 부대를 이끌고 토벌 임무를 맡았는데 영덕경찰서에 '불온분자'로 검거되어 유치장에 있던 31명을 끌어내 죽여 버렸다. 3월 21일에는 남석동 미곡 창고에 수용되어 있던 70여 명을 국민보도연맹 가입자라고 해서 맷골로 끌고 가 집단살해했다.[4]

그가 저지른 살인은 비전투원에게만 해당하는 것이 아니었다. 1950년 7월 26일에는 수일 전의 작전에서 실패했다는 이유로 어느 소대장을 권총으로 사살했으며, 또 호위병을 시켜 M1 소총으로 어느 사병을 사형시켰다.[5] 독단적으로 자신의 부하를 총살한 그의 지휘 방식은 미군들에게도 잘 알려져 있었다. 주한미군사고문단은 '백두산 호랑이'라는 별명을 가진 김종원 대령과 의견 대립이 자자했는데, 그 이유는 그의 작전지휘 전횡 때문이었다.

살해에 소극적으로 가담하거나 현장을 지켜볼 수밖에 없는 군인과 경찰도 있었다. 1950년 6월 통영에서 헌병대 문관으로 근무한 이양조, 공학수배, 하대워은 1960년 4대 국회 양민학살진상조사특별위원회 경남반 조사단의 앞에 앉았다.[6] 이양조는 대한청년단 감찰부장으로 일하다 8월 중순경 헌병대 문관이 되었다. 내근직에 있었던 그는 가까이서 학살을 목격했다. 통영경찰서 영창에는 170여 명이 구금되어 있었는데, 헌병대와 CIC는 4~5일에 한 번씩 국민보도연맹원 10~20명을 끌고 가 총살했다. 돌 한 덩어리씩 지고 나가면 죽은 목숨이었다. 구금된 사람들 자신이 수장될 때 사용할 돌이었다. 군인들은 권총으로 국민보도연맹원들을 쏘고는 바다 속으로 곧바로 밀어 넣었다. 어떤 때는 멸치 포대(자루)에 70여 명을 씌워서 죽이는 일도 있었다. 헌병대 마음대로 한 것이 아니었다. CIC와 G-2, HID가 공모해서 사람들을 살인했다.

해병 1기생인 김숙원은 2중대 4소대에 배속되어 제주도 모슬포에 주둔하면서 한라산 토벌 작전을 하고 있었다. 전쟁이 일어났다는 소식을 들은 지 며칠이 지난 7월 칠석날 밤(양력 8월 20일), 중대장이 영내에 비상을 걸었다. 조금 있더니 모슬포 병영에 트럭이 한 대 와서 그가 속한 1개 소대를 차출해 태우고는 어느 산 쪽으로 향했다. 그는 트럭을 타고 바닷가 옆에 있는 '불룩하게 해가지고 둥그스름하게 생긴 산'(오름) 앞에 하차했다. 차에서 내린 그는 다른 병사들과 함께 중대장이 나눠 주는 실탄 세 발을 탄창에 넣고 칼빈총을 장전시킨 채 대기했다. 잠시 후 민간인을 가득 태운 트럭이 자신들이 있는 오름에 도착했다. 그들은 눈이 가려진 채 트럭에서 내려 산으로 끌려 올라가는데 손은 뒤로 묶여 있고 팔은 포박당해 있었다. 중대장은 장전한 총을 든 병사들을 산 정상에 집합시켰고, 화산이 폭발한 것으로 보이는 큰 웅덩이를 배경으로 방금 끌려온 민간인들을 그 앞에 무릎을 꿇려 앉혔다.[7]

이제 대원들은 총에 실탄 장전을 했고, 앞에 뒤에서 겨눠, 명령을 내리는 거예요. 쏴! 그러니깐 뒤에서 때리니까 천상 여기밖에 더 있어요. 그렇게 해 가지고. 그 정확한 인원수는 모르겠는데. 그것밖에 모르겠어요. …… 트럭에서 내리자마자 산으로 끌고 올라온 거 가지고 바로 뒤에서 때리면(총을 쏘면) 구덩이로 때굴때굴 굴러서 떨어졌는데 뭘. 우리 4소대가 출동했을 적에 48명이나 죽였는데.

김숙원이 민간인을 사살한 곳은 송악산 섯알오름이었다. 그는 이 오름을 몰랐지만 한 가지 사실은 분명히 알고 있었다. 사람들을 죽이려고

일부러 구덩이를 파지 않았다는 사실이다. 그럴 필요도 없이 오름의 중앙
은 많은 사람들이 묻히기에 충분할 만큼 깊이 패여 있었다.

1948년 10월 여순사건이 발생했을 때 14연대 출신으로 살해 현장에
서 총격 구령을 붙인 병사가 있었다. 임길동은 "사격 준비"와 "사격 개시"
를 외치라는 지휘관의 명령에 처음에는 이 소리가 목에서 나오지 않았다.
입이 떨어지지 않았던 것이다. 하지만 권총을 들이대며 구령을 강요하는
상관 앞에서 총살령을 소리치지 않을 수 없었다.[8] 그는 거문도 사람들을
"사형시킨 총살" 명령을 자신이 구령한 것에 대해서 죄책감을 갖고 있었다.

전쟁에서 군인과 경찰의 무기는 무엇보다 '위계'에 있는데 이는 권위
에 복종하도록 하기 위한 것이다. 학살은 책임자나 상급자가 자신의 권위
를 내세워 도덕이나 법의 경계를 넘어서 명령을 내렸을 때 종종 발생한
다. 상대방을 '처형'하는 행위는 국가권력에 자아가 길들여지고 스스로 권
위에 복종하는 과정이다. 군과 경찰에서 나타나는 이와 같은 현상은 서열
과 권위를 가장 엄격하게 여기는 규율과 복속의 전근대성, 조직 문화에
바탕을 둔 것이라고 할 수 있다.

거창사건에서 11사단 9연대 3대대는 국민에게 국가권력을 선두에서
행사한, 가장 관료화된 조직이었다. 이 학살은 일본군이 만주에서 저지른
이른바 태워 없애고, 굶겨 없애고, 죽여 없애는 삼지작전과 9연대의 제주
초토화작전을 답습한 것이었다.[9] 가옥을 소각하고 거주민을 소개하는 것
이나, 이들을 개별 심사하지 않고 집단적으로 처리한 점, 인민유격대의
소행을 주민들의 죄로 물은 것 등 학살을 전개한 방식은 일본군이 창안했
고 제주에서 써먹었던 작전의 일부였다.

권위에 대한 맹목적인 충성은 살해자가 사람들이 지켜보는 가운데
자신의 힘을 마음껏 과시하기 위해 사람을 죽이거나, 학살에 직접 가담한
경찰들의 후일담으로 전해지기도 한다.[10] 9·28 서울 수복 후 경찰에 입문

한 최용산은 부안경찰서 사찰계에 근무했다. 그는 이 지역의 국민보도연맹원 학살에 직접 참여했던 사찰계 선배(김윤민)가 술을 마시면서 자랑스럽게 하는 이야기를 들었다.[11] 경찰은 희생자에게 직접 구덩이를 파게 한 후 죽였다는 것이다.

학살이란 사회적인 감시나 공동체의 도덕과 전혀 무관하게 일어나는 행위라고 할 수 없다. 권력이 강압적이고 민주주의가 느슨한 곳에서 좀 더 쉽게 인권은 침해된다. 또한 가해자는 자신이 무엇이든지 할 수 있다는 힘에 대한 체험, 권위와 권력에 대한 도취 그리고 행위 자체에 대한 경험에서 살해 행위를 증폭한다. 현장에서 부하를 거느린 지휘관은 무슨 일이든 할 수 있다는 것을 선포하고 스스로 시범을 보이는데, 김종원이 이런 경우였다. 그의 살인 행위는 비전투원 내지 민간인에게만 해당하는 것이 아니었으며 할 수만 있다면 독단적으로 자신의 부하를 직접 총으로 쏴 죽이기까지 했다. 일본도를 휘두르며 사람의 '목을 치는' 행위는 단순한 적대감을 넘어서 일종의 살인에 대한 파괴적 욕망에서 비롯된 것이라고 볼 수 있다.

9연대는 제주의 초토화작전에서 주민들을 학살했던 경험으로 단련된 것이다. 한동석에게 작전 중의 학살은 낯선 것이 아니었다. 그는 육사 4기생으로 1947년 9월 10일 소위로 임관해 제2연대에 배속된 후 1948년 여순사건 진압에 참가했고 1949년 1월부터 9연대의 뒤를 이어 제주 지역 토벌을 지휘했다.[12] 그의 이력은 초토화작전과 견벽청야작전에 익숙한 것이었다. 작전명령의 부록으로 하달된 것으로 알려진 '작전지역 내 주민 살상'은 하나의 임무 수행일 뿐이라고 해도 지나치지 않다. 그렇다고 해서 김종원과 한동석이 잠재적으로 폭력적인 성격을 가진 '특정한 부류의 사람'이라는 뜻은 아니다. 비록 김종원이 다른 지휘관에 비해 잔인하고 참혹한 방법으로 살인을 일삼기는 했지만, 잔인성은 개개인의 고유한 성격이나 특정 집단의 인간성 문제가 아니다.

즉 가해자의 동기가 정치사회적인 상황에서 발동된다는 의미에서 사회적 기원을 갖는다는 것이다.[13] 유대인 학살에 가담해 전범으로 기소된 가해자 1,581명의 일대기를 연구한 마이클 만Michael Mann은 이들이 전쟁 이전에 다른 독일인에 비해 실업이나 편부모 등의 요인으로부터 더 고통받았던 것도 아니며 개인적 불행으로 인해 파국적 삶을 산 사람도 거의 없다는 결론을 내렸다.[14] 따라서 대량학살은 이를 구상하고 조직한 지도자의 정치적 동기와 심리, 행동을 설명하는 것이 더 나은 분석이 될 것이다.

지휘관 중에서 거의 유일하게 자신이 내린 총살 집행 명령에 책임을 느낀 것으로 알려진 이는 남상휘였다. 그에게는 양가의 감정이 있었다. 포항 앞바다 함정에서 국민보도연맹원을 처형한 것에 대해 그는 "그건 어디까지나 정당한 상부의 명령"이라고 주장했다. 그는 자신의 참모, 헌병들이 그들을 '공산당'이라고 확증한 이상 "그대로 가차 없이" 처형했다고 말했다.[15] 군경 조직의 위계 속에서 살해 책임은 부하들에게도 있지만, 가장 큰 책임은 명령을 내린 '최고위층'에게 있다. 그들은 희생자와 마주하지 않는다. 이런 불가시성은 관료주의의 특성이며, 살해 명령을 내리는 이들은 "탁상 위의 살인자"라고 불린다.[16] 가해자에게 있어 책임은 대부분 윗사람에게 넘겨졌다. 그러나 윗사람 중에서 살인을 명령했다는 것에 죄책감을 느껴 스스로를 탓한 사람은 손에 꼽을 정도였다.

현장에서 학살을 직접 수행했던 사람들은 대부분 어떤 사상에 투철한 이들이 아니었다. 대규모 집단살해라고 하는 비극은 이를 실행하는 조직이나 개인이 지휘관의 명령에 복종하는 환경에서 좌우된다. 브라우닝은 독일 제101경찰예비대원들이 폴란드에서 자행한 집단학살을 연구했는데, 그가 보여 주었듯이, 학살은 거의가 '환경'에 의해 이루어졌다. 병사들 가운데 대부분이 적어도 처음에는 자신들이 하는 일을 두려워하고 혐오했지만, 나중에 80~90퍼센트가 학살에 가담했다.[17] 대열에서 이탈해 명령을 거부하는 것은 그들 능력 밖의 일이었다.

유대인에 대한 학살 명령은 대대(부대)가 받은 것이었으며 설령 병사들 개인이 받았다 하더라도 작전에 참가하는 것은 공식적으로 거부할 수 있는 것이 아니었고, 은밀하게 회피할 수 있었다 해도 병사들이 한 인간으로서 겪는 심리적 갈등은 아주 큰 것이었다. 그럼에도 죽여야 할 대상이 되는 집단은 사회적으로나 도덕적으로 동등한 인간이 될 수 없었다. 이들에게 방아쇠를 당겨 살인을 집행하는 군인이나 경찰은 나름대로 이를 합리화하고 정당화하면서 살아왔다. 자신들이 살해한 사람들이 죽을 죄인이 아니라는 것을 잘 알고 있었고 자신들이 저지른 일이 살인이라는 것 또한 알고 있었다.

한국에서 살인을 수행한 가해자 외에 상급자와 책임자 가운데 학살을 인정한 사람은 남상휘가 유일하다. 거창사건에서 최덕신과 신성모, 국민보도연맹에서 오제도와 선우종원, 육군본부의 장도영 정보국장 등은 재판과 언론 인터뷰, 연구자들의 질문, 진실화해위원회 조사에서 제대로 답변하지 않았다. 이들은 기껏해야 다른 기관에 책임을 전가했고 자신들의 행동을 변명할 논리적 이유를 찾으려고 노력했다. 그리고 결정적으로 사실을 부정함으로써 가장 교활하게 기억을 조작했다.

어떻게 가해자가 되는가

처음 살해가 쉽지 않지 다음부터는 훨씬 수월해진다. 한국군은 전쟁 이전부터 지리산과 태백산지구 등지에서 대규모 작전을 벌였다. 민간인 학살은 이때에도 상당수 발생했는데 어떤 현장 지휘관은 사병들에게 사람을 죽이는 훈련을 시켰다. 사람을 죽이는 것도 하나의 기술이기 때문이었다.

1949년 7월경 국군 제3연대 2대대는 산청군 시천면과 삼장면에서 대대적인 작전을 벌이면서 병사들에게 민간인을 대상으로 '처형' 훈련을 시켰다. 이를 지휘한 2대대장 조재미의 살해 명령은 섬뜩했다. 그는 전 부대 대원에게 착검한 상태에서 민간인을 죽이도록 현장에서 직접 지시를 내렸다.

6중대 2소대 소총수였던 설동귀는 1949년 7월 시천면 덕산초등학교에서 사람을 두 번 찔러 죽였다. 장교들은 처형에 나서지 않았지만 사병들은 민간인을 한 명씩 죽여야 "진짜 군인"이 될 수 있었다.[18]

구덩이 앞에서 마을사람들을 세워놓고 M1에 대검을 착검하여 처형했습니다. 조재미 대대장이 한사람 앞에 하나씩은 죽여야 한다고 해서 저도 착검된 총으로 두 번을 찔러 처형했습니다. 당시 현장에서 진짜 군인이라면 사람을 직접 죽여 봐야 한다고 조재미 대대장이 그랬습니다.

그해 가을 무렵 덕산에 주둔한 5중대원 신동주는 담력을 키우기 위해 총검으로 사람을 찔렀다. 물론 대대장의 지시였다. M1 소총에 대검을 착검해서 민간인을 살해한 것은 담을 키우기 위해서였다.[19]

사람들을 잡아오면 상급자들이 다 작전을 세워 놓고 우리보고 찌르라고 하던지 …… 하사관학교에서 새로 배치 받은 병사들이 담력을 키우기 위해 돌아가면서 민간인을 처형한 적이 있는데 나도 했었다.

토벌 작전 중 지리산 쑥밭재 아래 삼장면 경계 지역에 주둔한 8중대원 박기환은 가마니에 덮여 군용 트럭으로 끌려온 민간인을 역시 총검으로 찔렀다.[20] '누가 사람 죽이는 것을 좋아하겠는가, 명령이니까 시키는 대로 했다'는 게 그의 자책이었다.

'평범한 사람들'이라고 볼 수 있는 군인을 가해자로 만드는 것은 훈련이고 이들이 죄의식을 느끼지 않고 희생자의 생명권을 박멸하는 심리를 갖게 하는 것이다. 살인을 하기 위해서는 사람을 죽이는 데 방해가 되는 도덕을 초월하는, 또는 죽이는 행위를 정당화하는 나름대로의 논리가 뒤따라야 한다. 여기서 민간인은 적으로 둔갑되고 병사들은 죄의식을 갖지 않게 된다.[21] 상급자의 명령에 자연스럽게 복종하거나 이를 수행하는 군인이나 경찰은 단지 명령을 수행하는 도구이지 자기 자신의 행위에 책임 있는 자들이 아니다.

이와 같은 상황에서 병사들은 도구적 이성의 집행자로 전락한다. 앞서 자세하게 다룬 아이히만 재판에서 아렌트가 알아챘듯이, 그의 삶과 인격은 많은 점에서 살인자로서 타고난 것이 아니라는 사실이다. 그러나 아렌트가 주목하지 않았지만 이후에 밝혀진 바에 따르면, 아이히만은 강한 반유대주의 이념을 갖고 유대인 학살을 적극적으로 실행한 책임 있는 지휘관이었다. 유대인 학살이 진행 중일 때 아이히만은 친위대 소위가 유대인이 몇 명이나 죽었냐고 묻자, 500만 명 이상이라고 대답했다. 그 소위는 전쟁이 끝난 뒤에 사람들이 수백만 명에 대해 질문하면 어떻게 대답할 거냐고 다시 묻자, 아이히만은 수백 명이 죽은 것은 재앙이지만 수백만 명의 죽음은 일종의 통계에 지나지 않을 거라고 말했다.[22] 살해를 명령하건 실행하건 살해에서 오는 도덕적 무감각은 희생자를 자신과 같은 인간으로 보지 않고 어떤 범주에 속하는 물체로 보는 데 있다. 가해자가 살인광으로서 타고난 것은 아니지만 이데올로기와 정치적 환경 속에서 반복된 명령은 살해를 가능하게 한다. 훈련의 목적으로 보면 관료제에서 흔한 살해는 일종의 행정 처리일 뿐이다.

여수 앞바다에는 애기섬이 있다. 배학래는 CIC 무관으로 이 지역의 국민보도연맹원을 살해하는 데 가담했다.[23] 1950년 7월 중순경, 배학래는 검속한 20~30명을 경비정에 싣고 오동도 동쪽 애기섬 부근에서 눈을 가린 채 배 후미에 세워 놓고 총격과 동시에 바다에 빠뜨렸다. 이 대목에서 그는 사람들을 "버렸다"라고 진술했다. 300톤쯤 되는 해안 경비정이 죽은 사람을 확인하려고 빙빙 돌면서 순회했고, 바다에 떨어진 사람 중에 살아 있는 국민보도연맹원이 있으면 다시 총을 쏴서 죽였다. 수차례 처형된 인원은 100여 명에 이르렀다. 사살이 있기 전 배학래는 사람들을 두들겨 패고 고문했다. 여수 지역에서 검거된 이들은 경찰서 무덕관과 부흥기성회 사무실에 구금되어 있었다. CIC가 사용하는 기성회 사무실에는 국민보도연맹 간부들과 70~80여 명의 사람들이 잡혀 와 있었다. 그는 '악질분자'들을 구타하고 물고문을 한 후 총살시켜 버렸다고 증언했는데, 이 사람들을 자신과 같은 인간으로 보지 않았다.

CIC 장교는 이를 지휘하면서 헌병대와 여수경찰서 정보과 등 여러 기관원을 통솔했다. 2사단 25연대 헌병대원 김광원은 여수에서 '국민보도연맹원 200여 명을 배에 태운 후 바다에 던졌다'라고 밝혔다.[24] '죽음'을 실어 나르던 이 경비정은 훗날 '홍안호'라는 이름을 달고서 여수-부산 간 여객선으로 이용되었다. 배학래의 고백처럼 이들은 죽어 마땅하다고 생각했으며 재판도 필요 없고 자백힐 때까지 무조건 두들겨 패는 것, 고문과 총살이 모든 것을 해결해 줄 것으로 믿었다.

충북 괴산군 불정면과 칠성면, 사리면, 증평읍 그리고 청원군 북위면 일대에서 끌려온 800여 명은 옥녀봉에서 집단으로 살해되었다. 증평 양조장 창고로 사람들이 끌려가기 시작할 무렵 진천군 진천읍 사성리 조그만 시골 마을에서 순경으로 근무하던 김재옥은 국민보도연맹원을 모두 잡아 죽여야 한다는 헌병대장의 말에 섬뜩한 느낌이 들었다. 6월 25일 그는 진천경찰서로부터 국민보도연맹원 명단을 보내라는 전통을 받고 지시에 따랐다. 며칠 후 경찰서에서 다시 지시가 내려와 '폭동을 야기할 만한 중요 인물'을 보고하라기에 몇 명 이름을 불러줬다. 그리고 열흘이 지난 7월 초순, 명령에 따라 마을 남자들을 모두 정미소 앞에 모이도록 했다. 그는 미리 준비한 명단을 갖고 헌병대원과 함께 100여 명을 군용 트럭 세 대에 나눠 태운 뒤 오창으로 보냈다. 그는 자신이 이들을 죽음으로 내몬 것이라는 자책을 오랫동안 하고 살았다.[25]

진천에서 출발한 트럭이 30분을 달려 오창에 도착했을 때, 오창면 의용소방대원으로 일하고 있는 김수철은 정신이 없었다. 오창 지서에는 경찰관이 세 명밖에 없었고 소방대원 30여 명이 경찰을 도와 치안 업무를 맡고 있었다. 면내 마을과 괴산, 진천 등지에서 국민보도연맹원들이 숱하게 끌려오고 있었다. 그는 간부 12명을 오창지서 유치장에 수감하고 나머지 사람들은 지서 앞 양곡 창고에 가둔 후 지키고 있었는데, 다음 날 헌병이 지서 옆 창고에서 구금된 사람들을 한 명씩 살해하는 것을 목격했다.[26]

김재옥과 김수철은 집단살해 과정에서 소극적인 조력자의 모습을 보여 준다. 학살이 있는 곳에서 누군가는 사람을 연행하고, 누군가는 실어 나르고 또 누군가는 총을 쏘고 또 다른 누군가는 시체를 묻었다. 이것이 자의든 타의든 집단살해에 가담한 군인이나 경찰은 쉽게 이 과정에서 빠져나올 수 없었다. 군인이나 경찰이 자신이 속한 집단으로부터 벗어나는 것은 대단한 용기를 필요로 했고, 오히려 배신자가 될 수 있다는 것을 염두에 두어야 했다. 전쟁에서 총구는 상대방인 적을 향하기도 했지만 동시에 '내부의 적'으로 지목된 사람들에게도 향했다.

영동경찰서 외근계에 근무한 권혁수는 국민보도연맹원을 사살했다.[27] 1950년 7월 초순경 CIC로부터 명령을 받은 그는 국민보도연맹원 수십 명을 GMC 트럭에 태워 경찰서에서 서쪽 방향으로 20~30분 거리에 있는 영동읍 부용리 낮은 야산 지대인 어서실 골짜기로 데려갔다. 끌려온 이들은 모두 손이 뒤로 묶여 있었는데 경찰은 이들을 골짜기를 향해 열 명씩 세운 뒤 2~3미터 후방에 경찰관 한 명씩을 나란히 배치했다. 권혁수도 이 자리에 서서 한 발씩 발사되는 99식 장총으로 자기 앞에 선 사람을 쏘았다.

권혁수는 어서실 골짜기를 벗어날 수 없었다. 사선死線에 서서 주위를 힐끔 둘러보았다. 동료들은 주어진 명령에 그저 총부리를 겨누고 있을 뿐 아무 표정이 없었다. 모두 제정신을 가졌다고 볼 수 없었다. 동료들과 함께 방아쇠를 당기는 순간 '탕'하고 총소리가 귓가를 맴도는 것도 잠시, 가슴에 총탄을 맞은 국민보도연맹원이 자기 앞으로 쓰러졌다. 그에게는 평생 잊지 못할 순간이 되고 말았다.

이곳에서는 여러 날 동안 총성이 울려 퍼졌고 죽은 사람들은 영동경찰서 유치장에 구금되어 있었던 이들이었다. 총살당한 시체를 묻은 구덩이는 네다섯 개나 되었다. 소식은 인근 주민들에게 전해져 경찰서로 붙들려 간 사람들의 가족이 시신을 수습하러 왔다. 손이 줄지어 묶여 있던 시신들은 한 구씩 끄집어낼 때마다 같이 끌려 나왔다. 그러나 죽은 사람들의 소식이 모두 가족들에게 알려진 건 아니었다. 지금은 사료공장 터로 변한 이곳에서 유골이 쏟아져 나와 매장했다는 소문이 나돌았지만 이를 찾아간 사람은 아무도 없었다.

사선에 선 병사들 사이에서 작용하는 결속과 '상호 감시'의 심리는 동료 압력peer pressure으로 작용한다.[28] 동료들은 구성원들에게 책임감을 부여할 뿐만 아니라 익명성을 보장해 준다. 집단살해는 누구의 총구에서 총알이 발사되었는지를 가리지 않는다. 피해자의 가슴팍을 겨눈 총탄은 개인의 총에서 발사되었지만 누구의 총구에서 나왔는지는 묻지 않는다. 이런 관점에서 살해는 개인이 아니라 집단이다. 많은 경우 가혹한 폭력은 개체보다는 집단을 통해서 나타나는데, 동료들의 압력은 집단 면죄와 상호작용하면서 지휘관의 명령을 실행에 옮기도록 강제한다. 집단이 하는 일에 가담하지 않겠다고 공개적으로 거부하는 것은 매우 어려운 일이며, 무고한 여자와 어린아이를 살해하는 상황이라 해도 크게 다르지 않다.

바우만은 관료주의의 분절화된 특징을 지적하며 학살의 명령과 집행의 결과는 도덕적 한계를 넘어서는 것이라고 결론지었다.[29] 학살 과정에서 각각의 행위는 단지 매개되거나 또는 매개하는 것이기 때문에 인과관계가 있을 거라는 의심은 "예상하지 못한 결과"나 "의도하지 않은 결과"라는 도덕적으로 중립적인 행위에 의해 기각되어 버린다. 따라서 최종 결과(대량학살)에 대한 수행자들의 역할은 너무나 미미하고 부분적이기 때문에 특정한 인과관계를 부여하기에는 적절하지 않다. 수행자들이 일단 '대리 상태'agentic state에 놓이면 상급자의 의도를 알아채거나 궁극적인 행위의 결과를 알 수 없게 된다. 더욱 중요한 것은 "자신들이 보는 것을 자신들의 행위의 결과로 이해하지 못한다"는 점이다.

한국 사례에서도 많은 가해자들은 일련의 과정이 어떤 도덕적 결과를 가져올지 판단할 수 없었다. 그렇다고 가해 병사들이 태어날 때부터 사악했던 것은 아니었다. 그러나 가해자가 속한 군대에는 수많은 관료들이 존재한다. 아이히만의 사례에서 보듯이 그가 사악한 인물이든 그렇지 않든 끔찍한 범죄를 평범한 인간이 저지를 수 있다는 사실이 중요하다.[30] 보통 사람도 얼마든지 잔혹한 범죄를 저지를 수 있고 반대로 아무리 사악한 인간이라 하더라도 대량학살이 일어나는 정치·사회·문화적 환경을 바꿀 수 있으면 학살 또한 막을 수 있다.

데이브 그로스먼Dave Grossman의 논지로 보면, 더욱 주의를 기울여야 할 것은, 살인은 어려운 일이고 사람을 죽이는 일은 할 수 없다고 생각하는 사람들도 적절한 환경에서 훈련을 받게 되면 누구라도 살인을 저지를 수 있고 실제로 그렇게 할 가능성이 높다는 데 있다. 이와 반대로 전장에 나갔던 병사들 가운데 자신의 목숨이 위태로운 상황에서도 적을 죽이지 못한 사례도 있다. 살해에 대한 거부감은 병사가 이를 극복하기도 전에 죽음에 이르게 할 만큼 강력하다는 것이다.

이런 문제의식에서 그로스먼은 군인의 살인 행위를 심리적으로 논하고 있다. 그는 물리적 거리에 따라 살인 행위의 심리적 부담감의 정도가 다르다는 것을 보여 준다. 살해와 물리적 거리에 대한 연구는 보통 사람들에게 멀리 있는 적은 친구로 보이지 않는다는 점을 지적한다. 그러므로 살인을 좀 더 용이하게 하는 것은 원거리 폭격이나 공중에서 떨어뜨리는 폭탄 투하다.[31] 그는 살해에 대한 물리적 거리를 장거리와 최장거리, 중거리 및 수류탄 투척 거리, 근거리, 날무기 사용, 맨손 살해 등으로 나눈다. 군인들이 살해를 하는 요인들은 권위자의 명령과 집단 면죄, 정서적 거리(문화적·도덕적·사회적·기계적 거리), 피해자 특성, 살해자의 공격적 성향 등이다.

주목할 부분은 살해 반응 단계에 대한 분석이다. 그로스먼은 1970년대 죽음에 대한 연구로 알려진 엘리자베스 퀴블러 로스Elisabeth Kübler-Ross의 이론을 원용해, 군인이 살해 반응 단계에서 일으키는 감정의 변화를 염려, 살해, 도취, 자책, 합리화와 수용이라는 5단계로 나누어 실제 사례를 제시한다.[32] 이 단계별 반응을 바탕으로 사람을 죽이는 훈련을 할 수도 있고 이를 저지하는 훈련을 할 수도 있다. 불행히도 국가가 운영하는 신병 훈련소의 역할은 전적으로 전자를 적용하는 것이다.

총을 다른 곳으로 쏘거나, 죽이는 행위에 대해 거부감을 갖는 병사들이 있다. 이런 경우 조직은 "제도상의 타율성과 절차상의 합리성"을 요구한다.[33] 수행자들은 조직이 규정한 목적이나 행동 규칙에 따라 자신들의 행위를 정당화해야 한다. 이런 식의 사유와 행위만이 사회적·합리적 행위가 되며, 반대로 조직이 규정한 목적이나 절차상의 원리라는 기준을 충족시키지 못하면 반사회·비합리적·사적인 것이 된다.

전쟁에서 사람이 사람을 죽이는 행위는 아주 어려운 일이다. 학살과 같은 대규모 피해에서 가해자에게도 살해에 따르는 심리적 외상은 존재한다. 미군은 제2차 세계대전 무렵 80만여 명이 넘는 병사들에게, 정신적인 이유로 군복무에 부적합한 것으로 분류되는 F-4 등급을 매겼다. 이들을 전투에 투입하지 등 않는 노력을 기울였음에도 불구하고 50개 사단에 맞먹는 50만 명 이상의 병사들이 정신질환을 이유로 후송되었다.

전쟁 중에 이토록 많은 정신적 사상자가 발생하게 된 이유는 무엇일까. 많은 연구자들은 병사들이 정신적 손상을 입은 주된 원인을 자신이 죽거나 다칠지 모른다는 두려움에 있다고 밝혔다. 좀 더 분명하게 말하자면 살해를 해야 한다는 두려움과 실제 살해에 뒤따르는 죄책감이 정신질환을 일으키는 주된 원인이라고 볼 수 있다. 정신적 사상은 병사들이 근거리에서 사람을 죽여야 하는 심리적 부담에서 가장 많이 발생한다.

오늘날 군대의 다양한 훈련 기법은 병사들의 사격 비율을 비약적으로 높이는 데 기여했다. 하지만 사격 비율의 증가는 적잖은 대가를 가져왔다. 병사들의 사격 비율은 높아졌지만 심리적 안전장치들이 제거되면서 군인들에게 트라우마가 발생할 가능성 또한 높아졌기 때문이다. 베트남전쟁에 참전한 미군 병사들은 사격을 하는 데 별다른 심리적 거부감을 겪지 않았지만, 전쟁이 끝난 후 그 어떤 전쟁의 군인들보다 심각한 심리적 고통을 겪어야 했다. 외상 후 스트레스 장애PTDS로 고통받고 있는 베트남 참전 용사는 40만에서 150만 명에 이르는 것으로 추정되고 있다. 그들에게는 자살과 이혼, 약물과 알코올 중독 수치가 일반적인 평균치보다 훨씬 높게 나타났다.

살해를 명령하는 지휘관이나 책임자들은 살해를 수행하는 병사들과 피해자 사이에 개별적인 관계가 발현될 여지를 줄이려 한다. 왜냐하면 인간성은 가해자로 하여금 피해자와 동일시하게 만들기 때문이다. 이를 가로막게 되면 가해자는 피해자의 인간성을 쉽게 부인하게 되고, 집단이 갖는 익명성은 개인의 살해 책임을 희석시켜 집단 면죄로 이어진다. 이것이 중요한 것은 방아쇠를 당긴 자와 이를 도왔던 병사들을 명확히 구분하기가 쉽지 않다는 데 있다. 그러나 결국 명단을 불러 준 경찰이나 유치장과 현장에서 경비를 선 사람들, 피해자를 실어 나른 운전병 등은 모두 살인에 직간접적으로 가담한 사람들이었다.

희생자

죽은 자는 누구인가

국민보도연맹은 관변 조직이지만 구성원은 좌익 전향자로 알려져 있다. 군경은 그들이 과거 남로당이나 좌익 단체에서 활동했으므로 전쟁이라는 위기 상황에서 이들을 살해한 것은 불가피했다고들 한다. 하지만 실제로 그들이 이승만 체제를 위협하는 존재였는지는 논란의 여지가 많다. 무엇보다 과거 공산주의 활동을 했는지와는 상관없이 생계나 주위의 권유에 따라 국민보도연맹에 가입한 사람들도 아주 많았기 때문이다. 생존자의 한 사람인 우홍원은 무고한 사람들이 가입한 경우가 많았는데, "관에서 국민보도연맹에 가입하면 비료를 주겠다기에 손도장을 찍었다"라고 밝혔다.[34]

국민보도연맹을 조직하고 관리한 선우종원은 이 조직의 목표는 사상 전향이었지만 성공적이지 못했다고 평가했다. 그는 오제도가 세계적으로 성공한 사례라고 평가한 것에 대해서, 자신은 "성공한 게 아니다"라고 분명히 말했다. 왜냐하면 회원 수 등 양적인 기준보다는 질적으로 봐야 하고, 남로당이나 좌익계 간부들(정백 등)이 조직원이 되기도 했지만 '무식'한 사람들이 많았기 때문이라고 그 이유를 밝혔다.[35] 이일재는 지역에서 국민보도연맹이 경찰이 할당하는 방식으로 조직되었고, 조직에 들어가면 '빨갱이가 아니다'라는 인정을 받을 수 있었다고 말했다.[36]

서울이나 대도시에서 국민보도연맹원은 지식인들이 다수였다. 그러나 시골 농촌으로 갈수록 주민을 사상으로 구별하는 것은 쉬운 일이 아니었다. 이런 현상은 행정단위의 말단 하부일수록 심해졌다. 시·군, 읍·면·리 단위로 볼 때 농촌 '리' 단위에서 국민보도연맹원이 된 사람들의 사상은 '좌익'이라는 기준으로 보면 지역마다 편차가 매우 컸다. 강제 가입과 할당, 반정부 인사들에 대한 통제, 사감에 따른 가입이 예사로 이뤄졌다.

이뿐만 아니라 국민보도연맹원 중에는 심지어 중·고등학생과 대학생도 있었다. 1949년 11월 5일 경상북도연맹 선포식에는 시내 남녀 중학생 80여 명이 조직원에 포함되어 있었다.[37] 서울지구 남로당원 자수자 및 자진 가맹자 현황에 따르면, 중등학교 학생 158명(남 135, 여 23)과 대학생 125명(남 113, 여 22)이 포함되어 있다.[38] 그런데 특기할 만한 사실은 학생들을 지식인으로 분류해 이들이 자수하고 있다고 보도한 점이다. 서울 시내 학생들의 각 학교별 자수자 현황이 언론에 자세히 보도되었는데, 1949년 11월 25일까지 자수한 전 남로당 및 민주주의민족전선 산하 단체 학생 수는 300여 명이었고 전체 학생 수는 488명이었다.[39] 이들 대부분이 국민보도연맹에 가입했을 것으로 추정할 수 있다. 국민보도연맹 마산지부는 마산상고, 마산중, 마산여중 교감들과 연석회의를 갖고, 이들 세 학교의 학생 가운데 보안법 위반으로 중퇴한 300여 명을 국민보도연맹에 가맹시키기로 합의했다.[40]

부자父子가 모두 국민보도연맹에 가입한 경우도 있었다.[41] 이천재는 안성농업학교에서 벌인 동맹휴학 사건으로 경찰에 검거되어 국가보안법 위반으로 재판을 받은 후 복역했다. 열아홉 살이던 그는 고양군 은평면 불광리에 있던 소년원에서 3개월을 복역하고 출소했다. 그가 소년원을 나와 건국전문학관 법과에 재직 중일 때 고향에서는 국민보도연맹이 조직되고 있었다. 국민보도연맹 경기도 이천군연맹은 1949년 12월 1일 결성되었다.[42] 경찰은 여러 차례 아버지를 찾아와 국민보도연맹에 가입하도록 강요하고 있었다. 경찰은 아버지가 해방 후 임시인민위원회 부위원장을 한 것과 이천재가 동맹휴학을 선동했다는 이유로 두 사람을 국민보도연맹에 가입시키려고 했다. 경찰의 성화에 못 이긴 부친은 서울에 있던 아들을 대신해 목도장을 파서 도장을 찍었다.[43] 이렇게 해서 두 사람 모두 국민보도연맹원이 되었는데 전쟁이 나자 이들의 운명은 엇갈렸다.

국민보도연맹 지방 조직은 1949년 11월부터 전국에서 결성되기 시작했다. 그해 12월 13일 전남 국민보도연맹 준비위원회 결성식이 열렸다.[44] 전남도청 회의실에서 열린 이날 결성식에는 도지사 이남규와 광주지방검찰청장 김영천, 도경찰국 사찰과장 이만흠 등 지역 인사가 참석해 조직 강령과 규약을 제정했다. 전남 국민보도연맹 조직이 결성 준비를 하고 있을 때, 함평군 신광면 월암리 418번지에서 5남매의 장남으로 태어난 노기현은 신광소학교를 다니다 병에 걸려 퇴학을 당한 후 농사일을 돕고 있었다.[45]

전쟁이 나기 두어 해 전 경찰은 삼촌 노병석의 행적을 쫓는다고 어느 날 노기현을 경찰서로 데려갔다. 노병석은 여순사건 이후 좌익 활동을 하다 경찰의 감시 대상이 되었다. 경찰은 노기현에게 삼촌이 어디 있는지 알아내기 위해 취조를 하기 시작했다. 그는 삼촌이 어디서 무엇을 하는지 알지 못했기 때문에 모른다고 사실대로 말했지만, 경찰은 그를 거꾸로 매달아 놓거나 무릎을 꺾고, 심지어 고춧가루를 코에 넣는 고문을 했다. 경찰서에서 하루가 지나고 이틀이 지나고 며칠이 지났는지 정확히 알 수 없었지만, 노기현은 가족들이 면회를 온 후에야 집으로 돌아갈 수 있었다.

1950년 2월경 함평군 국민보도연맹이 결성된 후 신광지서에서 노기현을 불렀다. 그는 그날의 악몽이 떠오르기 시작했다. 그는 마음속으로 "정말 삼촌이 어디 있는지 알기라도 하면 고문을 견디지 못하겠지"라고 생각했다. 이런저런 생각으로 들길을 지나 신작로에 들어선 노기현은 이웃 동네 형들을 만났다. 그들도 지서에 가는 길이라며, 무슨 일인지 모르겠다고 고개를 갸우뚱거리고 있었다.

겨울 햇살을 뒤로 하고 신광지서에 도착한 그들에게 경찰은 사람 이름이 길게 적힌 명부를 보고는 간단히 신분을 확인했다. 간부로 보이는 경찰이 나타나더니 '이제부터 여러분들은 선량한 국민으로 다시 태어나기 위해 국민보도연맹에 들어야 한다'고 연설을 했다. 국민보도연맹에 들면 비료도 주고 농사짓는 데 도움이 될 테니까 여기 와서 얼른 도장을 찍고 가라는 것이었다. 잠시 후 내근계에서 일하는 순경이 글씨가 적힌 서류를 가져오더니 엄지손가락에 인주를 잔뜩 묻히는 것이었다. 이렇게 노기현은 국민보도연맹원이 되었다.

일반적으로 좌익 활동, 남로당이나 관련 단체에 가입한 전력이 있는 사람이 국민보도연맹 가입 대상이었지만 농촌에서는 이 같은 기준이 의미가 없었다. 물론 과거 좌익 활동을 한 사람들은 경찰에서 필사적으로 국민보도연맹원이 되도록 했지만, 노기현과 같이 애매한 사람들 또한 자의적으로 가입시켰는데 양식 배급이나 특별 대우를 해준다며 도장을 찍도록 한 경우가 많았다.[46] 이런 상황을 노기현은 "지서에 한 번이라도 갔다 온 사람은 국민보도연맹에 가입해야 산다"라고 표현했다. 대상자의 구체적인 좌익 활동이나 전력과 상관없이 지서에 한 번이라도 다녀온 사람은 범죄인 취급을 당했고, 경찰은 이것 자체를 사상적으로 문제시했다. 그는 신광지서에서 소집을 하면 좌익이나 공산주의자들을 돕지 말고, 이

들이 나타나면 신고하라는 교육을 받았다. 그에게 국민보도연맹 조직은
또 하나의 관공서였고, 이 관변 단체는 전쟁이 일어나자 죽음에 이르는
관문이 되었다.

경북 대구에서는 1949년 12월 국민보도연맹 조직이 본격적으로 결
성되기 시작했다. 대구와 인근 지역은 1946년 대구 10·1 사건[47]의 여파
가 남아 있었다. 남로당이나 사회주의 활동을 했던 많은 사람들이 이 사
건 이후 몇 년에 걸쳐 검거되었고, 이들은 대부분 강제로 국민보도연맹에
가입했다. 그중에는 대구 10·1 사건 혐의로 구속된 후 석방된 이원식도
있었다. 1946년 9월경 그는『민성일보』에 정부를 비판하는 글을 발표한
후 경북경찰국에 1947년 2월경부터 약 2개월간 구금되었고, 1948년 11
월경 의무노동조합 사건으로 경찰국에 약 3개월간 갇혀 있다 석방되었
다. 1949년 12월 그는 이런 일들이 빌미가 되어 국민보도연맹에 가입했
고,[48] 폭설이 내리는 어느 날 일기에 당시의 착잡한 심정을 써 내려갔
다.[49]

그 후에도 수 차 포위, 수색, 연행되는 통에 산다는 것이 죽는 순간보다 더
괴로운 날이었다. 12월 9일에는 돌연 대구서 사찰에 연행되어 보도연맹 가
입할 것을 조건으로 그날 밤에 겨우 집으로 돌아오게 되었다. 이튿날 백기호
(白基浩) 간사장이 신분보장으로서 그 지시(指示)하는 대로 가입서(加入書)
에 가입하고 보련원(保聯員)이 되었다. 27일부터는 대폭설(大暴雪)이 내렸다.

이원식처럼 진보적인 성향의 인사들에게 국민보도연맹은 정치적 의
미를 가진 조직으로 변질되었다. 가입하지 않는 것은 공산주의와 결별하
거나 전향하지 않은 것을 의미했고, 가입하게 되면 좌익이라는 의미로 해
석하기에 충분한, 괴상한 조직이 국민보도연맹이었다.

부산 동래 출신의 송경희는 일제강점기에 독립운동을 했다.[50] 그는 매월 정기적으로 회합을 갖고 월간지를 만들어 비밀리에 학우들에게 선전하고 동지를 규합하는 데 노력했다. 해방이 되자 송경희는 건국준비위원회 부산지부 총무부장으로 활동하며 좌우익 통합 운동에 나섰으며 남로당원으로도 활동했다. 해방 정국은 독립운동을 한 송경희에게 국가 건설의 꿈을 실현시킬 수 있는 기회였다. 그것이 사회주의냐 민족주의냐는 방법의 차이일 뿐이었으나 이념이 한 사람을 판단하는 기준이 되어 버렸을 때, 많은 것을 볼 수 없게 해버렸다. 건국준비위원회 활동은 미군정에서 불법이었고, 분단 정권이 들어서는 과정에서 점차 좌익이나 남로당 활동은 식민지 시대의 독립운동 못지않은 반국가 활동이었다.

송경희는 동래 지역 경찰의 요시찰 감시 대상이 되었고 정부 수립 이듬해 국민보도연맹이 결성되자 그도 맹원이 되었다.[51] 1949년 12월 12일 동래군연맹은 동래극장에서 결성 대회를 개최한 후 조직되었다.[52] 경상남도연맹 관할이었던 동래군연맹 전향자는 이 조직 결성 직전 109명으로 알려졌다.[53] 한때 이 지역에는 민족주의자와 항일운동을 하던 45명 정도가 좌익 혐의로 경찰서에 수감된 적도 있었다.

이런 측면에서 국민보도연맹은 사상 전향에 가장 적합한 조직으로 인식되었다. 이원식이 그러했듯이 송경희의 국민보도연맹 가입도 전형적인 사상 문제 때문이라고 볼 수 있다. 일제강점기 때 독립운동을 한 많은 사람들이 민족주의와 사회주의의 영향을 받았지만 분단 정권이 수립됨에 따라 남한에서 이들은 반공주의 외에는 그 어떤 선택도 가질 수 없었다. 전향자 중에서 가장 '거물'에 속하는 이는 정백이었다. 근로인민당 상임위원이었던 그는 1949년 10월 중순경 남파되었다가 일주일 만에 경찰에 체포된 후 결국 전향했다. 12월 27일 시경국장실에서 열린 기자회견에서 그는 전향 성명서를 발표했고 국민보도연맹 중앙본부 명예 간사

© 진실화해위원회

| 조두규의 국민보도연맹원증 |

국민보도연맹 경북 고령군연맹이 발행한 이 회원증은 총 4면으로 이루어져 있으며, 해당자의 인적 사항과 사진, 강령 등이 나타나 있다.

장이 되었다.[54]

　국민보도연맹은 가입한 사람들에게 별도의 회원증을 발급했다. 대한조선공사(현 한진중공업)의 백봉의는 신분증을 받았는데 국민보도연맹원증이었다. 이것이 그들의 신분증이었다는 사실은 일반 국민과는 다르게 관리되었음을 의미한다. 국민보도연맹 경북 고령군연맹이 발행한 국민보도연맹원증에는 강령이 기재되어 있다. 이 중의 주인공이던 조두규는 전쟁이 일어나고 낙동강 왜관 철교가 폭파되기 7일 전쯤인 7월 27일경 성산지서의 경찰관에게 연행된 뒤 고령 강변에서 사체로 발견됐다.[55] 그의 국민보도연맹원증 일련번호가 434호인 것을 감안하면 고령군연맹에 수백 명이 가입했음을 알 수 있다.

　국민보도연맹원은 대한민국 국민이었지만 요시찰인으로 분류, 관리됨에 따라 정치사회적으로 신분상의 제약이 있었다. 이들은 정부가 공식적으로 받아들인 사상 전향자였지만 경찰의 감시와 교육 대상에서 제외될 수 없었고 오히려 일상적인 요시찰 대상이었다.[56]

　국민보도연맹은 과거의 좌익 활동을 기준으로 가입 대상자를 선정했지만 실제는 반정부 인사들이 포함되었고, 말단 지역으로 갈수록 사상 문제와 상관없이 할당과 강제로 바뀌었다. 정부에서 볼 때 중요한 점은 체제를 지지하는가 그렇지 않은가 하는 것이었지만, 국민보도연맹을 결성하고 관리하는 데 가장 큰 역할을 한 지역의 경찰 입장에서는 앞서도 말했듯이, 이념 문제보다는 '한 번이라도 경찰에 드나든 사람'을 조직에 가입시키는 일이 다반사였다.

국민보도연맹 반/분회 조직

1948년 8월 15일 대한민국 정부가 38도선 이남에 수립되고, 그 직후 조선민주주의인민공화국이 이북에 들어서면서 한반도의 분단 대립은 치열하게 전개되었다. 미국의 지지를 받으며 정부를 수립한 이승만은 제주 4·3 사건과 여순사건을 거쳐 1948년 12월 1일 국가보안법을 제정·시행했다. 이 법은 남한 내 좌익을 불법 세력으로 규정하고 전면적인 통제에 나섰다. 이듬해인 1949년 4월 20일 정부는 국민보도연맹을 창립해 한국전쟁이 발발하기 직전까지 서울과 각 지역에 전국 규모의 조직을 만들었다. 국민보도연맹 중앙본부 간부들은 모두 정부의 고위 관리였다.[57]

1949년 6월 5일 서울시 중앙본부 결성을 시작으로 1950년 3월, 1단계 조직 작업이 끝날 때까지 남한 전역에 걸쳐 검찰과 경찰의 주도하에 행정기관이 적극적으로 협조해 대대적인 조직 결성이 진행되었다.[58] 1949년 12월 장재갑, 최운하, 정민은 국민보도연맹 중앙과 지역 조직 기구를 발표했다.[59] 중앙본부에는 보건구연맹과 철도, 언론 등 각 직능별로 조직을 설치했다.[60] 이승만 정부의 의도는 좌익 활동을 했거나 그런 성향이 있는 사람 등을 보호하고 지도하는 것이었다. 다시 말해 "사상 전향을 통해 개선의 여지가 있는 사상범들을 보호·지도하여 반공국민으로 육성하자"는 것이었다.[61] 김남식은 국민보도연맹이 발족하게 된 것을 남한 정부 수립 후, 좌익 운동을 하던 사람들로 하여금 과거의 잘못을 인정하고, 대한민국 정부에 적극적으로 협력하도록 하겠다는 취지에서 만든 조직이라고 보았다.[62] 1949년 11월 28일자 권순열 내무부 장관의 담화문에서 알 수 있듯이 궁극적으로 이 조직은 좌익 세력에 대한 회유책이었다.[63]

국민보도연맹 중앙본부에서 발행한 기관지 『애국자』 창간호에는 검찰과 법원, 경찰 간부들이 조직 사업의 방향을 논의한 것으로 밝혀졌다. 1949년 8월 10일 중앙본부 회의실에서 열린 간담회는 서울지방검찰청 장재갑 차장검사를 비롯한 판사와 검사 15명, 경찰국 사찰과 분실장이 참석했다. 9월 7일 보도保導 대책 간담회에는 장재갑과 판검사 30여 명, 서울시경찰국 송병섭 부국장, 사찰과 이인상 분실장이 참석했다.[64] 간담회에 현직 판사가 참석한 점이 매우 이채로운데, 아마도 조직 운영과 발전 방향 등을 논의한 것은 사법부와 행정부에서 국민보도연맹을 정부 조직처럼 인식하고 있었음을 알 수 있다.[65]

국민보도연맹을 결성하면서 구성원을 조직하는 방식은 남로당의 전술을 차용했다. 이들의 선전·조직 계획에 따르면 "조직·선전·교육 방식은 세포조직 구성원들의 과거 10년간의 경험을 바탕"으로 남로당의 1946~47년 전략을 적극적으로 채택해 조직하기로 했다.[66] 이 전략은 미소공동위원회가 진행될 당시 남로당이 당세를 확장하기 위해 벌였던 당원 배가 운동을 뜻한다.[67] 1946년 남로당은 대중정당으로 출발할 것을 선언하고 노선에 있어서 "당원 5배가 운동"을 조직 사업의 당면 과제로 결정했는데, 이는 10월 사건과 당내 분열로 당 조직이 감소된 상황을 만회하기 위해서였다.[68]

각 경찰서는 국민보도연맹에 가입시켜야 할 인원수를 할당받았고,[69] 상부로부터 할당된 인원을 채우기 위해 강제적인 수단과 방법으로 가입이 이루어지기도 했다. 그리고 지역에서 이해관계에 있거나 평소 정부정책을 못마땅해 하던 사람들도 가입되었다. 이 과정에서 종용과 협박, 권유장을 발부해 가입을 독촉했다. 민경식 의원은 국회 본회의에서 '신분보장과 보련 가입 협박' 문제를 공식 제기하기도 했다.[70] 박태수는 전쟁 이전부터 경찰의 감시와 소집에 시달렸다. 전남 보성에서 대한청년단원으로 활동한 그는 좌익(여순사건 이후 빨치산)들에게 일주일간 잡혀 있다 풀려난 것 때문에 국민보도연맹에 가입하게 되었다. 그 후 그는 보성경찰서에서 조사를 받았는데 경찰은 요시찰인 명부를 갖고 출석을 점검했다.[71]

전남의 경우 사찰계는 요시찰 대상을 직접 분류했는데, 이는 전남경찰국으로부터 지시가 내려온 것이고, 대상에 따라 1개월, 6개월, 1년 단

| 국민보도연맹 서울시 서대문구연맹 맹원 수첩용 사진첩 |
각 반별로 맹원의 사진과 성명, 생년월일이 기록되어 있다.

위로 이동을 제한하는 도민증을 발급했다. 보성경찰서 사찰계에 근무한 김운철은 국민보도연맹원 명부를 작성했는데, 상급 부서의 지침에 따라 요시찰인 중에서 몇몇을 국민보도연맹원으로 등록했다.[72] 광양경찰서 사찰계 근무자 김재호는 국민보도연맹원 등 요시찰인을 관리하기 위해 도민증 교부 업무를 담당했다.[73] 여순사건 이후 사찰계가 요시찰인들에게 국민보도연맹 가입 원서를 주고 조직을 결성한 후 관리했다.

국민보도연맹은 형식상 법률이나 훈련 등 어떤 근거도 없이 만들어진 임의 단체였다.[74] 하지만 정부가 조직의 전 과정을 주도했으며 회원 모집은 강제성을 띠고 있었다. 과거로부터 전향은 개인적이며 비공식적인 과정이 아니라 공개적이고 강제적인 방법으로 진행되었다. 전향자 포섭을 위해 남로당원 자수 작업을 대대적으로 벌일 때 서울시경찰국은 문인들이 자수하지 않을 경우 이들의 창작과 그 간행을 금지하겠다고 경고했다.[75] 흥미로운 점은 남로당과 그 외곽 단체에서 활동한 사람들이 자수한 이후 실시한 여론조사를 보면, 국민보도연맹 조직의 필요성이 나타나 있다는 점이다.[76]

서울특별시 중앙본부 조직은 특별구와 일반구로 나뉘어 있었다. 특별구 가운데 서대문구연맹은 자료를 통해 상세히 알 수 있다. 국민보도연맹 서울특별시 서대문구연맹 제11분회 인원은 모두 66명이다. 총 여섯 개 반으로 구성된 이 분회는 부녀반을 제4반에 따로 조직해 두고 있다. 부녀원 제4반이라고 조직된 이 반은 총 열여섯 명의 이름이 기재되어 있다. 이 조직도는 분회와 반별로 맹원 사진과 성명을 기록한 것인데, 맹원 수첩용 사진이 붙은 자료와는 조금 다른 것이다. 하지만 조직원의 소속과 신원을 기재한 것으로 보아 수첩용 사진의 조직도와 유사한 것으로 보이며, 차이가 있다면 수첩용 사진에는 적혀 있는 맹원의 생년월일이 없다는 점이다.

서대문구 제1분회 총인원은 86명인데 이들에 대한 수첩용 사진첩이 조직도처럼 작성되어 있다. 이 수첩용 사진이 붙은 문건은 앞에서 언급한 자료와 동일하게 1950년 5월 24일자 국민보도연맹 직인이 찍혀 있는 것으로 보아 전쟁 직전에 편성된 것으로 보인다. 제1분회는 하부 말단 조직으로 1~10반까지 구성되었으며, 각 반별 맹원 수는 제4반과 제5반이 7명으로 가장 적고 제2반이 11명으로 제일 많았다. 수첩용 사진첩에는 성명과 생년월일이 기록되어 있는데, 그중 나이가 가장 많은 사람은 제4반의 1900년생(단기 4233년 11월 16일)인 김광진으로, 무려 51세였다. 반면 가장 나이 어린 우용철은 제7반의 1932년생(단기 4265년 7월 7일)으로 19세였다.

제2분회는 아홉 개 반으로 편성되었고 맹원 수가 가장 많은 제4반은 23명이나 되었다. 반과 분회의 구성원이 어떤 기준으로 나누어졌는지 현재로서는 확인할 수 없으며, 구 하부 조직인 동 단위로 분회가 조직된 것인지, 분회 내에 동일 거주지에서 반 단위로 편성된 것인지는 주소가 기록되어 있지 않아 알 수 없다. 다만 자료를 근거로 보면 거주지 중심으로 구성원을 조직한 것이라고 추측할 수 있다. 서대문구연맹에서 구 단위 전체 맹원 수를 정확히 알 수는 없다. 제1분회부터 시작한 구 연맹은 제11분회가 끝인지도 명확하지 않은데, 각 분회마다 반 조직 역시 규모가 동일하지 않다. 국민보도연맹의 말단 세포조직은 국민반國民班을 통한 분회 조직이었다.[77] 세포조직에 대한 관리는 세포조직 책임자 연석회의에서 매주 1회 회의를 정기적으로 소집해 관리했다.[78] 세포조직 회의는 세포원들의 동태와 활동 사항을 세포조직 책임자에게 보고해 중앙본부에서 직접 관리하는 방식이었다.

2007년 10월경 선우종원은 서대문구 조직도를 보고 어떤 기준에 따라 분회와 반으로 편성하거나 조직했는지 모른다고 밝혔다. 오제도가 소장했던 이 자료는 사상검사들이 서울 지역의 각 구와 전국 지역을 나누어서 관리한 것과 일치한다.[79] 이 조직의 입안자 오제도는 서울지방검찰청 검사로서 〈보도연맹 결성안〉을 제출했고 검찰은 내무·법무·국방부 등 관계 기관과 협의를 거친 후 조직을 창설했다.[80] 선우종원은 국민보도연맹을 경찰서 단위로 조직했다는 점을 강조했다. 이 증언은 경찰서에서 조직과 연맹원을 관리했음을 의미하지만, 경찰을 지도한 것은 그 자신을 포함한 사상검사들이었다.[81]

한편 국민보도연맹의 성원은 단체로 가입하기도 했다. 단체 회원 가입은 예술계, 문학계, 언론계, 노동계 등에서 이루어졌는데, 예를 들면 남로당 외곽 조직이었던 연극동맹, 문학동맹, 음악동맹에서 활동한 사람들이 그 대상이었다. 문학계에서 양주동, 백철, 정지용, 김정한 등이 국민보도연맹원이었고 낙랑극회樂浪劇會에서 활동한 고설봉은 남로당 행사에서 공연한 것 때문에 극회 회원 모두가 국민보도연맹에 가입했다고 밝혔다.[82]

좌익 계열 문화인은 세 급으로 나누어 관리되었는데, 1급에 속하는 자는 이미 월북한 상태였고, 2급 29명, 3급 22명이 그 대상이었다. 경찰은 좌익 계열의 자수 권고 기간 내에 국민보도연맹에 가입하지 않은 이들에 대해서는 간행한 서적을 전부 압수하고, 앞으로는 출판과 창작을 하지 못하게 할 것이라고 밝혔다.[83] 서울시경찰국은 또한 이 명부를 신문사와 잡지사, 문화 단체 등에 배부해 발표와 투고, 게재 등을 금지할 것이라고 압박했다. 경찰은 이미 1급에 해당하는 작가가 발행한 서적은 모두 압수했고 나머지 작가들이 발행한 것도 '악질적인 것'은 수거하고 있었다. 또한 자수 기간 동안 내무부 장관과 법무부 장관은 불순한 공무원까지 자수하라고 선전했다.

국민보도연맹의 지역 조직은 1949년 11월부터 대대적으로 결성 준비를 하기 시작했다. 지역 말단에서 조직이 구성되는 과정을 시흥군 사례에서 살펴보자. 경기도 시흥군 서면 가학리 도고내川마을(현재 광명시 학온동)에서 주민 여덟 명이 양심서를 작성했다.[84] 여기에는 국민보도연맹 가입자의 본적과 주소, 가맹 동기, 현재의 심경, 앞으로의 각오, 자기반성, 주변 환경, 가입 권유자의 이름 등이 기재되어 있다.

이 문건은 관련자가 국민보도연맹에 가입한 후 작성하는 일종의 자술서와 같은 것인데 자신의 과거 행적과 반성 그리고 함께 활동한 사람을 알 수 있게끔 되어 있다. 중요한 것은 내용으로 볼 때 양심서가 일종의 전향서로 취급되었다는 점이다. 양심서에 기재된 가맹 동기는 대부분 다른 사람의 권고에 따라 이루어졌으며, 가입자들은 앞으로 국민보도연맹 사업을 적극 추진하고 과거의 과오를 천선遷善하며, 대한민국에 충성을 다해 헌신하겠다고 적었다.

국민보도연맹 조직상으로는 안양구安養區 서면분회西面分會 가학(리) 반班으로 기재되어 있어, 앞서 살펴본 서대문구연맹과 동일한 조직 체계로 이루어졌음을 알 수 있다. 국민보도연맹 조직상 가학(리) 반班을 말단 조직으로 하고, 양심서 작성자 인원 여덟 명을 최소로 한다면 리 단위의 자연부락에서 한 개 반은 열 명 내외일 것으로 추정할 수 있는데, 서대문구연맹의 한 개 반, 열 명 내외와 비슷한 규모임을 알 수 있다. 국민보도연맹은 리 단위에서 말단 하부下部 조직으로 반班이 구성되고, 다음으로 읍·면 단위에서 분회分會, 그리고 상위 조직으로 시·군·구區 단위 조직이 설치되었다.

이 마을 노인회장 이종익에 따르면 가학리 일대 도고내 마을은 좌익 활동을 활발하게 한 사람들이 제법 많이 살았다. 양심서 작성자 여덟 명 중 전쟁 때 사망한 사람은 호적상 없는 것으로 나타났는데, 다섯 명은 1960년대에 사망신고가 되어 있고 두 명은 근래까지 생존했던 것으로 밝혀졌다. 그러나 1960년대에 사망 신고된 국민보도연맹원 중 일부는 이미 전쟁 중에 행방불명되었는데 월북한 것으로 알려졌다. 이들은 이전에 민애청과 농민위원회에 가입했거나 활동했던 것으로 나타났으며, 인민군이 이 지역을 점령했을 때 그들을 도와주었던 것으로 전해진다. 이들은 군경이 급하게 후퇴하는 바람에 학살당하지 않고 살아남은 후 북한 당국을 돕거나 전세가 역전되자 월북한 것으로 보인다. 이들 중에는 인민군 점령하에서 의용군으로 차출되었고, 이후 '부역자'라는 혐의를 쓰게 된 경우도 제법 있었다.

다음으로 직장연맹에 대해 살펴보자. 부산 영도지구는 1949년 12월 24일 항구극장에서 창립되었는데 영도지구 국민보도연맹 세포조직은 1950년 1월 19일 이후 결성되기 시작했다.[85] 1950년 8월 2일 부산 대한조선공사 직장 세포조직에 소속된 백봉의는 헌병대에 연행되어 대신동 부산형무소로 이송되었다.[86] 울산 웅촌면 금단리에 살던 그녀는 스무 살이던 1947년 농민조합에 가입한 이후 울산경찰서에 두어 번 잡혀가 조사를 받았다. 이 일로 그녀의 아버지는 딸을 대한조선공사에 취직시켰고, 그녀는 1950년 2, 3월경에 직장연맹에 가입했다.

국민보도연맹 직장 세포조직이 상세하게 알려진 것은 대한조선공사가 유일하다.[87] "영도지구 국민보도연맹 대한조선공사 직장세포 명부"에는 직위와 직별, 성명, 주소가 기재되어 있다. 주요 간부는 위원장 박원출, 부위원장 차종원, 서기장 손봉호 등이며 총무계·조직계·선전계·연락계 등의 부서를 두었다. 대한조선공사 국민보도연맹원 명부를 보면 직위에 위원장과 부위원장이 있고, 각 업무별로 담당 계장이 있었다. 직장 세포조직에 나타난 대한조선공사 국민보도연맹원은 모두 305명인데, 세포조직은 일곱 개로 구성되었고 총인원은 89명이며 세포조직원은 개별 공장별로 구성되었다.[88]

국민보도연맹은 경찰서 단위가 조직의 중심이었다. 지역 조직의 핵심인 이 단위의 하부 조직은 분회와 반으로 구성되어 있고 직장연맹은 지역 조직과는 달리 세포조직으로 구성되었다. 지역 조직과 비교해 보면 직장연맹의 세포조직 단위는 구성 인원으로 볼 때 리 단위의 '반' 조직과 유사한 것으로 볼 수 있고, 분회 단위 조직은 지역 조직에만 있는 것임을 알 수 있다. 전국 시·군·구에서 결성된 국민보도연맹은 사상 전향을 목적으로 정부가 주도해 조직했지만 아무런 법률 근거가 없는 관변 단체와 같았다. 법령이나 대통령령 등 그 어떤 규정에도 없이 20~30만여 명이나 되는 청장년들을 하나의 '정치집단'으로 모으고 지속적으로 관리하면서 이들을 통제했다.

무슨 일을 하였나: 반공문화 선전활동

정부는 국민보도연맹의 활동을 반공에 초점을 두었다. 영동군 학산면 국민보도연맹원 박희윤은 영동경찰서나 관내 관공서에서 실시하는 반공교육을 받았다. 강사는 서울에서 파견된 경우도 있고 영동군 자체에서 웅변이 뛰어난 사람이 하기도 했다.[89] 강연 내용은 김일성과 북한 정권에 대한 비판, 대한민국에 충성을 맹세하는 것이 대부분이었다. 또한 국민보도연맹원의 자아비판도 이어졌는데 과거 좌익 활동이 주된 내용이었다.

주로 경찰서나 국민보도연맹 사무실로 소집된 이들은 출두 통지를 받거나 자진해서 회의나 모임에 참석했다.[90] 서로 다른 직업을 가진 사람들로 구성된 조직이었지만 가장 중요한 것은 반공 활동이었다. 이를 위한 국민보도연맹 중앙본부의 예술 활동은 문화계 행사의 대부분을 차지하고 있을 정도였다. 중앙본부는 반공의 대중적 선전을 위해 아예 〈국민보도연맹가〉를 제작해 유포했다. 작사가는 누구인지 알려져 있지 않지만 작곡가는 현제명인 것으로 밝혀졌다.[91] 학생들은 이 노래를 배우고 불렀던 것으로 알려졌다. 박석규는 임실에 살면서 초등학교에 다니던 5학년 무렵 〈국민보도연맹가〉를 배웠다.[92] 그가 부른 가사는 『애국자』에 실린 〈국민보도연맹가〉 1절 후렴 부분과 거의 동일했다.

국민보도연맹을 조직한 오제도는 가장 먼저 문화예술인을 정동의 국민보도연맹 사무실(현재 정동제일교회 사회교육관 자리)에 불러 모아 반공 선전 교육을 했다. 극단 아랑阿娘에서 활동하던 고설봉은 국민보도연맹원이 되어 반공 연극을 시작했다.[93] 국민보도연맹에서 연극 조직인 성심극단을 만들었는데, 박로화가 쓴 작품으로 〈돌아오지 않는 사람들〉을 공연했다. 이 연극은 '좌익에 물이 들어서 안 돌아오는, 안 돌아온 사람들과 그리고 자신들은 개심改心해서 돌아온 사람'이라는 의미의 연극이었다. 이것은 반공을 계몽하는 '정신극'이었다. 고설봉은 "그렇게 반공이 시작이 된 거"라고 말했다.

고설봉의 증언을 보면 오제도가 가장 중점을 두었던 것이 정신교육이고 반공 선전 활동임을 알 수 있다. 문화 활동을 통해서 사람들의 의식을 바꾸려는 발상은 제1회 국민예술제전 개최로 이어졌다.[94] 이 행사는 1950년 1월 8~10일까지 3일 동안 시공관에서 열렸다.[95] 이런 반공문화 선전활동을 담당한 부서는 국민보도연맹 중앙본부 문화실이었다.[96] 이 예술제는 문학예술인들에게 있어 전향의 창조 활동, 전향을 총결산하는 의미를 지니고 있었다. 고설봉은 이 예술제에서 김기림, 양주동, 박인환 등 거의 모든 예술문화계 인사들이 참가해 대전을 벌였다고 전했다. 국민 보도연맹은 읍·면 단위별로 반공 궐기대회를 가졌으며 강연회와 영화 상영 등을 통해 남한 체제의 우월성과 공산 사회의 모순 등에 대해 철저한 반공 이념 교육을 실시했다.

시민을 대상으로 하는 사상 전향 활동은 북한도 마찬가지였고 인민군이 서울을 점령했을 때에도 거의 유사했다. 인민군이 들어오자마자 먼저 조직한 이들이 문화예술인이었다. 1950년 6월 29일 서울 시내의 연극인은 태평로 시민관에 모이라는 대자보가 붙었다. 그날부터 "좌익 빨갱이 교육"이 시작되었는데 "공산주의는 이런 거고, 같이 잘 살아야 되고, 과거에 그 모리배들이라든지 부정부패, 이런 사람들은 우리가 제거를 해야 한다"는 취지의 내용이었다. 고설봉은 교육이 머리에 들어오지 않았다.

고설봉의 사례는 지식인이나 문화예술인이 처한 정치적 어려움과 심리적 불안을 잘 보여 준다. 얼마 전까지만 해도 국민보도연맹에서 받은 교육과 자신이 직접 몸으로 구현했던 연극 〈돌아오지 않는 사람들〉이 그의 머릿속을 맴돌았다. 그는 또 그전에 이승만 정부의 국립극단 단원이었다. 하루아침에 체제가 바뀌는 상황에서 남로당이 주관한 행사에서 연극을 하고, 그 연극동맹이 국민보도연맹이 되었고, 연맹원이 된 뒤에는 또 공산주의를 반대하는 공연을 하고, 이제 인민군이 점령하자 다시 공산주의 교육을 받게 되었다. 고설봉의 고난은 이것으로 끝이 아니었다. 이미 서술했듯이 9·28 서울 수복 이후 또 한 차례의 사상 심사가 있었던 것이다.

한편 전향한 남로당원 중에는 경찰이 좀 더 적극적으로 대공 수사를 하는 경우가 있었다. 홍민표(개명 후 양한모)는 남로당 서울시당특위 책임자로 활동하다가 1949년 9월 16일 무교동 아지트에서 경찰에 체포되었다.[97] 그는 전향한 후 서울시경찰국 사찰과에 특채되었는데 과거 좌익 활동을 한 자신의 동료를 잡아들이는 데 앞장섰다. 전쟁 중에 그는 임시 수도인 부산에서 오제도 검사의 지휘하에 결성된 정보 조직에 몸담으면서 좌익 색출 작업을 벌였다.

오래된 기록에 따르면 부장검사 오제도는 서무계와 공작계, 정보계를 운영했는데 서무계 1반장은 오제덕(오제도 동생), 정보계 1반장은 전향한 홍민표 경위였다.[98] 정보반원 중에서 권규식과 김인배는 홍민표와 함께 김삼룡 체포에 역할을 한 전향자들이다. 이들의 구체적인 활동은 '사건 송치건 명부'를 통해서 알 수 있는데 피난지 수도인 부산 지역에서 국민보도연맹원과 과거 남로당원과 좌익, 공산주의자를 검거하는 업무를 담당했다.

사람의 사상을 바꾸겠다거나 바꿀 수 있다는 식의 발상은 제국주의의 유산이자 전체주의의 산물이다. 남한 당국은 신생 정부의 사상적 토대를 반공주의에 두었고, 국민보도연맹은 이를 가장 앞장서서 계몽하고 선전하는 활동을 주된 사업으로 여겼다. 문화예술 분야의 이데올로기적 속성을 감안하면 오제도와 국민보도연맹 중앙본부가 역점을 두었던 사상전향 정책과 반공 활동은 매우 광범위한 대중운동으로 전개되었다. 하지만 반공정신에 대한 국민보도연맹원의 자기 인식이 어떠했는지는 개인마다 큰 차이가 있어 정확히 가늠할 수 없다. 다만 고설봉의 사례에서 보듯이 관변 조직의 특성상 대규모 동원과 교육, 문화를 통한 선전이 이루어졌음을 알 수 있고 이는 결국 정치의 문제였다.

버림받은 사람들

피난민과 부역자로서 국민보도연맹원

죽은 희생자는 버림받은 이들이고 얼굴이 지워진 사람들이다. 국민보도연맹원 중에는 피난 도중에 헌병과 경찰에 검거되거나 전세가 역전되어 인민군이 후퇴한 1950년 9월 말 이후 부역 혐의자로 살해되기도 했다. 개전 초기 국민보도연맹원도 남쪽으로 피난을 떠났고 경찰은 곳곳에서 피난민 검문·검색을 강화한 후 이들을 가려내어 사살했다. 강원도 인제군 국민보도연맹원이었던 김성렬은 충북 괴산으로 피난을 가있던 중 군인으로부터 심사를 받았지만 용케 살아났다. 그러나 피난민 중 국민보도연맹원 200여 명은 따로 끌려가 총살되었다.[99]

1950년 7월 6일 신성모 국방부 장관은 김태선 서울시경국장과 함께 천안경찰서에 들러 "주민들과 피난민들에게 전세가 호전되어 국군이 영등포를 탈환했으니 동요하지 말고 생업에 종사하라"는 요지의 내용을 작성해 방송하게 했다. 후방의 안전을 확보하기 위해 경찰은 좌익 관련자를 함부로 사살했다. 김태선이 밝힌 대로 1,200여 명의 공산주의자와 그렇게 의심되는 사람들은 후방의 안보를 유지한다는 명목으로 '처형'되었다.[100] 아무런 절차 없이 죽을 수 있었던 것이 바로 '의심받은 공산주의자'였다.

경찰은 인민군이 천안 지역을 점령하기 전 시내에서 이동 순찰을 실시해 "보도연맹원 등 각종 범죄자들이 피난민 틈에 끼여 내려오고 있다는 사실을 알고 이들을 검문·검색하여 70여 명의 범죄자들을 체포하여 공주교도소로 후송"했다.[101] 다른 지역에서도 경찰은 형무소에서 복역하거나 경찰서에서 구금 중이던 국민보도연맹원과 범죄자들이 탈출해 피난민과 함께 있는 것으로 간주하고 해당자들을 색출해서 교도소로 이송했다.

영동 남쪽에 위치한 영동읍과 상촌면, 황간면 주민들은 전쟁이 발발하고 왜관으로 피난을 떠났는데, 왜관경찰서는 관내 국민보도연맹원과 피난민을 통제하면서 상촌면 국민보도연맹원 일곱 명을 경찰서 유치장에 구금했다. 사찰 주임은 검거한 이들을 처형하기 위해 신병교육대 연대장에게 결재를 받으러 명단을 가지고 왔다. 이곳에 주둔해 있던 육군 중위 남구는 이 명단을 들춰 보고 고향 사람들인 남기오와 이곤식, 이병국, 박인화 등 낯익은 사람 일곱 명을 발견했다. 그는 사찰 주임에게 '이 사람들이 무슨 죄가 있느'냐고 물었고, 경찰은 '주민들의 제보가 있어 국민보도연맹원을 검거한 것'이라고 답변했다. 남구는 사찰 주임에게 붙잡혀 온 사람들이 농사를 짓던 무고한 사람들이기 때문에 "너네 관할 구역의 빨갱이나 알지 피난 온 사람들을 어떻게 아느냐?"고 하면서 그들을 데려오라고 명령한 후, 다른 국민보도연맹원들이 사살될 때까지 취사장에 대피시켰다.[102] 이처럼 피난지에서 해당 지역의 경찰은 국민보도연맹원을 색출하고 사살했다.

전선이 남하하자 피난과 소개령이 내려져 주민들이 거주지를 떠나기 시작했는데, 이를 전후해 국민보도연맹원 등에 대한 검거와 살해가 진행되었다. 그리고 이들 중 국민보도연맹원은 개전 후 군에 입대한 자라도 경찰에서 명단을 관리해 검거했다. 8월 7일 김해경찰서는 관내 지서에 '미검거 국민보도연맹원 명부'를 제출하도록 지시했다. 이 지역에는 군 입대한 이들을 미검거 대상으로 분류해 놓고 있었는데, 그중 일부는 군대에서 붙잡혔다. 진영지서의 미검거 인원은 39명이었는데 그중 군 정보대에 입대한 근무자가 2명이었다. 가락지서 미검거 인원은 25명이었고 그중 20명은 도주, 2명은 폐병으로 요양 중이었으며 3명은 군대에서 검거한 상태였다.[103]

1950년 그해 가을 전세는 뒤집혔다. 9월 28일 서울이 수복되자 이번에는 월북했거나 도망가지 못한 국민보도연맹원과 그 가족들이 국군과 경찰에 붙잡혔다. 인민군을 따라 이북으로 가지 않았던 고설봉 또한 부역 혐의자를 조사하는 합동수사본부에 불려 갔다. 그런데 용케도 합동수사본부에서 문화예술인을 담당하는 경찰이 자신을 아는 사람(김○○ 경감)이었다. 그는 일제강점기 때부터 고등계 형사를 했던 사람으로 고설봉을 잘 알고 있었다. 이렇게 그는 남한 땅에서 살아남았고 별 탈 없이 국립극장으로 돌아가 신극협의회에서 연극 활동을 계속할 수 있었다. 그렇지만 서울 지역의 형무소에 갇힌 사람들은 1·4 후퇴 때 다시 한번 죽음으로 내몰렸다.

1950년 6월 서대문구청에 근무하던 하창용은 아내 이ㅇㅇ과 함께 명륜동에 거주하고 있었다. 그는 국민보도연맹에 가입해 있었고 가끔씩 남산으로 교육을 받으러 가곤 했다. 전쟁이 발발하자 부부는 고향인 경기도 이천군 율면으로 피난을 떠났다. 율면은 대월면 아래 지역으로 이곳에서 하창용은 경찰의 검속을 용케 피했다. 그러나 인민군이 이 지역을 점령했을 때 그는 지서와 면사무소에서 일을 보며 협조했다. 9월 28일 서울이 수복되고 한 달이 지난 어느 날, 부역 혐의자는 자수하라는 지서의 명령에 따라 그는 율면지서에 출두해 구금된 후 율면사무소 근처에서 총살되었다. 남편이 사살당할 때 이ㅇㅇ은 시댁에서 10여 리 떨어진 친척집에 있었는데, 소식을 듣고 달려왔지만 시체는 찾을 수 없었다. 이천군 율면 북두리에서는 하창룡뿐만 아니라 부역 혐의자 30여 명이 지서 뒷산에서 사살되었다.

정부는 국민보도연맹원이 인민군을 도운 것에 대해 수복 이후 부역 혐의자로 처리했다. 정희택은 군검경 합동수사본부 심사실장을 맡아 부역 혐의자를 다루었는데, 이들을 A·B·C로 구분해 그중 "진짜 전향자인 보련맹원 중 어느 정도 부역한 자는 거의 C를 매겼다"라고 증언했다.[104] 경찰 자료는 생존한 국민보도연맹원을 수복 후 부역 혐의자로 '처형'한 것을 기록하고 있다. 충남 청양군 화성면에서는 징세청 외 두 명이 9·28 서울 수복 이후 '부역' 혐의로 사살되었다.[105] 경북 고령에서도 이귀득 등이 수복 이후에 살해된 국민보도연맹원으로 경찰 신원 기록에 기재되어 있다.[106]

경기 양주와 양평 지역의 국민보도연맹원 역시 수복 후 사살되었다. 인민군이 양평 지평면을 점령한 후 현봉운은 인민위원장, 정현택은 민청 활동을 했는데, 군경은 9·28 서울 수복 후 지평면 지평리에서 이들을 사살했다. 그들은 개전 초기 경찰에 몇 번 불려 갔다가 돌아온 사람들이었다. 38도선 접경지인 춘천에서도 국민보도연맹원은 부역 혐의로 '처단'되었는데, 이들은 인민군 점령 시 협력한 것으로 경찰은 기록했다. 춘천시 관내에서 부역자와 월북자, 행방불명자에 대한 명부에 국민보도연맹원과 관련한 기록이 남아 있다. 경찰 자료에는 백승진 외 열네 명의 국민보도연맹원에 대한 인민군 점령 시 활동과 직책, 상황이 나타나 있는데 이들은 대부분 월북하거나 도피해 행방불명되거나 사망했다.[107]

사례를 보면, 신동면 삼천리에 거주하는 박일룡은 과거 남로당원이었는데 국민보도연맹에 가입한 후 한국전쟁 때 리인민위원장을 했다. 춘천경찰서 자료는 그를 "9·28 수복 시 아군이 처단"한 것으로 기재했다. 또한 같은 지역에 거주하는 박관산은 국민보도연맹원이었는데 농맹농기부 부장으로 활동하다 역시 "9·28 수복 시 아군이 처단"한 것으로 되어 있다. 백승진은 춘천시 우두동 1구에 거주하면서 농사를 지었고 한국전쟁 전에 국민보도연맹에 가입해 있었는데, 비고란에는 가족이 월북한 것으로 기록되어 있다.[108]

충북 진천에서는 수복 이후 국민보도연맹원에 대한 2차 사살이 있었는데, 경찰은 살아남은 이들을 다시 소집했다. 박시덕은 진천군 진천읍 삼덕리에서 태어나 농사를 짓다 국민보도연맹에 가입한 후 분회장을 지냈다. 그는 개전 초기 집을 떠났다가 수복 후 돌아왔는데, 경찰에 연행되어 광목으로 결박당한 채 다른 사람들과 함께 유도장에 구금되었다.[109] 다음 날 그는 진천군연맹 분회장이던 이인옥의 딸과 단 둘이 남겨졌고 나머지 사람들은 봉화산으로 이송돼 사살되었다. 경찰은 박시덕과 이인옥의 딸에게 아무 말도 하지 말라며, 이들을 유치장에 다시 수용한 후 3일 뒤에 풀어 주었다.[110]

그해 겨울 중국군과 인민군이 다시 서울을 점령하자 세상은 또 한번 바뀌었다. 서울이 수복된 후 CIC에 붙잡혀 제대로 된 재판을 받지 못하고 형을 선고받아 서대문형무소에 수감된 사람들 중에서 일부는 1·4 후퇴 때 죽음을 맞았다. 조선로동당이 조사한 자료에는 서울시와 그 주변 지역에서 상당한 규모의 학살이 있었던 것으로 알려졌다. 조선로동당 서울시당은 서울을 재점령한 1951년 1월 15일 이후 서울과 경기 지역 일대의 민간인 피해를 조사해 그 통계와 사례를 보고했다.[111] 조선로동당은 남한 군경이 1951년 1월 후퇴할 때 서울 지역의 형무소 재소자를 이감 도중 총살한 것으로 파악하고 있었다. 총살 현장에서 구사일생으로 도주한 것으로 기록된 리춘수는 형기가 많은 사람부터 학살되었다고 하면서 나머지 사람들은 대전과 부산으로 끌려갔다고 증언했다. 이 문건에는 재소자 일부와 부역자 등 민간인 43,590명이 9·28 서울 수복 이후부터 1·4 후퇴까지 서울과 그 주변 지역에서 사망한 것으로 기록하고 있다.

국민보도연맹원이 아니더라도 한강을 건너(도강) 이남으로 피난을 가지 못한 서울 시민은 모두 부역 혐의자였다. 이것은 개전 초기만이 아니었고 1951년에도 마찬가지였다. 정정화는 1·4 후퇴 때 연로한 시어머니와 어린 손녀를 돌봐야 했기에 피난을 떠날 수 없어서 서울 돈암동 집에 남았다. 남편(김의한)은 북한이 서울을 후퇴하면서 이북으로 데려갔고, 아들(자동)은 남하하는 부대를 따라 부산으로 떠났다. 국군은 2월 10일 다시 서울에 들어왔는데 그해 9월 그녀는 '부역죄'로 경찰에 끌려갔다. 음력 8월 보름이었다. "왜놈 경찰의 손에 이끌려 붙잡혀왔던 바로 그 종로서였다. 그러나 상황은 달랐다. …… 내가 쉽게 잡혀오긴 했으나 내가 잡혀왔다는 것이 내게는 결코 쉬운 일이 아니었던 까닭"이었다. 조사가 이뤄져 그녀의 신분이 모두 밝혀졌고 과거의 행적도 드러났다. 혐의를 받을 만한 일이 없었지만 검사의 기소는 이뤄졌다. "'이 사람들은' 식으로" 시작하는 검사의 논고는 "1·4 후퇴 당시 후퇴하지 않은 것이 유죄였다." 독립운동가인 그녀에게도 6·25 전쟁은 "너무나 많은 회한의 잔뿌리를 내려

박"아 놓았다. "이 나라의 땅덩어리뿐만 아니라 사람과 정신마저도 두 동강 내버렸다."[112]

부산형무소 계호과에 근무한 조치현은 1·4 후퇴 때 경기도와 충청 지역의 좌익 사범들 다수가 부산형무소에 이감되었고, 이송된 죄수들 중에는 아사자와 환자들이 즐비했다고 증언했다.[113] 이들의 시체는 바다에 수장되거나 서대신동의 형무소 공동묘지에 매장되었다. 더욱 충격적인 것은 형무소 의무과 옆 임시 사형 집행장에서 많을 때는 58명의 좌익 사범이 총살되기도 했다. 부산형무소에서는 하루 평균 20~30명 정도의 아사자들이 발생했고, 〈특별조치령〉 위반 혐의로 국민보도연맹원들이 군사재판을 받고 형무소에서 사살되었다. 형무소에는 헌병대가 파견되어 있었는데, 조치현은 박장규 서무과장의 명령으로 조치령 위반자 아홉 명을 헌병대가 사살하는 현장에 동석했다.

1951년 중반 이후에도 정부는 국민보도연맹원들의 행적을 조사해 부역 혐의자로 처리했다. 전북 완주군 용진면 구이리에 거주하던 정우성은 1951년 6월 6일 〈특별조치령〉 제4조 제3호, 제5호 및 형법 제55조 제25호 위반으로 징역 2년을 선고받았다.[114] 전주지방법원은 인민군이 완주 지역을 점령했을 때 정우성이 인민위원회에서 활동한 것을 범죄행위로 판시했다. 그가 국민보도연맹원이어서 더욱 중한 벌을 받았는지는 알 수 없지만, 남로당 가입과 국민보도연맹원이었다는 사실은 법원이 〈특별조치령〉을 엄격하게 적용하게끔 했을 가능성이 높다. 왜냐하면 인민군이 점령한 지역에서 치안 업무나 농지분배에 가담한 주민은 정우성과 같은 사람뿐만은 아니었기 때문이다.

국민보도연맹은 정부 주도로 만든 전향자 조직이었다. 경찰은 이들을 요시찰인 명부에 올려 일상적으로 통제하고 감시해 왔다. 국민보도연맹원과 요시찰인에 대한 구금은 전쟁 당일 치안국 통첩으로 일선 지서까지 하달되었다. 군경은 인민군의 급속한 남침으로 혼란한 가운데 후퇴를 거듭했다. 인민군이 점령한 지역에서는 살아남은 이들뿐만 아니라 많은 사람들이 그들을 돕거나 북한 측에 가담했다. 그들은 '부역 혐의자'가 되어 월북하거나 도피했고 상당수는 재판 과정 없이 사살되었다. 군경은 수복 후 국민보도연맹원을 샅샅이 찾아 나서 조직적이고 체계적으로 살해하려 했다.

사람을 '특정한 정치집단'으로 분류하고 나누는 것은 그들의 인간성을 바라보려는 것이 아니다. 바우만이 "얼굴 지우기"effacing of the face라고 묘사했듯이, 희생자들은 도덕적 요구의 근원으로서 학살 수행자들에게 도전할 수 없는 능력과 위치에서 학살 대상으로 선정된다. 잠재적으로 이들은 수행자들이 얼굴을 마주할 수 있는 부류에서 쫓겨난 것이다.[115] 다시 말해 희생자들은 적으로 공표된 이상 도덕적인 보호로부터 제외되기 시작해 기술적·도구적 가치라는 관점에서만 평가되고, 선별된 집단으로 분류되어 이방인으로서 일상적 만남으로부터 제거되었다.

북한에게 변절자로 낙인찍힌 국민보도연맹원

북한은 이승만 정부가 국민보도연맹을 조직할 때부터 예의 주시하고 있었다. 1949년 중순, 남한에서 국민보도연맹이 결성될 즈음 북한에서는 이 조직에 대한 성격 규정이 이뤄지고 이를 반대한다는 입장을 공식적으로 밝혔다. 북한은 정부 기관지를 통해 남한의 1949년 11월의 대규모 '전향'과 '자수 운동'을 비판하고 나섰다.

국민보도연맹 조직이 일제강점기 일종의 사상 전향 조직인 사상보국연맹과 대화숙大和塾을 그대로 본 따 만든 것이라고 북한은 비난했다. 북한 정부는 기관지 『인민』에서 국민보도연맹 총재를 김효석 내무부 장관,

고문을 신익희 국회의장, 이사장을 김태선 서울시경찰국장이 담당하고 있다는 점에서 관변성을 지적했다. 1949년 10월부터 12월까지 세 차례에 걸쳐 진행된 "남로당 포섭 주간 및 근절 주간"과 형무소와 유치장에서 벌어진 구체적인 전향 공작을 폭로하며, 이것이 일제의 "교ロ사", "보호사"들이 전향을 강조하는 것과 똑같은 수법이라고 비난했다.[116] 국민보도연맹 조직이 강점기 일제의 정치적 의도를 모방했다는 북한의 공식 판단은 남한 연구자들의 시각과 일치한다.

북한은 자수 운동이 실패로 끝났다고 주장했는데, 세 차례나 진행된 이 운동이 별 효과가 없었고 육군과 해군 등 특수 조직의 자수자 또한 매우 적었기 때문이라고 나름대로 분석했다. 북한은 서울에서 전향을 거부한다는 이유로 2천여 명이 고문을 당한 사실을 『합동신문』 기사와, 전향을 거부한 이유로 11월 23일 살해된 유동순 변호사를 예로 들었다.[117] 이는 남한에서 소멸되어 간 남로당원의 지하활동과 '인민들의 구국 투쟁'을 지지하기 위한 것이었다. 그러나 1950년 1월부터 정부가 국민보도연맹을 조직한 이후 남로당은 거의 붕괴하기 직전에 이른 상태였다.

북한은 남한 체제에 전향한 국민보도연맹원들을 예의 주시하고 있었다. 남한을 점령한 인민군 측에게 이들은 변절자로서 사상을 의심할 수밖에 없는 존재였다. 전쟁이 발발하고 인민군이 남한 지역을 점령했을 때 북한은 국민보도연맹을 '반동 단체'로 분류했다. 점령 지역에서 이들에게는 책임 부서의 일은 주어지지 않았고, 열성적으로 사업에 참여하는 사람에게는 협조하는 정도의 일을 맡겼다.[118]

의용군 사업은 북한에서 주장하는 것처럼 인민군 점령지에서 주민들이 일사분란하게 지원한 것은 아니었다. 북한은 국민보도연맹원이 반동 단체에 가입한 것이기 때문에 의용군에 강제징집하거나 자위대에 동원했다. 1950년 7월 6일 북한은 조선로동당 결정 "의용군 초모사업招募事業

리별	성명	성별 연령	생년월일	출신	성분	정당관계	학력	반동정당단체관계	비 고
화병리	김광수○	남 23.	1928. 4. 10.	빈농	중농		소졸	호국군 보련	보도연맹 반조직
″	한명순○	″ 19.	1932. 6. 3.	빈농	빈농		소졸	한청 보도연맹	보도연맹 반조직
″	김태복○	″ 23.	1928. ?. 5.	빈농	중농	남로당	소졸	호국군 보도연맹	보도연맹 반조직
″	김동인○	″ 26.	1925. 1. 15.	빈농	빈농		국졸	한청 특별대	한청 특별계 계감
″	한창수○	″ 23.	1928. 1. 18.	빈농	빈농	남로당	소졸	보도연맹	
″	김두서○	″ 23.	1928. 11. 13.	빈농	빈농		국졸	보도연맹	
″	한두운○	″ 22.	1929. 2. 4.	빈농	빈농		소졸		
″	김응주○	″ 29.	1933. 3. 30.	빈농	빈농		소졸	한청 보도연맹	보도연맹 반장 한청감찰부장
″	한두수○	″ 30.	1921. 1. 36.	빈농	빈농	남로당	소졸	한청 보련	한청 감찰계장 보도연맹 반장
″	김지성○	″ 3?.	1921. 5. 17.	빈농	빈농		국졸	한청 특별대	
″	강홍봉○	″ 28.	1923. 9. 10.	빈농	빈농		문맹	한청 보련	한청 감찰대
″	오동안○	″ 17.	1934. 2. 30.	빈농	중농		국졸		
″	한창성○	″ 23.	1928. 9. 9.	빈농	빈농		국졸	한청 보련	
″	남정호○	″ 23.	1928. 10. 19.	빈농	빈농		소졸	호국군 보련	보도연맹 선전책
″	최학문○	″ 20.	1931. 6. 12.	빈농	빈농		소졸	한청	
″	리학선○	″ 30.	1921. 11. 16.	빈농	빈농	남로당	국졸	한청 보련	
″	변학섭○	″ 27.	1924. 5. 13.	빈농	빈농	남로당	국졸	한청 보련	
″	한은교○	″ 19.	1932. 4. 29.	빈농	빈농	/	소졸	한청 보련	보련 조책
″	한호석○	″ 19.	1932. 11. 3.	빈농	빈농	남로당	소졸	한청 보련	보련 조책
″	한승우○	″ 22.	1929. 6. 4.	빈농	빈농		소졸	보도연맹	

| 경기도 원당면 의용군 명단 보고(비망록)에 나타나 있는 국민보도연맹 관련자 기록 |
'반동정당 단체 관계' 란에 보련(국민보도연맹)으로 기재된 사람들을 상당히 많이 볼 수 있다.

에 대하여"에서 노동당원으로서 변절자(국민보도연맹 가입자)를 의무적으로 징집하게끔 규정했다.[119] 인민군이 점령한 38도선 인근 지역의 국민보도연맹원은 북한의 정책적 방침에 따라 의용군으로 입영했다. 미국 국립문서기록관리청의 북한 노획 문서군(RG 242)에는 인민의용군에 입대한 국민보도연맹원 명단을 찾을 수 있다.[120] 1950년 8월 5일 경기도 연백군(현재 황해남도 연안읍) 해성면 국민보도연맹원 중 의용군에 입대한 명단이 화양·매정·일신·구룡·무릉·해남리별로 기록되어 있다. 이 지역의 의용군 입대자는 총 336명(수정 이전)인데, 그중 화양리 24명(여자 1명 포함), 매정리 2명, 일신리 14명(여자 3명 포함), 초양리 10명, 무릉리 20명의 국민보도연맹원이 포함되어 있었다.

위 내용에서 알 수 있는 것은 서울의 북쪽 38도선 이남 지역이었던 경기도 연백군의 경우 국민보도연맹이 조직되어 있었고, 그 규모 또한 상당했다는 점이다. 8월 5일 의용군 명단이 작성되는 시점에 화양리 54명의 의용군 중 22명이 국민보도연맹원이었는데, 이는 자연부락인 리 단위에서 그 수가 많았던 것으로 추정할 수 있고, 의용군으로 입대한 여자 중에도 국민보도연맹원이 있었다. 이들은 개전 초기 정부가 검속할 수 없는 전투 지역에 있었고, 북한이 점령했던 시기에 인민의용군으로 모집되었다.

북한 노획 문서의 의용군 명단에는 입영 대상자의 과거 활동, '반동단체' 란에 국민보도연맹원(보련)으로 기록된 경우가 있다. 북한 당국이 국민보도연맹원을 전향자로 인식해 이들의 사상을 의심했음 알 수 있고, 이들은 또한 많은 경우 남로당과 관련된 사람들이었다. 경기도 원당면 의용군 명단 보고에 따르면, 여자를 포함한 다수의 국민보도연맹원이 경기도 일대에서 의용군에 입대했다.[121] 일부 자위대 명단에도 국민보도연맹원이 나타나 있다. 1950년 8월 25일 인민군 점령 지역인 경기도 시흥군 동면에서 작성된 동면 분주소 내의 "동면 자위대 명부"에는 반동 단체 항목에 해당자가 '보련'으로 표시되어 있다. 그리고 인민위원회 반장 명단에도 과거 기록란에 국민보도연맹원이 기재되어 있다.[122]

인민위원회가 재건된 경기도 파주군 아동면 금촌리 각 반장 명단에는 보련 가입자를 상당히 많이 볼 수 있다. 금촌리 인민위원장이 아동면 인민위원장에게 보낸 문건에 따르면, 금촌리 1구 반장의 이력란에 반동단체 가입이 보련으로 되어 있다.[123] 인민군이 충남 일대를 점령한 뒤 조선로동당 충남도당이 조직되었고 김남식은 선전부책을 맡아 의용군 소집 사업을 책임졌다. 조선로동당은 이 지역에서 인민의용군 2만3천여 명을 모았는데, 이들 중에 국민보도연맹원이 가장 많았다. 그는 "보도연맹원들은 '변절한 죄를 피로 씻으라'고 해서 우선적으로 모조리 뽑았"다고 증언했다.[124]

북한이 남한 점령 지역에서 실행한 이런 정책은 생존한 국민보도연맹원의 증언과 일치한다. 앞서 인용했듯이 충북 청원군 강내면 국민보도연맹원이었던 김기반은 개전 초기 죽음을 면했다. 그는 인민군이 진주했을 때 생존한 국민보도연맹원을 변절자라고 해서 당원으로 받아들이지 않고 일부를 후보 당원으로 가입시켰다고 밝혔다. 국민보도연맹원은 신입 당원 입당 시 세포조직 회의를 통과하지 못해 당원이 되지 못했다.[125] 인민군은 면 단위, 마을 단위로 인민위원회를 만들었는데 면 단위에서는 국민보도연맹원 출신자에게 중요한 직책을 맡기지 않았다.

경기도 시흥군 남면에서는 '보련 관계자들을 중심으로 의용군 연령에 해당하는 자를 총동원'하고 있었다.[126] 시흥군 서면에서는 열세 명의 보련 관계자가 선전 사업뿐만 아니라 의용군 모집 사업에 참가하고 있었다.[127] 시흥군 동면내 안양리(현재 안양시)와 봉천리(현재 서울 봉천동)는 해방 이후 좌익 활동이 왕성한 소위 '민주 부락'이었으며, 이들 지역 남로당원은 거의 전부가 국민보도연맹원이 되었다. 인민군 점령 시에 국민보도연맹원 약 100명이 동면에 거주하고 있었고, 이들이 참가해 동면 면당이 복구되었다. 이들 중 70여 명은 의용군에 모집되어 남쪽으로 향했다가 상급 단체의 사업상 오류로 인해 평택에서 되돌아왔다.[128] 의용군 모집 사업에서 이들의 사상적 태도는 쟁점이 되었으며 동태는 지속적인 관리 대상이었다.

이천군 장호원에서 경찰에게 부친을 잃은 이천재를 인민군 당국에서도 주시하고 있었다. 북한 입장에서는 이천재 부자의 '투쟁 경력'이 주민들을 조직하고 점령지 행정과 여러 가지 사업을 펴는 데 꼭 필요했다. 그는 학생 신분이었음에도 불구하고 수산리에서 인민위원회와 민청 등 제 단체들이 조직되기 전 몇 가지 사업을 책임지고 있었다. 하지만 주민들의 호응은 그다지 높지 않았다. "눈만 뜨고 일어나면 인민위원회, 민청 등의 사업에서부터 소년단 일까지, 누구 한 사람 자원자도 나서지 않는 답답한 의용군 사업에서 심지어는 면 사업의 후원을 위한 식량이요 고추장, 된장까지 거둬 내야 하는 엄청난 사업" 때문이었다. [129]

인민군이 물러나고 추석이 사나흘 지난 어느 날 이천재는 총을 멘 사람들에게 끌려 지서로 갔다. 그들은 한마디 묻지도 않고 양조장 지하실에 그를 잡아넣었다. 양조장 창고에는 수사계라는 딱지가 붙어 있었고 군복을 입은 경찰들이 들락날락했다. 그 안에는 이미 30여 명이 오금도 펴지 못하고 앉아 있었다. 이들은 인민군 패잔병과 이 지역에서 부역을 한 혐의로 잡혀 온 사람 그리고 불심검문에 붙들린 타 지역 사람들이었다.[130] 양조장과 지서의 폐가가 된 사택, 금당리 옛 금융조합 창고에는 이 지역에서 붙잡힌 부역 혐의자 수백 명이 갇혀 있었다. 5~6일이 지나자 가혹한 고문과 사살이 있었고 일부는 이천경찰서로 이송되었다.

10월 24일 밤 인민위원장과 면당위원장, 분주서장, 농민위원장 등 직을 맡았던 사람들이 불려 나갔다. 경찰은 이들을 지서 앞 개뚝에서 총살했다. 연발의 총소리는 조용한 가을밤을 흔들었고, 지하실에 갇힌 사람들은 넋을 잃었다. 이천재는 인민군이 사람을 죽이는 것을 막았고 아버지가 별것도 아닌 일로 학살되었지만, 이 일로 그 누구에게도 보복하지 않았다. 그래서 무사히 풀려날 수 있었다. 그는 누군가 경찰에 불려 나가면서 "죽으러 가는 거면 막걸리나 한 사발 들이켰으면" 하던 말을 오래도록 잊지 못했다.[131]

후퇴하지 못했거나 용케 살아난 국민보도연맹원은 북한군 점령지에서 각종 인민 기관에 복무했고, 군경이 수복한 이후에는 '부역자'로 몰려 다시 한번 '정부의 심판'에 맡겨졌다. 역사에서 전장의 피해는 개인이 짊어져야 하는 운명이었다. 개인이 전쟁 속에서 자신의 의지대로 무언가를 선택할 수 있는 여지는 많지 않았다. 일반 시민들의 경우도 마찬가지였다. 비록 그들 중에는 정치적 견해에 따라 적극적 혹은 소극적으로 북한 당국을 돕기도 했지만, 점령 지역의 정치체제를 따르는 행위는 개인이 선택할 수 있는 것이 아니었다.

살아남은 국민보도연맹원은 북한 정권으로부터 신뢰를 잃고 감시와 통제를 받았으며 인민군에게 징집되고 각종 사업에 동원되었지만 변절자라는 사상적 의심을 끝내 씻을 수 없었다. 변절자로 낙인찍힌 이들은 조선로동당원이 될 수 없었고 인민의용군 초모 사업과 자위대에 동원되었다. 이렇듯 북한 측 역시 국민보도연맹원을 의심하면서 제한된 사업에 활용했는데, 이들은 서로 다른 체제에서 버림받았던 것이다.

한국전쟁에서 상대방 지역에 대한 점령은 단순히 군사적 목적이 아니라, 사람들을 어떻게 통치할 것인가 하는 문제를 제기했다.[132] 누구를 정치 공동체의 성원으로 인정할 것인지는 군사 문제가 아니라 정치 의제였다. 남·북한은 국민보도연맹원을 자신들의 체제에 속하는 공동체 구성원이 아니라고 판단했다. 이는 국군과 유엔군이 1950년 10월 1일 38도선을 넘어 이북 지역에 진격한 이후에 벌어진 통치에서도 동일하게 나타났다. 점령 지역을 통치하는 것은 전혀 다른 체제에 사람들을 복속시키는 '정치적 교정 작업'을 의미했다.

생존자

살아남은 사람들의 '몸 소리'

제노사이드 연구에서 생존자에 관한 가장 뛰어난 해설은 테렌스 데 프레 Terrence Des Pres일 것이다. 그는 장기간 지속된 위기 속에서 인간이 생존한 방식, 몸과 마음에 극단적인 손상을 입고 살아남았고 미치지 않았으며 인간성을 잃어버리지 않은 사람들의 모습을 다루고 있었다.[133] 생존자에 대한 연구는 희생자에 대한 것과 마찬가지로 이들에게 무슨 일이 일어났는지를 더 이해할 수 있을 때 우리를 위협하고 있는 잔혹 행위를 상상하고 이를 방지하기 위한 조치를 취할 수 있게 된다는 점에서 중요하다. 삶을 보존한 사람들의 이야기에서 우리는 무엇을 공감할 것인지, 어떻게 대면할 것인지를 결정해야 한다.

한국전쟁에서 군인과 경찰에 연행되어 구금되었다가 총살 현장에서 살아난 사람들이 제법 있다. 구사일생이라는 말은 이들에게 가장 적합한 표현일 것이다. 살해 현장에서 목숨을 건진 생존자의 증언은 생명의 신비로움을 느끼게 한다. 이들뿐만 아니라 소집되는 과정이나 검속된 상태에서 경찰서장이나 지서장 또는 면장의 결단으로 풀려났거나 돈을 주고 석방된 사람들도 있다. 그리고 아버지와 아들이 함께 끌려갔다가 자식만 살아 돌아오기도 했다. 모든 것이 한순간에 이뤄진 생사의 갈림길이었다.

정기순은 여순사건으로 광주형무소에 미결수로 수감 중이었는데,

여사女舍에는 40여 명의 사상범들이 있었다.[134] 그녀는 7월 초순경 3년형 이상을 선고받은 재소자들이 매일 밤 불려 나가 트럭에 실려 가는 소리를 들었다. 7월 20일에는 여성 국민보도연맹원이 입소했는데, 이들 중 일부는 다음 날 밤 자정 무렵에 헌병에게 끌려 나간 후 행방이 묘연했다. 7월 23일 아침 정기순은 눈이 가려진 채 두 사람씩 묶여 형무소 마당에 있었는데 누군가 '사격 중지'를 외친 후 석방되었다. 이날 인민군이 광주 지역을 점령했다.

정기순과 동갑내기인 강영애는 몸에 여러 발의 총탄을 맞았다. 충북 청원군 남일면 가산리 국민보도연맹원이었던 그녀는 1950년 6월 말경, 새벽녘 집으로 찾아온 경찰에게 손이 묶인 채 청주경찰서로 끌려갔다.[135] 10여 일 정도 유치장에 구금된 7월 10일경 저녁 무렵 경찰은 수용된 사람들을 트럭에 싣고 남일면 쌍수리 야산으로 데려갔다. 트럭에서 사람들이 줄줄이 내리자마자 경찰은 이들을 꿇어앉히고 총격을 가했다. 강영애의 남편도 그곳에서 살해되었다. 그의 마지막 말은 "이렇게 같이 죽게 된 것도 다행"이라는 한마디였다. 청주경찰서에 구금되어 있던 사람들은 분터골과 남일면 쌍수리 야산, 보은군 내북면 아곡리 아치실로 끌려가 총살되었다.

쌍수리 야산에서 여덟 군데 총탄을 맞았지만 강영애는 살아 있었다. 그녀는 귀밑과 왼팔, 허리, 엉덩이, 손바닥 등에 총격을 받고 정신을 잃었다. 어둑해진 저녁때가 되어서야 겨우 눈을 떴는데, 그녀는 물을 마시기 위해 죽은 사람들 사이를 기어 나와, 호박을 따러 왔던 여자아이를 발견했다. 아이는 동네로 돌아가 이 사실을 알렸고 사람들이 죽은 사람들의 시체를 묻으러 왔다. 죽은 줄 알았던 그녀는 동네 마을 이장과 그 아들의 도움으로 살아났다.[136]

강영애가 살아 돌아온 날 남일면에 인접한 강내면에서는 김기반이 소방서 창고에서 도망쳤다. 1943년 그는 보국대로 끌려가 일본 철강제철소에서 일하다 해방 후 귀국했다. 1949년 말부터 강내지서의 경찰은 좌익으로 지목된 사람들을 지서로 연행해 조사했고, 이들에게 국민보도연맹에 가입하도록 강요했는데 김기반도 그중의 한 사람이었다. 1950년 7월 4일, 강내지서장은 '방공호를 판다'는 명분으로 면 내의 청장년들을 강내면 탑연리 야산으로 소집했다. 지서장은 그날 저녁부터 국민보도연맹원 등 검거한 사람들을 면사무소 창고에 구금했다.

며칠 뒤 구금된 사람들은 강내지서 옆 소방서 창고로 옮겨졌고 어느 날 점심 무렵 폭격이 있었다. 소방서 주변에 폭탄이 떨어지자 김기반은 경비를 서는 경찰에게 "숨 좀 쉬게 문 열어 달라"라고 해서 창고를 빠져나와 혼자 도망쳤다.[137] 그는 호밀이 한창 피어 있는 밭에 엎드려 숨었다가 비행기가 창고 근처를 폭격하자 불길이 일어나는 것을 보고 초등학교 운동장을 지나 또랑에 숨었다. 그가 도망친 7월 10일 소방서 창고에 구금되어 있던 나머지 사람들은 총살되었다. 강내지서의 경찰은 구금자들을 두 사람씩 삐삐선으로 묶은 후 탑연리 야산에 있던 방공호에 몰아넣고 살해했다.

인민군이 파죽지세로 남한 땅을 점령하던 7월 20일경 함평 나산면 넙태에서 등에 관통상을 맞고 쓰러진 노기현은 소나기가 내리는 것을 느끼며 정신을 잃었다.[138] 얼마나 시간이 지났을까, 정신을 차리고 주위를 살펴보니 함평읍에 사는 김ㅇㅇ이 아들의 시신을 찾아 돌아가는 것을 보았다. 김ㅇㅇ은 국민보도연맹원들이 트럭에 실려 가는 것을 보고 관을 준비해 왔던 것이다. 경찰이 국민보도연맹원을 며칠 동안 구금하고 새끼줄에 묶은 뒤 트럭에 싣고 가는 것은 곧 죽임을 의미했다.

노기현은 총상을 입고 움직이지 못한 채 누워 있는데 다른 사람의 가족들이 시신을 찾으려 몰려들고 있었다. 해가 질 무렵 그는 자신을 찾으러 현장에 온 부모를 만났지만 집으로 가지 못하고 함평읍으로 피신했다. 사람들에게는 자기가 살아났다는 사실을 말하지 않도록 당부했다. 행여 또다시 변을 당할까봐 겁이 났던 것이다. 경찰은 넙태에서 함평군 내의 국민보도연맹원을 총살한 후 후퇴했고 이튿날 인민군이 진주했다. 그제 야 노기현은 '아 이제 살았구나'라고 안도했다. 왜냐하면 "인민군은 이 지역 사람 안 죽였제, 인민군은 지역에 원한이 없"었기 때문이었다.

남상휘가 포항 앞바다에 함정을 정박해 두고 경찰과 군이 검속해 온 이들을 사살하는 동안 최무한은 경찰에 붙들려 소금 창고에 갇혀 있었다. 잠수업을 하던 그는 1946년 대구 10월 사건이 일어났을 때부터 경찰과 서북청년단이 토벌을 나오면 대접을 하면서 좋게 지내는 사이였다. 1947~48년까지 수백 명이 10월 사건으로 경찰에 잡혀갔지만 그는 혐의 가 없었기 때문에 무사했다. 전쟁이 나던 그해 포항 지역의 간사장 박일 천의 권유로 수백 명이 국민보도연맹에 가입했다.[139] 그의 권유로 많은 사람들이 가입했지만 최무한은 그러지 않았다. 하지만 그는 전쟁이 나고 인민군이 남쪽을 점령하자 바로 경찰에 잡혀가 남면에 위치한 소금 창고 에 갇혔다.

최무한이 120~130명과 함께 창고에 갇힌 지 10여 일이 지난 어느 날 밤, 다른 창고에 있던 20여 명이 손에 줄이 묶인 채 그가 있는 창고로 들 어왔다. 그 사람들 중에는 친구 김억구도 있었다. 친구를 사지로 보내고 며칠이 지난 어느 날 밤 사람들이 웅성거리기 시작했는데 CIC 사람들이 창고를 둘러보고 있었다. 그때 최무한은 면회를 하자고, 무조건 면회를 하자고 소리를 질러 댔다.[140] 죽음을 코앞에 둔 극한 상황 속에서 최무한 은 발버둥을 쳤다. 죽으면 모든 것이 끝난다. 빅터 프랭클Viktor E. Frankl이 아 우슈비츠 수용소에서 삶의 의미를 찾기 위해 그랬던 것처럼,[141] 그에게도 다른 선택지가 없었다. 삶의 목적을 새롭게 인식하는 것은 삶 자체가 있을 때에나 가능한 것이었다.

최무한은 CIC 간부와 뒷거래를 한 후 풀려났다. 그 간부는 최무한을 석방하면서 모든 것을 비밀로 하고 돈을 받았다. 풀려난 그는 형과 함께 고향 집으로 도망가 있다가 이틀이 지난 후 인민군이 포항을 점령하자 밖으로 나왔다. 시내를 둘러보던 그는 형산강 근처까지 내려왔다가 파도에 휩쓸려 떠내려 온 시체를 목격했다. 포항 앞바다에서 총살당해 바닷물에 살이 허물어진 시신이었다. 물이 밀려와 빠져나가는데 송장이 쌀처럼 불어 물에 떠서 굴러다니고, 그중에는 손이 묶여 있는 시체도 더러 있었다.

부산 동래고등학교 학생이던 송철순은 국민보도연맹원이었던 아버지(송경희)가 동래경찰서로 먼저 잡혀가고 이틀 뒤에 경찰에 붙잡혔다. 송철순은 아버지를 감시하던 김 형사라는 경찰에게 '그 애비의 그 아들이지'라는 말을 들으며 끌려갔다. 그는 동래경찰서 3호 감방(유치장)에, 아버지는 1호 감방에 감금되었다. 구금된 사람들은 철사로 손이 뒤로 묶인 채 네다섯 명씩 어디론가 끌려가서 다시는 돌아오지 못했다. 그러나 송철순은 자신을 붙잡아 간 김 형사가 도와줘서 살아남았는데, 자신의 차례가 되던 날 차를 타고 가는데 김 형사가 철사를 끊어 줘서 도망쳤다.

일부 지역의 국민보도연맹원은 구금된 후 가족들이 경찰에게 금품을 주고 풀려났다. 전남 보성군 율어면 국민보도연맹원 40~50여 명은 율어지서 창고에 3일 정도 구금되었는데 그 기간 동안 약 4~5명이 돈을 주고 석방되었다.[142] 이처럼 붙잡힌 사람 중에는 경찰에게 금품을 제공해 풀려난 경우도 있었고 지인들의 배려나 용기 있는 사람들 덕분에 석방되기도 했다. 하지만 이들은 검속된 사람들의 규모나 이후에 단행된 살해에 비하면 아주 예외적인 경우였다. 그만큼 국민보도연맹원을 풀어 주거나 도피시키는 것은 목숨을 건 행위였고, 소신이 없으면 불가능한 결정이었다.

나라와 정부를 믿었던 사람들은 끌려가 대부분 죽었지만, 그렇지 않고 국가를 믿지 않았던 사람들은 살아남았다. 경찰이나 군에 검거될 때 이를 눈치채고 도망간 사람들은 목숨을 부지했다. 유족들은 대부분 어디 가서 자신의 부모 형제가 국민보도연맹으로 죽었다는 말도 제대로 못하고 살았다. '좌익', '국민보도연맹'은 정치적으로 용인되지 않는 우리 사회의 분위기를 반영한다. 국민보도연맹에 가입해서 죽었다는 말은 '남부끄러운 소리'였다. 좌익에 대해, 그것으로 죽은 사람은 '사람'으로 인정하지 않은 세태 때문일 것이다. 국가가 죽인 사람은 그럴 만했을 거라는 추측만으로도 유족들을 위축시켰다.

조직에 가입하면 괜찮고 그렇지 않으면 '사상의 적'이라는 논리 속에서 말단 지역의 국민보도연맹은 '좌익'이나 '공산주의'와는 무관하게 사람들을 속박했다. 이 논리는 국가의 필요에 따라 상반된 기준을 국민들에게 적용했다. 좌익과 무관하게 가입한 사람들도 정부는 나중에 국민보도연맹원이기 때문에 '좌익'이고 '공산주의자'라고 판단했다. 국가가 사상을 구분함으로써 정작 그 사상의 주체인 시민들의 생각과는 전혀 다른 결과를 초래했던 것이다.

국민보도연맹원뿐만 아니라 전쟁 때 죽음을 피해 생존한 이들에게 '용케 살아났다'는 이 한마디로는 아무것도 설명할 수 없다. 이들은 계속해서 말하고 있다. 때로는 덤덤하게 때로는 격하게 삶과 죽음, 일상과 그날에 대한 기억을 말이다. 거창사건에서도 많은 이들이 살아났다. 가족들이 죽은 날 새 생명이 태어나기도 했고 3대대 군인들이 시체에 기름을 붓고 이를 불태우던 광경을 목격한 가족도 있었다. 한 많은 유족들의 사연은 여기서 다 인용할 수 없다. 생생한 증언은 이 책의 인용이 아니라 그들의 "몸 소리"로 들어야 하는 것이 가장 올바를 것이다.[143] 죽음, 비극이 너무나 가까이에 있었고 세월이 흐른 지금도 고통은 지속되고 있다.

아감벤이 묘사했듯이, 생존자들의 이야기는 '증언의 완벽한 전범典範'

이다. 한 사람이라도 반드시 살아남아서 진실을 이야기하기 마련이다. 이들은 "마치 죽은 자들의 기억을 통해서 말하려 한다." 일종의 "'위임받은 권한'인지도 모른다."[144] 인간은 극단적인 상황에서 존재에 대한 두 가지 기본적인 질문을 던진다. 하나는 '어떻게 하면 자포자기하지 않는가'이고 다른 하나는 '어떻게 하면 인간의 도덕과 존엄을 온전하게 유지할 수 있는가'다.[145] 이렇게 본다면, 무엇보다도 이들은 자신의 정체성으로서 인간성을 옹호한 사람들이다.

미군 제24사단 CIC에 근무한 김영목은 남한 사람들이 제한당했던 개인의 권리, 민간인의 권리에 대해 말했다.[146] 신체의 자유를 구속하는 데 적법한 절차를 따르지 않은 것은 결국 남한의 민주주의, 민주적 제도가 확립되지 않았고 이런 관념에 대한 교육도 제대로 이루어지지 않았기 때문이다. 인위적으로 사람을 통치한다는 그의 진술은 이승만 독재와 권위주의 정권의 성격을 가장 잘 드러낸다. 정치의 핵심이 공동체 성원의 삶을 보장하는 것이라면 중대한 인권침해는 과거지사가 아니다. 피해자의 삶과 고통이 우리 사회의 제도와 평범한 사람들 속에서 지속되고 있기 때문이다.

명령을 거부한 사람들

극한 상황이라고 해도 인간이 지니고 있는 내면의 자유를 완전히 뺏을 수는 없다. 아우슈비츠의 생존자 프랭클은 강제수용소가 "다른 건 다 강탈할 수 있어도 인간이 가진 마지막 자유, 즉 어떤 주어진 상황하에서 또 다른 태도를 가질 수 있는 자유만큼은 건드릴 수 없"었다고 증언한다.[147] 살인의 명령을 받은 이들에게도 마찬가지다. 사람을 죽이라는 명령을 모든 사람이 수행한 것은 아니었다. 타인의 목숨을 앗아 간다는 것은 부지불식

간에 내면의 거부감을 일으키기 마련이기 때문이다. 상관의 명령이 아무리 강하더라도 이를 따르지 않은 사람도 있었다. 일종의 명령 불복종이라고 할 수 있는 이런 경우는 살해 현장에서 벗어나 멀리 떨어진 곳에서 발생했다. 구금 장소나 소집 과정에서도 좀 더 쉽게 상관의 지시를 거부할 수 있었다.

민간인에게 총을 쏘지 못하거나 살려 준 경우는 대부분 혼자 있을 때이거나 소규모 학살을 집행할 때 일어났다.[148] 가해자가 피해자를 자신과 동일하게 여기는, '인간성'과 같은 요인이 작용하면 죽이는 행위는 힘들어진다. 반면 피해자가 잠재적으로 자신의 동료나 집단에 직접적인 위협이 된다고 생각하면 살해는 훨씬 쉬워진다. 이럴 경우에는 피해자가 어린이나 여자, 노인이라 하더라도 민간인을 죽였다는 양심의 가책은 줄어드는 경향이 있다.

흔하지는 않지만 일선 경찰서와 지서에서 서장과 경찰의 판단으로 구금한 이들을 풀어 준 사례가 있었다. 물론 다양한 이유가 있었다. 천안에서는 개전 초기 검속된 국민보도연맹원의 일부가 석방되었다. 참전 경찰의 증언에 의하면 김종대 서장은 경찰서 유치장에 수감되어 있던 이들을 석방했다.[149] 이 지역사史를 다룬 자료에는 구금된 사람들이 석방된 사실이 상세하게 기록되어 있다.[150] 1950년 7월 7일 경찰이 마지막으로 후퇴할 무렵 국민보도연맹에 가입해 활동한 자들을 처치하라는 지시가 있었다. 하지만 김종대 서장은 조사 중인 '좌익분자 60여 명과 요시찰인 300여 명' 중 소수만 처리하고 나머지는 석방했다. 이와 같은 조치는 북한이 이 지역을 점령했을 때 보복과 학살 "세칭 '톱질 보복'"이 다른 곳에 비해 심하지 않았던 이유라고 전해진다.

사람들 모두가 죽고 죽이는 전쟁의 논리에 미친 것은 아니었다. 충북 괴산군 소수면에서 의용소방대 훈련부장을 하고 있던 스물세 살 박노태는 면내 각 마을에서 끌려온 200여 명을 마을 창고에 가둔 뒤 지키고 있었다. 그는 국민보도연맹원을 사살하라는 명령이 떨어졌지만 죄 없는 이들을 쉽게 죽일 수 없었다. 의용소방대장인 김태진은 '농사밖에 모르는 이 사람들이 무슨 죄가 있냐'며 지서장을 설득해 사람들을 풀어 줬다.[151] 김태진은 이들에게 피난을 떠나라고 재촉했다.

전남 광주 지역을 인민군이 장악하기 시작한 지 이틀째 되던 7월 24일 오전 구례에서는 안종삼 서장의 결단으로 경찰서에 구금되었던 국민보도연맹원이 석방되었다.[152] 그는 전남경찰국의 지시를 어기고 국민보도연맹원 480여 명을 풀어 주었다.[153] 이보다 며칠 뒤인 7월 30일경 합천 초계지서에서는 면내 국민보도연맹 간부였던 노호용과 최우영 경찰의 노력으로 대평마을 입구에서 소집되는 국민보도연맹원 50~60여 명을 돌려보냈다. 초계지서는 경찰이 후퇴하기 직전인 7월 31일 국민보도연맹원을 처리하고 떠날 예정이었다. 그러나 노호용과 최우영의 노력으로 그들은 극적으로 살아났다.[154] 충북 영동 용화지서에 근무한 이섭진은 CIC의 지휘와 서장의 지시에도 불구하고 관내 국민보도연맹원 30여 명을 살려 주었다.[155] 위계와 명령을 중요시하는 경찰 조직에서 국민보도연맹원을 살려 준 사례는 아무래도 경찰이 지역민과 밀접한 관계에 있었기 때문일 것이다. 안면이 있는 사람 사이에는 살해를 거부하거나 회피할 수 있는 '인간성'이 좀 더 쉽게 발현된다.

경남 김해군 한림면(이북면)에서는 최대성 면장이 국민보도연맹원을 구명했다. 개전 직후 면내 국민보도연맹원은 금융조합 창고에 구금되었고 대한청년단원과 한림지서의 경찰이 이들을 죽이려 했다. 그는 한림면 대한청년단장이던 자신의 동생 최대홍을 통해 경찰들에게 이들을 풀어 주자고 설득했다. 그는 창고에 구금된 사람들 중 젊은 사람들은 대한청년단에 가입시켜 살려 주었고, 나이든 사람들은 창고 뒷문으로 도망가게 해

주었다.[156]

앞서도 말했듯이 살해 현장과 멀리 떨어져 있으면 있을수록 그 명령은 좀 더 쉽게 거부될 수 있지만 총을 들고 표적을 향해 총구를 겨눈 상태에서 그러기란 정말 대단한 용기와 결단이 필요하다. 사선에서 벗어나는 것은 매우 적극적으로 명령을 거부하는 행위다. 아직까지 이를 증언하는 사람은 없지만 소극적으로나마 총구를 다른 곳으로 향하거나 일부러 사람을 맞추지 않는 경우도 있었다. 사선에서 가해자가 살해의 심리적 고통을 덜 수 있는 유일한 논리는 자신이 쏜 총에 그 사람이 죽지 않았을 것이라는 자위뿐이다. 따라서 대부분의 명령 거부자들은 피해자를 살해 현장으로 이송하기 전에, 즉 살해에 이르는 초기 단계에서 살려 주었다. 사람들이 소집·구금되는 상황에서 이들은 좀 더 많은 인간성을 가질 기회, 이성적으로 생각할 수 있는 기회가 있었던 것이다.

사람을 살려 준 사람들의 행위는 분명 이타적이다. 폭력을 수행한 가해자와 명령을 거부한 사람들에게는 분명 상반된 인간의 얼굴이 있다. 학살을 소극적으로나 적극적으로 막고자 했던 사람들은 대단히 영웅적이다. 이는 전쟁과 폭력 속에서 삶의 귀중함을 잃어버리고 인간의 존엄성 대신 군사적 영웅주의를 내세움으로써 폭력을 흔한 것으로 만들고 삶의 윤리를 쇠되시키는 깃과 대조된다. 다수의 힉자들은 극한의 이려움에 처한 사람들을 돕는 행동을 유대인을 구한 사례에서 분석하고 있다.

네차마 텍Nechama Tec은 유대인을 도운 폴란드 구조자를 인터뷰한 다음, 이들의 특성을 여섯 가지로 요약했다.[157] 첫째, 구조자가 살해 환경과 조화될 수 없는 "개별성"이나 "분리성", 둘째, 다른 사람에게 어떻게 보이든 간에 자기 목적을 추구하는 "독립" 또는 "자기 의존", 셋째, 의지할 데 없는 사람들 편에서 행하는 광범위하고 지속적인 "헌신", 넷째, 유대인 보호나 구조 활동을 비상하거나 영웅적인 일이 아닌 "아주 작은 의무로 여기는 태도", 다섯째, 잘 설명할 수는 없지만 갑자기 또는 충동적으로 시작하는 "구조 노력", 여섯째, 약자에 대한 "보편주의 인식"이다.

택은 자신의 분석틀을 "사심 없는 구조"selfless rescue라고 부르고 세 가지 가설을 제시한다. 첫째, 공동체의 통제와 구속으로부터 자유로운 개인은 순응에 대한 압력에 저항하고 독립적으로 활동하기 쉽다. 둘째, 이런 개인은 약자를 도와야 한다는 도덕적 요청에 쉽게 동기화된다. 셋째, 돕는 행동은 습관이 된다. 도덕적 행동은 오래될수록 전통적이고, 확고한 유형이 되면 따르기가 쉬워진다. 허시는 타인을 도운 사람들은 자신의 삶이 위협받더라도 올바른 일을 하기 위해 도덕적 양심을 따르고, 복종과 순응으로부터 자유로운 사람들이라고 평가한다.[158]

60여 년이 더 지난 지금 전투의 무공을 자랑스럽게 여기는 사람도 있지만, 자신들이 행한 민간인 살해를 감사해 하는 사람은 거의 없다. 학살은 체계적인 과정을 통해 이루어졌지만 피해자의 고통과 아픔을 직접적으로 느껴야 했던 것은 최고위층이 아니라 방아쇠를 당긴 병사들이었다. 이들의 심리적 트라우마는 누구도 주목하지 않았다. 그들이 아무리 몹쓸 짓을 했다고 한들 대량학살을 명령한 자들의 행태보다 나쁘다고 비난할 수는 없다. 진실로 타인의 고통에 둔감한 자는 밀실에서 죽음을 결정하는, 내 편과 네 편을 가르는 위정자들이지 피해자와 대면해서 총구를 겨누는 수행자들이 아니다.

학살이 있은 후 술로 괴로움을 달랬다는 증언은 가해자의 정신적 상해가 결코 만만치 않았음을 보여 준다. 보령 지역의 경찰은 국민보도연맹원을 사살한 후 술을 먹었다. 이 지역의 검속자들은 보령시 대천동 소재 보령농협 창고에 수용된 후 1950년 7월 10일경 이어니재로 끌려가 살해되었다. 주산면 면장이었던 임회재는 지역 주민 20여 명이 총살당하는 현장을 목격했다.[159] 그는 생전 증언에서 살해당한 사람들은 대부분 국민보도연맹원이었는데 이들은 주산지서에 얼마간 감금되었다가 보령군 남포면 옥서리 이어니재에서 살해되었다고 밝혔다. 임회재는 경찰이 총살을 단행한 후 현장에 있었던 이들이 괴로웠는지 모두 술을 마셨다고 증언했다.

독일의 101경찰예비대대의 모습도 이와 유사하다. 이들이 최초로 유대인 학살이 있었던 유제프에서 처음 살인을 한 후 숙소에 돌아왔을 때 술이 지급되었다.[160] 병사들은 침통하고 화가 났으며 괴로워하고 동요했다. 식사는 거의 하지 않고 술만 마셨다. 지휘관 트라프 소령은 충분한 술을 병사들에게 지급했고 대원들은 만취했다. 그는 부대를 순회하며 책임은 고위층에 있다는 것을 강조하고 부대원들을 위로하려고 애썼다. 그러나 막사의 분위기는 수치심과 공포로 가득 찼다.

임종현은 헌병대 문관(민병대)으로 대구 지역의 6지대 대장이었는데 1950년 8월 초 칠곡군 지천면 신동고개에서 민간인을 총살했다.[161] 이곳에 끌려온 사람들 중에는 여자와 어린아이도 섞여 있었다. 총격이 있은 후 그는 헌병의 지시로, 신음하는 사람이나 숨이 붙어 있는 사람을 다시 총살했다. 임종현과 같은 문관 중에는 확인 사살을 차마 눈 뜨고 할 수 없어서 총구를 공중으로 향해 쏘는 경우도 있었다. 그러면 헌병대원이 그런 문관에게 권총을 거누면서 두들겨 팼다.[162]

총살은 6일 동안 계속되었고 마지막 날에는 모두 삽을 들고 와서 흙으로 시체를 덮었다. 하지만 무더운 여름날이라 시체는 이미 썩어, 마치 생선을 굽는 듯한 냄새가 진동했다. 임종현은 이 일로 갈치를 먹지 않는데 그의 아내와 자녀들도 그 이유를 알고 있었다. 그는 이 일을 평생 잊을 수가 없었다. 무고한 사람을 개나 돼지처럼 죽인 이 사건은 너무나 생생하게 남아 어떤 때는 꿈속에서 그를 괴롭히기까지 했다. 그는 전투경찰에 입대했다 제대한 뒤에는 이 일이 계속 마음에 걸려 현장 근처 마을을 찾아가 그곳의 시신이 수습되었는지 물어보기도 했다. 인간을 짐승으로 만드는 전쟁에 환멸을 느끼기도 했지만 살해 현장에는 결국 가보지 못했다.

가해자가 아니더라도 참혹한 현장을 직접 겪은 사람에게는 씻지 못할 트라우마가 남는다. 르완다에서 유엔평화유지군 책임자였던 로미오 달레르 장군은 후투 족이 휘두른 마체테를 가지고 다니며 외상 후 스트레스 장애에 관한 강의를 했다. 제노사이드가 끝난 지 4년 뒤인 1998년 2월 르완다국제형사재판소는 그를 증인으로 불렀다. 그는 재판정에서 자신의 "코에서 학살의 냄새를 감지했"고 이것이 어떻게 나타났는지 자기의 "머리와 감각 속으로 갑자기 이런 거대한 흐름이 밀려들었"는지 도무지 알 수 없었다. 캐나다인의 군 경험 스트레스를 다룬 텔레비전 프로그램, 〈악을 목격하다〉에 출연한 그는 내면의 고통을 고백했다.[163]

나는 자살하려고 했다. …… 다른 해결책이 없었기 때문이다. 그 고통과 소리들과 냄새들을 지니고 살 수 없었다. 때때로 모든 뇌세포들이 바짝 쥐어지는 것 같았다. 차라리 내 다리 하나를 잃는 것이 낫다고 생각했다. 여러분이 다리를 잃으면 분명 치료나 그 비슷한 것을 받을 수 있다. 하지만 여러분이 분별을 잃으면, 여러분이 원하는 도움을 얻고 원하는 것을 설명하는 것이 매우 어려워진다.

그는 이렇게 말한다. "나의 영혼은 르완다에 있었다. 그것은 결코 돌아온 적이 없었고, 앞으로도 돌아올 수 있을지 확신할 수 없다." 2000년 6월 결국 그는 자살을 시도했다.[164] 아마 임종현이 이랬을 것이다. 그의 영혼도 신동재고개에서 돌아오지 않고 거기 머물러 있었을 것이다.

잔학 행위는 처형의 형식을 띤다. 확인 사살이 그렇듯이 일반적으로 처형은 군사적으로나 개인적으로 살해자에게 중대하거나 즉각적인 위협을 가하지 않은 비전투원(민간인 또는 포로)을 근거리에서 살해하는 것이다. 가해자가 피해자를 죽이는 동기는 내적인 것이 아니라 외적인 것이지만 직접적인 살해는 인간성의 파멸을 가져올 수 있다. 잔혹한 행위는 희생자의 죽음으로 끝나지 않는다. 명령에 따른 살인 행위가 그 순간에는 쉬울 수 있으나 죄책감을 갖고 사는 것은 평생 고통스럽다. 학살에 가담한 것으로 알려진 많은 사람들이 스스로 무거운 짐을 지고 살아가는데, 이는 역설적이게도 살해에 대한 개인의 책임을 부인하기 어렵다는 것을 보여 준다.

처형이 이루어지는 상황에서 적극적인 참여자든 수동적인 참여자든 이에 가담하는 병사들은 피할 도리가 없는 냉혹한 선택에 직면하게 된다. 잔혹 행위는 피해자에게만 해당하는 것이 아니라 가해자에게도 자기 파괴적인 결과를 가져온다. 정책으로 집행된 집단적 행위임에도 불구하고 학살의 대가는 가해자에게 심리적 외상으로 남는다.[165] 사건을 경험한 많은 사람들이 정상적인 생활을 하지 못하거나 특정한 냄새, 모습에서 과거 자신의 행위를 떠올리며 괴로워하는 것은 일반적인 현상이다. 그들은 자신들이 저지른 일을 떠안고 살아가야만 하는 정신적 외상을 갖고 있다.

지금 우리가 살인 명령을 거부한 사람들의 행위를 기억하는 것은 단순히 나른 사람이 하지 못한 영웅적인 행동을 했기 때문에 이를 찬양하기 위해서가 아니다. 이들을 둘러싼 '명령의 정치구조' 속에서 자아가 겪어야 했던 심리적 갈등과 선택의 불확실성을 깊이 이해하고 내면의 동기를 찾는 것은 궁극적으로 앞일을 내다보기 위해서다. 생존자의 서사와 마찬가지로 명령을 거부한 이들과 가해자들이 대면한 죽음의 공포는 미래의 유산으로 기억해야 한다. 이것이 아니라면 비극이 다른 형태로 '반복'될 가능성을 어떻게 예방할 수 있겠는가.

만약 가해자에게 다른 사람을 죽여야 하는 명령이나 강제가 없었다면 그들도 기꺼이 그렇게 하지 않았을 것이다. 반면에 만약 평범한 사람들에게 사람을 죽여야 하는 불가피한 상황이 주어졌다면, 이를 거부할 만한 사람 또한 매우 드물 것이다. 사람을 죽이거나 그런 살해 장면을 겪어야 했던 순간에 오는 매우 강한 고통은 오랫동안 개인적인 참회를 가로막아 왔다. 그러나 막상 누군가에게 자신이 경험한 일을 털어놓고 인정했을 때, 고통은 줄어들었고 심리적으로 조금이나마 안정될 수 있었다. 임종현과 배학래, 임길동이 바로 그런 사람들이었다.

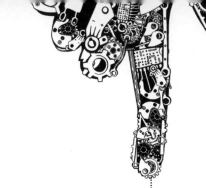

7

학살은 전쟁의 산물인가

학살은
전쟁의 산물인가

왜 죽였을까

대량학살은 전쟁의 산물인가. '내부의 적'은 '외부의 적'과 동일한가. 전쟁이라는 '국가 위기', '전시'라고 하는 매우 특별한 조건이 학살을 일으켰는가. 이승만 정부의 군과 경찰이 국민보도연맹원 등을 검속해 살해한 이유는 무엇일까. 11사단의 작전은 어떻게 주민들을 적으로 몰아 살해했는가. 먼저 국민보도연맹의 경우를 살펴보자. 군과 경찰 측이 주장하는 대로 서울·경기 지역의 국민보도연맹원이 인민군에게 협조한 것이 실제 군경에 큰 위협이 되었는지는 논란이 되어 왔다. 군경은 개전 직후 국민보도연맹원 등 요시찰인을 매우 신속하게 연행·구금했고, 서울이 인민군에 함락되면서 전황이 급속히 불리해지는 1950년 6월 28일경부터 8~9월경까지 구금된 사람들을 집단살해했다. 개전 초기 단행한 구금은 전황이 악화되면서 학살로 이어진 것으로 추정할 수 있다. 국민보도연맹원뿐만 아니라 좌익 관련자, 형무소 '정치범', 요시찰인 등이 광범위하게 포함되어 있었다.

정부가 전쟁 상황에서 단행한 '사상범'에 대한 검속과 학살은, 드러난 양상으로 보면 일제강점기 말기 조선인 '사상범'에 대한 처리 방침을 본받은 것이다.[1] 다른 점이 있다면 일제는 갑작스런 패망과 항복으로 이 계획을 실행하지 못했지만, 이승만 정부는 좌익 관련자들을 수시로 검속하다가 전쟁이 발발하자 이들을 전면적으로 연행해 구금한 다음 살해했다는 것이다. 6월 28일 전후부터 군경은 요시찰인 가운데 중요한 좌익 관련자나 국민보도연맹원 간부들을 연행한 후 사살하기 시작했다. 서울을 인민군에게 뺏기고 전세가 계속 불리해지자 한강 이남 거의 모든 지역에서 군경은 후퇴하면서 검속자를 사살했다. 이승만 정부가 애초부터 이들을 전면 살해할 계획을 갖고 있었는지는 정확하게 판단하기 어렵다. 다만 앞서 보았듯이 1950년 6월 25~28일 사이에 이 모든 일이 결정되었을 것이다.

인민군 남침과 국민보도연맹원의 협조 그리고 이에 대응한 군경에 대해 살펴보자. 경찰 사찰계 출신 중에는 인민군이 서울 인근 지역을 점령하자 국민보도연맹원이 동조해 반란을 일으켰고, 이 때문에 이승만 정부가 그들을 학살했다고 진술하거나, 북한에 협력할 것을 우려해 총살했다고 주장한다. 인민군이 진주하면 국민보도연맹원들이 북한 편에 설 것이라고 예단한 것이다.

충북 지역에는 서울·경기 지역에서 국민보도연맹원이 국군에게 총을 들이댔다는 소식이 전해졌다. 영동경찰서 보안계에 근무한 김인구는 "전쟁이 발발하자 전향이 덜 된 사람들이 공산당을 지원한다면서 정부가 사살한 것"이라고 생각했다. 같은 서에 근무한 권혁수는 '국민보도연맹원이 인민군과 합세하지 못하도록 하기 위해 사살 지시가 내려진 것이다'라고 진술했다.[2] 진천경찰서 수사과에 근무한 김수동은 전쟁 직후 16연대 소속으로 추정되는 군인이 경찰서에 들어와 '국민보도연맹원들을 그냥 두고 내려가면 다시 일어나서 피해 볼 사람들이 많기 때문에 모두 처리하고 가야 한다'고 말하는 것을 들었다.[3] 김재옥은 헌병으로부터 경찰이 국민보도연맹을 '호랑이'로 키운 것이라는 비유를 들었다.[4]

울산은 인민군이 점령하지 못한 지역이었으나 피난을 온 타지 사람들로부터 경찰이나 군인, 공무원 가족들이 좌익에 의해 죽임을 당했기 때문에 국민보도연맹원을 죽였다는 소문이 나돌았다. 울산에서 경찰로 있던 김창록은 인민군이 내려올 때 국민보도연맹원들이 박수를 치고 '공화국 만세'를 부르면서 환영했기 때문에 죽인 것이라고 밝혔다.[5] 김윤근은 국민보도연맹원을 학살했기 때문에 남한에서 박헌영이 주장한 폭동이 일어나지 않았고, 이런 사전 조치가 예방 효과를 발휘했다고 주장했다.[6]

그러나 이와 같은 군인과 경찰의 증언에도 불구하고 선우종원은 이런 말들이 낭설이라고 생각했다. 6월 28일 새벽 그는 서울을 탈출해 수원에 도착했는데, 국민보도연맹원들이 파출소를 점거하고 난동을 피운다고 해서 알아보니 일부 그런 사람들이 있는 것을 알았다.[7] 그러나 일부 군인과 경찰이 주장하는 것처럼 인민군에 협력했기 때문에 이남 지역에서 살해되었는가. 이미 살펴보았지만 인민군 점령 지역에서 이들이 의용군에 자원하거나 인민위원회에 가담하는 등 북한 당국에 협력한 것은 사실이다. 인민군이 남한 지역을 점령한 2개월 동안 국민보도연맹원뿐만 아니라 피난을 떠나지 못한 많은 사람들이 북한 당국에게 협력했다. 사람들은 점령지 정치 세력의 정책에 따르고 순응했으며 필요에 따라 동원되었다. 물론 그중에는 인민군의 정책과 가치에 동의해 적극적으로 활동한 사람도 있었을 것이다.

개전 초기 2~3일 동안 서울과 경기북부 지역에서 국민보도연맹원은 별다른 조직적 행동을 할 수 없었다. 오제도가 증언에서 밝힌 대로 서울 지역은 검찰의 통제하에 별다른 사고가 없었다.[8] 앞서 서술한 대로 이들은 6월 25일부터 서울을 떠나기까지 시내 각 구 연맹에서 구호 활동을 펼쳤다. 수원에서도 경찰은 사전에 국민보도연맹원을 관리했다.[9] 인천에서는 경찰이 수원으로 후퇴하자마자 숨어 있던 좌익들이(그중 일부는 국민보도연맹원일 가능성이 있다) 거리로 나와 인천시청을 한때 점령했다. 그들은 시청사에 인공기를 게양했으나 7월 4일 경찰이 다시 진주해 붙잡혔고 결국 월미도 앞바다에 수장되었다.[10]

정부가 서울을 포기하고 후퇴한 6월 28일 이후 경기·강원 지역의 일부 국민보도연맹원은 점령자인 인민군에게 협조했다. 수도경비사령부에 근무 중이던 강영환은 인민군에게 포위된 걸 알고 한강을 건너 서울 지역을 벗어날 즈음 이들이 활동하는 것을 보았다.[11] 인민군이 강원도 횡성 인근 창봉리에 지휘부를 두고 있을 때, 주영복은 정치보위부 막사에 국민보도연맹원이 드나들면서 협조하는 것을 목격했다.[12] 일부 지역에서 이들은 인민군을 환영하기도 했다. 충남 예산에서 검속된 사람들은 1차로 석방되었는데, 그중 일부가 예산읍 쌍소무배기 하천에서 "인민군 환영"이라는 대자보를 붙이다 잡혀서 경찰에 인계된 후 사살되었다.[13]

인민군이 서울을 점령하자 피난을 떠나지 못한 국민보도연맹원 중에는 북한에 협조하는 경우가 있었다. 연극인 고설봉은 전쟁이 나고 인민군이 바로 들어왔을 때 남한 정부에서 "강제로 보도연맹을 만들어서 들라고 그랬지, 우리가 든 게 아니다"라며 변명하고 다니면서 활동하는 이들을 제법 볼 수 있었다. 그는 이들이 우익 인사들이나 친일 쪽 사람들을 무슨 반동분자라며 밀고하는 것을 보기도 했다.[14] 중요한 것은 국민보도연맹원이 과거에 활동할 때 자신들을 잡아간 경찰과 군인, 그 가족들을 많이 지목한 사실이고 그래서 그런 사람들이 인민군에게 많은 변을 당했다는 점이다.

주한 미국 대사관은 인민군이 서울을 점령한 후 국민보도연맹원들이 북한에 협조하고 있다는 정보를 수집했다. 1950년 7월 11일 주한 미국 대사관 3등 서기관 도널드 맥도널드Donald S. Macdonald는 대전에서 전 사회부 장관 비서인 임태정을 만난 후 "맥도널드 보고서"를 작성했다. 그는 국민보도연맹원이 "인민군에 앞장서고 있다"며 북한이 6월 28일 오후 형무소에 수감되어 있던 좌익 재소자와 서울시내 좌익 세력을 모아 인민위원회를 구성하고 있다고 보고했다. 보고서에는 임태정이 "한국 정부가 보도연맹을 조직한 것은 실수였다"라고 말한 것으로 나타나 있다. 주한 미국 대사관 부영사인 그레고리 핸더슨Gregory Handerson은 1950년 7월 4~5일 비망록에서 "공산주의자들의 형식적인 재판에서 보도연맹이 중요한 역할을 하고 있다"라고 기록했다.[15]

미군 제25사단 441 CIC의 1950년 7월 16일 전투 일지 및 활동 보고에는 "보도연맹원들이 여전히 공산주의 사상에 물들어 있으며, 은밀하게 공산당 활동을 하고 있다"라고 기록되어 있다.[16] 인민군이 점령한 서울 지역에서 국민보도연맹원들은 어떤 방식으로든 북한 당국에게 도움을 주고 있었다.

그러나 미군의 보고와는 다르게 서울 수복 이후 군검경 합동수사본부 지휘부 검사였던 오제도는 '보련이나 서대문 형무소에 있다 나온 좌익범들은 7월 초부터 공산 측에게 배척받았'으며, '이런 사람들이 낙오된 군경이나 그 가족을 숨겨 준 일이 많았다'고 반대되는 증언을 했다.[17] 다시 말해 일부 국민보도연맹원은 오히려 정부에 충성을 다하려 했다는 주장인 셈이다. 또한 후방 지역에는 이들이 중심이 되어 전쟁에 나설 것을 독려했다. 인민군이 계속 남하하던 7월 이후 부산과 마산에서는 다수의 국민보도연맹원이 국군 위문금과 금품을 자진해 거출했고, 남한 정부에 재차 충성을 맹세하면서 군 자원입대를 혈서로 쓰기도 했다.[18]

인민군이 서울을 점령하기 전까지 이남 지역에서 국민보도연맹원 등 좌익들이 소요나 무장폭동 등과 같은 집단적인 행위를 야기하지는 않았다. 인민군이 점령한 이후 이들이 협조했는가의 문제는, 군경이 개전 초기부터 이들을 검속해 수용한 뒤 후퇴하기 직전에 사살한 것과 시기적으로나 내용적으로 별도의 문제였다. 그럼에도 불구하고 6월 28일 이후부터 군경이 급히 후퇴한 경기 이남과 충청 북부 지역에서는 검속 후 곧바로 사살이 이뤄졌고, 국민보도연맹원 중 간부급은 전 지역에서 개전 직후부터 7월 초·중순경까지 검속되어 살해되었다. 후방에서 가장 안전한 지역이었던 경북 남부와 경남 내륙 지역 그리고 부산의 경우 7월 초순부터 9월 중순까지 국민보도연맹원들은 어떤 반란 행동도 하지 않았으나 구금 이후 여러 번에 걸쳐 집단학살을 당했다.

정부가 요시찰인을 일사분란하게 연행·구금한 이후 극히 형식적인 심사와 분류 절차를 통해 집단학살을 감행한 것은 '구체적인 행위' 때문이 아니었다. 이것은 개전 초기 급격히 후퇴해야 했던 전황과 이들이 전쟁 이전부터 '적대 세력'이자 '요시찰인'으로 분류되어 감시와 통제를 받은 존재였던 사실, 그리고 유사시에 이들을 살해할 수 있다는, '좌익'에 대한 깊은 증오심이 발동한 조치라고 볼 수 있다. '예방'이라기보다는[19] 이승만 체제에서 제거 대상으로 전락한 국민보도연맹원과 요시찰인의 정치적 위치와 '빨갱이'에 대한 문화적 전이에서 그 이유를 찾을 수 있을 것이다. 반공 국가의 저변에 깔린 이념적 경직성과 정치적 반대 세력에 대한 정권의 불관용이 전쟁을 계기로 폭발한 것이다.

38도선 접경 지역과 서울 인근 국민보도연맹원이 인민군에게 협력했거나 반란을 일으켰기 때문에 이들을 죽였다는 설명은 단편적인 지적일 뿐이다. 북한이 통치를 시작한 지역에서 당국에 협조하는 것은 자의와 타의라고 하는 복잡한 정치과정의 결과였다. 군경이 후퇴하자 서울·인천 등 일부 지역에서 이들이 북한을 지지하는 행동을 한 사실이 있지만, 그렇다고 후퇴하지 않은 한국 정부에 위협적인 집단행동이나 무장투쟁을 했다는 증거는 찾기 어렵다. 따라서 사실을 보더라도 대규모 살상이 발생하게 된 원인을 국민보도연맹원에게 지우는 것은 책임과 비난을 떠넘기는 것이다. 가해자의 범죄를 피해자의 책임으로 만듦으로써 정부 고위층과 군경 지휘관들은 학살을 합리화하고 정당화했다.

집단 간의 심각한 분열과 제노사이드에 초점을 두는 것은 다원적 사회 이론plural society theory에서 찾을 수 있다. 사회적 균열은 양극화와 집단 간의 불신이나 증오, 갈등을 고조시키고 무엇보다 집단 사이의 비인간적 특징을 강조한다.[20] 그러나 한국에서 국민보도연맹원은 가해자라고 할 수 있는 다른 세력과 마찬가지로 동일한 사회적·경제적 집단이었다. 이들은 여타 집단과는 다른, 경제적 계급 간의 깊은 균열이나 문화적 지표의 차이는 거의 찾아 볼 수 없고 단지 정치적 집단으로 구별되었을 뿐이다.

다음으로 거창사건에 대해 논의해 보자. 11사단 작전에서 많은 민간인들이 죽은 것은 무엇 때문일까. 작전으로서 학살은 군이 미수복지구 내의 주민을 적으로 설정하거나 적을 이롭게 했을 것이라는 추정하에 벌어진다.[21] 즉 학살이 초토화작전의 한 방편으로 진행될 때 작전지역 내에서 민간인과 적은 구분되지 않는다. 거창 학살은 영토 내 주권의 독점을 구축하는 과정에서 일어난, 도전 세력에 대한 공격의 일부였다. 국가가 민간인에 대해 벌이는 학살은 국가권력의 형성 과정과 주체, 행사 방법과 관련이 있다. 근대국가의 형성 과정은 폭력의 독점과 정당성을 다투는 세력들 간의 체계적인 배제의 과정이자, 자국 영토 내 주민들에 대한 통합과 충성의 독점적 확보를 추구한다. 이렇게 국가는 정당성을 구축함으로써 대내외적으로 주권을 독점한다.[22]

전선의 이동은 남한 체제에 소속될 "내집단과 외집단, 자기와 타자, 내 편과 네 편, 국민과 적을 가르는 국경"을 의미한다. 점령 지역 내 구성원은 "적, 또는 적과 연결된 외집단으로 의제되어 과도한 폭력 행사의 대상으로" 변한다. 전쟁은 점령과 피점령, 지배와 피지배라고 하는 통치 과정에서 국민을 형성하고 "반대 세력을 '민족 내 국경' 너머로 몰아"낸다.[23] 내전에서 가변적 국경은 사람들에게 점령자에 대한 지지와 반대를 분명히 할 것을 요구한다. 주민들이 적으로 간주되는 상황은 전투원과 비전투원을 "구별"하지 않는 행태에서 쉽게 나타난다. 비전투원에 대해 대량학살의 정의에서 검토했지만, 주민들이 무장 세력을 옹호하거나 비폭력적 정치 활동에 참여하는 전투원과 연계된다고 해서 전투원으로 전환되는 것은 아니다.[24] 직접적인 물리적 가해를 가하지 않는 상황에서 이들은 적과 구별되어야 하지만, 거창사건에서 보듯이 신원면 일부 지역 주민 전체는 적으로 설정되었다.

이와 같은 국내 평정internal pacification 과정은 "이미 국민으로서 존재"하는 개인을 국가의 정당성에 도전하는, 국민이 아닌 존재로 탈락시킨다. 거창사건처럼 "내부의 특정집단이 외부와 연계된, 주권에 대한 도전세력" 내지는 적대적인 국민으로 인식될 경우 이들은 폭력 행사의 대상으로 전환된다.[25] 내부의 반대 세력을 제압하면서 지지 세력을 결집시키는 과정에서 다른 이념을 가진 것으로 의심받는 사람들을 배제하는 학살은 정당화되었다. 이는 비단 전쟁 중에 전선과 그 경계가 이동하기 때문에 발생하기도 하지만, 이미 11사단의 작전 개념에 내포된 것이었다. 수복은 곧 빼앗긴 땅을 다시 빼앗는 것만을 의미하지 않았다. 이는 누가 국가 공동체의 성원인가를 결정하는 정치의 문제였고, 전쟁은 이 정치적인 결정을 군대와 그 지휘관들에게 맡긴다는 데 가장 큰 문제가 있었다.

요컨대 군경이 주장하듯이 정부가 국민보도연맹원 등 요시찰인을 인민군에게 협력했거나 그렇게 할 것이기 때문에 학살했다고 보는 것은 일면적이다. 그보다는 오히려 남한의 정치 공동체 성원으로서 보호받아야 하는 사람, 시민으로서 권리를 가진 사람으로 여기지 않았기 때문이라고 보는 것이 타당할 것이다. 다른 한편으로는 내부의 위협에 대한 극단적인 불안감에서 비롯된 것이라고 볼 수도 있다. 후자의 관점에서 보자면 수도 서울이 함락된 이후 전황의 악화에 따른 위기의식이 전면적인 대량학살을 가져온 것이라고 할 수 있다. 이와 같은 사건 전개는 국민보도연맹원 학살의 원인으로 권력 고위층의 태도나 정신 상태와 연관이 있다고 보는 맥락과 맞닿아 있다.[26]

1974년 뉴욕 뉴스쿨 대학 강연에서 아렌트는 "사람을 죽이는 것보다 개를 죽이는 것이 쉽고, 쥐나 개구리를 죽이는 것은 더 쉬우며 그리고 벌레를 죽이는 일은 아무 문제도 아니다. 중요한 것은 시선the glance, 눈동자the eyes다"라고 말했다.[27] 이 의미는 가해자가 희생자를 어느 정도 주체적인 존재로 자각하게 되면 희생자가 느끼는 고통이나 그의 저항을 인식하게 됨에 따라 가해 행위가 어려워진다는 것이다. 결국 동정심이나 죄책감은 살해에 방해가 될 뿐만 아니라 가해자에게도 정신적으로 큰 상처를 남긴다.

전쟁 이전부터 만연했던, '좌익'에 대한 정치문화적 반감 또한 국민보도연맹원의 살해를 좀 더 쉽게 결정할 수 있게 했다. 사상의 차원에서 '내부의 적'은, 클로드 르포르Claude Lefort가 칼 마르크스Karl Marx를 들어 지적했듯이, "지배계급이 자신들의 지배의 정당성과 필요성을 믿게 하기 위해 그리고 그 지배의 근거를 자신에게서 찾기 위해 만들어 낸 표상들의 집합체"다.[28] 이데올로기로 정의되는 '적'은 한마디로 왜곡·은폐·망각의 대상이다. 그러나 여기서 멈추지 않고 인위적으로 이를 생산해내는 것이 필요해졌다. 이승만 정부가 등장한 이후 극우 반공 정권에서 '좌익'의 분리가 국가 공동체의 의제로 떠올랐던 것도 이런 맥락에서 이해할 수 있다.

더욱 중요한 것은 민간인에 대한 살상이 전선과는 별개일 수 있다는 점이다. 어떤 '집단'이 정치 공동체 내부에서 생명을 박탈당하는 것은 전시가 아니더라도 충분히 가능하다. 전쟁이 학살을 가져오기도 하지만 반드시 그런 것은 아니라고 할 때, 학살에는 명백히 정치적 의도가 개입되어 있음을 알 수 있다. 전황의 악화와 인민군에 대한 국민보도연맹원들의 동조 여부를 떠나서 미점령 지역인 낙동강 방어선 안쪽 지역, 특히 부산 인근 지역의 잔혹한 학살은 반대 세력을 제거한 것이라고 볼 수 있다. '좌익'이라는 수사로 포장된 세력에 대한 살인은 이승만 정부의 정치적 목표였으며 이는 전선과 별개였을 수 있다.

국가 위기와 대량학살의 상호 관계에 대한 두 가지 이론을 살펴보자. 첫째, 제노사이드의 발생 원인을 국가 위기의 사회적·심리적 영향에 초점을 두는 희생양 이론scapegoat theory이다. 대량학살이 국가 위기에 뒤이어 일어난다는 이 가설은 대체로 확인이 가능하지만 이 둘 사이에 반드시 인과관계가 있는 것은 아니다. 국가 위기가 대량학살을 필연적으로 또는 일반적으로 초래하는 것은 아니라는 의미다.[29] 다음으로 정치적 기회 이론 political opportunity theory은 국가 위기가 희생양을 만들어 내는 것이 아니라 정치권력을 공고히 하거나 제노사이드 이데올로기를 수행하려는 엘리트들에게 학살이 유인과 기회, 구실을 제공한다고 본다. 전시만이 아니라 해방 후부터 이어진 한반도의 적대적 분단 과정 속에 전쟁과 대량학살을 대입해 보면, 정치권력의 공고화는 양 체제에서 가장 중요한 목표였다. 왜냐하면 전쟁은 사실상 모든 정치권력을 내주느냐 아니면 획득하느냐 하는 제로섬게임이기 때문이다. 이런 맥락에서 한국의 집단학살은 전쟁의 산물이라고 할 수만은 없으며 정치권력의 독점과 국가 위기가 결합한 결과이자, 전선의 배후에서 또 다른 정치가 작동하고 있었음을 짐작할 수 있게 하는 사건이다.

어빙 루이스 호로비츠Irving Louis Horowitz는 제노사이드를 국가의 이데올로기와 사회 모델을 채택한 국가의 정책으로 파악하고, 죄가 없는 사람들에 대한 관료 기구의 구조적이고 체계적인 파괴라고 규정했다.[30] 바우만은 근대화 과정에서 발전한 관료제의 행동 양식에 집단학살을 수행하는데 필요한 기술적 요소가 포함되었다고 본다.[31] 이 양식은 구조와 메커니즘, 행동 규범에 있어서 집단학살에 봉사하도록 한다. 그렇다고 관료제가 단순한 도구라는 뜻은 아니다. 관료제는 일단 비인간화에 대한 추동력이 주어지면 인간과 비인간적 대상을 구분하지 않고 최적의 효율성을 추구하는 나름의 논리와 관성을 지닌다는 점에서 주목할 만하다. 관료제의 특성상 국가의 역할을 강조한다는 점에서 볼 때, 전시 물리력을 독점한 정치체제는 제노사이드를 일으킬 충분한 조건을 갖추고 있었다. 또한 국가의 이데올로기와 이념, 문화는 서로 다른 사상의 공존을 가로막고 내부의 위협을 섬멸하는 논리로 확대될 가능성을 항시 안고 있다.

얼마나 죽었을까

죽은 사람의 수를 통계로 말하는 것이 도덕적으로나 윤리적으로 온당하지 않을 수 있다. 단 한 사람의 죽음이라도 억울함은 마찬가지이기 때문이다. 그러나 희생자의 규모를 측정하는 것이 반드시 비도덕적인 것은 아니다. 왜냐하면 한 사람이 죽었거나 단지 몇 사람이 정치 폭력이 아니라 개별 가해자의 행위로 죽었다면 이 책이 말하는 것은 그다지 쓸모없을 것이기 때문이다. 홀로코스트 사망자는 일반적으로 알려지기로는 582만 960명이다.[32] 그 밖의 대규모 잔혹 행위로 인한 사망자는 아르메니아인 100만~150만 명, 캄보디아의 경우 200만 명, 르완다 80만~100만 명, 보스니아 25만 명, 중국 문화대혁명 40만~100만 명, 스탈린 체제의 숙청과 테러에서 100만 명으로 추정한다.

한국전쟁에서 민간인은 얼마나 죽었을까. 인구학적 관점에서 보면 전쟁은 인구 이동과 사망, 출산에 큰 영향을 미치며 이런 범주는 군인보다는 민간인이 큰 피해를 입는다. 한국전쟁에서 군인을 포함한 인구의 변화는 월남과 월북, 사망은 남북한 정부에 의한 학살, 부상과 행방불명 등으로 나누어 볼 수 있다. 이들을 모두 포함한 인구 추계에 따르면 전쟁으로 인해 남한 인구는 약 129만 명 정도가 감소했다.[33] 군인 30만여 명을 제외하면 민간인 인구의 감소는 약 100만 명에 이르는 것으로 추측할 수 있다.[34]

시민사회에서는 흔히 100만 명의 민간인이 학살된 것으로 알려져 있다. 이는 단순히 피난민이나 거주가 불명확한 경우가 아니라, 군경이 전쟁 중에 집단학살한 국민보도연맹원과 형무소 재소자, 부역 혐의자, 미군 폭격, 11사단 토벌 작전 등의 피해를 모두 포함한 것이다. 이 인원은 1960년 전국피학살자유족회가 정부에 제출한 회원 현황을 근거로 하고 있다. 유족 회원이 114만여 명으로 집계되어 있기 때문에 오늘날 피해 규모를 100만여 명으로 추정하고 있다. 하지만 이를 정확히 밝히는 것은 거의 불가능에 가깝다. 유족들이 스스로 국가 폭력의 피해자가 되어야 할 근거나 이유가 없다는 점에서 보자면 114만 명이라는 유족 회원의 숫자는 논리적으로 타당할 수 있다. 그러나 실제 유족 회원 현황이 개인별 집계가 아니고 각 도별로 일정한 규모만 제시되어 있기 때문에 그대로 받아들이기도 어렵다.

한국 정부는 전쟁기 인명 피해에 관해 몇 가지 공식 자료를 남겼다. 이 통계와 명부는 북한이 남한을 점령한 이후 피살하거나 납치한 인명 피해다. 공보처 통계국은 피살, 피납, 사망, 부상, 행방불명, 월북자 등을 별도로 집계했다.[35] 자료 중에서 전쟁 때 작성된 서울시 인명 피해 통계는 나름대로 개인별 인적 사항까지 조사한 매우 상세한 자료로 평가할 수 있다. 나머지 통계자료는 대부분 북한 당국이 저지른 피살자와 후퇴 때 납치한 사람 그리고 월북한 민간인을 다루고 있다.[36] 그중에서 귀중한 사료로 평가할 수 있는 것은 서울시 피해자 통계에서 '공폭'空爆으로 인한 사망자 4,250명과 부상자 2,413명인데, 미군의 폭격으로 피살된 민간인이다.[37] 진실화해위원회는 서울 지역의 미군 폭격 사건을 조사하면서 이 통계를 기준으로 사망 피해자와 그 규모를 추산했다.[38] 그러나 이 책에서 주목하고 있는 것처럼 한국 정부에 의한 남한 민간인 피해 통계는 집계되어 있지 않다.

국민보도연맹원 피해에 국한해서 살펴보면 개전 초기부터 서울 수복이 있은 9월 말경까지 전국에서 얼마나 많은 사람들이 살해되었는지 정확하게 알 수 없다.[39] 1949년 4월 20일부터 결성되기 시작해 1950년 6월 초순경까지 조직된 전국 규모의 국민보도연맹원은 얼마나 되었으며, 전쟁으로 살해당한 수는 얼마일까. 현재까지 알려진 증언과 학계의 연구에 따르면, 각 시·군·읍·면·리 단위까지 결성된 이 조직은 최대 30만~33만여 명에 이른 것으로 알려졌다. 조직 결성을 주도한 오제도는 전체 맹원 수를 30만 명으로 추산했다.[40] 역시 이들을 관리하고 교육에 직접 참여했던 선우종원은 자서전에서 그 수를 33만 명이라고 밝혔다.[41] 하지만 그는 MBC와 가진 인터뷰에서는 20만여 명이라고 말했다.[42] 한편 인민의용군 초모 사업에 나섰던 김남식은 30만 명으로 추정했다.[43]

그러면 이 가운데 얼마나 많은 사람들이 죽었을까. 전쟁 중에 사살당하거나 행방불명된 국민보도연맹원은 많게는 30만여 명부터 적게는 10만 명으로 추정하고 있다.[44] 서중석은 충북의 국민보도연맹원 1만여 명 가운데 3천여 명이 학살된 것을 다른 지역에 적용해 사망자가 최대 10만 명은 넘지 않을 것으로 보고 있다.[45] 이 사건을 전국적으로 취재한 MBC 〈이제는 말할 수 있다〉 제작팀은 피해 현장을 바탕으로 희생자 규모를 약 20만 명으로 계산했다.

곤혹스러움은 주장과 사실 사이의 간극이 너무나 크다는 데 있다. 정부 기관인 진실화해위원회는 국민보도연맹 사건에서 최소 4,934명을 희생자로 결정했다.[46] 이 규모는 개인별 신원이 확인된 사례에 한정했기 때문이다. 1950년 5월 남한에는 162개 시·군·구, 75개 읍, 1,448개 면이 있었다.[47] 진실화해위원회 조사에 따르면 사건이 발생한 시·군은 총 114개이고 그중 국민보도연맹원 규모가 어느 정도 밝혀진 곳은 김해 993명, 울산 1,561명, 청도 2,138명이었다. 희생자 수는 김해 750명, 울산 870명, 청도 586명인데 세 곳은 모두 피해 규모를 최소로 산정한 경우였다. 한편 제한된 지역에서만 조사가 이뤄졌던 1960년 제4대 국회 양민학살사건진상조사특별위원회 조사에 따르면 인명 피해는 8,715명이었다.

피해 규모를 추산할 때 고려할 점은 첫째, 인민군 미점령지일수록 사망 인원이 많다는 것이다. 둘째, 전라, 충청, 경기, 강원, 서울 지역으로 북상할수록 피해 규모는 상대적으로 줄어든다는 점이다. 셋째, 진실화해위원회에 신청하지 않은 사건과, 희생 사실은 밝혀졌지만 관련 자료가 부족해 피해 규모를 확인하지 못한 지역이 상당하다는 점이다. 넷째, 앞서 서술했듯이 국민보도연맹은 지역 조직뿐만 아니라 철도, 보건, 문화예술 등 직능별 조직과 직장 내 조직이 별도로 만들어져 있었기 때문에 이들 희생자를 포함해야 한다. 하지만 불행하게도 피해 규모는 말할 것도 없고 직능·직장별 국민보도연맹원 규모조차 밝혀지지 않았다.

따라서 전수 조사를 하지 않는 이상 정확한 희생자 수를 밝히는 것은 매우 어려운 실정이다. 설령 전수 조사를 실시한다 해도 63년이 더 지난 일을 전후 세대가 알고 있으리라는 보장이 없다. 그럼에도 불구하고 진실화해위원회는 최소 약 2만여 명을 희생자로 추정했다.[48] 이것은 1년 동안 신청한 사건을 중심으로 진술과 자료에서 한 번이라도 언급된 내용을 기초로 했는데, 이마저도 희생자를 알 수 없는 43개 시·군은 제외한 것이었다.

거창사건 등 개별 지역에서 밝혀진 피해 인원을 제외하면 국민보도
연맹뿐만 아니라 한국전쟁에서 살해당한 민간인 전체 피해 규모를 가늠
하는 것은 아주 어려운 숙제다. 정부 기관과 시민사회, 유족, 언론의 노력
에도 불구하고 정확한 피해를 파악하는 것은 불가능하다. 그만큼 희생자
에 대한 증언과 자료가 전국에서 확보되지 않는 이상 이를 명확히 밝히기
에는 너무나 많은 시간이 흘렀기 때문이다. 시간이 지나면 모든 것이 밝
혀지는 것이 역사의 순리일까. 그러나 아무리 시간이 지나도 밝혀지지 않
는 것은 끝내 밝혀지지 않는다.

전국피학살자유족회와
4대 국회의 활동

『돌꽃』: 피의 유산

1960년 4·19로 촉발된 민주주의 이행은 피해자들에게 진상규명의 기회
를 열어 주었다. 국내 정치 상황이 변함에 따라 피학살자 유족들은 진상
규명을 요구하기 시작했다. 그해 5월 11일 거창군 신원면에서는 진상규
명을 요구하는 유가족들이 사건 당시 신원면장이었던 박영보를 살해했
다.[49] 이 사건은 언론을 통해 전국에 보도되었고 그동안 금기시되었던 학
살 문제를 알리는 기폭제가 되었다. 여러 곳에서 전쟁기 학살 사건에 대
한 진상규명 요구가 불거졌고 경상남북도를 중심으로 확산되었다.

경상남북도를 중심으로 피해자 진상규명을 요구하는 시·군 단위 지
역별 유족회가 조직되고, 대구, 경북, 경주, 울산, 밀양, 양산, 동래, 김해
(진영), 마산, 창원, 통영, 제주 등지에서 유해를 발굴하고 합동으로 장례

를 치러 묘를 만들고 가해자의 법적 조치 등을 요구했다. 결성된 유족회에는 국민보도연맹 사건을 포함해 군 작전의 희생자 등 다양한 유형의 피해 유족들이 참여했다. 1960년 10월 20일 유족들은 전국피학살자유족회를 결성했다. 전국피학살자유족회는 서울시 종로구 소재 전 자유당 중앙당 사무실에서 경상남북도 각 시·군 유족회 대표 50여 명이 모여 결성 대회를 가졌다. 유족회는 회장 노현섭, 부회장 탁복수, 사정위원장 이원식, 사정위원 이삼근, 중앙위원으로 권중락, 이용노, 오음전, 하은수, 문대현 등을 선임했다.[50]

전국피학살자유족회 결성 대회 선언문은 이승만 정부가 저지른 동족 대학살을 통탄하고 무덤도 없이 원혼이 된 희생자들을 위로했다. 전국피학살자유족회는 정부 측에 여섯 가지 요구 사항을 제시했다.[51] 그들은 현장 조사와 유해 발굴, 관련자 증언 청취 등 다양한 활동을 시도했다. 지역별로는 경상남북도를 중심으로 피해자들의 진상규명 운동이 조직적으로 전개되었다. 이들의 적극적이고 활발한 활동은 국무원 사무처장에게 보낸 문건에서 알 수 있다. 전국유족회가 제출한 활동 개황 보고서와 회원 현황에는 자세한 활동 방향과 취지가 드러나 있다.

대구·경북 지역을 살펴보면, 1960년 6월 15일 대구상공회의소에서 피해 가족과 시민 500여 명이 참석한 가운데 유족회 결성 대회가 열렸다. 유족들은 대정부 투쟁 방침으로 헌법에 보장된 기본 인권의 보장과 정치 도의道義 확립, 피해자에 대한 국가의 형사 보상, 합법적 수단을 통해 관련자에 대한 집단 고발과 처단 수행, 원혼탑 건립, 불법적 및 반민족적 현상에 대한 비판·시정 등의 관철을 위한 활동 방향을 세웠다.[52] 대구 지역 유족회는(대표 이원식) 유족 회보 『돌꽃』을 발행했고, 경북 지역 유족회는 합동묘비건립위원회를 조직해 여러 차례 유해를 발굴했다. 이런 작업을 통해 학살자와 사망 현장, 구체적인 사건 발생 일시 등을 밝혀냈다.[53] 그

全國被虐殺者遺族會結成大會

全國被虐殺者遺族會

中央委員
會長　盧玄變
副會長　李卓奎
副會長　金榮五
祖織幹部　朴仁龍
涉外幹部　尹成烈
樞女幹部　趙珍植
學生幹部　未大定
事業幹部　李式
司正委員長　金元洹
司正委員　李三根

中央委員
甲碩均　文大鉄
金水奉　白琪新
崔甫樂　金嬉尙
黃羅殊　李龍珠
吳洪根　朱正德
吳密蘭　安賀正
李宓承　吳馬五
朴禹承　金剛
李侗宗

© 진실화해위원회

決議事項

一、法을거치지않고 殺人을 指示한者 및 關聯者를 嚴重處斷하라

二、被虐殺者名單 및 執行時日場所를 明示하라

三、被虐殺者遺族에對한 政治警察의 監視를 卽時解除하라

四、被虐殺者의 戶籍을 早速히整理하라

五、被虐殺者遺族에게 國家의 刑事補償金을 卽時支給

六、合同慰靈祭 및 慰靈碑建立에 當局은 責任지라

右記와같은 事項을決議함

檀紀四二九三年十月二十日

1. 법을 거치지 않고 살인을 지시한 자 및 관련자를 엄중 처단하라.

2. 피학살자 명단 및 집행시일 장소를 명시하라.

3. 피학살자 유족에 대한 정치경찰의 감시를 즉시 해제하라.

4. 피학살자의 호적을 조속히 정리하라.

5. 피학살자 유족에게 국가의 형사보상금을 즉시 지급하라.

6. 합동위령제 및 위령비 건립에 당국은 책임지라.

| 전국피학살자유족회결성 대회 자료 |
중앙위원 명단과 여섯 개의 결의 사항이 나타나 있다.

들은 대구·경북 일대 피해자 신고를 접수받고 가창골 등지에서 유골을 수습해 합동위령제를 올렸다.[54]

이원식은 아내(정신자)가 1950년 7월 31일 자신을 대신해 경찰에 끌려가 행방불명되자, 4·19 혁명 이후 적극적으로 진상규명 운동에 나섰다. 그는 가창골 인근과 본리동에서 유골 발굴을 주도하고 대구공회당 광장에서 개최한 경북 지역 유족회 결성 대회와 위령제, 추모제, 경산 지역 유족회 결성식, 경주 지역 유족회 결성식에 참가하는 등 왕성한 활동을 전개했다.

1960년 7월 28일 이원식은 이삼근, 이복녕과 함께 경북지구학살자합동위령제준비위원회를 조직한 후 대구역 광장에서 2천여 명이 참여한 가운데 위령제를 봉행했다.[55] 고등학교 3학년이었던 그의 아들 이광달은 아버지를 따라 유해를 발굴하고 위령제를 도왔다. 그러던 어느 날 대구시 동성로 경북피학살자유족회 사무실에서 조귀분을 목격했다.[56] 조귀분은 박정희의 형수, 그러니까 둘째 형 박상희의 부인으로 1961년 5·16 군사 쿠데타 이후 창설된 중앙정보부장 김종필의 장모였다. 그녀는 구미 선산 유족회에서 열심히 활동했다.

증언자들에 따르면 군사 반란이 일어나기 전 조귀분은 유족회 활동에 적극적이었다. 경북피학살자유족회가 결성된 후 경산지구피학살자유족회에서 활동한 최규태는 어느 날 사무실에서 열린 회의에 조귀분이 참석한 것을 알았다.[57] 정확한 이름은 알려져 있지 않았지만 많은 사람들이 '조 여사'라고 불렀던 그녀에 대해 박정희의 형수이자 김종필의 장모라는 소문이 파다하게 퍼져 있었다. 그는 쿠데타 이후 유족회 사건으로 구속되었다가 서대문형무소에서 무죄로 석방된 후 조귀분이 대구 10·1 사건 때 죽은 박상희의 부인이라는 사실을 알게 되었으며 그녀가 경북 지역 유족회 부녀회장으로 활동했다고 증언했다.

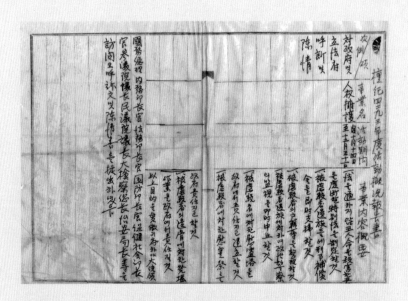
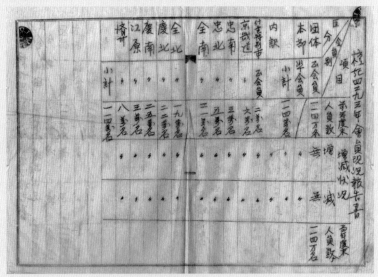

© 이광달 제공

| 1960년 전국피학살자유족회 활동 개황 보고서와 회원 현황 보고서 |

경주 지역 유족회에서 활동한 김하종은 '조' 씨 성을 가진 여자는 선산유족회 부녀회장을 한 조귀분이었으며, 그녀가 박정희의 형수라는 사실을 잘 알고 있었다.[58] 남상숙과 권중락이 함께 모인 유족회 사무실에서 조귀분은 박정희가 군수기지사령부에 근무하면서 울산유족회 행사를 지원해 준 사실을 얘기한 적이 있었다. 그리고 김하종은 선산유족회 위령제 개최 요청으로 이원식과 이두란, 권중락, 이삼근과 함께 그녀 집에 방문한 적이 있었다. 조귀분은 남편 박상희가 경찰에 의해 억울하게 죽었다고 주장하며 유족회 간부로 활동했다.

유족회 활동은 경찰이나 군과 충돌을 빚기도 했다. 왜냐하면 전쟁이 끝나고 10년밖에 지나지 않은 상태에서 관련자들이 경찰과 군대에 현직으로 복무하고 있었기 때문이다. 11월 2일 이원식은 권중락, 이복녕과 함께 경주지구유족회가 군경유족회와 충돌을 일으켰다는 소식을 들었다. 11월 6일 그들은 경북 지역 유족회원 60여 명과 함께 경주경찰서장에게 항의하고 성명서를 작성해 이를 언론기관과 혁신정당, 사회단체에 배포했다. 또한 11월 13일 그는 경주시 월성초등학교에서 경주지구유족회 주최로 거행된 경주지구 합동위령제에 50여 명을 인솔해 참가했다.

1960년 11월 24일 이원식은 대구시 사일동에서 유족회 간부 회의를 개최하고 유족 회보 『돌꽃』 창간호에 "피의 유산"이라는 글을 게재했다.[59] 그는 이 글에서 이승만 정부의 동족 대학살로 유명을 달리한 사람들을 "원혼들이 결합한 피의 유산"이라고 표현하고, 이들이 "지금 이 지구 위에서 호흡呼吸을 할 수 있었더라면 빛나는 조국의 평화통일과 민족의 자주독립을 위해서 정말 열성적인 민주전사民主戰士로서 국가와 사회에 기여했을 것이라고 기술했다.

이원식과 대구·경북, 전국피학살자유족회는 뗄 수 없는 관계였다. 그는 아내를 잃은 당사자로서, 자신이 피해를 당한 유족이었을 뿐만 아니라 당대의 지식인으로서 민간인 학살이 현대사에 어떤 영향을 끼치고 있는지 직감하고 있었다. 그는 희생자의 신원 회복이 필요하다는 점과 더불어 역사의 비극과 유산을 지적했다. 학살은 폭력을 통해 분단국가를 수립했던 통치 수단, 대중을 통제하는 수단이었기 때문에 유족회의 활동은 이승만 독재정권을 폭로하는 차원뿐만 아니라 대한민국의 성립과 정통성, 반공 이데올로기의 허구성을 폭로하는 것을 의미했다.[60] 그가 복원하려 했던 역사의 희생자들과 현실 간의 괴리는 마치 4월 혁명이 이루고자 했던 목표와 4월 혁명 이후의 현실만큼이나 극명하게 차이나는 것이었다.

1960년 5월 하순경 경남 밀양에서는 피해 유가족들의 회합이 이루어져 학살 문제를 논의하기 시작했다. 김원봉 집안에서도 진상규명을 시작했다. 김봉철은 아래로 동생 네 명을 전쟁 중에 잃었다.[61] 유족 20여 명은 밀양지구 피학살자조사대책위원회를 결성했는데 김봉철은 위원장을 맡아 경남피학살자유족연합회 이사와 밀양지구 대표 등을 역임했다. 그들은 밀양경찰서를 항의 방문했는데, 전쟁 때 사찰 주임이었던 나상숙은 피신해 버렸고 정보2계장 박인식 경사가 학살지를 알아내 유족에게 알려주었다. 유가족 10여 명은 청도 곰티재 근처에서 유해 183구와 삼랑진 안태리에서 330구를 발굴했다.[62] 6월 10일경 조사대책위원회에 신고해 온 피살자는 160여 명에 달했다. 19일경 김봉철은 삼랑진 골짜기에서 김구봉을 포함한 동생들의 시신과 다수의 유해를 수습한 후 영남루에서 장의위원회를 조직했다. 그들은 공설운동장에서 유가족 200여 명과 일반 시민 500여 명이 참석한 가운데 합동위령제를 거행했다.[63]

김해군에는 김해읍과 진영읍에서 유족회가 결성되었는데, 김해읍에는 김해피양민학살유족회, 진영읍에는 창원군 유족들이 함께 참여하는 금창金昌지구피학살자합동장의위원회가 조직되었다.[64] 1960년 5월 31일 진영읍 진영극장에서 유족 700여 명이 모여 임원을 선출하고 금창장의위원회를 발족했다. 유족회는 합동위령제준비위원회를 꾸려 위령제를 준비하고 희생자 신고를 접수받았다. 유족회는 접수된 신고서를 토대로 희생자 수가 밝혀지면 관계 기관에 신고서를 제출하고 가해자들을 상대로 재판을 요구할 계획을 갖고 있었다.[65]

1950년대 부산에서 사업을 하던 김영욱은 반공연맹 간부와 민보단 부산시 부단장으로 사회생활을 하고 마산에 거주하고 있었다. 그는 1960년 4·19 혁명으로 이승만 독재가 무너지자 아버지의 억울함을 풀기 위해 동분서주했다. 그해 6월 5일 국회조사단 경남반이 조사차 왔을 때 그는 "위령제를 모시고 미처벌자는 합법적으로 처벌"해 달라고 요청했다.[66] 그리고 진영으로 내려가 김영봉과 함께 마을 사람들의 도움으로 10년 전 집단학살 현장을 찾아 나섰다. 1960년 6월 25일, 아버지가 사망한 지 꼭 10년 만에 김영욱은 진영 읍내 뒷산에서 대규모 유해를 발굴해 진영 역전에서 위령제를 지냈다. 그는 금창장의위원회 위원장으로 활동하면서 8월 28일 경남유족회 이사, 10월 20일 전국피학살자유족회 결성 대회에서 총무간사로 일했다. 또한 서울에 머물면서 국회의원 한 사람 한 사람을 붙잡고 피학살 진상규명을 위한 특별법을 만들려고 노력했다.

여동생을 잃고 자신은 죽다 살아난 김영봉 역시 진영에서 피학살자 명예회복에 나섰다.[67] 그는 국회조사단이 꾸려져 경남반에서 증언을 청취할 때 가해자를 처벌해 달라고 요구했다. 1950년 10월 진영 살인 사건으로 재판을 받은 사람 중에는 형 집행정지로 풀려나온 사람이 여전히 살고 있었다.[68] 조사반원이었던 최천 국회의원은 일사부재리를 언급하면서 가해자를 처벌할 수 없다고 했다. 그러나 김영봉은 이를 받아들일 수 없었다. 처벌을 받은 사람들은 그때에 저지른 모든 범죄 행위에 대해서 기소된 것이 아니었기 때문이다. 이 외에도 의용경찰과 청년단원 등 생존해 있는 가해자가 이웃에 여럿 살고 있었다. 그는 현재 살고 있는 사람이라도 불러서 증언을 듣자고 했지만 국회의원들은 이를 거부했다.

전쟁 중에 아버지를 잃고 자신은 살아난 송철순은『부산일보』기자가 되었다.『부산일보』는 사세를 확장하면서 동래지부를 만들었는데, 그를 이 지역 담당자로 발령했다. 이때부터 그는 동래경찰서에 출입하면서 경찰들과 안면을 트고 지냈는데 선거가 있을 때에는 사찰계 형사들과 더욱 어울리게 되었다. 자신을 살려 준 '김 형사'는 이미 서울로 전보된 뒤였고 박이종, 최응백, 백윤규, 박ㅇㅇ 등 학살에 가담했던 사람들은 그대로 동래경찰서 관내에서 근무하고 있었다. 4·19 혁명이 일어나기 직전이었다. 송철순은 경찰들과 "저그들 속으론 나를 누가 살려주가이꼬 이래 기자가 되어서 나타났노 하고 경계하면서도" 친해졌다고 회고했다.[69]

4·19 혁명이 발발하자 유족들이 일어났다. 송철순은 본격적으로 피학살 문제를 제기하고 나섰고 주민들의 신고가 여기저기서 들어왔다. 동래 골프장 뒤에서 한 노인의 도움으로 현장 네 군데를 찾았다. 그는『부산일보』에 부탁해서 피해 사실을 신고하는 전단을 만들어 군수기지사령부에서 빌려 준 차량을 타고 다니며 시내에 뿌렸다. 한 달 정도 지나고 보니 240여 명 정도 유족이 모였다. 이렇게 동래 지역 피학살자유족회를 결성해 회장은 한원석, 총무는 송철순, 김세룡과 신창근은 섭외로 활동을 개시했다. 동래지구유족회를 결성한 후 북면 회동수원지와 해운대 우동, 반송 운봉 등지에서 730여 명에 해당하는 유해를 수습했고 1960년 10월 23일 연제구 거제동 화지산 정상 인근에 합동분묘를 설치했다. 25일 유족과 청년 학생 1천여 명이 참석한 가운데 합동위령제를 봉행하고 사망자 360명의 명단을 새겨 넣은 높이 4자尺 폭 3자尺의 추모비를 건립했다.[70]

유족회는 국회에 탄원서를 내고 곽상훈 국회의장을 만나 그의 도움으로 국무총리 장면을 접견했다.[71] 그들은 '양민학살에 대한 진상을 철저히 조사하고 관련자를 의법 처리해 줄 것'을 요청했다. 송철순이 1960년 유족회를 결성하고 피학살자 진상규명에 나서면서 가장 크게 느낀 것은 유족회 자체도 중요하지만 "보도연맹 사건을 들춰야 될 때가 아닌가"라는 점이었다. 그는 이 문제로 아버지의 친구들과 여러 차례 의논하고 동래경찰서 사찰계에 유족회 활동에 대해 신고도 했지만 '국민보도연맹'은 그때도 금기였다. 이뿐만 아니라 마산과 통영, 제주 등지에서 다양한 유족회 활동과 진실규명운동이 전개되었다. 노현섭을 중심으로 한 마산지구양민피살자유족회는 학살의 주범으로 전 마산경찰서장 조영운을 비롯해 열한 명의 가해자를 검찰에 고발하기도 했다.[72]

유족들의 진실규명 활동이 경상남북도에 집중된 이유는 무엇일까. 첫째, 인민군 미점령지에서 희생당한 사람들이 상대적으로 '결백'했기 때문으로 볼 수 있다. 다른 지역에 비해 낙동강 이남은 부역 혐의로부터 자유롭고 인민군을 직접 대면하지 않은 상태에서 군경으로부터 죽임을 당했다. 이 같은 사실은 피해 유족들이 자신들의 주장을 정부 측에 강하게 요구할 수 있게 했다.

둘째, 이들 지역은 희생 규모가 다른 지역에 비해 매우 크다는 사실이다. 울산, 김해, 부산 등의 사례에서 알 수 있듯이 전쟁 초기 2개월 남짓한 기간 동안 대규모 학살이 조직적이고 체계적으로 이뤄진 곳은 남한의 행정과 치안이 나름대로 확립된 곳이었다. 인민군이 점령한 지역은 군경이 후퇴하면서 일시적이고 단시일에 걸쳐 학살이 단행되었으나 영남 지역은 개전 초기부터 9·28 서울 수복 직전까지 지속적이고 반복적이며 가가호호 수색하는 방식의 대규모 검속과 구금, 학살이 집행되었다. 사건 규모가 컸기 때문에 역설적이게도 유족들이 쉽게 결속될 수 있었다.

셋째, 피난을 가지 않은 피해자와 가해자에 대한 사실 관계가 너무나 뚜렷했기 때문이다. 10년이 지났지만, 학살에 가담한 많은 군인과 경찰들이 현직에 있었고, 시체를 매장한 현장은 동네 야산에 그대로 방치되어 있었을 뿐만 아니라 살해 목격자와 증언자 역시 도처에 생존해 있었다. 더욱이 국민보도연맹 사건은 11사단이 자행한 작전 중의 학살이나 다른 유형과는 달리 현지 경찰이 직접 개입했기 때문에 가해자들이 같은 지역에 함께 사는 경우도 종종 있었다. 피해 사실이 명백했기 때문에 유족들의 거센 요구는 정치적 사안이 되기에 충분했으며 정당성을 가지고 있었다.

국회 양민학살사건진상조사특별위원회

1960년 4·19 혁명 이후 유족들의 활발한 움직임과 때마침 터져 나온 학살 사건에 대한 언론 보도로 진실규명 여론이 비등해졌다. 곽상훈 국회의장은 박상길 의원이 제안한 거창·산청·함양 사건에 대한 건의안을 즉시 처리할 것을 요구했다.[73] 제4대 국회는 제35회 제18차(1960. 5. 22) 국회 본회의에서 자유당 박상길 의원이 제안한 위 사건의 진상 조사 결의안을 채택했고, 제19차(1960. 5. 23) 본회의에서 이를 의결했다. 본회의에서는 거창·산청·함양 사건뿐만 아니라 전남 함평과 통영, 남원, 문경지구 등에 대한 진상 조사 결의안이 함께 이루어졌다. 이를 바탕으로 국회는 양민학살사건진상조사특별위원회(이하 조사특위)를 구성했다. 전쟁기 민간인 학살에 대한 국회 차원의 조사특위는 유족들의 청원과 대규모 언론 보도, 국회의 결의 과정을 통해 구성되었다.

조사특위는 지역별로 구성했는데 1960년 5월 31일~6월 10일까지 11일 동안 경남·경북·전남반으로 나누어 활동했다. 조사특위는 "지역 주둔부대 또는 경찰 기타 인원이 작전을 빙자하여 불법적으로 인명을 살상하고 양민의 재산을 소각한 경우"로 조사 대상 지역을 한정했다.[74] 조사특위는 조사 대상 지역을 국회에 청원된 사건을 중심으로 선정했고 그 범위에는 국민보도연맹원으로 인한 희생자를 제외한다고 밝혔으나, 실제

주민들의 신고는 국민보도연맹원 등 전쟁 초기 희생자가 많았다. 조사특위는 활동 기간 동안 총 84명의 증언을 청취한 후 속기록을 작성했고 총 24권의『증언청취속기록』을 남겼다. 밝혀진 인명 피해와 재산 피해의 지역별 현황은 극히 일부였다.[75]

조사특위는 활동 결과를 제4대 국회 제35회 임시회 제42차 회의에 보고했다. 국회는 조사특위의 조사 결과를 근거로 정부 측에 〈양민학살사건에 관한 건의안〉을 제출했다. 이 건의안에서 국회는 첫째, 정부는 민의원 양민학살사건 조사단에서 조사한 지역뿐만 아니라 사건의 전반적 조사를 위한 군검경 합동수사본부를 설치해 양민의 생명과 재산상 손해를 끼친 악질적 관련자 및 피해자와 피해 상황을 조속히 단시일 내에 조사할 것, 둘째, 양민의 생명, 재산상 피해를 끼친 악질적 관련자의 엄중한 처단과 피해자에 대한 보상 제도를 설정하기 위해 기존 법률에 따른 일사부재리 원칙이나 시효의 저촉 규정에 관계없이 특별법으로 〈양민학살사건처리 특별조치법〉을 제정할 것을 촉구했다.[76]

언론과 유족들은 사건 전반에 대한 불법성과 피해자들의 억울함에 대해서 상세히 다루었다. 그러나 정부는 유족들의 활동이 거세지고 각 지역의 학살 사건이 문제가 되자 이종찬 국방부 장관이 나서서 사건을 무마하려 했다.[77] 이승만 정부는 10여 년 전의 학살 사건을 제대로 조사하기보다는 여론화되는 것을 막으려고 했다. 국무회의에서는 "거창사건 등 묵은 사건을 가지고 떠드는 것이 길어지면 여러 가지 어려운 문제가 파생하게 되니 대책을 강구"하도록 지시했다.[78] 1960년 5월 20일 제57회 국무회의는 〈신문 보도에 따르는 민심동요 방지에 관한 건〉을 의결해 이 사건이 정치 쟁점이 되는 것을 막으려고 했다.[79]

한편 윤길중 의원 등 민의원 민정구락부 소속 국회의원 24명은 장면 총리에게 학살 사건을 처리하고자 다음과 같이 질의했다.[80]

피학살 양민들은 하등 정식재판의 절차 없이 참절(慘絕)하게 죽음을 당하였다. 이는 명백한 헌법파괴 행위이며 불법적인 집단살인 행동이었다. 여사(如斯)한 학살 사건에 관련된 명령자, 주동자, 하수자의 엄중처단과 참사한 양민들의 재심 및 복권을 위한 특별법의 제정이 시급하다.

이에 대해 총리는 "피학살 양민 사건은 6·25 당시에 광범위한 교전 중에 일어난 부득이한 사건"이라고 답변했다. 또한 전국에 산재한 유골 수습과 정부 주최하의 합동위령제와 위령비 건립에 대해서는 곤란하다는 한마디로 일축하고, 유가족에 대한 경찰의 미행과 사찰이 정부의 방침인지 묻는 질문에는 지시한 바 없다고 밝혔다. 장면 정부는 유족회의 요구나 국회의 건의를 받아들이지 않았다. 이렇듯 4·19 혁명 직후에도 전시 상황의 민간인 살해는 불가피한 것으로 받아들여졌다.

1960년 4대 국회의 활동은 짧은 조사 기간과 제한된 조사 지역 선정 그리고 조사 위원으로 참가한 국회의원의 사건 관련성 등으로 인해 매우 소극적인 활동으로 일관했다. 그렇지만 거창사건을 제외하면 1950년 이후 민간인 학살에 대해 입법부 차원에서 10년 만에 이뤄진 최초의 조사였다는 점과 일부 사건의 사실을 확인했다는 점에서 의의를 가질 수 있다. 국회의 조사는 유족의 활동과 낮물려 극히 일부이긴 하지만 가해자에 대한 검찰 조사와 기소가 이뤄졌고,[81] 통영에서는 탁복수를 중심으로 한 유족들이 현직 경찰관과 학살에 관련된 열한 명을 부산지방검찰청에 고발한 것이 언론에 보도되었다.[82]

하지만 피학살자의 규모와 정도, 조사 기간과 조사 인원의 제한, 행정기관(지방자치단체)의 기능 미비, 경찰과 군 당국의 비협조 등으로 인해 사건 전모를 밝히고 희생자들의 명예를 회복하는 데까지는 나아가지 못했고, 민주당의 안일한 역사 인식과 정치력 부족으로 한계가 너무나 뚜렷했다. 국회의 진상 조사 노력은 민주당과 자유당이 자신들의 정치적 타격을 극소화하면서 4·19 혁명 직후의 진상규명에 대한 강한 여론과 이승만 정권기의 범죄를 회피하기 위한 것이었다.[83] 정부 역시 국회의 건의안에 대해서는 어떤 후속 조치도 취하지 않았고 사건을 해결하기보다는 유족과 여론을 무마시키는 데 급급했다.[84]

전쟁기 민간인 희생 사건은 정치적 격변기마다 꾸준히 제기되어 온 중대한 인권침해 사건이다. 4대 국회는 피해자들의 증언 청취 등 조사 활동을 통해 일부 지역의 사실을 밝히는 계기가 되었다. 앞서 제기한 대로 국회는 조사 결과를 바탕으로 정부 측에 몇 가지 요구를 건의했으나 장면 정권의 무책임과 5·16 쿠데타로 무산되고 말았다. 비록 가시적인 성과로 나타나지는 않았지만 가해자에 대한 책임과 처벌 주장은 1960년 무렵 이 문제에 대한 여론이 얼마나 중요하고 정치적이었는지 잘 보여 준다. 1987년 민주주의 이행과 그 이후에도 가해자와 책임자 처벌은 더는 공론장에서 의제가 되지 못했다. 진실화해위원회는 불처벌을 명시하지는 않았지만 가해자 책임에 관한 논의는 사실상 하지도 못한 채 종료했다. 이 의제는 오늘날 한국 사회와 정치의 수준뿐만 아니라 민주주의와 인권의 수준을 가늠할 수 있는 기준이라고 해도 지나치지 않다. 중요한 것은 이와 같은 중대한 인권침해가 되풀이되지 않도록 범죄를 저지른 가해자와 명령을 한 책임자를 처벌하는 원칙을 확립하지 못했다는 것이다.

부관참시

군사정권의 부관참시

1960년 민주화로 이승만 정권이 무너지자 사회 곳곳에서 국가가 과거에 저질렀던 잘못이 드러나기 시작했다.[85] 4·19 혁명 이후부터 군사 쿠데타가 발생하기 이전의 짧은 시기 동안 경찰국가 체제가 부분적으로 이완됨에 따라 대중의 자생적 욕구가 분출되었다. 국민보도연맹과 거창사건 등 한국전쟁기에 발생한 비극으로 인한 '한'恨 또한 이 시기에 표출되었다.[86] 언론 보도는 말할 것도 없이 희생자에 대한 유해 발굴과 합동묘 설치, 위령제, 심지어는 관련자에 대한 보복 행위 등 다양한 방법으로 나타나기 시작했다.

그러나 이것도 잠시 쿠데타를 통해 불법으로 정권을 장악한 군부 세력은 한국전쟁 때 행한 검속을 다시금 되풀이했다. 박정희는 자신의 쿠데타 행위를 '군사 혁명'이라고 주장했고, 낙후한 구체제를 뒤엎을 국민 혁명, 민족 혁명이 필요하다고 역설했다.[87] 하지만 그는 자신의 쿠데타가 '좌익 혁명'이 아니라는 것을, 국내 반공주의자와 미국 측에 확신시켜야만 했다. 미국은 쿠데타 주도 세력의 성분과 이념적 지향을 의심해 쿠데타를 지지하는 데 '3일'이라는 시간을 보냈던 것이다.[88] 미국은 쿠데타 주도 세력에 대한 정보를 입수하기 위해 노력했다. 박정희의 좌익 경력에 대해 미국은 그가 공산주의자로서 체포돼 실형을 선고받은 경력이 있으나, 1948년 이후 공산주의자들과 접촉한 흔적은 없으며 정부에 충성해 장군까지 신급했음을 확인했다.

쿠데타 지도자였던 박정희의 좌익 전력은 그의 군 생활 내내 문제가 되었다.[89] 1958년 백선엽은 경무대 곽영주 경무관으로부터 소장 진급 대상자 명단에 있었던 박정희에 대해 "박 장군의 신원조회 결과 과거 좌익 활동을 했던 기록이 나타났다"는 연락을 받았다. 그는 참모총장이라는 자신의 지위를 이용해 박정희를 보증했기 때문에 그가 무난히 소장에 진급할 수 있었다고 밝혔다.[90]

박정희는 자신의 정치적 과거, '좌익을 세탁'하기 위해서라도 이와 연관된 사람들을 더욱더 검속하려 했다. 이것은 쿠데타 주요 세력들의 결정이었는데, 군사혁명위원회는 쿠데타 직후 소위 '용공 세력'의 검속을 명령했다. 쿠데타의 성공 여부를 가늠할 수 없었던 5월 17일 오전 8시 30분경, 박정희는 방첩부대장 이철희 준장을 육군본부로 불러 혁명의 필요성을 강조하고 군 수사기관과 경찰을 동원할 것을 지시했다.[91]

> 1) 즉시 용공세력 분자를 색출하라.
> 2) 방법은 군 수사기관을 동원하되 경찰의 협조를 얻어서 경찰이 입수하고 있는 "리스트"에 의해서 색출하라.
> 3) 체포한 용공분자는 경찰에 수용하도록 하라.

여기서 말하는 '용공 세력'에는 국민보도연맹원을 비롯한 한국전쟁기 학살된 피해 대중과 연관된 사람들이 포함되어 있었다.[92] 경찰이 가지고 있는 '명단'은 요시찰인 명부 등을 말하며 각종 대공 관련 자료를 포함하는 것이었다. 군사정권은 국민보도연맹 관련자뿐만 아니라 혁신정당 관련자와 지식인, 지도자, 노조 지도자, 좌익 경력자를 대대적으로 검거해 수감했다. 이는 미국이 박정희의 사상을 문제 삼자 쿠데타 주도 세력들이 "보도연맹원들을 희생양으로 삼아 반공에 대한 의지를 미국에게 보여" 주기 위해 취한 조치였다.[93] 주한 미국 대사관은 쿠데타 세력의 움직임을 본국에 보고했다. 1961년 5월 18일 주한 미국 대사관은 "쿠데타 세력이 당시 한국 정보기관들이 전쟁이 발발하면 즉각 체포해야 될 사람들의 명단을 바탕으로 사람들을 잡아가기 시작했다"라는 내용의 전문을 국무부로 타진했다.[94]

박정희의 좌익 사상에 대한 의심은 미국뿐만 아니라 쿠데타 세력을 모으는 과정에서부터 불거졌다. 쿠데타 직전 박정희에 대한 군 내부의 의심은 그가 여순사건으로 인해 남로당원이었다는 것이 밝혀져 군 수사기관에 검거된 후 군법회의에서 실형을 선고받아 파면된 점 때문이었다. 재판 기록에 따르면 그는 1946년 7월부터 좌익 조직에 가담한 것으로 나타나 있는데, 그 후 박정희는 백선엽과 김창룡 등의 구제로 다시 육군본부 정보국 전투정보과 문관으로 근무했다.[95] 이와 같은 그의 이력은 쿠데타 세력을 모으는 과정에서 의심을 사기에 충분했다.[96] 박정희가 군법회의에서 좌익 혐의로 무기징역을 선고받았다는 기록은 그가 군대 생활을 하는 데 상당한 제약 조건으로 작용했으며, 이것이 쿠데타로 이어지는 정치적 동인이었다고 볼 수 있다.[97] 강원룡 목사에 따르면 박정희는 쿠데타 직전 좌익 인사들과 접촉하기도 했다.[98] 그뿐만 아니라 이와 같은 그의 좌익 전력은 1963년 제5대 대통령 선거에서 일부 혁신계가 그를 지지하는 이유가 되기도 했다.[99]

국민보도연맹원을 포함한 요시찰인에 대한 감시는 정전 이후에도 지속되었다. 5·16 쿠데타에서 핵심 역할을 했던 유원식은 이석제와 함께 군사혁명위원회 헌법기초위원이었다. 그는 쿠데타로 한미 관계가 극도로 악화된 상황에서 박정희가 "그의 사상이 의심받고 있음을 알고 그의 측근들과 함께 자신들이 좌익이 아니라는 사실을 보여 주기 위해 …… 소위 용공분자容共分子"를 일제히 건거한 것이라고 밝혔다. 그렇다고 해서 미국이 박정희의 쿠데타를 사전에 모르고 있었다는 뜻은 아니다. 미국 중앙정보국CIA 서울지국장 피어 드 실바Peer de Silva는 1960년부터 쿠데타 징후를 포착하고 있었으며, 장면 총리에게 여러 차례 박정희의 쿠데타 위험을 알려 주기도 했다.[100] 박정희를 감시하던 사람은 이후락이었고 그는 미국 측에 박정희의 과거 좌익 경력을 보고한 것으로 알려져 있다. 1960년 4·19 혁명 이후 그는 장면 정부에서 설치한 중앙정보위원회 책임자였는데 미국 중앙정보국CIA이 그를 강력히 추천했다.[101]

유원식은 김종필이 검속 조치를 지휘했으며, 그가 박정희에게 보고하는 사안을 들었다고 했다. 그것은 김종필이 '예비검속'으로 잡아넣은 사람들이 "약 2만8천 명가량 되는데 수송에 필요한 열차까지 준비하였"고, "그들을 거제도로 데려가서 한데 모아놓고 기관총으로 한꺼번에 사살"할 것이라는 내용이었다. 유원식은 이 내용을 요시찰인 명부에 있는 사람을 일제히 검속한 것으로 이해했고, 자신은 이 살상 계획을 반대했다고 회고했다.

검속자 처리를 두고 쿠데타 세력 내부에서 이견이 생겼고 국가재건최고회의 본회의에서도 논란이 있었다. 군사혁명위원회에서 내무·정보를 담당했던 한웅진은 김종필의 이런 조치에 반대했고, 회의는 폐회되어 검거한 사람들을 거제도로 후송하는 계획은 실행되지 않아 학살 기도는 좌절되었다. 그렇지만 검속자 처리는 강경한 사람들의 주장에 따라 대다수가 군사재판에 회부되었다.[102]

1961년 5월 17일 이철희 방첩부대장은 검거 계획을 구체적으로 작성했다. 방첩부대는 "위험인물 예비검속계획"을 작성해 계엄사령관 장도영에게 보고했다.[103] 다음 날부터 당국은 경찰의 협조하에 혁신정당과 사회단체 간부, 깡패들을 대대적으로 검속했다.[104] 명목상 군검경 합동수사본부가 이 업무를 관장하는 기관이었지만 이를 주도하고 업무를 추진한 것은 방첩부대였으며, 이철희 부대장은 합동수사본부장을 겸임했다. 대민 업무 중에서 가장 정치적 사안에 해당하는 '사상범'에 대한 처리를 전쟁 때와 마찬가지로 방첩부대가 담당했다.

이때 검속되어 구금된 사람들은 전쟁 때와 유사하게 A·B·C(D·E)급으로 분류되었다. 5월 27일 국가재건최고회의는 제9차 회의에서 〈구속된 자 처리의 건〉을 심의했다. 검거된 이들의 '용공' 여부를 조사해 주동자는 A, 행동한 자는 B, 활동이 희박한 자는 C급으로 분류해 C급은 석방하도록 조치했다. 군사정부가 과거 업무를 기록한 자료에는 이 같은 조치가 좀 더 구체적으로 실행되었음을 보여 준다. 군검경합동수사본부는 검속한 이들을 A·B·C·D·E급으로 좀 더 세밀하게 분류했다. A급은 혁명검찰부에 송치하고 B급은 군법회의 검찰부, C급은 민간 검찰에 송치했으며 D급은 중앙에서 심사한 후 처리하고, E급은 지역에서 심사한 후 조치했다.[105] 이렇게 해서 군사정부는 유족회 활동을 한 사람들까지 "특수반국가행위"라고 하는 어마어마한 죄명으로 군사재판 법정에 세웠다.[106]

군사정권은 역사의 사실을 땅에 묻었고, 망자亡者와 그 유가족을 정치적으로 매장하는 사법 정치에 개입했다. 이것은 과거의 역사를 현재의 살아 있는 역사로 인정하지 않는 것이었다. 군사정권은 자신들의 정치권력을 정당화하기 위해 유족들을 재판에 세웠다. 학살의 진상규명은 쿠데타를 일으킨 군부의 권력 행사에 도덕적·정치적 타격을 줄 수 있었다. 학살의 진실이 밝혀지면 현직에 있는 군인들이 법적 처벌을 받을 수도 있기 때문이었다. 군사정부의 정책을 정당화하거나 합리화하는 데 있어 민간인 학살과 같은 군경의 범죄는 피해야 하고, 여기에 대한 어떤 사실과 기억도 공론장에서 의제가 되지 않도록 해야 했다.

군사정권은 자신들의 치부이자 쿠데타의 정당성 자체를 의심받을 수 있었던 전시 민간인 학살과 관련된 거의 모든 것을 파괴했다. 거창과 진영, 동래, 울산, 밀양, 대구, 제주 등지에서 유족들이 발굴한 유해와 합동묘 그리고 위령비는 분쇄되었다. 부관참시였다. 독재 권력은 학살을 은폐하고 억압적 방법으로 피해자들을 통제하면서 정권을 만들었다. 그리고 반공 국가의 신화를 창조하고 끊임없이 재생산했다. 쿠데타의 주역 박정희가 유가족을 법정에 세운 것은 '좌익'이라는 멍에를 벗고 쿠데타의 정당성을 세우기 위해서였다. 그에게 제일의 명분인 '반공'은 박정희 자신의 이력을 '전향'하기 것이었다.

1961년 군사법정과 안티고네

쿠데타는 진상규명을 요구하는 민간인 학살 유족들을 먼저 억압했다. 대구·경북 지역과 전국유족회에서 활동한 이원식은 1961년 6월 22일 경찰에 체포되었다. 마침 이날 그는 군사정부가 공포한 〈특수범죄처벌에관한특별법〉이 게재된 신문을 본 후 신변의 위협을 느끼고 있었다.[107] 5·16 쿠데타 당일부터 피신 생활을 한 그의 심신은 지쳐 있었고 수일 전부터 안전한 장소로 옮기려고 준비 중이었다. 그러던 어느 날 봉덕동 효성여대 뒷골에 있는 대덕암에 숨어 지내다 정오쯤 동대구경찰서 경찰에게 체포되어 '보리가을' 풍경을 뒤돌아보면서 대봉파출소로 연행되었다.[108] 이미 혁신정당, 사회단체와 피학살자유족회 관계자들이 검거된 후 대구형무소에 수감되어 취조를 받는 중이었다.

1961년 6월 24일 구속된 이원식은 11월 10일 기소되어 25일 검찰의 사형 구형이 있은 후 12월 7일 혁명재판부에 의해 사형이 선고되었다. 이듬해 2월 9일 상소심판부 제2부는 〈특수범죄처벌에관한특별법〉 제6조 위반으로 사형을 선고받은 이원식의 상소를 기각함으로써 그 형을 확정했다. 형이 확정되자 이원식 집안은 초상집이 되었다. 어머니는 아들을 구명하기 위해 박정희 의장의 대구사범학교 동기생인 김종길 변호사를 만났다. 그로부터 박정희가 아들의 대구사범학교 2년 후배라는 얘기를 들은 그녀는 유족회 활동을 함께한 조귀분을 찾아가 '내 아들을 좀 살려달라'며 여러 차례 부탁했다. 조귀분은 '이원식 선생은 정치성이 없는 분이고 학문을 하는 학자인데 사형을 선고하는 것은 너무 심하다'라고 얘기하며 그녀를 위로한 것으로 전해졌다. 이원식의 어머니와 두 자녀, 이광달과 이광미는 서울로 올라와 서대문형무소에 면회를 신청했다. 이날을 기록한 이원식의 수기에는 어머니와 두 아이에 대한 슬픈 감정으로 눈물밖에 없었다.[109]

이원식은 어둑한 새벽까지 한숨도 잘 수가 없어 밤을 지새웠다. 그 자신이 사형수임을 알았지만 아무도 이를 알려 주지 않았다. 2월 17일, 그는 471번 신분장을 들고 당직 간수장이 읽는 '사형 확정서'를 들으면서 정식으로 '사형'을 통보받았다. 그는 "박진 선생, 조통부위원장 최성만, 민민청 조직부장 김상찬, 교조경북연합위원장 신우영" 등과 인사를 나누었다. 사형수로서의 첫날 밤을 보내기 위해 전방(방을 옮김)하는데 복도에서 "변호사 면회를 하고 이복녕 군이 나의 모습을 보고서는 내 손목을 잡고 울기만 했다"라고 그날을 기록했다.

사형수의 심정은 마치 아우슈비츠에서 죽음을 기다리는 사람들과 비슷할 것이다. 제2차 세계대전 때 오스트리아 정신의학 교수였던 프랭클은 아우슈비츠 수용소에 도착한 직후 "실낱같은 희망에 매달려 최후의 순간이 어쩌면 그렇게 나쁘지 않을 것이라고 믿었다." 정신의학에서 말하는 "집행유예의 환상"delusion of reprieve이라고 하는 상태였다.[110] 사형을 언도받은 수감자는 형이 집행되는 최후의 순간, 바로 그 직전에 집행유예를 받게 될지도 모른다는 환상을 가지고 있다는 것이다.

이원식 역시 그랬을 것이다. 좌절할 수 없었던 그는 실낱같은 희망을 갖고 사형이 확정된 후 수일 동안 작성한 '최고회의 의장 박정희'에게 보내는 탄원시를 제출했다.[111] 아무리 죽음을 각오했더라도 어느 친척, 친구들에게 세 식구를 부탁하기도 어려웠고, 애초에 기대하지도 않았다. 어떻게든 생명을 연장하는 것이 중요했다. 그는 아침에 미역국을 받는 날이나 사식 등을 이틀분 앞서 신청받아 가는 날, 운동이 중지되는 날이면 말할 수 없는 불길한 예감에 휩싸였다. 독서에 열중하다가도 손에 채워져 있는 수갑을 볼 때는 또다시 닥쳐올 사형수의 운명에 마음속이 공포와 체념으로 가득 찼다.

한편 김종길 변호사는 이원식이 작성한 탄원서와 그가 쓴 책, 학술

자료 등을 박정희 의장에게 직접 제출했다. 노력이 헛되지 않았는지 얼마후 이원식은 무기수로 감형되었다. 무기징역으로 감형된 이원식은 1962년 5월 28일 박정희에게 감사문을 보냈다. 그리고 9년을 더 복역한 후 1970년 4월 27일 출옥했다. 하지만 이원식은 3년 후 다시 사회안전법 위반 혐의로 재수감되었다가 1977년에 겨우 풀려났으나 1년 후 교통사고 후유증으로 세상을 떠났다.[112]

김원봉의 동생 김봉철은 밀양에서 전쟁 때 희생당한 사람들의 유골을 수습하고 장례위원장을 맡아 활동했다는 이유로 군사재판에 회부되었다.[113] 1961년 12월 7일 그는 무기징역(사형)을 선고받았다가 이듬해 2월 9일 상소심에서 10년형으로 감형되었다. 그는 대전교도소와 부산교도소를 거쳐 안동교도소 등지에서 5년간 복역한 후 출소했다. 그를 오랫동안 철창 속에 가둔 군사정권의 주장은 그 자체로 궤변이었다.[114]

> 대한민국 내의 보도연맹원 등의 적색좌익분자는 북한공산괴뢰군에 대한 정보 및 편의제공, 자유진영인사에 대한 학살, 시설 및 건물 등에 대한 파괴 약탈 등 이적 행위를 하여 우리 국군의 작전 수행상 치명적인 타격을 가했기 때문에 우리 군경은 국가안전보장을 위하여 이에 응전한 결과 우리 군경과 더불어 그들 좌익적색분자의 일부는 동전투 중 사망한 사실이 있으나 이것은 오로지 북한공산괴뢰집단의 불법도전에 대한 민족적 비극의 소산이었으며 …… 6·25동란때 사망한 좌익적색분자들을 애국자인 것처럼 왜곡선전함으로써 민심을 혼란시키는 한편 민주진영에 대한 보복을 가할 것을 기도하고 반국가단체인 북한공산괴뢰집단의 이익이 된다. ……

재판부의 논리는 간단했다. 국민보도연맹 등이 전쟁 때 북한군을 도왔고 그래서 죽었는데, 1960년 이들의 명예를 회복하는 행위는 10년 전

국민보도연맹원의 행위처럼 북한을 이롭게 한다는 것이었다. "정보 및 편의 제공"과 "이적 행위"는 거창사건에서 군 지휘관들이 변명한 내용과 조금도 차이가 없다. 개인이나 단체가 저지른 범죄 행위에 대한 구체적인 증명이나 소명도 없이, 모든 것은 북한을 위한 것으로 둔갑했다. 유골을 찾는 것도 진실을 요구하는 것도 책임자를 처벌해 달라고 하는 것도 피해자를 조직하는 것도, 쿠데타 세력은 어느 것 하나 받아들일 수 없었고 이를 부정했을 뿐만 아니라 탄압했다.

군사정부에 끌려가기 전까지만 해도 김봉철은 밀양에서 염색 공장을 운영하면서 상당한 재력을 모아 지역사회와 집안에서 큰 역할을 했다. 그러나 1961년 군사재판에서 징역형을 받고 무고하게 옥살이를 한 이후 몸은 망가지고 먹고살기도 막막해졌다. 출소한 그는 박정희 군사정권을 비판하면서 술에 의존해 폐인처럼 살다가 1986년 사망했다.

『부산일보』 기자 송철순은 1960년 가을부터 1961년 봄까지 학살에 대한 진상이 밝혀지리라 믿고 미신고 지역을 찾는 등 여러 활동을 했다. 그러다 갑자기 5·16 쿠데타가 일어났다. 이건 전혀 생각하지 못한 일이었다. 동래경찰서를 출입하는 그는 쿠데타가 일어난 나흘쯤 뒤에 경찰서에 들어갔다가 형사들에게 붙잡혔다. 군이 유족회 관계된 사람들을 구금하고 있다고 경찰이 알려 주었지만, 모든 깃을 합법적으로 했다고 생각한 그는 서슴치 않고 경찰 조사에 응했다. 그런데 방첩부대에서 나온 군인이 그를 보고 대뜸 "이 새끼 빨갱이구나" 그러더니 영장도 없이 구속해 버렸다.

그는 동래경찰서에서 104일 동안 있으면서 유족회 활동에 대해 조사를 받았고 육군형무소로 이송되어 3~4개월 정도 수감된 후 서울로 옮겨졌다. 그가 동래 지역에서 유해 760여 구를 발굴해 위령비를 세운 활동들은 쿠데타 정권으로부터 반국가단체 결성과 이적 행위로 둔갑되었다. 수습한 유골은 군사정부가 강제로 화장해서 없애 버렸고 비석은 뭉개졌다.

혁명재판에서 징역 5년을 선고받고 서대문형무소에 수감되었는데 유족회 사건으로 이원식, 권중락, 이삼근, 이복형, 김영욱이 함께 수감 생활을 했다. 그러다 1962년 5월 5일 토요일 사형수였던 이원식이 살아 돌아왔다. 이원식은 사형수에서 무기로 바뀌었고 마치 죽었다 돌아온 듯했다.[115]

1961년 유족회 사건 재판에서 송철순에게 12년을 구형한 검찰관은 최근까지 변호사로 활동하고 있었다. 1999년 이후 송철순은 민간인 학살 진상규명 운동을 하면서 서울을 자주 왕래했고 여의도와 국회, 광화문 등에서 많은 집회와 기자회견에 참가했다. 그는 자신을 담당했던 검사가 살아 있는 것을 알게 되었고 여러 차례 만나 볼까 생각도 했지만 그러지 못했다.

유족회 사건 재판에서 혁명검찰부 검찰관 중의 한 사람은 이재운 변호사였다. 1961년 11월 6일 혁명재판소 심판부 제5부(재판장 김용국) 주재 군사재판 공소장에서 검찰관 이재운은 〈동래피학살자합동장의위원회사건〉의 송철순 등에게 전쟁 때 "사망한 좌익분자를 애국자로 가장시키고, 우리 군경이 선량한 국민을 무차별 살해한 것처럼 왜곡선전한다"고 기술했다. 재판부는 판결문에서 송경희가 "6·25 동란시에 대한민국 경찰에 의하여 작전상 처형되었다"고 판단하고, 송철순이 자기 아버지가 "좌익분자가 아니라는 근거없는 망언과 재판 절차없는 사형 집행이 부당하다는 편견에 사로잡혀", "국가의 안위 따위는 일절 불원하는 비국민적 사상의 불온분자"라고 판시하면서 징역 5년형을 선고했다.[116]

이재운은 유족회 사건을 주로 맡았는데 1961년 7월 12일경 공군 제11전투비행단 법무참모(대위)로 근무하던 중 혁명검찰부에 차출되었다.[117] 박창암 부장은 이재운에게 학살 사건과 6·25 전쟁 때 남로당과 관련한 사실을 바탕으로 유족회 사건의 수사 방침을 지시한 후 기소할 때 구형량을 정해서 명령을 내렸다. 그는 임화수와 이정재 사건을 처리한 후 박창암 부장으로부터 인정을 받아 유족회 사건을 배당받았고 많은 관련 자를 처리했다. 박창암 부장은 "피학살자유족회의 간부들은 남로당원의 가족이고 그들이 4·19 혁명 이후 혼란을 틈타서 정부 전복을 꾀했다고 교육을 하며 철저히 수사를 하여 기소하라고 지시"했다.[118] 이렇게 초점을 맞추어 기소했기 때문에 지역 경찰서에서 온 피의자들의 송치 의견서는 거의 같은 내용으로 작성되었다.

이재운은 군사정부에서 반공을 국시로 했기 때문에 유족회 사건을 가장 중요하게 여겨 이를 철저히 다루어야 한다고 교육받았다. 1961년 8월 초순경 박창암은 유족회 사건이 이재운에게 배당되자 그를 자신의 방으로 불러 유족회가 남로당원과 관련되어 있는 정황을 설명하면서 엄히 다루라고 지시했다. 반공을 제일로 삼는 군사정부의 혁명검찰부장으로서 "현 시국에 가장 위해로운 사건이므로 엄격히 수사하라"는 내용이었다.

혁명검찰부에 송치된 유족회 사건은 박창암 부장과 안경렬 수석검찰관이 수사와 기소에 관한 정책을 결정했기 때문에 이미 갈 길이 정해져 있었다. 그러나 혁명재판부 제5부 유족회 사건을 맡은 이택돈 주심판사는 1심 공판에서 사형을 구형한 일부 피고인에게 무죄를 선고해 박창암 부장과 혁명재판부 제5부 김용국 재판장(해병대 준장)이 건물 복도에서 치고받는 싸움이 벌어지기도 했다. 이재운은 훗날 이택돈 재판관과 애기를 나눌 기회가 있었는데, "가족을 잃어서 신원伸寃을 요구하는데 또 그 가족마저 잡아들여 구속하고 반국가 행위자로 만들면 또 그 자손이 그 일을 되풀이할 것 아닌가 하는 생각으로 유족회의 간부들에 대하여 무죄라는 소신을 가졌다"라고 말한 대화를 공개했다.

1960년 유족회 활동은 쿠데타로 산산조각이 났고, 이들이 남긴 자료는 재판정에 증거물로 제시되었으나 현재까지는 찾을 수 없다. 다만 군검찰의 공소장과 판결문, 증거물 목록만 전해지고 있다.[119] 증거로 제시된 목록을 살펴보면 유족회 조직과 활동, 구성원들의 세세한 일들을 추정할 수 있는데 유해 발굴과 위령비 건립, 유족회 소식지, 언론 호소에 이르기까지 광범위한 사회운동이 전개되었음을 알 수 있다.

쿠데타 정권은 유족들을 검거한 뒤에 특별법을 만들었는데, 일단 잡아 가둔 뒤 이들을 처벌하기 위해 1961년 6월 22일 〈특수범죄처벌에관한특별법〉을 제정한 후 이를 소급 적용했다. 헌법에서 규정하고 있는 '행위 시의 법률에 의하여 범죄를 구성하지 아니하는 행위'로 처벌할 수 없다는 조항은 무시되었다. 더구나 이 법률은 입법기관인 국회에서 제정한 것이 아니고 국가재건최고회의라는 초헌법 기구에서 입안한 것이었다. 1961년 6월 21일 제정된 혁명재판소 및 혁명검찰부조직법 제2조에 의해 설치된 혁명재판소는 그해 12월 7일 유족회 사건 관련자들에게, 그들의 활동이 반국가단체인 북한을 찬양·고무·동조하거나 기타의 방법으로 그 목적 수행을 위한 행위에 해당한다고 해 〈특수범죄처벌에관한특별법〉 제6조 위반으로 유죄를 선고했고, 피고인들의 상소가 기각되어 유죄판결이 확정되었다.

김영욱은 혁명재판소에서 징역 7년을 언도받고 서대문형무소에서 2년 7개월간 옥살이를 했다. 군사재판부는 "전쟁이라는 국가 비상상황에서 …… 만부득불 좌익분자 등이 (국민보도연맹 사건 등으로) 희생되었음에도 불구하고 (유족회 활동 등으로) 물의를 일으킨다면 일반 국민이 반공의 국시에 의혹을 느낄 뿐 아니라 민심이 정부 시책에서 이탈하게 된다"고 주장했다. 재판장에서 김영욱은 "내 아버지 뼈 가져다 묻는 게 무슨 죄냐"고 묻자, 검찰관은 "빨갱이들을 묻어준 게 죄다"라고 답했다.[120]

유가족은 '손에 남은 흙 자국을 미처 지우지 못하고 체포되었다'.[121] 가족의 장례를 치르는 것이 국가의 법을 어긴 죄가 되는가. 자식의 도리이자 인륜이었는데 이들은 부모 형제의 유골을 찾을 수 없고 묻어 줄 수도 없었다. 오이디푸스가 자신의 두 눈을 찌르고 방랑에 나선 뒤 그의 두 아들 에테오클레스와 폴뤼네이케스는 왕권을 놓고 서로 싸우다 둘 다 죽고 만다. 이에 왕이 된 크레온은 에테오클레스의 장례는 치르게 했지만 적의 군대를 이끌고 테바이를 공격한 폴뤼네이케스의 장례는 허용하지 않는다. 죽은 채로 짐승의 먹이가 되게 내버려 두어야 했을까. 그는 시체에 손을 대면 죽이겠다고 엄명을 내렸다. 그러나 안티고네는 외삼촌이자 테바이의 왕인 크레온의 국법에 맞서 오빠의 장례를 치렀다. 폴뤼네이케스는 크레온이 규정한 적이기에 앞서 오빠였기 때문이다. 시체를 내버려 두라는 크레온의 법에 저항해 안티고네는 동생으로서 오빠의 시신을 매장했고, 그러기 위해 자신의 목숨을 내놓았다.

가족의 법과 국가의 법은 달랐다. 인륜의 도리는 국가의 법 앞에서 멈추었다. 피학살 유족들은 살해 현장에서 찾은 부모 형제자매의 유해를 묻고 "영원히 잊지 못할 슬픈 무덤"을 만들었다. 그들은 "조국의 산천도 고발하고 푸른 별도 증언한다"라고 묘에 표지석을 세웠다.[122] 그러나 군사정권의 법은 달랐다. 시신을 수습하고 장례를 치르는 것 자체가 불온한 것이었다. 죽은 이들은 '공산주의자'였고 반공 정권의 '적'이었다. 이것이 바로 헤겔의 안티고네 식으로 말하면, 신의 법과 국가의 법이 대결하는 것이라고 할 수 있다.[123] 신의 법이란 가족 친족, 관습법, 인륜적 삶이며 국가의 법이란 성문법(실정법), 국가 공동체를 의미한다. 헤겔의 '죽음과 정신'을 해석한 에마뉘엘 레비나스Emmanuel Levinas는 가족의 고유한 인륜은 지하 세계와 관련을 맺으며 "죽은 자들을 땅에 묻는 데서 성립한다"고 보았다. "땅에 묻는 행위는 죽은 자와의 관계이지 시체와의 관계가 아니다."[124] 결국 매장은 죽은 자와 맺는 관계, 죽음의 보편성과 맺는 관계이며, 매장 의식은 살아 있는 자가 죽은 자와 관계 맺음으로써 살아 있는 자가 죽음과 맺는 특별한 관계를 의미한다. 이로써 죽음은 단순히 묘사되는 것이 아니라 사유되고, 사유 그 자체의 개념적 도정에 필수적인 계기가 된다.[125] 헤겔에게 있어서 죽음은 살아 있는 사람들의 행동에 담긴 해석 속의 죽음이다.

1961년 군사 법정에서 노현섭과 이원식 등이 주장한 내용은 다음과 같은 취지였다. "죽은 일자를 알아서 제사도 지내 주고 장소도 알아서 분묘라도 만들려고 한 것에 불과한 것"이 1960년 유족 활동에서 가장 중요하고 또 가장 먼저 했어야 할 천륜이었다. 유족의 매장 요구는 가족으로서 망자에 대한 최소한의 도덕과 윤리를 지킬 수 있게 해달라는 것이었다. 1987년 민주주의 시기, 거창 유족이 벌인 최초의 집회는 '상여 시위'였다. 상여를 메고 나가는 장례(장의)가 시위에 등장한 것이다. 제대로 된 장례식을 막은 것이 어떤 의미인지 유족들은 자신들의 경험을 통해 철학적으로 또 실천적으로 알고 있었다. 죽은 자와 관계 맺는 산 자의 방식, 죽음을 해석하는 현실 속에 우리의 정신과 삶의 원형이 있다.

죽음의 의식은 인류의 시작과 함께해 온 친밀한 양식이자 집단적 상징 활동의 가장 오래된 형태다.[126] 프랑스 민속학자 방 주네프Arnold Van Gennep가 밝혔듯이 통과 의례rite of passage는 사람이 살아가는 과정에서 겪는 새로운 상태, 장소, 지위, 신분, 연령들을 거치면서 치르는 갖가지 의례儀禮나 의식儀式이다.[127] 그중 장례는 죽은 자를 둘러싼 사람들의 정체성을 이루는 가장 본질적인 것이면서, 동시에 의례와 공동체의 관점에서 집단의 문화적 관습 아래 이루어지는 집합 의식을 형성한다.

학살 문제에서 '위령'이라는 의례를 둘러싼 국가의 법과 인류(신)의 법이 대립하는 이 상황은 1961년 쿠데타 이후에 군사정부가 저지른 부관참시를 보면 명확하게 알 수 있다. 군사정권은 자신들의 법을 따르지 않은 사람들을 다시 한번 죽음으로 내몬 것이다. 그들은 시신을 수습해 장례를 치르는 것을 금지하고, 이미 발굴한 유해나 모셔져 있는 유골을 파헤쳐 뿌려 버렸다. 망자에 대한 최소한의 추모와 인류의 법을 짓밟은 것이다.

한편 군사정권하의 재판부는 앞뒤가 맞지 않는 논리를 내세웠다. 경상남북도피학살자유족회 사건에 대한 판결문 일부를 살펴보면, 재판부는 군경이 저지른 학살을 불법으로 판단하고 있었지만, 국민보도연맹원을 아예 북한 당국의 동조자로 간주했다.[128]

> 보련원 및 국가보안법 기미결수의 피살은 불법에 의한 것이라 할지라도 반공을 국시로 하는 대한민국의 충실한 국민이라고 할 수 없을진대 애국적이고 조국과 민족의 자주독립을 염원한 존재였다고 할 수 없다. …… 유족회 성격과 그 활동결과에 대하여 북한괴뢰가 간접침략의 한 방안으로서 기대하는 그들의 동조자의 확대 및 조직강화 그 사상선전에 동조하는 행위라는 것을 인식할 수 있음.

재판부의 주문은 불법을 합법이라고 주장한 것이다. 반공을 국시로 하는 대한민국에서 국민보도연맹원 피살이 불법이라 하더라도, 그들이 국가의 구성원이 아니기 때문에 죽어도 상관없다는 논리였다.[129] 재판부는 유족들의 활동 역시 북한과 연결시켜서 그들에게 동조하는 행위로 판단했다. 이재운은 〈특수범죄처벌에관한특별법〉이 소급법이기 때문에 법이론상 위헌에 해당하고, 이 문제에 대해서는 헌법재판소에 위헌 제청이 들어가야 할 필요가 있음을 밝혔다. 1961년 유족회 사건 재판은 전쟁 때 군경에게 피살당한 사람들이 북한을 이롭게 하는 행위를 하다가 사망했는지의 여부는 전혀 확인하지 않았다. 이뿐만 아니라 한국전쟁 중에 피학살자들이 살해된 경위는 검찰 수사와 재판 과정에서 전혀 밝혀지지 않았다. 그것은 처음부터 재판의 목적이 아니었기 때문이다.

군사재판에서 검찰관은 군경에게 피살당한 사람들이 모두 적색분자라는 전제하에 유족들이 반국가 행위자에 포함된다는 논리로 피고인들을 기소했고 재판 결과 역시 이 논리대로 진행되었다. 재판부는 유족들이 활동하면서 주장한 '억울한 죽음', 불법한 법 집행에 따른 살인 여부를 따지지 않은 채 이들을 범죄자로 단정했다. 혁명재판소 심판관 이택돈은 이 사건 판결문 첫머리에 기재된 '6·25 동란 시에 사망한 좌익분자를 애국자인 양 왜곡·선전하여 민심을 혼란시키고 용공사상을 고취하여'라는 부분에 대해, '아마 증거가 없었을 것이고, 판시 내용은 피고인들에 대한 이미지 각색이며, 증거재판주의에 위반되는 것이다'라고 밝혔다. 이재운이 고백한 대로 오늘날 "재판절차라면 가능하지 않은 일이고 범죄 원인에 대한 조사를 하지 않은 일이라 정상"적으로 있을 수 없는 재판이었다.[130]

군사재판의 내용을 보면 상호 모순된 논리 속에서 우리 사회가 유지되어 왔음을 보여 준다. 판결문을 비롯한 쿠데타 정권의 논리는 전쟁 중에 군경이 국민보도연맹원을 죽인 것은 불법이었다. 그러나 부당하게 죽은 사람들의 진실을 규명하려 했던 1960년 유족회 활동은 북한을 이롭게 하는 행위였다. 불법한 처형도 이 논리 속에서 합법적인 근거를 갖는데, '법률의 탈을 쓴 불법'이라는 측면에서 중대한 인권침해에 대한 사법부의 정치재판은 앞으로 논쟁이 될 것이다.[131]

불법한 논리 위에서 법을 집행하는 이 구조는 피해자를 범법자로 만들고 가해자(국가)의 범죄를 안보와 군사작전의 논리로 합리화한다. 이는 어느 정도 지금도 유효하다. 우리 중에 누구라도 안티고네가 될 수 있다. 그녀의 운명은 어떤 사람 또는 모든 사람의 운명이 될 수 있다. 정치 폭력은 무작위 희생자들을 요구한다. "나의 결백은 중요하지 않다." 인간의 도리를 다하고 삶의 윤리를 지키기 위해 권력에 맞섰을 때 우리는 아마 각오해야 할지도 모른다, 죽음을.

21세기
역사의 법정

민주주의 이행과 포괄적 과거청산

21세기 초에 이뤄진 한국의 과거청산은 한국전쟁기 민간인 학살과 권위주의 통치 시기까지 발생한 의문 사건을 중심으로 한다.[132] 이들 사건을 시민사회가 직접 행동이나 학술적인 연구를 통해 규명하기에는 한계가 뚜렷했다. 따라서 입법 행위를 통해 구체적인 국가기관이 만들어졌다. 과거청산의 원칙이라는 측면에서 보면 책임자 처벌과 명예회복, 배상과 기념은 긴밀하게 연관되어 있다.[133] 그러나 진실화해위원회가 추구한 이행기 정의는 가해자 처벌과 피해자 배상을 제외하고, '진실규명과 화해'를 목표로 제한적이고 타협적인 방식으로 추진되었다.[134]

포괄적 과거청산이 이뤄지게 된 경위를 살펴보자. 1987년 이후 민주주와 인권이 신장되면서 과거 국가의 잘못이 알려지기 시작했다. 1998년 11월 4일부터 전국민족민주유가족협의회(약칭 유가협)는 국회 앞에서 〈민주화운동 관련자 명예회복 및 예우 등에 관한 특별법〉과 〈의문사 진상규명을 위한 특별법〉을 제정하기 위한 농성을 시작했다. 해를 넘긴 422일간 농성의 결과로 특별법이 제정되었고 의문사진상규명위원회가 2000년 10월부터 두 차례에 걸쳐 활동했다.

의문사 당한 사건의 진상규명이 이뤄지는 동안 2000년 11월 유족과 인권 활동가, 기자, 변호사, 학자들이 모여 민간인학살진상규명범국민위원회를 창립하면서 전쟁기 학살 사건을 공론화하고 입법 운동을 시작했다. 2기 의문사진상규명위원회가 활동을 종료한 2004년 7월 이후 시민단체 진영은 '올바른 과거청산을 위한 범국민위원회'를 창립했다.[135] 이 연합 조직에는 의문사 유가족과 민족민주열사추모연대, 민간인학살진상규명범국민위원회 등이 중심이 되고 노동단체와 학술 연구, 지역의 시민단체 1천여 개가 참여했다. 의문사진상규명위원회에서 사실을 밝히지 못한 사건과 민간인 학살을 중심으로 조사 대상과 범위가 확대되고, 단체들의 참여 또한 노동단체와 시민단체까지 결합했다.

포괄적 과거청산의 중요한 논점은 국가 폭력이 기반을 두고 있는 정치의 문제였다. 올바른 과거청산을 위한 범국민위원회는 국가의 인권침해가 반공 체제에서 비롯되었음을 밝히고 있다.[136] 앞에서도 말했듯이 독재정권은 민간인 학살 유족에게 사건의 진실을 규명하는 것은 '북한'을 이롭게 하는 이적 행위로 간주했다.[137] 즉 유가족이 죽은 이들의 유해를 발굴한 것은 국가보안법상 반국가단체인 북한을 이롭게 하는 행위였다. 학살의 가해자로 군경을 지목하는 것은 일반 국민들로 하여금 군경을 원망하도록 해 결국 반공 체제에 균열을 가져오리라는 것이었다. 그러므로 역설적이게도 현대사에서 민간인 학살은 극우 체제에 가장 전복적이고 실질적 민주주의를 주창하는 사회운동이라고 할 수 있다.

포괄적 과거청산을 위한 통합특별법을 제정할 즈음 시민사회 진영은 열린우리당과 연대가 이루질 경우 제도화될 가능성이 높을 것으로 보았다. 2004년경 시민사회 단체는 여당이 유족과 사회단체의 요구 사항을 의제로 만들고 정책으로 구체화할 가능성이 크다고 여겼던 것이다. 정부 여당은 선거에서 승리해야 한다는 압박과 다양한 집단들의 요구를 수용해 구체적인 정책을 결정한다. 이 같은 포섭 국가inclusive state에서는 새로운 운동과 사회민주주의에 대한 행위의 폭이 넓어지고, 행위자들의 동원을 지지할 가능성 또한 높아진다.[138] 사회운동이 정치적 기회 구조의 영향을 받는 정도는 제도화 수준과 요구에 비례하게 된다.

시민사회의 요구에 대응해 정부 차원에서 과거청산이 제대로 추진된 것은 국민의 정부와 참여정부가 들어서면서부터였다. 국민의 정부에서 제주 4·3 사건과 의문 사건에 대한 조사와 명예회복이 국가기관을 통해 이뤄지기 시작했다. 노무현 정부는 "역사는 미래를 창조하는 뿌리"라는 인식하에, 미래 지향적인 새 역사를 열어 가기 위해 국가가 저지른 잘못에 대해 사과와 용서를 청하고 과거를 바로잡으려고 노력했다. 2004년 8월 15일 노무현 대통령은 광복 제59주년 '8·15 경축사'에서 "우리시대가 겪고 있는 분열과 반목은 굴절된 역사에서 비롯된 것으로, 밝힐 것은 밝히고 반성할 것은 반성하며, 이 같은 토대 위에서 용서와 화해를 거쳐 국민의 힘을 하나로 모아 미래로 나아가자"며 국정 운영의 한 방향으로 포괄적 과거청산을 제시했다.

이런 국정 방향에 따라 국가정보원과 국방부, 경찰청은 인권침해 사건을 자체적으로 해결하기 위해 내부에 진실규명과 역사 발전을 위한 기구를 독자적으로 설치·운영했다. 각 기관의 과거청산 작업은 국민 통합의 근간이 되도록 업무를 계획하고, 앞으로 다시는 국가권력에 의한 불법 행위가 재발하지 않도록 교훈으로 삼고자 했다. 경찰청은 이 책에서 중요하게 다루고 있는 국민보도연맹 사건을 선정해 조사를 벌였다.

경찰청은 "경찰의 직무집행과 관련하여 시민단체 및 이해관계인 등이 인권침해, 고문, 사건조작 등을 이유로 진상규명"을 요구하거나, "경찰력이 위법·부당한 개입으로 역사에 오점을 남겼거나 억울한 피해"를 남긴 사건에 대해 진상을 규명하고자 했다.[139] 이에 따라 2004년 11월 경찰청 과거사진상규명위원회 운영 등에 관한 규칙 제3조(설치)에 따라 과거사진상규명위원회를 설치했다. 위원회는 1945년부터 경찰력으로 인해 억울한 피해가 발생한 사건의 진상을 규명함으로써 부정적인 경찰상을 불식하고, 국민의 신뢰를 회복해 인권 경찰로 나아가고자 시민사회와 학계에서 끊임없이 의혹을 제기해 왔던 국민보도연맹과 나주부대, 대구 10·1 사건 등을 조사 대상으로 선정했다.[140]

경찰청은 2005년 3월부터 2006년 9월까지 약 1년 6개월 동안 조사를 벌여 그 결과를 발표했다. 이 조사에서 경찰청은 지역 경찰서와 형무소, 국가정보원(중앙정보부) 등 관계 기관에서 새로운 자료를 발굴했으며 국민보도연맹원 검속과 '처형'의 주체가 대한민국 군경임을 밝히고, 1950년 7월 12일 이전의 검속에 대해서는 국가의 잘못을 인정했다. 경찰청은 사건과 관련해 검사 1명, 참전 경찰 7명, 유족 8명, 관련 참고인 2명 등 관계자 25명에 대해 진술을 청취했다. 희생자 규모를 17,716명이라고 밝혔는데 전산 자료에 등록되어 있는 국민보도연맹원은 3,593명이었다. 희생자의 가해(기관)는 경찰 1,083명, 국군 5,157명(CIC 138명, 11사단 41명, 18전투대 38명, 헌병대 33명), 치안대 25명, 우익 인사 13명, 대한청년단 4명, 미군 1건으로 밝혀졌다. 무엇보다도 과거사진상규명위원회는 중앙정보부에서 발간한 "6·25 당시 처형자 명부"(1978년)에서 처형자 26,330명과 그 연고자 38,135명을 밝힌 기록을 찾았다.

무엇보다 경찰청은 국민보도연맹원 등 요시찰인 검거와 관련해 1950년 7월 12일 계엄하 헌병사령관이 발표한 〈체포·구금특별조치령〉 이전에 치안국장이 하달한 〈전국 요시찰인 단속 및 전국형무소 경비의 건〉에 따라 단행한 국민보도연맹원 등 정치범에 대한 검거는 법적 근거가 없는 것임을 밝혀냈다. 국민보도연맹원을 대상으로 한 검속은 한국전쟁 개전 초기에는 경찰이 전담했으며 〈체포·구금특별조치령〉 공고 이후에는 헌병이 관여한 사실을 확인했다.

학살의 집행 주체는 경찰의 전산 자료와 문건, 경찰 외부 문건인 헌병예입인명부, 경찰관 진술, 유족 증언을 취합해 경찰과 군, CIC, 미군, 우익 단체가 개입한 사실을 확인했다. 중요한 성과 중의 하나는 경찰의 일상적인 신원 조사 업무와 관련해, 국민보도연맹원 명부와 처형자 가족 명부가 생존한 국민보도연맹원과 이전에 처형된 자들의 가족 등을 관리하기 위해 작성된 것이며, 경찰이 사건 이후 이들에 대한 존안 자료를 보관·관리하면서 연고자들의 신원조회 업무에 활용한 사실을 밝힌 것이다.

다음으로 독립 기구로서 포괄적 과거청산의 쟁점이 되었던 진실화해위원회 활동을 살펴보자. 가장 먼저 쟁점이 되었던 부분은 조사 권한에 대한 효력과 범위에 관한 논란이었다. 〈진실화해를위한과거사정리기본법〉(이하 기본법)이 법 규범으로서 효력을 제대로 발휘하기에는 어려움이 있었다. 기본법에서 명시한 조사 권한에 대한 해석과 적용, 행사 방법은 종종 다른 권력기관에 대한 자료 제출 요구 과정에서 갈등을 빚었다. 정부기관들은 기본법상의 법 효력에 대해 끊임없이 문제를 제기하며 이것을 협소하게 적용하길 원했다. 이 논쟁은 기본법에서 추구하고 있는 진실화해위원회 설립 목적인 "민족의 정통성"과 "과거와의 화해", "국민통합"이라고 하는 가치와 정의 관점에서 법조문을 적극적으로 해석하지 않고, 기존 법체계 내에서 소극적이며 규범적으로 적용하려 했기 때문이었다.

자료 제출 등 국가기관과의 관계에서 조사 권한에 대한 법 효력은 결국 정권의 정치적 의지와 사회적 현실 그리고 실증법적 구속력이라고 하는 상호 관련성 속에서 실행될 수밖에 없었다. 법 규범의 효력은 사실적인 측면의 실효성과 이상적인 측면의 타당성을 포함하는데,[141] 기본법은 법적 타당성은 확보했지만 법 실효성은 상대적으로 미미했던 것이다. 각 기관은 이미 정치적 안정과 법적인 연속성이 보장된 상태이고, 기본법은 체계화되어 있는 기존 법질서 바깥에서 등장했기 때문에 갈등이 발생할 수밖에 없었다. 실효성을 담보하지 못한 또 다른 원인은 과거청산 문제를 입법적 차원에서 바라보았기 때문이다. 입법은 이행기 정의의 출발점이었는데, 이후 기본법의 실효성을 담보하기 위한 중장기 대책을 마련하지 못한 것은 이를 소홀히 한 까닭이었다.

진실화해위원회가 중요한 사건을 체계적으로 밝히는 데에도 한계가 있었다. 개별 사건 조사보고서의 경우 신청인 중심의 피해 확인과 희생 사실을 규명하는 것이 우선이었다. 납북 어부나 간첩 조작 등 확정판결된 사건은 재심사유를 찾는 데 조사의 초점을 두기도 했다. 이와 같은 신청 건 중심의 진실규명은 시대별·유형별 사건을 종합적이고 체계적으로 다루는 데 실패할 수밖에 없는 과정이었다. 재일교포 간첩 조작, 시국 사건 등 구조적이며 정치적인 배경을 파악하고 반공 정권의 지배 전략과 공안 통치를 밝힐 수 있는 역사적 맥락은 놓쳐 버렸다. 진실화해위원회는 이를 염두에 두고 직권 조사 방식을 마련했으나, 국민보도연맹 사건을 제외하면 정치적 쟁점이 되었던 사건을 좀 더 근본적으로 조사하지 못했다.

또한 1기, 2기 의문사진상규명위원회에서 불능으로 처리한 사건을 제대로 밝히지 못했다. 의문 사건은 사망 원인과 가해자를 밝히는 데 아주 큰 어려움이 있었다. 더구나 앞서 두 차례에 걸친 진실규명 불능은 이 사건의 실증적 조사를 더욱 어렵게 만들었다. 이 같은 부담은 진실화해위원회가 의문 사건을 정치적·역사적 관점에서 규명하는 데에도 한계로 작용했다. 유가협을 중심으로 한 신청인들은 2009년 10월 진실화해위원회에서 점거 농성까지 벌이며 좀 더 적극적이고 신속한 조사를 촉구했으나, 한계를 절감한 유족들이 결국 사건을 취하하기에 이르렀다.

덧붙여 사건의 진실규명 과정도 내용(질적)으로 볼 때, 민간인 학살과 의문 사건 등을 동일한 기준으로 결정한 것은 진실화해위원회의 또 다른 제약이었다. 인권침해와 집단희생 사건은 포괄적인 과거청산의 대상이었지만 그 성격에는 많은 차이가 있었다. 그러므로 기본법 내에서도 시행령과 조사 규칙 등에서 조직 체계와 조사 방법, 진실규명 요건, 사건 분류 등을 유연하게 규정하는 것이 바람직했다. 물론 약간의 융통성은 있었으나 근본적으로 규정상의 진실규명 결정 기준은 동일할 수밖에 없었다. 진실화해위원회는 인권침해와 집단희생 사건을 정량적으로 동일하게 다루었지만, 민간인 학살은 개별 피해자가 신청한 건이 의문 사건 한 건과는 달리 집단적인 동일 유형, 동일 사건인 경우가 대부분이었다. 그리고 진실을 규명하지 못하고 불능으로 처리한 1천여 건의 경우 별도의 대책을 마련하지 못했다.

신청 사건 중심의 조사 활동은 또 다른 과제를 남겼다. 피해 규모에 비해 신청인이 턱없이 적었던 민간인 학살과 월북, 간첩 조작 사건 등 미신청 건은 미제 사건으로 남게 되었다. 진실화해위원회는 용역 사업으로 열아홉 개 시·군·구 지역에서 '피해자 현황 조사'(2007~09년)를 실시해 피해자 약 104,334명을 파악했다. 그리고 지방자치단체의 협조로 98개 시·군·구에서 실시한 '기초 사실 조사'(2008~09년)에서는 개인별 사건 조사표 약 15,434장을 작성하는 등, 기본법에 해당하는 광범위한 피해 실태를 파악했다. 하지만 그 정확한 규모는 정확하게 추산할 수 없었고 일부 신청 건과 연관된 사건을 제외하고는 별도로 조사하지도 못했다.

이런 한계에도 불구하고 국가기관의 자체 조직과 독립된 기구에서 과거청산이 가능해졌던 것은 피해자들의 의미 있는 행위들이 축적된 것의 결과이자, 정치적 기회 구조political opportunity structure의 변화 때문이다. 정치적 기회 구조라는 측면에서 과거청산 운동이 제도화될 수 있었던 것은 민주정부로의 이행이 결정적인 계기였다. 민주화가 이 기회 구조를 가능하게 한 것은 관련 구성원들의 의도적인 행위와는 독립적으로 운동의 발전을 결정짓는 정치체제의 측면이 있었기 때문이다.[142] 정치적 기회 구조는 구성원들이 통제하지 않는 요소들로부터 영향을 받으며, 그들이 의도하는 행위의 누적된 효과에 의해 영향을 받으면서 시간이 지남에 따라 변해 간다. 행위자들은 자신이 사회운동에 참여할 때 이와 같은 변화를 정확히 예측할 수는 없다.

기회 구조는 직접민주주의의 절차적 제도화 정도와 관련해 시민사회에 부과되는 진상규명에 대한 비중에 따라 국가의 정책 전환과 실행을 이끌어 낸다. 국가의 행위와 자율성이라는 측면에서, 민주주의가 제도적으로 정착된 국가는 도전자 관점에서 집합행동을 동원하는 데 더욱 우호적이다. 이는 절차적인 측면에서 행위자들에게 참여를 위한 새로운 통로를 열어 주고, 그것이 정치사회적으로 합법적이라는 것을 인식하게 해주기 때문이다.[143] 곧 운동이 이전과는 달리 정치사회화한다는 의미다. 그리고 운동의 합법적인 인식은 실질적인 성공, 제도화에 대한 정책 변화와 연관되어 있다.

시민사회의 요구와 정치사회의 제도화라고 하는 차원에서, 그리고 의문 사건을 포함한 과거청산과 관련해 이루어진 이행기 정의의 특징은 세 가지로 나누어 볼 수 있다. 첫째, 독재와 권위주의 시대의 중대한 인권 침해와 식민지 잔재 청산이라고 하는 역사적 과제가 결합되었다는 점이다. 정부 수립 이후 반공 냉전 정권하에서 청산하지 못한 식민 잔재는 이행기 정의와 맞물려 과거청산의 대상이 되었다. 둘째, 시민사회와 유족들이 운동 차원에서 시작한 과거청산이 입법 과정을 거쳐 국가기구 형태의 제도적 기반을 바탕으로 진행되었다는 것이다. 셋째, 한국의 과거청산은 한반도 분단이라고 하는 특수한 상황과 연관되어 있다. 이것은 국가가 반공 이데올로기를 통해 북한이라는 적을 체제 내부로 끌어들여 민주주의를 탄압하고, 정권을 유지하는 데 정치적으로 도구화했음을 의미한다.

2011년 역사의 법정

울산 국민보도연맹 사건이 대법원에서 국가배상 판결을 받았다. 그러나 이 과정은 사건의 전모가 드러나는 데 60여 년의 시간이 필요했던 것처럼 피해자들이 국가로부터 침해당한 권리를 배상받는 데에도 부침을 거듭했다. 2009년 2월 10일 서울중앙지법 재판부는 유족들의 청구를 받아들여 국가배상을 판결했다.[144] 그러나 그해 8월 18일 항소심 재판부는 원고들의 청구를 기각했다.[145] 이 판결에서 가장 중요한 논지 중의 하나는 손해배상청구에 관한 소멸시효 부분이었다. 항소심 재판부는 원고들이 제기한 소송에서 소멸시효가 1951년 사건 발생 이후부터 5년 내에 완성되었다는 취지로 판결했다. 그러나 2011년 6월 30일 대법원은 울산 국민보도연맹 사건 유족들이 국가를 상대로 제기한 손해배상청구 소송 상고심에서 정부의 소멸시효 완성 주장을 배척하고, 국민을 보호할 국가 의무의 부담과 신의 원칙에 따라 국가의 배상 책임을 인정하는 취지의 판결을 내렸다.[146]

대법원의 판결 내용에서 중요한 대목은, 국가권력의 기본권 침해에 대한 피해자의 구제 권리를 확대하고, 국가 공동체의 본질적인 요소인 그 구성원의 생명을 박탈한 불법행위와 그것의 은폐에 대해 지적한 것이었다. 구체적으로 살펴보면, 전시 중에 경찰이나 군인이 저지른 위법행위는 객관적으로 외부에서 거의 알기 어려우며 피해자들이 사법기관의 판단을 거치지 않고서는 손해배상청구권의 존부를 확정하기 곤란하기 때문이다. 따라서 국가 등을 상대로 손해배상을 청구하는 것은 좀처럼 기대하기 어려웠고, 전쟁이나 내란 등에 의해 조성된 위난의 시기에 개인에 대해 국가기관이 조직적·집단적으로 자행하거나 또는 국가권력의 비호나 묵인하에 조직적으로 자행된, 기본권 침해에 대한 구제는 통상의 법 절차에 의해서는 사실상 달성하기 어려웠다. 그러므로 2007년 11월 27일까지 진실화해위원회가 울산 국민보도연맹 사건에 대한 진실규명을 결정하기까지 객관적으로 피해자들은 권리를 행사할 수 없었다.

대법원은 여기에 덧붙여, 본질적으로 국가는 그 성립 요소인 국민을 보호할 의무를 부담하고 어떤 경우에도 적법한 절차 없이 국민의 생명을 박탈할 수 없다는 점을 강조했다. 이를 앞서 살펴본 법리에 비추어, 국가는 여태까지 생사 확인을 요구하는 유족들에게 "6·25 당시 처형자 및 동연고자 명부" 등을 3급 비밀로 지정해 진상을 은폐하고, 피해자들이 집단학살의 전모를 어림잡아 소송을 제기하지 못한 것을 탓하면서 취지의 소멸시효 완성을 주장해 그 채무이행을 거절하는 것은 부당하고 '신의 성실의 원칙'에 반하는 것이라고 주문했다.

정부는 관련 자료를 보존하고 있음에도 사실을 은폐했다. 이 사건에서 희생자들은 거의가 '처형'된 것으로 경찰 자료에 기록되어 있는데, 경찰은 1948년 12월경 '좌익 계열자 명부'를 만들었고 1975년경 그때까지의 각종 자료를 기초로 '대공 인적 위해 요소 명부'를 작성했다. 이 처형자 명부는 1975년 5월 31일, 좌익 계열자 명부는 1976년 1월 29일 대통령령인 보안 업무 규정에 따라 3급 비밀로 지정되었다. 유족들은 사실을 확인할 수 없었지만 정부는 의지만 있었다면 얼마든지 사실을 파악할 수 있었다. 사실을 밝히고 진실을 알려 주는 것, 정부와 공공 기관의 정보를 공개해 시민들의 알 권리를 보장하는 것이 민주주의의 시작이다.

민간인 학살이 대법원에서 국가의 잘못으로 손해배상을 받기까지는 법의 적용과 법의 사회적 실체를 둘러싼 논쟁도 있었다. 대법원의 판결이 있기 전 조용환 변호사는 중대한 인권침해 사건의 공소시효 배제를 검토했다.[147] 이 글은 유사 사건의 대법원 판례와 유족들의 권리 행사 시기, 사건 발생 이후의 국가 탄압, 국가의 국민 보호 의무 불이행 그리고 이에 대한 국제법 원칙과 이것이 갖는 국내법 의미, 특히 시간의 흐름과 소멸시효의 관계를 '시간의 역설'이라는 관점에서 변증법적으로 논증했다.

위 글에서 다룬 대법원의 판례는 거창사건과 울산 국민보도연맹 사건 등이었다. 무엇보다 소멸시효에 대한 국내법 적용의 규범적 해석을 뛰어넘어 법과 역사, 법과 사회에 대한 관점 나아가 궁극적으로 법률의 적용 대상인 피해자와 법치의 관계에 대한 법철학적 논지를 제시하고 있다. 민간인 학살 문제의 역사적 전환을 가져온 법리의 실체적 논쟁은 '법 자체가 정의는 아니다'라고 하는 것을 다시금 일깨워 주었다. 법의 적용과 영향이라고 하는 법사회학 측면에서 보면 대량학살 문제를 둘러싸고 진행된, 소멸시효를 핵심으로 하는 일련의 법리 논쟁은 법의 제정뿐만 아니라 법의 사회적 실체를 어떻게 확인할 수 있는지를 보여 준 사건이라고 평가할 만하다.

60여 년 만에 국가 범죄에 대한 피해자 구제 조치가 이뤄졌고, 대법원 판결 이후 이와 유사한 한국전쟁기 민간인 학살 사건 대부분이 국가로부터 손해배상을 받게 되었다. 울산 국민보도연맹 사건에 이어 대법원은 문경석달 사건 역시 소멸시효 완성을 배척하고 유족들이 국가를 상대로 제기한 손해배상청구를 받아들였다. 법원은 문경석달 사건의 원심과 항소심에서 소멸시효가 완성된 것으로 판단했다. 이 사건은 1949년 12월 24일 오전 11시경 경북 문경군 산북면 석달동에 국군 제3사단 제25연대 제3대대 제7중대 제2소대와 3소대 소속 군인 70~80여 명이 진주해 주민들에게 인민유격대와 내통한 혐의를 씌워 무차별 총격을 가해 주민 86명을 살해하고 12명이 부상을 입은 사건이었다. 대법원은 소멸시효 완성의 항변을 '신의 성실의 원칙'에 위배되는 권리남용으로 보고, 시효의 기산점을 '진실화해위원회의 진실규명 결정' 시점으로 산정했다.[148]

대법원이 민간인 학살 사건의 소멸시효 완성을 배척하고 원고의 손을 들어 주었지만 거창사건의 경우 법원의 결정은 매우 복잡한 과정 속에 놓여 있다. 2000년 유족 문병현 등은 국가를 상대로 손해배상 소송을 제기했다.[149] 1심 재판부는 대한민국 군인들의 불법행위로 인해 사망한 거창사건 희생자 본인들의 손해와, 그 유족들 고유의 정신적 고통에 대해 대한민국이 국가배상법에 따라 손해배상을 해야 한다고 판결했다. 원심

판결은 원고 측 주장을 인용해 희생자의 직계 존·비속과 형제자매에 한해 배상 판결을 내렸다.[150] 하지만 2004년 항소심 재판부는 손해배상청구권 시효가 소멸되었다는 이유로 원고의 청구를 기각한 바 있다.[151] 항소심 결과는 1951년 12월 16일 이뤄진 거창사건 책임자에 대한 형사재판의 선고일을 시효의 기산점으로 보았다. 그리고 2008년 대법원은 손해배상청구 소송에 관해 소멸시효가 완성된 것으로 적용해 유족들의 상고를 기각했다.[152]

그런데 2011년 울산 국민보도연맹과 문경석달 사건에 대한 대법원의 판결은 거창사건에도 영향을 끼쳤다. 2012년 11월 25일 부산고법 민사6부는 '거창사건' 희생자의 유족 박○○와 아들 다섯 명이 국가를 상대로 낸 손해배상 소송에서 국가는 원고에게 1억100만 원을 지급하라고 판결했다.[153] 이에 앞서 1심 재판부는 국가의 배상 책임을 인정하면서도 원고의 청구를 기각했다.[154] 항소심은 앞서 살펴본 대법원 판결, 2008년 5월 손해배상청구권 시효가 만료되었다는 이유로 유족 문병현 등의 청구를 기각해 원심을 확정한 것과 상반되는 판결을 내렸다. 재판부는 한국전쟁을 전후해 발생한 유사한 민간인 집단학살 사건인 '문경사건'과 '울산 국민보도연맹 사건' 피해자들이 이미 소송에서 배상받았거나 앞으로 배상을 받게 되는데 거창사건 유족만 이를 달리 판단하는 것은 불공평하다고 보았다. 항소심은 거창사건이 "국가기관이 저지른 반인륜적 민간인 집단학살 사건"이고 "국가가 피해회복을 조처하기는커녕 시효 소멸 주장을 통해 책임을 부인"하는 것은 올바르지 않다고 밝혔다.[155]

항소심 재판부가 주목한 것은 2005년 국회가 제정한 〈진실화해를위한과거사정리기본법〉이었다. 입법 취지로 볼 때 거창사건 피해자는 국가가 피해 회복 조처를 해야 하는 대상이기 때문에 피고인 국가가 시효 만료를 문제 삼는 것은 부당하다고 보았다. 또한 앞서 검토한 것처럼 재판부는 동일 사건의 유족들이 제기한 소송에서 2004년 항소심 재판부와 2008년 대법원이 기본법을 검토하지 않고 확정판결한 것을 지적했다. 부산고등법원 재판부는 새로운 판례를 적극적으로 받아들였고, 거창사건의 대법원 판례가 바뀔 가능성을 열어 두었다.

법리의 적용은 사회 변화를 적극적으로 수용함으로써 발전한다. 동일한 사건에 대해 상반되는 법원의 판결은 그만큼 전쟁기 학살 문제가 법리적으로 역동적이며 새로운 관점과 적용이 필요하다는 것을 보여 준다. 2010년 이후 이 문제에 대한 다양한 논의는 앞으로 새로운 인권 규범을 창출하는 데 크게 기여할 것이다. 반인륜 범죄이자 제노사이드로서 한국전쟁기의 학살은 국내법을 넘어 국제법 차원에서 평가가 시작될 수도 있다. 이것은 비단 학살 문제에만 국한되지 않는다.[156]

한국은 다양한 형태의 국제인권 규범을 따르겠다고 조약에 가입한 상태다. 국제조약을 국내법에서 어떻게 수용할 것인지, 헌법과 인권 조약의 관계는 어떠한지 그리고 조약의 해석과 적용에 관한 원칙까지 정립해야 할 때가 되었다.[157] 앞으로 민간인 학살에 관한 재판 과정에서 사법부가 확립하는 기준은 인권 조약의 이행 수준을 넘어서서 매우 광범위한 법체계에 영향을 미칠 것이다.[158] 부산고등법원은 이미 패소 판결을 받은 유족 등을 위해 국가가 보상 또는 배상 규정이 있는 〈거창사건특별법〉을 개정해 실질적인 보상을 하는 게 바람직하다고 추가했다.

이 같은 법률 구제 조치와 관련해서 또 하나 주목해야 할 점은 2000년 3월 18일 헌법소원 청구였다. 문경석달 사건과 제주 백조일손 유족은 헌법재판소에 국회가 이들 사건에 대한 진상 조사나 보상 없이 사건을 은폐해 오면서 명예회복과 피해보상, 진실규명을 위한 특별 입법을 하지 않고 있는 것은 유족들에게 인간으로서의 존엄과 행복추구권 등 기본권을 침해하는 것이라고 '입법부작위 위헌확인'을 구하는 헌법소원을 청구했다. 2003년 5월 15일 이에 대해 헌법재판소는 유족들의 헌법소원 청구를 각하했다.

그러나 주심 재판관이었던 권성은 나머지 재판관 전원의 일치된 의견으로 결정된 심판 청구 각하에 대해 반대 의견을 제시했다.[159] 그는 먼저 '입법부작위 위헌확인' 심판 청구의 대상 사건들은 "군인들이 비전투 과정에서 교전상대가 아닌 자국의 비무장 국민들을 집단적으로 살상한 사건이므로" "피해자들을 구제하기 위한 의회의 입법의무가 더욱더 강하게 인정되어야 마땅하다"고 전제하고, 세 가지 반대 의견을 밝혔다. 첫째, "전쟁이나 내란 또는 군사 쿠데타에 의해 조성된 위난危難의 시기에 개인에 대하여 국가기관이 조직을 통하여 집단적으로 자행한, 또는 국가권력의 비호나 묵인하에 조직적으로 자행된, 기본권침해에 대한 구제는 통상의 법절차에 의하여서는 사실상 달성하기 어렵"기 때문에 이런 "법부재法不在의 상황이 발생한 때에는 국민의 기본권보장을 위하여 의회가 특별한 입법을 하여야 할 의무가 발생"한다. 둘째, 이들 사건은 "이른바 국가조직이 자행한 개인의 기본권침해임이 분명함에도 불구하고 국가는 이에 대한 진상 조사나 보상을 해주기는커녕 오히려 사건의 은폐를 시도하여 피해자들은 구제의 책임과 권능을 가진 국가기관 앞에서 그들의 주장을 이야기할 기회마저 두절되었던 정황이 인정"되며, 특히 "이는 집단살해에 유사한 행위genocide-like act이므로" "통상적인 법체계는 적용이 배제되어야 할" 뿐만 아니라 "헌법 제10조 제2문의 기본권보장의무를 근거로 하여 그 구제를 위한 의회의 특별한 입법의무가 발생한다고 해석하는 것이 마땅"하다. 셋째, '입법부작위 위헌확인' 심판 청구에 대한 헌법재판소의 제한적인 인정 판례에 대해 반대한다.

위 의견은 국민의 기본권을 보장하기 위한 의회의 특별 입법 의무와 국가의 사건 은폐 시도, 통상적인 법체계 내에서 이뤄지지 못하는 피해자 구제 조치 그리고 제노사이드와 유사한 행위라는 사건의 성격까지 검토하며 입법부작위가 위헌임을 제시한 것이었다. 이와 같은 입법부작위 진정과 헌법재판소의 논의 확대는 민간인 학살 문제가 개인의 비극을 넘어서 국가와 권력의 본질, 법과 사회의 규범 그리고 피해와 그 책임에 대한 철학적 논의를 한 단계 진전시킨 것이었다.

피학살 유족들은 진실화해위원회의 진실규명 결정 이후 국가를 상대로 한 손해배상청구 소송뿐만 아니라 1961년 유족회 사건에 대해서도 재심을 청구하기에 이르렀다. 군사정부에 의해 복역 중이던 송철순은 1964년 11월경 형 집행정지로 출소했다. 그러나 모든 것이 변해 있었다. 마치 전쟁이 일어난 직후처럼 아버지가 동래경찰서에 끌려가고 자신은 포항으로 도망치듯 피신했다가 집으로 돌아온 그때마냥 같았다. 동래로 돌아온 그는 경찰서에서 합동묘는 파괴되고 비석은 없애 버렸다는 소식을 전해 들었다. 그는 곧장 거제리 화지산 합동묘를 찾아가 보았다. 봉분을 마련한 자리는 흔적만 남았고 유해는 찾아볼 수 없었다. 추모비는 어디로 치웠는지 세웠던 자리만 움푹 패여 있었다. 그는 마을로 내려가 수소문하기 시작했고 다행히 동네 주민 중에서 봉묘를 없애는 데 가담한 사람을 찾을 수 있었다.

1961년 송철순이 경찰에 붙잡힌 그즈음, 어느 날 새벽 정복 차림을 한 거제지서의 경찰들이 합동묘 주위에 경비를 서고 형사들은 인부들을 지휘해 묘를 파내는 작업을 했다. 이 일에 가담한 주민은 일급을 받고 작업에 동원되었는데, 그는 다른 주민들과 함께 합동묘소에 있던 추모비를 망치와 정으로 잘게 깨부수어 화지산 아래 거제역(동해남부선) 철로에 버렸다. 묘에서 파낸 유골은 자루에 담아 당감동 화장터로 가져가 화장한 후 근처 부평동 야산에 뿌려졌다.

그 뒤로 송철순은 기회가 있을 때마다 민간인 학살 진상규명 운동에 나서서 부산 지역 유족회를 결성하고 유해 발굴과 각종 증언에 앞장섰다. 2001년 송철순은 마지막 바람을 증언했다.[160] 그의 노력이 보태져 2005년 5월 〈진실화해를위한과거사정리기본법〉이 제정되고, 이를 바탕으로 그해 12월 1일부터 진실화해위원회가 발족해 4년 2개월 동안 관련 사건을 조사해 전모를 밝히고 명예를 회복했다. 2009년 9월 22일 진실화해위원회는 송철순의 부친 송경희의 억울한 죽음을 규명했고,[161] 다음 달 그에게는 진실규명 결정서가 쥐어졌다.[162]

어렵게 감옥에서 풀려난 김영욱은 1999년부터 민간인 학살 진상규명 운동이 다시 일자 1960년처럼 각종 증언과 서명 운동을 전개하는 데 큰 역할을 했다. 전국유족협의회 상임대표를 맡아 법 제정에도 힘썼다. 그러나 2004년 5월 18일 광주민주화운동 제24주년 기념식에 참석했다가 계단에서 넘어져 의식을 잃었다. 그가 병원에 누운 지 1년 만인 2005년 5월 기본법이 제정되었고, 그로부터 6개월 뒤 진실화해위원회가 출범했다. 그는 12월 1일 숨을 거두었다.

김영욱은 비록 살아생전 아버지가 억울하게 죽은 것에 대해, 그리고 자신이 받았던 탄압의 실체에 대해 진실이 규명되는 것을 보지는 못했지만, 그를 한평생 짓누른 한을 조금 내려놓을 수 있었다. 그의 선친 김정태에 대해 2009년 1월 5일 진실이 규명되었고, 결정서에는 그의 억울한 죽음이 낱낱이 밝혀졌다. 그리고 1960년 피학살자 진상규명 노력을 하다 유족회 사건으로 구속되어 옥고를 치른 김영욱 자신의 사건 역시 2009년 10월 13일 진실이 밝혀져 국가 기록으로 남게 되었다. 그의 아들 김광호는 유족회 사건 재판에 대한 재심을 청구했고, 이에 대해 1, 2심 재판부는 무죄를 선고했으며 2011년 7월 28일 대법원은 이를 확정했다.

밀양의 김봉철 가족 역시 법원에 재심을 청구했고 2010년 7월 14일 부산고등법원은 무죄를 선고했다.[163] 김원봉 형제들은 이미 고인이 되었지만 그들은 모두 정당한 역사의 평가를 받을 수 있었다. 앞서도 말했지만 쿠데타 정권은 유족회 관련자를 불법으로 수감하는 정도가 아니라 그 증거들을 모조리 없애 버렸다. 심지어 전국의 합동분묘와 위령비를 모두 없애버리거나 땅에 파묻고, 징으로 산산조각을 내어 길에 버렸다. 이는 어느 지역, 어느 유족에만 해당하는 것이 아니었다.

60여 년이 지난 2009년 진실화해위원회는 이들 사건에 대한 조사를 벌여 피해자들의 불법한 희생을 바로잡고 국가 잘못에 대한 진실을 규명했다. 이런 사실을 바탕으로 유족들은 법원에 유족회 사건에 대한 재심을 청구했고, 재판부는 그 사유를 인정해 심리를 진행했으며 2010년 6월 25일 한국전쟁이 발발한 지 60주년, 4·19 혁명 이후 50년 만에 무죄를 판결했다. 서울중앙지법 형사합의 21부(재판장 김용대)는 피학살자유족회 활동이 반국가단체의 목적 수행 행위에 해당한다고 해 유죄를 선고한 혁명재판소의 확정판결에 대해 무죄를 선고했다.

무죄를 선고받은 송철순, 김봉철, 노현섭, 이원식, 이삼근은 모두 한국전쟁 때 학살당한 사건의 진상을 밝히고자 1960년에 전국유족회를 만들었던 장본인이었다. 노현섭은 전국유족회를 결성했고 마산지구에서 열심히 활동했으며, 이원식은 경북 지역 유족회에서, 이삼근은 성주지구 유속회를 조직해 피해자 명예회복에 나섰다. 하지만 이듬해 구데타로 집권한 군사정권은 이들에게 '북한을 이롭게 했다'는 죄를 씌워 사형을 비롯한 중형을 선고했다.

유족들은 쿠데타로 검속된 이후 50년 만에 누명을 벗었다. 재심 재판부는 판결문에서 공소사실에 대해 "범죄의 증명이 없는 경우"라며 무죄 선고 이유를 밝혔다.[164]

피고인들이 피학살자유족회를 결성하거나 피학살자유족회 활동을 한 행위가 반국가단체의 이익이 된다는 점을 알면서 반국가단체인 북한의 활동을 찬양, 고무, 동조하거나 기타의 방법으로 그 목적수행을 위한 행위에 해당한다고 보기 어렵고, 달리 이를 인정할 만한 증거가 없다.

2011년 3월 24일 대법원은 이 사건의 재심에서 무죄를 확인했다. 판결문은 피학살자 진상규명을 위해 유족회를 결성하고 유해를 발굴하며 진상규명을 요구한 것은 북한과 무관하다는 것이었다. 재판부는 "재심 대상 사건의 기록이 이미 폐기된 이 사건에서, 현존하는 최량의 증거인 재심 대상 사건의 판결문과 진실화해위원회의 진실규명 결정서 등에 대한 검토 결과, 무죄를 선고한 1심 판결을 그대로 유지한 2심은 정당하다"고 밝혔다. 앞서 1, 2심 재판부는 "피학살자들의 생사 여부를 확인하기 위해 결성한 단체로 관련자 처벌을 요구하고 위령제를 지낸 것은 북한과 관련 없다"라고 판결했다.

유족회원들에 대한 군사정권의 정치 재판은 이들에게 아무 증거도 없이 실형을 선고한 것임이 명백해졌다. 판결은 한국전쟁 때 살해당한 희생자들의 진상규명 운동을 주도한 유족들의 활동을 올바르게 평가하는 계기가 될 것이고, 아울러 유족들을 처벌한 쿠데타 세력의 군사재판, '피학살자 유족회 사건'은 법적 정당성을 잃게 되었다.

8

죽음을 넘어선 삶

처벌은
보복이 아니다

전쟁과 학살의 문제에서 가장 중요한 것은 정치와 국가 공동체 구성원의 관계다. 다른 사상을 바탕으로 하는 분단 체제가 형성되면서 남북한은 각각의 내부에도 '적'을 설정했다. 이때 희생자는 '내부의 위협'으로 간주되어 법의 보호에서 제외되었다. 아감벤의 표현대로 '외부에 포함'된 사람들이었다. 누군가 정치의 외부에 존재한다는 것, 정치과정에서 배제되는 것은 법과 이를 수행하는 국가의 보호에서 벗어난다는 것, 권리를 박탈당한다는 것을 의미한다. 권리를 긍정하지 않는 것은 처벌을 하는 것과 동일한 방식, 과정에서 결정된다. 국민보도연맹원과 미수복 지역 내 거주민처럼 전시에 보호받아야 할 국민들은 오히려 살해 대상이자 '적'으로 간주되었다.

　　사람을 분류하는 도식화 작업은 테오도르 아도르노Theodor W. Adorno와 막스 호르크하이머Max Horkheimer가 지적했듯이 보편과 특수, 개념과 개별 사례의 관계를 외부로부터 조정하는 이해관계의 결과라고 할 수 있다.[1]

인간의 존재를 조작과 관리의 측면에서 포착하는 이런 기술은 인간을 체계라는 개념 장치의 단순한 사례로 전락시킨다. 국민보도연맹원을 'A·B·C'나 '갑·을·병'으로 분류한 후 죽일 자와 살릴 자를 임의로 구분하는 것은 도식화 작업의 결과라고밖에 볼 수 없다.

도식화 작업을 통해 학살을 수행한 기구들은 공동체의 조직들이었다. 이 기구들은 평시에 사회의 유지와 발전을 위해 부분적인 기능을 수행한다. 홀로코스트 연구에서 라울 힐버그Raul Hilberg가 결론지었듯이, 학살을 단행한 기구는 구조적으로 독일 사회조직 전체와 다르지 않았다. 이 기관들은 "공동체 조직의 특별한 역할 가운데 하나를 담당"했다.[2] 힐버그의 결론은 한국전쟁 당시는 물론이고 지금 우리 사회에도 유효하다. 여전히 이런 기구들이 사회조직을 구성하고 있기 때문이다.

관료의 기능적 측면에서 본다면, 군대와 경찰처럼 지배 체제의 물리력을 독점하고 있는 국가기구가 '내부의 적'을 참혹하게 죽이는 방식은 보편적이라고 할 수 있다. 관료제에서 가장 중요한 권위는 상급자의 명령에 하급자가 절대복종하도록 만드는 것이다. 살해를 수행한 사람 못지않게 명령을 내린 사람 또한 무겁게 처벌해야 하는 것은 이 때문이다. 앞서도 살펴본 것처럼 경남 진영사건에서 군법회의는 강성갑 목사와 김영명을 살인한 관련자를 처벌했다. 그러나 기소는 피해자 두 사람의 살인만 다루었을 뿐 이 지역에서 동일한 가해자와 책임자들이 저지른 대규모 희생에 대해서는 전혀 조사하지 않았다. 또한 집단살해가 자행되는 지휘 체계에 있어서 CIC와 헌병 등 군 관계자는 범죄 혐의로 조사조차 받지 않았다.

통영·거제에서 일어난 학살 사건과 관련, 거제경찰서 사찰 주임 강화봉 등에 대한 재판 또한 마찬가지였다. CIC와 헌병, 경찰, 민보단 등 여러 기관이 조직적인 집단살인을 저질렀지만 역시 기소는 명령을 수행한 개인의 행위에 머물렀고, 명령 계통의 책임자와 상급자는 거론조차 되지 않았다. 이들 사건은 어느 한 기관에서, 한 사람이 저지른 일이 아니기 때문에 범죄는 개별 기관이나 가해자 개인의 행위로만 간주할 수 없었다. 지휘 계통을 따지면 누군가는 반드시 이 모든 일에 대한 책임을 져야 했다. 너무나 큰 범죄여서 그랬을까, 아니면 국가 자체가 범죄를 저질렀기 때문일까. 살인을 가능하게 했던 지휘 체계상의 명령, '좌익'을 없앤다는 명분으로 포장된 공권력 행사는 국가 공무원의 위법을 불처벌 관행으로 만들어 놓았다.

거창과 진영, 고창, 통영 지역에서 민간인을 살해에 대한 재판이 있었다. 빙산의 일각이었다. 2대 국회는 거창사건의 책임자 처벌을 이승만 정부에 요구했다. 앞서 본대로, 결의문에서 국회는 불법 행위의 지휘 감독에 책임이 있는 사단장과 현지 책임자를 처벌할 것을 정부에 요청했다. 그러나 정부는 이를 거부했고 오히려 비호하기까지 했다. 전쟁기 최대의 사건이었던 국민보도연맹원 피살은 전모가 드러나기도 전에 유야무야되었다. 책임 있는 지위에 있었던 사람들의 처벌은 물론이고 어느 누구도 사건의 전말을 밝히려고 하지 않았다. 국민보도연맹을 결성한 사상검사들은 모두 자신의 치적으로 '사상 전향'을 얘기할 뿐, 대규모 학살에 대해서는 입을 다물었다. 오히려 거짓말로 수미일관했다. 이들뿐만이 아니다. 징책결정자의 위치에 있었던 고위 공무원은 한두 명을 제외하고 어느 누구도 이를 밝히거나 시인하지 않았다. 모든 정부는 국민을 상대로 거짓말을 한다.[3] 사소한 거짓말은 금방 들통 나지만 너무 큰 거짓말은 쉽게 드러나지 않았다.

제노사이드가 발생한 인류사를 보면 악을 근본적으로 제거하는 것은 어쩌면 불가능할지도 모른다. 또한 이에 대한 인류의 노력이 멈추었을 때 그리고 정치 지도자가 폭력적 세계관을 부추길 때 반복되어 왔다. 진실을 규명하려 할 때 가해자들의 가장 흔한 답변은 '몰랐다'는 것이다. 대규모 민간인이 희생되었지만 이를 처벌하고 진상을 밝히는 일은 소홀하게 다루어졌으며 국민들에게 설명되지도 않았다.

나아가 한국 사회에서 민간인 학살과 같은 중대한 인권침해가 다시 일어나지 않을 것이라고 누가 장담할 수 있을까. 누구라도 이런 인권침해를 당하지 않을 권리를 보장받고 있다고 확신할 수 있는가. 확신할 수 없다면, 그것은 대규모 민간인 학살이 반복적으로 발생해 왔음에도 가해자와 책임자가 제대로 처벌받지 않았기 때문이다. 이들에 대한 처벌이 가능해야 학살에 대한 사법적 징벌과 희생자 명예회복, 제도 개혁, 사회·정치적 화해를 모색할 수 있다. 사건이 발생한 뒤 오랜 세월 유족들이 싸웠던 것도 바로 가해자와 책임자에 대한 불처벌 때문이었다.

이전에 일어났던 일은 앞으로도 일어날 수 있다. 제노사이드의 잠재성과 모더니티에 대해 우려하듯이, 가해자로부터 우리가 갖게 되는 경각심은 집단살인이라는 일이 우리에게 일어날 가능성이 아니라 우리가 이런 일을 저지를 수 있다는 가능성 때문이다.[4] 우리의 비극은 과거에 일어난 집단살인에만 있는 것이 아니라 현재의 정치 윤리와 사회 체계에서 그 논리가 되풀이된다는 데 있다.

집단학살은 그 지속성과 규모에 있어서 이승만 정부가 저지른 최대 범죄였다. 범죄를 저질러도 처벌하지 않는다면 이는 되풀이되기 십상이다. 가해 주체가 국가일 때 문제는 더욱 심각해진다. 극히 일부 집행된 가해자 처벌은 엄격한 측면도 있었지만 완결되지 않은 채 흐지부지되고 말았다.[5] 진영과 통영, 거창사건 재판에서 국가는 무엇을 목표로 했는지, 그리고 유족들에게는 어떤 긍정적인 영향을 끼쳤는지 알 수 없었다. 이후에도 곳곳에서 국민들이 대규모로 살해되었지만 어떤 교훈과 정책의 변화를 기대할 수 없었다. 대량학살, 고문과 같은 중대한 인권침해와 관련해서 가해자를 불처벌하는 관행은 하루 속히 파기되어야 한다. 정의를 수립

하는 것은 범죄에 대한 합당한 사법절차를 거쳐 가해자를 처벌할 때에만
가능하다. 그래야만 국가 공동체가 그 성원에게 무엇이 정의인지 또 어떻
게 정의를 실현할 것인지를 제시할 수 있으며, 국가는 또한 그럴 의무가
있다.

우분투
경계선은 중첩되어 있다

경계선은 중첩되어 있다. 어쩌면 인간의 선악과 처벌·불처벌, 용서·화해
의 경계는 불명확할 수 있다. 그리고 가해자에게 처벌과 책임을 묻는다고
해서 이들이 본성적으로 악마라는 얘기는 아니다. 인간의 속성은 선과 악
의 혼합물이고 만행을 저지르는 집단 속에도 선한 사람은 항상 존재하는
법이다. 프랭클은 아우슈비츠 수용소에서 이런 인간 군상을 목격했다. 그
는 인간 집단을 천사와 악마로 도식화하는 것에 반대했다. 결정적인 단서
로 인용할 만한 가치가 충분하다.[6]

> 아우슈비츠의 가스실을 고안한 깃은 인간이다. 하지만 주기도문을 외우거
> 나 셰마 이스라엘을 암송하면서 꼿꼿하게 가스실로 들어간 것도, 똑같은 인
> 간이다.

인간의 행위를 하나의 기준으로 판단하기는 어렵다. 범죄를 저지르
면 잘못한 그만큼의 대가를 치르는 것이 공동체의 약속이긴 하지만, 이행
기 정의를 실현하는 과정에서 가해자 처벌은 항상 쟁점이 되어 왔다. 남
아프리카공화국은 진실 말하기와 사죄를 전제로 가해자 사면을 실시하

면서 많은 성과를 거두었다. 이는 가해자를 형사 처벌하는 대신 '회복적 정의'restorative justice의 관점에서 국민 통합을 도모하는 과거청산이었다.[7] 남아프리카공화국은 〈국민통합과화해촉진법〉에서 진실화해위원회와 각 종 소위원회 설치를 규정하고 이를 법률로 시행할 것을 명시했다.[8]

이 법률에 따르면 남아프리카공화국은 인권침해 희생자들에게 인간으로서 존엄성과 시민권을 회복할 수 있도록 각종 복권 조치를 취하고, 국가 차원의 보상 정책을 수립해 이를 추진하게끔 했다. 시민의 복지와 국민통합을 위해 이 법률에서 가장 중요하게 다루고 있는 원칙 중의 하나는 "국민들 사이의 화해"의 필요성과 "사회의 재건"이다. 1993년 남아프리카공화국 헌법이 제정된 이후 "복수가 아닌 소통, 보복이 아닌 보상(배상), 희생이 아닌 상호간의 공동체적인 공생ubuntu"을 〈국민통합과화해촉진법〉은 명문화했다. '우분투'의 공동체 전통은 아프리카의 윤리적 세계관으로서 복수·처벌·분노 대신 관대함·친절·배려·용서·회복을 뜻한다.[9]

'우분투'ubuntu의 중요한 요인 가운데 하나라고 할 수 있는 '화해의 문법'은 결코 정치적으로 결정되어서는 안 된다. 먼저, 도덕의식의 차원에서 그것은 인권침해에 대한 집단적 책임을 인정하고 영구적 기억을 확립하며 보편적 시민성을 형성하는 것이다. 정치체제의 관점에서 '화해의 문법'은 응보나 피해를 회복하기 위한 법적 책임을 이행하고 법치주의를 제도화하며 정치를 민주적으로 재구성하는 데 있다.[10] 국가와 군대, 경찰 조직과 같은 집단이 아니라 가해자로서 구체적인 대상을 징벌하는 것은 법치와 정치의 요체이기 때문이다.

과거와 화해한다는 것은 무엇을 뜻하는가. 돌이킬 수 없는 과거, 바로잡을 수 없는 죽음과 화해하는 것은 불가능하다. 가해자의 공식적인 사과 행위가 뒤따라야 하는 것은 이 때문이다. 한국의 경우, 민주주의로 이행하는 과정과 그 정의를 추구하는 과정에서 이 같은 화해 조치가 마련되지 못했던 것이 사실이다. 예컨대 진실화해위원회는 특별위원회로서 화해위원회를 구성하려 했지만 구체적인 정책을 수립하지 못했다. 기본법은 국가의 의무 조항으로 가해자에게 화해 조치를 취하게 할 것을 명시했다. 하지만 화해의 대상이나 방법에 있어서 '가해자-피해자' 관계는 국가 책임이라는 말 만큼이나 추상적이었으며, 피해자의 의지와 무관한 일방적 규범이라는 비난을 피하기 어려워 보인다.[11] 모든 역사가 현재의 역사이듯이 피해자들과 그 유족에게 납득할 만한 조치, 그리고 이들이 진정 받아들일 수 있는 정책을 내놓은 뒤에야 화해는 가능할 것이다.

화해는 용서를 전제로 하며, 용서는 가해자가 최소한 범죄를 뉘우치고 사죄와 더불어 적절한 법적·정치적 처벌을 받았을 경우에 가능하다. '우분투'가 중요한 이유는 피해자의 용서와 관련되어 있기 때문인데, 누가 누구를 용서하는 것은 개인의 문제일 수 있지만, 국가 범죄에서 용서는 국가가 가해자를 처벌하는 책임을 다한 후에야 가능하다. 가해자를 처벌하지 않고 용서와 화해를 논한다면 결국 사회 통합은 한계가 있을 수밖에 없다.

아프리카의 공동체 원리인 '우분투'와 같은 사상이 현실에서 적용되려면 억압적인 통치로 되돌아가지 않을 것이라는 확신이 필요하다. 또한 되돌아가려는 움직임이 있을 때 많은 시민들이 이에 저항하는 큰 흐름이 사회에는 존재해야 한다. 한국의 진실화해위원회는 국제적인 기준 못지않게 나름대로 이행기 정의의 한 유형으로 설립되었고 진실을 조사한 이후 보고서를 공개했다. 정기적으로 국회와 정부에 보고서를 제출하면서 각종 권고 사항을 이행해 줄 것을 요청했다. 그러나 이미 지적했듯이 정부는 중대한 인권침해를 사전에 예방하고 반복될 여지가 있는 제도상의 결함을 보완하지 않고 있다. 평화 인권 교육은 반복되지만 시민들이 국가로부터, 물리적 폭력을 독점한 정치 세력으로부터 학살당하지 않을 권리는 보장되어 있지 않다. 단순히 반성과 성찰, 교육만으로는 가능하지 않다.

가해 책임으로서 국가는 '누구와 화해하고 무엇을 화해할 것인가'라는 관점에서 보면 너무나 추상적인 인격체다. 이때 '피해자-가해자'는 불균형한 관계이다. 이는 화해의 대상이 국가라고 하는 권력으로 상징화되었기 때문이다. 진실화해위원회의 업무가 종료된 후 국가의 책임도 흐지부지되고 있다. 화해는 단순히 피해자와 가해자의 관계라는 차원의 문제만이 아니다. 좀 더 근원적으로 이는 국가와 시민(인간)의 관계에 대한 것이다. 피해자가 국가라는 정치 공동체의 구성원임을 공개적이고 공식적으로 인정하는 것은 곧 시민-사회-국가의 관계를 인권과 민주주의 원칙에 따라 정립하는 것이다.

상처를
흙으로 슬쩍 덮다

책장을 덮는다고 해서 과거를 잊고 미래로 나아가는 것은 아니다. 진실화해위원회가 활동을 할 당시에도 그리고 종료한 이후에도 오래된 문제를 또다시 파헤쳐 갈등을 야기하기보다는 어떻게든 과거를 덮어 버리자는 주장이 있었다. 현재 19대 국회에서는 〈진실화해를위한과거사정리기본법개정안〉이 발의되어 추가 조사와 명예회복, 학술 연구를 위한 재단 설립 등을 요청하고 있다. 그럼에도 '과거를 돌아보는 것이' 불편한 사람들, 이를 못마땅해 하는 정치집단이 있는데 이들에게 책임을 추궁하는 것은 쉽지 않은 일이며, 진실 규명을 위해 노력하는 사람들에게는 앞으로 어떻게 해야 할지 분명하지 않은 것이 현실이다.

학살의 현재적 의미는 참혹한 죽음으로부터 우리가 무엇을 배웠는가 하는 점에 있다. 한국의 사상가와 철학자, 정치가들은 이 문제를 어떻게 받아들이고 있는가. 서중석은 집단학살에 대해 보여 준 한국 지식인의 자아분열을 지적한다.[12] 그는 여론 주도층이나 기득권층이 학살의 진실을 모르고 있었던 것이 아니라, 현실 세계에서 자신들의 이익을 유지하기 위해 극우 반공 이데올로기의 목소리로 살아간 것이라고 비판했다. 그에 따르면 한국 사회의 지식인, 언론인, 종교인, 정치인 등 다수가 '이중인격자'였다.

집단학살에서 끔찍하고 무서운 또 하나의 폭력은 침묵에 있다. 피해자의 침묵과 공동체의 침묵이 그것이다. 희생자와 그 가족은 떳떳하게 피해 사실을 밝히고 살 수 없었다. 우리 사회는 진실·정의·화해 등에 대한 철학과 사상을 갖고 있지 못했다. 예컨대 기독교는 공산주의로부터 피해를 당했던 경험 때문인지 군경의 학살에 무관심했고 이에 대한 입장이나 철학이 불분명했다.[13] 과거청산의 담론은 몇몇 시민 활동가와 인권 전문가, 학자에 의해 방향이 설정되었고 제도화 과정을 거쳐 일단 마무리되었다. 비판적으로 보자면, 일련의 과정과 결과는 상처를 흙으로 슬쩍 덮은 것에 불과하다고 말할 수 있을지 모른다.

20세기 두 번에 걸친 세계대전과 식민 지배, 내전의 시기는 계몽주의 이후 인류의 이성이 몰락하는 시대였다. 이런 의미에서 "'인간 전체의 역사'는 인간의 '인간에 대한 범죄의 역사'"였다. 전쟁을 포함해 파괴적인 인류의 역사는 "괴물 같은 존재는 많지만, 인간보다 더 괴물 같은 존재는 아무 것도 없다"는 비극 그 자체였다.[14] 반복의 가능성을 경고하는 것이 지금이 아니라면 언제 가능하겠는가. 인류가 아우슈비츠와 홀로코스트 앞에 대면했듯이, 한국이 민간인 학살이라는 인권침해 앞에 더 이상 집행유예의 시간을 보낼 수는 없다. 공동체의 '책임'이라는 보편성으로 볼 때 지금이 바로 이 문제를 정면으로 응시할 때다.

침묵이 희생자와 그 가족을 지배해 왔다. 거창사건에서 가해자는 사면·복권되어 정부 요직에서 학살을 가능하게 했던 바로 그 정치권력을 소유하고 있었다. 피해자는 오히려 국가에 의해 죽은 것 자체가 죄라며 숨죽이며 살아왔다. 명백히 잘못은, 범죄는 정부의 최고위층과 정치 지도자, 군경의 책임자와 그 수행자들이었다. 그러나 정치와 권력은 가해자를 지배 계층으로 피해자를 피지배 계층으로 만들어 놓았다. 개별 살인이었다면 상황은 달랐을 것이다. 국가가, 지배적인 정치 세력이 저질렀기 때문에 가능한 일이었다. 가해자들이 제대로 처벌을 받지 않았기 때문에 희생자에게 또다시 그 피해가 돌아왔다. 당사자들이 정치적 난민과 같은 처지에 있었던 것은 민간인 학살의 진상이 규명되지 않았기 때문이다.

독재와 권위주의 정권 아래에서 피해자들은 자신의 가치관과, 국가에서 요구하는 가치 체계 사이에서 갈등을 빚게 되고 이런 갈등은 경쟁, 회피, 순응, 타협 등 다양한 형태로 나타난다. 피해자들은 사실을 드러내는 데 주저하고, 국가가 원하는 이데올로기에 순응하거나 자신에게 피해가 돌아오지 않는 적당한 선에서 타협을 선택한다. 심지어 자신을 부정하는 가치관의 굴절과 역전 현상을 보여 주기도 한다. 또한 유족들은 자신의 진실규명 노력이 사회적으로 수용되지 않을 것이라는 심각한 무력감과 고립감에 시달려 왔다. 본디 학살이란 자신이 알고 있는 사람들의 죽음에 직·간접으로 연관되거나 현장을 목격한 사람들에게 커다란 정신적 공황을 안겨 준다. 여기에 전쟁 뒤에 찾아온 파괴와 치열한 생존경쟁, 와해된 가족, 극심한 사회변동은 이들을 더욱더 소외감과 함께 침묵 속으로 내몰았다. 이런 조건과 환경은 피학살자와 그 가족들이 억울한 죽음에 대해 쉽게 이의를 제기할 수 없도록 체념적인 삶을 살도록 만들었다. 이런 의미에서 집단학살과 그 이후 장례조차 제대로 치르지 못하게 했던 군사정권의 만행은 한국적 비극의 원형이라고 할 만하다.

공동체의 침묵은 이런 것이다. 학살은 단지 과거의 어느 시점에서 우연히 발생한 하나의 사건에 불과한가. 불행히도 우리는 아직 이런 질문에 제대로 된 답을 갖고 있지 않다. 많은 죽음으로부터 교훈을 얻지 못한 것도 비극이지만 이보다 더 슬픈 일은 이것이 되풀이될 수 있다는 데 있다. 권력이 견제되지 않을 경우, 우리가 역사적으로 목도했듯이 그리고 현재 일부 지역에서 진행되고 있듯이, 권력은 독단으로 이어지고 전쟁과 학살로 이어질 수 있다. 정부는 권력의 제약을 더 많이 받을수록 타인에 대해 덜 공격적이 된다.[15] 따라서 민주정체에서 주권의 분할은 권력의 폭력적 본질을 꿰뚫은 것이다. 프리모 레비Primo Levi는 자살하기 직전 아우슈비츠가 반복될 가능성을 가장 우려했다. 가장 큰 문제는 많은 사람들을 죽음으로 내몰았던 그 정서와 논리가 국가의 무책임과 공동체의 침묵 속에서 부정되거나 사라지지 않고 있다는 데 있다.

근대 공동체를 구성하는 시민과 사회, 정치체제의 유기적 관계를 고려하면 우리는 권력과 그것의 성격을 규정하는 국가에 다시 주목하지 않을 수 없다. 근대국가의 행정 관료는 인간을 분류하고 범주화한 후 시민으로 획정한다. 이런 정치체제의 폭력성은 시민으로부터 절대적 자율성을 가진 국가에서 나타날 가능성이 크다. 국가 그 자체는 어떤 특정한 정당이나 세력으로 환원될 수 없는 자율성을 갖고 있다.

국가 책임이라는 측면에서 진실화해위원회 보고서와 권고 사항은 정부의 인권침해 관행을 개선하는 데 어떤 영향을 주고 있을까. 아마 큰 영향을 주지 못한 것 같다. 우간다 사례에서 리처드 카버Richard Carver가 제기한 것처럼 "그렇다면 그 모든 활동이 시간 낭비였는가?"[16] 우간다의 위원회 권고 사항 중 정부는 아무것도 실행하지 않았다. 놀랍게도 진실위원회 비교연구에서 프리실라 헤이너Priscilla B. Hayner가 이미 밝혔듯이, 진실위원회는 기소와 사면에 대해 능동적인 역할을 하지 못하게 되어 있다. 국제적으로 보면 진실위원회의 임시적 성격과 제한적인 권한은, 그 자체로 가해자 기소 여부에 대한 결정이 정치적이거나 정치적 현실이 반영될 수밖에 없음을 보여 준다.[17] 이런 결정은 진실위원회가 영향을 미치는 영역과는 별개의 것이다.

위와 같은 질문은 우리에게도 물을 수 있으며 한국의 경우도 별반 다르지 않다고 답할 수 있다. 집단살인은 모두 개별 사건이나 개별 가해자의 행위로 취급되었을 뿐 조직적인 국가 폭력, 범죄로서 다루어지지 않았다. 가해자 개인은 살인죄로 기소되어 재판을 받았으며, 몇몇 군경이 개별 살인 사건을 저지르고 재판에 회부되기도 했다. 그러나 이들은 개인적 동기에서 살인을 저질렀는가, 그래서 질책받고 재판에 회부되어 처벌받았는가. 바우만이 언급했듯이 욕망으로 야기된 살인은 명령에 따르거나 조직적으로 행해진 것과는 달리, (최소한 원칙적으로) 통상적 살인과 마찬가지로 재판에 회부되어 처벌받을 수 있었다.[18] 한국에서 이뤄진 집단살인에 대한 재판은 가해자의 행위를 "일반적인 개인적 동기"로 전락시켰다. 관료체제 내의 위계와 서열은 가해자를 비인격적 틀에 가둔다. 군대와 경찰 조직에 속한 가해자는 '입법의 주체'가 되지 못하고 정치권력의 대리자, 대리 상태에 놓이기 마련이다.

아직 끝나지 않은 한국의 대량학살 문제는 과거청산에 대한 미래지향적 관점이 존재하지 않는 현실에서 긍정적인 해결 전망을 기대할 수는 없다. 그러나 책임이 사라지는 것은 아니다. 가해자 처벌과 국가책임은 사건의 진실을 밝히는 것만큼이나 의미 있는 것이다. 어쩌면 '죽이는 것과 죽는 것 사이에서 화해는 불가능'할지도 모른다. 희생자들의 죽음은 죽음으로써 끝나는 것이 아니다. 죽음은 우리 삶 속에 살아 있는 것이다. 존재하지 않는 자에 대한 국가의 책임은 희생자가 죽음으로써 끝나는 것이 아니라 오히려 무한하다고 해야 할 것이다. 국가와 사회의 역할은 희생자에 대한 책임을 끝까지 지는 데 그 의의가 있다.

정치의
책임 윤리

대량학살이라는 비극의 역사에 대해 정치의 책임 윤리를 이야기하는 것은 '죽음의 정치화'를 부추기는 것이 아니다. 많은 사람들이 왜 죽어야 하는지 심지어 죽는 것인 줄도 모르는 상태에서 목숨을 잃었다. 우리는 민간인 학살에서 삶과 죽음의 형식을 결정하는 정치 윤리의 책임성을 다시 생각하지 않을 수 없다. 베버에 따르면 정치의 영역에서 가장 중요한 것이 책임 윤리다. 결과에 대한 책임을 지는 것이 정치이고 이 과정은 인간의 권리에 일정한 형식을 부여하는 양식이다. 법의 형식을 갖추고 있는 국가의 폭력과 시민의 권리는 주권자가 법의 지배를 받을 것인지, 아니면 폭력의 대상이 될 것인지, 그 경계선을 끊임없이 재설정하는 데 달려 있다.

　시민들이 정치과정에서 죽었다. 집단학살이 인도에 반한 범죄이자 전쟁범죄에 해당한다는 것이 이미 국제적으로 확립되어 가고 있는 규범이다. 대외적으로 주권을 독점하고 있는 국가의 자기결정 원리에 따르면 범죄를 저지른 국가는 스스로 그 죄를 묻기에 한계가 있을 수밖에 없다. 유엔을 비롯한 국제사회의 개입이 필요한 이유는 여기에 있다. 미국이 아직까지 〈국제형사재판소에 관한 로마 규정〉을 비준하지 않은 이유 또한 이와 무관하지 않다. 자국의 군인이 미국 본토 이외의 지역에서 국제법에 따라 처벌될 수 있는 근거를 차단하기 위해서다. 'G-단어'(genocide)의 사용을 꺼린 것처럼 미국은 국제 규범보다 국가주권을 우선시함으로써 자국의 이익을 관철하는 것이다.

정치의 책임 윤리는 가해자와 국가에 있어 어떻게 확립할 수 있는가. 먼저는 앞서 언급한대로 가해자의 형사처벌이고 가해자의 상급자가 속한 조직 책임자의 처벌이며, 또한 상급 기관장의 책임이자 끝으로 정부 최고 지도자 책임이다. 이 책임은 첫째, 형법상의 원칙을 기준으로 처벌하는 것이고, 둘째, 정치·행정적 책임으로서 공적 지위를 박탈하는 것이며, 셋째, 도덕적 책임이다. 학살에 대해 양심과 이에 따른 죄책감을 느끼지 않는다면 도덕과 윤리에 대한 공동체 구성원으로서 인간성을 되돌아봐야 할 것이다.

가해자 개인의 책임이라는 측면에서 보면, 살해를 수행한 군인에게 있어서 불법한 명령도 명령일 수 있다. 명령을 거부하는 것은 이것이 불법이라 하더라도 쉽지 않고 이들은 명령을 행한 이후의 결과를 고려하지 않는다. 군인이나 경찰 등 물리적 폭력을 행사하는 기관에 있어서 명령이 하달되면 이를 합리화해야 한다. 이는 정치적으로 조작하고 심리적으로 왜곡하며 문화적으로 부추기는 과정이다. 사람을 살해할 때 병사와 경찰은 '개인'이지만 엄밀한 의미에서 이들이 '개인적 행위'를 한 것은 아니다. 학살에 대해서 '명령에 대한 복종'이라는 단순한 설명은 군인이나 경찰이 개인으로서 죄의식을 조금은 덜어 줄 수 있게끔 해준다. 그렇지만 이들의 행위가 소속 부대와 경찰이라고 하는 조직과 상급자, 지휘관의 명령을 수행하는 도구로 사용되었다는 측면에서 군대와 경찰은 집단으로서 책임을 면할 수 없다.

궁극적으로 국가의 책임이란 군대와 경찰의 대량 살상 행위가 어떤 정책을 근간으로 하고 있었다는 점에서 정치체제, 정부 그리고 이 권력을 행사하는 고위층의 책임 윤리를 다루는 것이어야 한다. 제도의 정비와 더불어 인적 청산이 중요한 것은 개인의 이해관계가 정치권력을 좌우하기 때문이다. 그리고 또 한 가지 짚고 넘어갈 것은 시민들의 책임에 대한 것이다. 그들에게는 진실을 기억할 책임이 있고 이런 일들이 재발하지 않도록 주권자로서 행동할 책임이 있다. 심각한 폭력이 가해져 희생자가 발생하는데도 무관심하다면 결국 이는 우리 사회에 대한 해악으로 귀결될 것이다.

아렌트는 폭력은 다른 행동과 마찬가지로 세계를 변화시키기는 하지만, 더 폭력적인 세계로 변화시킬 가능성이 가장 크다고 보았다.[19] 폭력은 대가를 필요로 하고 사람들은 무차별적으로 그 대가를 치른다. 더 나은 사회에 대한 구상은 지금의 세계를 자신이 바라는 세계로만 바꾸려는 욕망으로 나타나는데 이는 파국의 원천이 되어 왔기 때문이다. 스탈린의 숙청과 나치의 제3제국, 마오의 문화대혁명, 크메르루주, 후투 족은 자신들만의 독선에 매몰되어 결국 대량학살이라고 하는 파괴적인 행동으로 나아갔다. 오늘날 인간의 권리를 제한하거나 침해하는 폭력의 가장 일반적인 형태는 정치권력에 의한 것이다. 폭력에 대한 또는 그 결과에 대한 정치의 책임이란 달리 표현하면 인간의 조건이기도 하다. 구성원에 대한 책임으로서 정치는 어떤 제도를 갖추어야 하고 또 어떤 책임 윤리를 제시해야 하는가라는 점이 중요하다.

폭력의 실천을 부추기는 현상이 우리 사회에 만연해지고 있다. 타인을 증오하는 것이 그 예다. 폭력을 조장하고 정당하게끔 여기게 하는 증오의 정치는 한국에서 아주 오랜 전통을 갖고 있다. 이 문제는 여전히 유효하다. 생각이 다른 사람을 공동체 내에서 구별하는 선동은 그 구성원의 권리와 연계되어 있다. 이 논리에 따르면 정치적 반대자와 정부의 정책에 동조하지 않는 사람들은 국가의 반대자, 다시 말해 대한민국의 성원이 아니므로 시민으로서 권리를 박탈해도 아무런 문제가 없다는 함의를 갖는다. 생각과 가치관의 차이에 따라 사람들을 분류하고 범주화하는 것은 국민/시민으로부터 세계를 구분하는 일인 셈이다.

지금도 횡횡하고 있는 '빨갱이'란 용어, 얼마나 광기에 사로잡힌 언어인가. 상대방에 대한 증오의 표현인 이 말은 '우리'와 다른 '그들'에 대한 적의를, 생각과 행동이 '거북한 사람들'을 가장 손쉽게 구별하는 용어다. 민주주의 사회는 다양한 갈등을 바탕으로 한 조정과 타협의 정치과정인데 상대방을 증오하는 문화가 사회 영역으로 팽창하면 시민사회가 국가권력에 종속되는 사태가 벌어진다. 상대에 대한 증오가 상승할수록 공동체 한편의 부분적 통합은 팽창하고 그 밀도는 높아진다. 반면, 공론장에서 상대방을 적으로 규정하는 순간 시민들의 합리적인 토론과 이성적 성찰은 사라지고 이 정치과정은 증오의 정치로 변질된다. 증오의 정치에는 인권, 민주주의, 정의라고 하는 개념이 들어설 수 없다. 이는 비단 국가와 사회로부터 '그들'이나 '적'으로 적대받은 피해자들에게도 마찬가지다.

국민이나 시민이 아닌 사람들로 전락한 '인간'은 공동체에서 배제된다. 마찬가지로 '간첩', '좌익' 따위의 말은 한국 정치사회의 갈등을 파국적 상황으로 몰고 간다. 이런 용어는 그 등장 배경이나 기의signified와는 별개로 사회의 갈등과 편 가르기 수준을 정치 영역으로부터 사회문화와 다른 하위 영역으로 확장시키는 기표signifiant 구실을 한다. 더욱이 한반도의 아직 사라지지 않은 냉전 체제는 주권의 내적 구성을 위협하는 외부의 조건으로 활용된다. 다시 말해 냉전의 테두리는 국가 공동체 성원의 권리를 축소하고 제한하는 데, '종북'은 이런 외양을 발판으로 내부와 연계된 것이다.

냉전의 측면에서 사회를 이해하고 구조화시키는 것은 우리 공동체의 불행이다. 냉전 의식과 이념을 강하게 주장하는 것은 한쪽에서 미덕으로 간주하는 가치가 다른 한쪽에서는 폭력이 될 수 있다는 점에서 정치 윤리를 돌아보게 한다. 한국전쟁을 사유하는 방식 가운데 가장 극단적인 사례는 현재의 폭력 행위를 정당화하기 위해 과거의 기억을 불러오는 것이다. 따라서 부정적으로 간주되는 인간과 집단, 공동체에 대한 파괴는 현재의 행위를 수정함으로써 과거를 극복할 때 이를 피할 수 있다.

대량학살과 중대한 인권침해의 전사를 가진 한국 사회에서 극단적인 상황이 발생하면 '우리 안의 이질적인 존재'에 대해서 폭력이 횡횡할 것이다. 시대의 격변마다 체제에 저항한 세력을 솎아 내려 했던 과거의 현실이 오늘날 되살아날 것이다. 어디 이뿐이겠는가. 만약 한반도에서 전쟁이나 이와 유사한 비상사태가 발발하기라도 하면, 64년 전 민간인 학살이 다시 재현될 것이다. '적으로 간주된 사람'들을 임의로 구금하는 것은 물론이거니와 최종적으로 죽이는 행위까지 예삿일이 될 것이다.

법의 지배와 권리의 자기 주권성이라고 하는 근대의 이상은 정치 공동체를 선택할 수 없었던 민民의 자기 제한적 민주주의에 내재한 것이다. 따라서 정치체가 결정하는 공동체 구성원이란 인간과 국민/시민의 지위에 대한 권리의 긍정 여부에 달려 있다. 집단학살이 오늘날 우리 사회를 이해하는 데 중요한 의미를 가지는 이유는 과거에 대한 체험과 기억이 현재의 삶을 구성하는 정체성에 큰 영향을 미치기 때문이다. 과거를 기억한다는 것은 매우 구체적인 사실을 불러내어 이를 현재의 삶을 재구성하는 것이다. 어떤 정치 공동체를 만들 것인가 하는 것은 좀 더 많은 사람들에게 좀 더 많은 권리를 향유힐 수 있도록 만드는 문제다.

전쟁 때 살해를 수행한 병사들은 사람들을 죽이면서 동시에 자신의 일부를 죽였다. 죽은 사람은 죽음과 동시에 고통을 끝내지만 그를 죽인 사람은 영원히 그 고통과 함께 살다 죽는다. 그런데 죽거나 죽인다고 해서 폭력이 끝나는 것이 아니다. 아마도 이것이 우리가 그동안 진실을 회피한 이유이자, 전쟁의 본질과 살인을 아무런 저항 없이 실행하게 만드는 전쟁의 정치와 책임 윤리에 대해 더욱 많은 연구가 필요한 이유일 것이다. 우리 시대에 필요한 것은 더 나은 삶과 사회를 모색하려는 사상과 정치적 기획을 멈추지 않는 것이다. 삶을 보존하는 윤리는 모든 사람을 위한 인권의 보편적 수용과 이를 실현하는 정치의 책임을 확립하고 공동체를 구상하는 것이다. 전쟁과 학살을 넘어선 공동체의 정초는 국가권력이 정치적 목적을 성취하기 위한 폭력 수단으로 쓰이지 못하게끔 저지할 수 있는 정치제도와 책임 윤리를 확립하는 데 있다.

감사의 글

물길을 가르고 오다

2012년 10월 독일 튀빙겐 대학에 머무는 동안 폴란드 크라쿠프 오시비엥침에 있는 아우슈비츠-비르케나우 수용소에 갔다. 아우슈비츠에서 살아난 빅터 프랭클은 "고통과 죽음이 없는 삶은 완전할 수 없다"고 했다. 그만큼 슬프고 잔인한 이야기의 원형을 간직한 이곳은 폴란드 국립박물관으로 지정되어 전 세계인을 대상으로 한 인권 교육의 중심이 되고 있다. 아우슈비츠 I과 비르케나우 수용소 곳곳을 자세히 둘러보았다. 자료와 화면에서 보았던 익숙한 장면들이 눈앞에 펼쳐졌다. 삶의 파국과 일상을 생각하며 인류가 역사에서 좌절하거나 운명에 매달릴 수 없음을 상기했다. 무엇보다 한국에서 대량학살은 현재진행형이었다. 한 사람을 위해 하루 종일 상세한 설명과 안내를 해준 박물관 측과 디렉터를 소개해 준 한운석 교수, 그리고 튀빙겐 대학에서 박사후 연수 기회를 가질 수 있게 해준 한국학과 이유재 교수께 감사한다.

2013년 10월 23일 공주 왕촌리에서 유해 발굴이 있었다. 가을 햇살 사이로 아카시아 나무들의 그림자가 63년여 만에 드러난 흙 속의 유해를 이리저리 어지럽히고 있었다. 진실화해위원회에서 마저 발굴하지 못한 다섯 번째 학살지에서 사망자의 안경과 신발 등 유물과 60여 구의 유해가 땅속에서 고스란히 드러났다. 묻혀 있는 유해는 이 지역의 국민보도연맹 원과 공주형무소 재소자들의 것이었다. 2009년 6월 유해 발굴 때 이곳을 다녀간 게 엊그제 같은데, 우리가 숨 쉬고 있는 시공간은 여전히 변화가 없는 듯했다. 어제와 같은 '시간' 같은 '공간'이었다.

2013년 12월 6일 전남 함평 월야초등학교에서 제63주기 민간인 학살 합동위령제가 열렸다. 이 지역의 월야·해보·나산면에서 발생한 11사단 20연대 5중대 사건과 수복 작전 중의 학살을 비롯해 불갑산, 국민보도 연맹 등 개별 피해를 모두 합쳐서 봉행하는 위령제였다. 초겨울 바람 속으로 향이 타올라 자욱한 연기가 체육관을 가득 채웠다. 사망자로서 이날 제를 받은 영혼은 1,164명, 제각기 사연을 안고 향불로 타올랐다. 죽게 된 연유는 다르지만 모두가 억울하고 비통한 가족을 남겼다. 위령제에 참석한 이들 중에서 젊은 사람은 손에 꼽을 정도였다. 행사가 끝나고 함평사건희생자유족회 정근욱 회장이 "나도 내 자식들에게는 이런 얘기하고 싶지 않다"고 말했다.

2013년 12월 26일 영화 〈청야〉가 개봉했다. 거창사건을 다룬 이 영화는 흥행에 실패했지만 내 친구가 시나리오를 썼다. 2012년 여름 튀빙겐 대학으로 연수를 떠나기 직전 다른 필름 작업을 하던 그가 거창사건에 대해 물었다. 그것이 발단이 되어 이 책에서 다루고 있는 내용의 논문 몇 편을 건네주고 독일로 떠났다. 몇 달 후 사건을 대략 이해한 친구는 시나리오를 완성해 메일로 보내왔고, 나는 게스트하우스에서 밤새 대본을 읽었다. 영화는 사진 한 장으로 시작해 과거와 현재를 잇고 있었다. 거창사건은 한국전쟁기 학살 사건으로는 가장 많이 알려져 있고 전시 국회에서 정치 쟁점이 되어 가해자들이 군사재판까지 받았다. 그래서 많은 사람들이 알고 있다고 생각하지만, 이 사건을 둘러싼 64년간의 과정은 제대로 밝혀지지 않았다.

2014년 1월 22일 경산 코발트광산을 찾았다. 2000년 2월 학살 현장으로 가장 먼저 찾은 곳이 이곳이었는데, 15년 만에 또 찾은 것이다. 그 사이에도 수없이 다녀왔지만 이번에는 다르게 볼 수 있었다. 수평2굴을 들어갈 때는 과거에서 미래로 나아가고 싶었다. 그러나 이 굴 속의 과거는 미래와 연결되어 있지 않았다. 길은 보이지 않았다. 되돌아 나올 수밖에 없었고, 이 문제는 언제나 지속될 것임을 알았다. 진실화해위원회가 세 차례에 걸쳐 유해를 발굴했지만, 아직도 코발트광산의 컨테이너에는 유족과 시민단체가 수습한 유해들이 그대로 남아 있다. 2014년 2월 14일 진주시 명석면 용산고개에서 유해 발굴이 있었다. 아직도 많은 죽음이 해명되지 않은 채 산천에 널려 있다. 고통을 간직한 가족들이 우리 곁에서 누군지도 모른 채 숨죽여 흐느끼고 있다. 이들을 어떻게 해야 할지 한국 사회는 답이 없다.

1999년부터 시민사회에서 불거진 민간인 학살 문제는 2000년 11월 민간인학살진상규명범국민위원회가 조직된 후, 진실화해위원회 조사와 유해 발굴 등으로 제도화 과정을 거치면서 나름대로 많은 성과를 이루었다. 그러나 이만하면, 이 정도면 되겠지 하는 한계에 부딪혀 있을 때 과거는 다시 미래가 되어 돌아왔다. 이건 마치 뒤돌아보면 언뜻언뜻 물길을 가르고 온 것 같았다.

올해 9월 제10회 광주비엔날레에서 민간인 학살을 주제로 한 전시작 〈내비게이션 아이디〉 Navigation ID가 준비 중이다. 이 작품은 경산과 진주에서 유해가 안치된 컨테이너를 광주비엔날레 광장으로 이송하고, 이 과정을 생중계하는 영상 설치와 퍼포먼스로 이루어져 있다. 또한 아시아예술극장 커뮤니티 퍼포머티비티 작품 〈내비게이션 아이디: X가 A에게〉에서 전쟁기 피학살 유족과 5·18 광주민주화운동 어머니들의 만남이 이루어졌다. 두 작품은 1950년과 1980년이라는 시간, 영남과 호남이라는 공간, 희생자 가족이라는 공통성에 주목한다. 이는 결국 시간, 공간, 사람의 만남을 통해서 개인과 국가, 정치의 현실에 대해 공동체 감각과 환대歡待의 원근법이라는 화두를 던지는 것이다. 임민욱 작가와 협업으로 이루어지는 이 두 작품의 제작에 참여하면서, 또다시 희생자와 생존자를 만나고 현장을 보게 되었다. 예술이 인간의 죽음에 대해 어떻게 말하고 또 무엇을 말할 수 있는지 목도하고 있다.

인간은 고통을 통해 깨달음에 이른다

이 책을 쓰면서 함께해 주었고 이런 연구와 활동을 시도했던 많은 사람들의 도움을 받았다. 이 책 곳곳에서 언론인과 시민활동가에게 빚지고 있음을 숨길 수 없다. 민간인학살진상규명범국민위원회에서 증언을 채록하는 데 기여한 최윤정, 신나영 님께 감사한다. 진실화해위원회에서 일한 많은 조사관들의 노력은 이 책에 고스란히 담겨 있다. 이들은 모두 동시대를 살고 있는 실천인으로서 이 문제에 대해 방관자의 입장을 갖지 않았다. 현장에서 보여 준 탁월하고 끈질긴 자세는 어느 지식인 못지않은 양심과 태도였다. 중요한 것은 지금도 그 역할을 마다하지 않고 묵묵히 지역 공동체의 기둥으로 서있는 언론인과 시민단체 활동가들이 있다는 것이다. 솔직히 고백하자면, 누구나 할 수 있다고 생각하지만 그러나 아무나 쉽게 할 수 없는 것이 민간인 학살을 대면하는 것이다.

대량학살에 관한 국내 학계의 논의는 『20세기의 문명과 야만』에서 시작되었다. 세기가 바뀌기 전 한림대학교 이삼성 교수는 미국의 대외정책과 홀로코스트, 국제정치와 전쟁의 문제를 다루면서 학살에 대한 쟁점과 시사점을 제시했다. 평범한 가해자 논쟁과 기억의 정치, 악의 평범성 등 현재 이뤄지고 있는 많은 의제들이 그의 책에서 시작되었다고 해도 지나치지 않다. 성공회대학교 김동춘 교수는 이 문제에 대한 길잡이 역할을 충실히 했다. 이는 비단 저자에게만 해당하는 것은 아니다. 2000년 6월에 출간한 『전쟁과 사회: 우리에게 한국전쟁은 무엇이었나?』가 학계와 시민사회에 미친 영향은 시간이 지날수록 분명해지고 있다. 학창 시절 그는 '은사'였고 진실화해위원회에서는 '보스'였다.

그로부터 10년이 지나 민간인 학살 문제를 일단락 지은 것은 법무법인 지평의 조용환 변호사다. 2010년 『법학평론』 창간호에 실린 100여 쪽에 달하는 "역사의 희생자들과 법: 중대한 인권침해에 대한 소멸시효의 적용문제"는 피해자의 권리와 대법원의 판례를 집대성한 글이다. 거창과 국민보도연맹 사건을 중심으로 다룬 이 글은 무엇보다 소멸시효 배제에 관한 탁월한 법리 못지않게 진실이 드러나고 권리를 행사할 수 있는 세월, '시간의 역설'을 논증했다. 2011년 울산 국민보도연맹과 문경석달 사건이 대법원에서 국가배상 판결을 얻는 데에는 이 글이 결정적인 역할을 했다. 고등법원에서 공소시효 산정 문제로 패소한 두 사건이 대법원에서 심리를 기다리고 있던 중에 이 글이 발표되었던 것이다. 민간인 학살 피해자들의 소송에서 소멸시효 배척에 대한 대법원의 판결을 이끈, 역사에 남을 글이라고 해야 할 것이다.

빠뜨릴 수 없는 분이 있다. 서울대학교 한인섭 교수는 거창사건에 대한 자료집과 논문에서 또 다른 사실을 일깨워 주었다. 다방면의 방대한 사료를 엮은 이 자료집은 1951년 재판 기록과 신문, 유족회 사료, 개별 논문을 영인본에 낱낱이 수록했다. 다른 인연을 덧붙이고 싶다. 서울대학교 법학연구소에서 진행 중이던 거창사건 연구의 하나로 2006년 10월 미국 메릴랜드에 소재한 국립문서기록관리청NARA을 방문했다. 비록 좋은 성과를 가져오지는 못했지만 이를 지원해 준 것에 감사한다. NARA에 가보지 않았다면 2012년에 출판한 『전쟁과 인민: 북한 사회주의 체제의 성립과 인민의 탄생』에서 다루었던 북한 노획 문서를 파악하지 못했을 것이다. 밝히고 싶은 것이 또 있다. 연구실을 방문할 때면 그동안 있었던 연구 성과와 진행 중인 연구를 풀어놓고 나누는 대화를 잊을 수 없다. 무엇이 삶을 기쁘게 하는지 또 어떤 것이 연구를 이끄는지, 학문을 즐거하고 정진하는 연구실 풍경을 기억한다.

건국대학교 이재승 교수는 책의 초고를 보고 전반적인 논지에 대해 지적해 주었다. 그중에서 가해자 부분에 대한 내용은 앞으로도 매우 유익한 토론과 학문의 주제가 될 것이다. 조용환 변호사는 초고를 읽고 대량학살에 대한 철학적 사유와 사례의 중복, 2013년 이후 진행된 소송에서 법원의 판결에 대해 언급했다. 감사드리며, 일일이 수정하고 보완하지 못한 점은 과문한 저자의 능력 때문임을 밝혀 둔다. 그리고 책에서 재구성한 내용이 이미 논문으로 실린 계간 학술지 『역사비평』과 『사회와 역사』, 그리고 가해자 부분이 포함된 『인권사회학』을 출간한 다산출판사 측에도 감사드린다.

책을 마무리하면서 새로운 감각을 열어 준 분이 있다. 설치미술가 임민욱 작가는 예술가의 직관으로 피해자와 가해자, 사건에 대한 연구자로서 오래되고 낡은 저자의 관점을 새롭게 구성하게끔 시각을 터주었다. 이런 것이다. 인간의 내면에 존재하는 비극을 상상하는 것은 밝은 낮의 광기처럼 또 한낮의 어둠처럼 스며드는 것이라는 데 있다. 희생과 비극에 관한 축 그리고 사유에 불을 밝히고 감각에 파장을 불러일으키는 것은 사회인문학의 지평을 넘어서는 것이다. 사회과학을 공부하는 저자에게 예술과 미학으로서 학살의 파토스를 짚어 주었다. 그리고 영국 테이트 모던의 큐레이터 제시카 모건Jessica Morgan은 올해 광주비엔날레 예술총감독을 맡아 〈내비게이션 아이디〉 작품을 적극 지지해 주었고 개막작으로 선정했다. 두 분께 감사한다.

이생에 있지 않은 많은 분들이 책에 실명으로 등장한다. 희생자는 말할 것도 없고, 이제 64년이 더 지난 세월이기에 유가족 중에서도 진실을 보지 못하고 돌아가신 경우가 많다. 가능한 한 책에서 이분들의 행적을 다루고 의의를 찾으려고 노력했다. 함께 시작했으나 이 일의 끝을 보지 못하고 돌아가신 김진선, 김영욱, 김상찬, 송철순, 이복녕, 이태준 이분들과 또 생을 마감한 증언자에게 명복을 빈다. 가해 사실을 밝힌 분들의 용기 있는 행동으로 또 다른 연구가 이뤄질 수 있었다. 특별히 이들에게 감사한다. 남은 의무는 먼저 기록하고 다음에 기억하는 것이다. 아리스토텔레스가 말했듯이 기억은 영혼의 기록이다. 좀 더 나은 공동체를 향한 꿈과 더불어 사는 지혜를 깨치고, 이들의 유산이 오늘을 살아가는 사람들 속에 고스란히 남아 있기를 바란다.

출판에 대해 말하지 않을 수 없다. 후마니타스 박상훈 대표와 편집진에 감사드린다. 이 문제에 대한 깊은 이해와 저자의 바람을 책에 싣는 데 큰 보탬이 되었고, 이른 기간 내에 출간할 수 있게 큰 배려를 해주었다. 광주비엔날레 개막에 맞추어 출간할 수 있었던 것은 순전히 편집진의 애씀 덕분이었다. 참으로 고마운 일이다.

처음 책을 준비하는 동안 수(지윤)는 책상머리에 와서 묻고 놀았다. 언젠가 책상 밑에 몰래 들어와서 혼자 장난치고는 나가기도 했다. 아이는 방을 지나치며 "아빠 책은 너무 어려워. 다음에는 내 책, 내가 읽을 수 있는 책"을 써달라고 했다. 그리고 2년이 흘러 서문을 쓰는데 이제 아이는 더는 책상머리에 오지 않는다. 사춘기 시작이다. 어느 날인가, 자기가 읽는 책을 가져와서는 이런 책을 써보라고 권유(?)한다. 너무 두꺼우면 책을 나누어서 내라고 조언(?)까지 한다.

아이에게 전쟁이 없는 세상, 슬픔과 비극이 줄어든 세상을 보여 줄 수 있을까 싶다. 아이스킬로스는 『아가멤논』에서 인간은 고통을 통해 깨달음에 이른다pathei mathos고 했다. 전쟁과 학살이 우리 인간성에 어떤 상처를 남겼는지 공동체에 대한 세계관은 무엇인지, 이로부터 한자락 희망이라도 발견할 수 있기를 기대하면서 인간의 존엄에 대해 다시 생각한다. 끝으로 이 책이 15년 전부터 시작한 나 자신의 인식과 성찰에 또 다른 계기가 되기를 간절히 바란다.

2014년 8월 19일
한성훈

1장

1_레비나스(2013, 136).

2_임철규(2012, 210).

3_아렌트(1996).

4_Hallie(1984/1985, 48); Hirsch(1995, 78)[허시(2009, 136)].

5_한국전쟁과 희생자에 관한 구술 연구는 다음을 참고. 표인주 외(2003); 한국구술사학회 편 (2011).

6_김영범(2010, 304).

7_기든스(1993, 27).

8_아리스토텔레스(2012, 188; 166).

9_아감벤(2008, 86).

10_Arendt(1963).

11_이삼성(1998, 45). 아렌트의 이 지적과 이에 대한 역사학계의 논쟁을 정리한 글은 다음을 참고. 송충기(2013, 280-300).

12_임철규(2012, 138-140).

13_Wojak(2004, 200); 송충기(2013, 295) 재인용.

14_Browning(1992, 189)[브라우닝(2010, 282)]; 이삼성(1998, 45).

15_Staub(1989, 26; 126).

16_Bauman(1995, 166-168)[바우만(2013, 278-282)].

17_Lifton(2000, 497-498).

18_Hirsch(1995, 140)[허시(2009, 227)].

19_Browning(1992, 48)[브라우닝(2010, 84)].

20_Chalk & Jonassohn(1990, 28).

21_Hirsch(1995, 128)[허시(2009, 207)].

22_Hirsch(1995, 125)[허시(2009, 203-204]; 이삼성(1998, 62-63).

23_Arendt(1994, 289)[아렌트(2007, 393-394)].

24_Des Pres(1976, 61)[데 프레(1981, 68)].

25_Hirsch(1995, 132)[허시(2009, 214-215)]; 이삼성(1998, 68-69).

26_Dower(1986, 284-290).

27_노다 마사아키(2000).

28_난징대학살에 대해서는 다음 책과 실화를 바탕으로 한 영화를 참고. 장(1999); 라베(2009); Film(2009). 독일 지멘스 난징 대표였던 존 라베는 난징에서 안전구국제위원회를 구성해 일본군으로부터 중국인을 구했다.

29_장(1999, 255-257).

30_김동춘(2000, 260).

31_Arendt(c1970, 64-65)[아렌트(1999, 101-102)].

32_야스퍼스의 네 가지 죄(책임)의 문제와 각각의 자세한 내용에 대해서는 다음을 참고. 이재승(2014, 187-199).

33_이 법령은 연합국의 노력에 적대적인 자들 및 국가사회주의자들을 공직 및 책임 있는 직위로부터 추방하는 것에 관한 것이다. 그러나 이 법령은 연합군 측의 강경한 탈나치화 정책에 대한 독일인의 불만을 무마하기 위한 조치이기도 했다(친일반민족행위진상규명위원회 2007, 156).

34_http://www.eccc.gov.kh/en

35_『한겨레』, 2013. 6. 8. 2003년 이 수용소 학살을 다룬 다큐멘터리영화가 제작되어 〈크메르 루즈: 피의 기억 S-21〉(S21: The Khmer Rouge Death Machine)으로 개봉됐다. 영화는 증인들의 증언과 사건 재연, 감옥의 화가로 있던 노인의 캔버스 기록을 토대로 진실을 추적하고 있다.

36_이 수용소에 대한 소개와 수용자에 대한 연구는 다음을 참고. Power(2002, 142-145)[파워(2004, 241-245)]; Chandler(1999, 143-155).

37_노근리 사건 조사 결과는 다음을 참고. 국방부 노근리사건조사반(2001).

38_BBC, 〈Kill'em all': American military conduct in the Korean War〉, 2002. 2. 1, By Jeremy Williams.

39_Bauman(1995, 215)[바우만(2013, 356)].

40_한성훈(2010, 130).

41_박선기(2009, 114). http://www.unictr.org/

42_OHCHR(2006, 13-14).

43_조용환(2010, 81-82).

2장

1_Power(2002, 95)[파워(2004, 170)].

2_오제도(HA03569) 증언(오제도 법률사무소, 1977. 1. 27, 16~17시), 국방부 전사편찬위원회, "참전 군인 증언록".

3_정희택 증언, 중앙일보사 편(1983, 132).

4_선우종원(1992, 176).

5_이병도 외(1965, 389).

6_한국경찰사편찬위원회 편(1973, 551).

7_조태선 증언(2009. 2. 19), 진실화해위원회(2010d, 402, 각주 319).

8_NARA, RG242 Entry299 Box819 SA2009 Item107, 의용군 명단(화양, 매정, 일신 등), 1950. 8. 5. 경기도 연백군 해성면의 국민보도연맹원 중 인민의용군에 입대한 수는 화양리 24명(여자 1명 포함), 매정리 2명, 일신리 14명(여자 3명 포함), 초양리 10명, 무릉리 20명이다.

9_1909년생인 김성렬은 2008년 무렵 인제군 상남면 상남리에 거주했다. 그는 경주 태생으로 2살 때 양양으로 이주했고 그 후 홍천군 내면 방래리 여차동에서 살다가 14살에 혼자 상남으로 이사했다. 같은 마을에 살던 김영배, 박준길도 국민보도연맹에 가입했는데 그 후 20여 일 만에 전쟁이 일어났고 그는 충청도 괴산 노루목재로 피난을 갔다가 돌아왔다(진실화해위원회 2008b, 121-122).

10_『새충청일보』, 2007. 7. 5; 김만식 증언(2007. 7. 24), 진실화해위원회(2010d, 451).

11_조양식 증언(2009. 4. 9); 고병순 증언(2009. 2. 24); 권혁수 증언(2009. 2. 29). 진실화해위원회(2010d, 451). 이외에도 고병순은 아버님과 형님에게서 들은 전언으로 고미니고개의 학살을 증언했다.

12_김철호 증언(2009. 2. 23). 진실화해위원회(2010d, 452). 김철호는 원주에서 권혁남이 국민보도연맹에 가입했는데 1950년 6월 27, 28일경 원주경찰서 경찰이 그를 연행해 갔고, 그 후 권혁남의 아들 권순표가 원주시 판부면 금대리 일명 '가리패고개'에서 시신을 수습한 증언을 전했다.

13_안기영 증언(2009. 4. 7), 진실화해위원회(2010d, 452); 문막읍사편찬위원회(2003, 316). 안기영은 원주시 문막면 대한청년단 감찰반원이었다.

14_강원도경찰국과 강릉경찰서 대공 관련 자료에는 "보도연맹관계 서류" 등의 목록이 있음이 밝혀졌다.

15_삼척경찰서, "신원조사처리부"(1975~76년, 1980~81년); 진실화해위원회(2010d, 582). 신원조회 조사 대상자가 삼척시 관내인 경우 삼척경찰서에서 조사 대상자의 특이 사항을 파악해 신원조회 기관에 회보한 내용이다. 국민보도연맹 관련 사항은 조사 대상자 친인척 중 관련된 경우 기록되어 있다.

16_윤승한의 아들 윤정근은 양주시 은현면 용암리에 거주했으며, 윤승한은 9·28 서울 수복 후 방첩대에 연행되어 지서 뒤 옹기 흙구덩이에서 사살된 것으로 알려졌다. 김종관에 따르면 인민군이 지역을 점령한 후 현봉운은 인민위원장, 정현택은 민청 활동을 했으며 이들은 9·28 수복 후 지평면 지평리에서 사살되었다(김종관 증언, 2009. 4. 23, 진실화해위원회 2010d, 452-453).

17_김영옥(2009. 4. 23), 진실화해위원회(2010d, 453). 김영옥은 참전유공자다.

18_국방부 전사편찬위원회, "육군역사일지"(1950. 6. 25 ~ 8. 10), 관리번호 HC00117.

19_김종인 증언(2009. 6. 4), 진실화해위원회(2010d, 453). 김종인은 부친 사망일이 제적등본 상 1950년 8월 7일로 되어 있으나 정확한 날짜는 아니라며 시신은 전쟁 중 어머니가 말죽 거리에서 찾았는데, 여러 사람 중에서 혁대의 버클을 보고 아버지 시신을 수습했고 현재는 경기도 화성군 향남면에 묘를 썼다.

20_이병문 증언(2009. 5. 25), 진실화해위원회(2010d, 454).

21_『조선인민보』, 1950. 7. 14; 한림대학교 아시아문화연구소(1996c, 26).

22_국방부 전사편찬위원회, "육군역사일지"(1950. 6. 25 ~ 8. 10), 관리번호 HC00117.

23_Nichols(1981, 128).

24_진실화해위원회(2010f, 229). 전기순은 CIC를 G-2라고 말했다.

25_조태선 증언(2009. 2. 19), 진실화해위원회(2010d, 402, 각주 319).

26_전기순 증언(2009. 6. 24); 진태용 증언(2009. 6. 24), 진실화해위원회(2010d, 454). 진태용은 1923년생이며 수원경찰서 경무과 계장으로 근무했다.

27_Winnington(1950).

28_NARA, RG338 Box4, "Report fr Dald, CG EUSAK," 1950; 김기진(2005, 54).

29_황두완 증언(2009. 11. 2); 최경모 증언(2009. 3. 30), 진실화해위원회(2010d, 453).

30_황창범 증언(2009. 3. 21); 김찬하 증언(2009. 3. 21), 진실화해위원회(2010d, 453). 황창 범은 경기도경찰국 통신과에 근무했고 개전 무렵 인천 전투경찰학교 교육생이었는데, 6월 25일 오후 경기도경찰국 경찰과 함께 수색으로 파견되었다. 인천 지역의 국민보도연맹 사 건이 인민군의 점령 통치, 적개심과 인민의용군 모집 등에 활용되었다고 보는 연구는 다음 을 참고. 이현주(2010, 41-76).

31_이천재(1993, 136-142).

32_이천재 증언, MBC 〈이제는 말할 수 있다: 보도연맹〉(2001).

33_진실화해위원회(2010d, 402). 경기도 안성 지역의 경우 개별로 경찰에 끌려간 후 2~3일 뒤에 사망했다거나 며칠 뒤에 죽었다는 소식을 들은 경우가 있다. 이런 경우에도 조직적이 고 체계적으로 구금을 한 경우가 있으나 그 과정이 명확하게 드러나지 않고 있다.

34_최영선 증언(2009. 7. 28), 진실화해위원회(2010b, 801).

35_김철수(예비역 대령) 증언(1980. 6. 30), 공군본부(2002, 699); 김철수(군번 52375) 증언 (1966. 4. 14), 국방부 전사편찬위원회, "참전 군인 증언록". 김철수는 1930년 5월 13일 경 남에서 태어나 공군에서 헌병으로 복무하다 소위 임관(1954년 9월)했으며, 제11전투비행 단 제11기지전대 제11헌병 대대장(1963년 5월)과 제26방첩수사대 수원지구대장(1966년 11월), 공군대령으로 퇴역했다(1980년 6월).

36_오예식(HA03918) 증언, 국방부 전사편찬위원회, "참전 군인 증언록", 1981년 2월 16일; 국방부 군사편찬연구소(2003, 642-651). 증언에서 오예식은 국민보도연맹원을 총살한 날 짜와 평택 이외의 좀 더 구체적인 장소에 대해서는 밝히지 않았다.

37_정묘근 증언(2008. 8. 26), 진실화해위원회(2010d, 455).

38_송재명 증언(2008. 10. 17); 송을희 증언(2010. 5. 12), 진실화해위원회(2010f, 370; 487).

39_서산경찰서, "신원기록심사보고", 1980년 3-8(처형되었으나 부역 사실이 없거나 부역 사실 유무가 불확실한 자); 진실화해위원회(2010f, 231).

40_김재옥 증언, 청주기독교방송 〈보도연맹을 기억하십니까〉(1994).

41_정종모 증언(2007. 2. 27), 진실화해위원회(2010c, 297).

42_김재옥 증언, 청주기독교방송 〈보도연맹을 기억하십니까〉(1994).

43_신순철 증언; 김재현 증언, 진실화해위원회(2008a, 566). 이들의 증언일은 조사보고서에 나타나 있지 않다.

44_김수철 증언, 청주기독교방송 〈보도연맹을 기억하십니까〉(1994). 김수철은 370여 명이 학살당한 오창 창고 현장도 목격한 증인이다.

45_모영전 증언(2008. 12. 10), 진실화해위원회(2009c, 126). 모영전은 북이면 생존 국민보도 연맹원이다. 그는 전쟁 직후 지서에서 국민보도연맹원 간부를 통해 소집되었다고 한다. 소집된 사람들은 지서로 모였다가 북이초등학교에 구금되었는데, 그 수가 수백 명은 됐으며 그가 경찰들에게 이끌려 학교에 도착했을 때는 이미 운동장에 군인들이 많았다. 소집 당일 저녁 경찰들이 '밥 먹고 내일 아침에 다시 오라'며 일부를 내보낼 때 자신은 집으로 돌아왔고 국민보도연맹 간부들은 제외되어 학교에 남았다. 모영전은 다음 날 다시 가면 죽을 것 같아 동네 주민 열세 명과 함께 돌아가지 않았지만, 다른 지역의 사람들은 대부분 다음 날 자진 출두해 희생되었다.

46_이옥출 증언(2008. 10. 30); 이동훈 증언(2008. 10. 16), 진실화해위원회(2009c, 133; 225).

47_정종수 증언, 청주기독교방송 〈보도연맹을 기억하십니까〉(1994).

48_우홍은 증언, 청주기독교방송 〈보도연맹을 기억하십니까〉(1994).

49_김재옥 증언, 청주기독교방송 〈보도연맹을 기억하십니까〉(1994).

50_유광혁 증언(2007. 7. 4), 진실화해위원회(2008a, 568). 유광혁은 청원 오창 창고의 국민 보도연맹 사건 현장 생존자다.

51_정종수 증언, 청주기독교방송 〈보도연맹을 기억하십니까〉(1994).

52_김영배 증언, 청주기독교방송 〈보도연맹을 기억하십니까〉(1994).

53_1944년 보성전문에 입학한 김진선은 그해 12월 건국동맹 산하 학생 서클 활동으로 고향에 서 경찰에 검거되었다. 그는 치안유지법 1, 3조 위반 혐의로 청주경찰서 유치장에 수감된 후 1945년 4월 청주형무소로 이감되었고 7월 기소유예 처분에 따라 석방되었다. 김진선 증 언(2006. 1. 10). 김진선은 2003년 2월경 프란치스코 회관에서 열린 민간인 학살 모임에 참석해 처음으로 가족사를 공개했다.

54_진실화해위원회(2009a, 275). 진실화해위원회는 이 사건을 진실규명했으나 김진선은 이 결정을 보지 못한 채 2007년 1월 17일 사망했다.

55_김부용 증언(2008. 10. 31); 김옥매 증언(2008. 12. 1), 진실화해위원회(2009c, 134; 168).

56_진실화해위원회(2010a, 530).

57_이규상 증언(2008. 12. 19); 이창주 증언(2008. 9. 18), 진실화해위원회(2009c, 296). 이창주는 국민보도연맹원 중 주동자급이 수감되었다고 하며, 태안경찰서 순경이었던 이규상은 초기에 검거한 사람들이라고 증언했고 검거자들을 대전형무소로 이송한 것은 '충남경찰국의 지시에 의한 것'이었다고 밝혔다.

58_Bauman(1995, 26-27)[바우만(2013, 56)].

59_전전희 증언(2008. 11. 18), 진실화해위원회(2009c, 32). 경찰국 사찰과는 서무(1계), 정보(2계), 대공(3계)으로 구성되었는데 국민보도연맹원 살해는 대공 분야에서 관할했고 담당 계장은 이북 출신 김병노였다.

60_나동호 증언(2008. 11. 19); 정용채 증언(2008. 10. 14), 진실화해위원회(2009c, 41-42).

61_전전희 증언(2008. 11. 18), 진실화해위원회(2009c, 27; 32).

62_다음 내용은 노기현 증언(2011. 8. 5); 진실화해위원회(2010a, 352-353)를 바탕으로 재구성한 것이다.

63_노기현 증언(2011. 8. 5, 함평군 신광면 자택). 함평군 나산면 구산리와 대동면 강운리 사이.

64_노기현 증언(2008. 5. 29; 2009. 2. 11), 진실화해위원회(2010a, 352-353).

65_진실화해위원회(2010a, 327-365).

66_안경득 증언(2009. 2. 15), 진실화해위원회(2010a, 137).

67_김운철 증언(2009. 4. 2), 진실화해위원회(2010a, 209-210).

68_김이순 증언(2009. 4. 19); 김성곤 증언(2007. 4. 19), 진실화해위원회(2010a, 188). 김성곤은 나주경찰서 동강지서에 근무했다.

69_엄상헌 증언(2009. 6. 11), 진실화해위원회(2010a, 609).

70_이용팔 증언(2008. 12. 11), 진실화해위원회(2010a, 609).

71_윤태화는 CIC "사무실이 동인동에 위치하고 있었는데 CIC가 군인뿐만 아니라 일반인들도 취급하는 등 월권을 행사했다"라고 밝혔다(윤태화 증언, 2009. 6. 11; 이병필 증언, 2009. 9. 1, 진실화해위원회 2010a, 611).

72_이원식은 사찰 분실에 근무하는 P씨 도움으로 18일 가까스로 석방되었는데 이원식의 수기에 등장하는 'P'씨가 누구인지는 밝혀지지 않았다. 사찰분실에 근무한 것으로 알려진 P씨는 중요한 고비마다 이원식을 도와주었다.

73_"칠흑(七黑)의 밤(1949. 3. 1 ~ 1950. 5)"; "흙속에 구십일간(九十日間)(1964. 12. 29),"(이원식 1964). "석방된 후 7월 19일부터 백부 집 뒷마루를 특수공사하고 그 밑에서 지냈다. 경찰에 불려간 이튿날 아내는 경찰에 구속되고 8월 7일 밤까지는 여경(女警)에 있었는데 8일에는 두 살 젖먹이(광미)를 남겨 두고 행방을 알 수 없었다."

74_이원식 옥중수기(1964. 12. 17).

75_진실화해위원회는 경북 경산시 폐코발트 광산 제 1, 2 수평갱도와 제 1, 2 수직갱도에서 총 452구의 유해를 발굴·수습했다. 유품은 M1 소총 탄피와 탄두, 군용우의, 신발(고무신), 고

무줄, 운동화끈, 허리띠, 단추, 버클, 만년필, 가죽주머니, 구두주걱 등이었다.

76_『대구매일신문』, 1960. 6. 7.

77_대구·경북 지역의 형무소 재소자 사건에 대해서는 다음을 참고. 진실화해위원회(2010g, 83-112).

78_자세한 내용은 다음을 참고. 진실화해위원회(2010b, 652-656).

79_문내곤 증언(2009. 6. 10); 신현도 증언(2009. 6. 9); 이범영 증언(2009. 6. 10), 진실화해 위원회(2010c, 442).

80_RG407, Box3486, File9123-99-00045; 진실화해위원회(2010c, 463) 재인용.

81_탄원서를 제출한 유가족은 다음과 같다. 북삼면 보손동 조수(망 박춘동), 박계동(망 박노찬, 망 박노한), 이술이(망 이천득), 이복순(망 유복룡); 북삼면 오평2동 송필훈(망 송영달), 조남규(망 송주현), 박분순(망 송겸덕), 안용분(망 김묘기), 진실화해위원회(2010a, 692).

82_서정원 증언(2009. 2. 12); 노승만 증언(2009. 5. 6), 진실화해위원회(2010b, 82).

83_이수봉 증언(2009. 5. 8), 진실화해위원회(2010b, 85).

84_김국선 증언(2009. 6. 29); 성칠경 증언(2009. 2. 9); 장명자 증언(2009. 5. 21), 진실화해 위원회(2010a, 748-749). 삼랑진지서나 면사무소 건물에 갇힌 경우는 가족들이 자주 면회를 할 수 있었는데 심지어 구금 중인 이들이 가끔 집에 와서 저녁을 먹고 돌아가기도 했다.

85_김원봉(1898~1958년)은 밀양에서 태어나 1918년 난징(南京) 진링(金陵) 대학에 입학했고, 1919년 의열단을 조직해 의백(단장)이 되었다. 그는 조선총독부 폭파 사건, 다나카 기이치 저격 사건, 종로경찰서 폭파 사건 외에도 밀양경찰서 폭파 사건 등을 전개했다. 1925년 황푸군관학교를 졸업한 후 1935년 조선민족혁명당을 창당해 중국 관내 지역의 민족해방운동을 주도하다 조선의용대를 창설해 무장독립투쟁을 벌였고, 1942년 임시정부 광복군에 가담해 부사령관을 맡았다. 광복 후 귀국한 그는 민주주의민족전선을 결성하고 좌우연합전선을 펼쳤으나 뜻을 이루지 못했고, 1948년 4월 남북협상에 참석한 후 북한 정부 수립에 참여해 최고인민회의 제1기 대의원이 되어 초대 국가검열상을 맡았으며, 1952년 5월 노동상, 1956년 당중앙위원회 중앙위원, 1957년 9월 최고인민회의 상임위원회 부위원장 등을 역임했다. 1946년 2월 그가 고향 밀양을 찾았을 때 주민들의 열렬한 환대를 받았는데 밀양초등학교에서 열린 환영 대회는 인산인해를 이루었고, 조선의용대의 활약상을 담은 다큐멘터리영화가 읍내 극장에서 상영될 정도였다.

86_김학봉 증언(2009. 3. 25), 진실화해위원회(2010a, 759). 이들 형제들이 국민보도연맹에 가입하지 않은 것인지, 강제로 가입되었는데 아니면 그 사실을 알지 못했는지는 알 수 없다.

87_김학봉 증언(2009. 3. 12), 진실화해위원회(2010a, 267-269).

88_김태근 증언(2009. 3. 25), 진실화해위원회(2010a, 738).

89_김용건 증언(2007. 8. 9), 진실화해위원회(2010a, 267-268).

90_1950년 7월 18일 기자단과의 회견, 『남조선민보』, 1950. 7. 19; 『부산일보』, 1950. 7. 20.

91_마산 지역의 학살과 그 영향, 지역사회의 구조에 대한 자세한 내용은 다음을 참고. 김주완(2006).

92_김영상 증언(2008. 6. 25), 진실화해위원회(2010c, 363). 김영상은 형무소에서 마산경찰서로 이송되어 조사를 받은 후 추석이 지난 10월 15일경 집으로 돌아왔다.

93_김영현 증언(2009. 6. 11); 박호종 증언(2009. 6. 11), 진실화해위원회(2010c, 361). 박호종은 마산경찰서 내서면 지서장을 했다.

94_1950년 7월 18일 담화. 『남조선민보』, 1950. 7. 25.

95_진주 지역에 대한 자세한 피해자 구술은 다음을 참고. 박정석(2011, 351-383).

96_육군본부 법무감, "민간인 강화봉 외 4명에 대한 살인 및 무고 피고사건 판결에 대한 심사건의의 건(1951. 2. 28)," 진실화해위원회(2010b, 213). 이 문서는 1950년 7월 26일~8월 19일에 있었던 거제경찰서 사찰 주임 경위 강화봉, CIC 특무상사 황창록, CIC 문관 유기봉, 비상시국대책위원장 배삼식, 민보단장 이채환의 살인 및 무고 사건에 대한 육군본부(법무감) 심의회의 사형 및 징역 20년 형 등에 대한 의견을 검토하고 재결해 달라는 문서다.

97_이건의 부친 이성락은 전쟁 발발일이나 다음 날 울산경찰서에 연행되었다. 이건 증언(2007. 7. 25); 박재갑 증언(2007. 7. 25), 진실화해위원회(2008a, 951-952).

98_이병우 증언(2007. 8. 16), 진실화해위원회(2008a, 962). 이병우는 청량지서 순경이었다.

99_김창록 증언(2007. 8. 7); 이종석 증언(2007. 8. 16), 진실화해위원회(2008a, 961). 김창록은 울산경찰서 연무장 경비 근무자이고, 이종석은 경남경찰국에 근무하고 있었다.

100_이 자료에 대한 상세한 내용은 다음을 참고. 진실화해위원회(2008a, 847-856).

101_울산경찰서(1951, 60).

102_부산매일(1991, 246-247).

103_진실화해위원회(2009b, 823-824).

104_도병홍 증언(2008. 9. 20). 진실화해위원회(2009b, 824). 도병홍은 김해읍 홍동의 국민보도연맹원이었다. CIC 대원이 연행한 국민보도연맹원은 피검기관이 확인된 300명 중 "부역자명부"에 214명이 기재되어 있다. 김해경찰에 의해 연행된 수는 33명으로, 이 지역의 국민보도연맹원 등 요시찰인 대부분은 CIC와 경찰에 검거되었다.

105_김해경찰서(1950·1951, 709; 723-735); 진실화해위원회(2009b, 825).

106_김해경찰서(1950·1951, 667). 여기서 피검기관으로 나온 'SIS'는 CIC의 이전 부대 명칭이다. 명지면 SIS는 명지면에 주둔한 CIC다.

107_진실화해위원회(2009b, 826). 김해군 국민보도연맹원 등 검속자들에 대해서는 여러 기관에서 개입했다. 이 지역에는 CIC, 해군 G-2, 공군정보처 외에도 북쪽에서 후퇴해 온 군부대들이 많이 주둔해 있었다. 김해농업중학교와 동광초등학교, 합성초등학교에는 국군 제9사단 26연대가 주둔했고 진영읍 대창초등학교에는 수도육군병원, 진영중학교에는 공병중대, 대홍초등학교에는 제2국민방위군이 있었다(진영읍지편찬위원회 2004, 122). 또한 공군항공사령부 김해(항공)기지 부대 역시 주둔하고 있었다.

108_군 정보부대와 그 역할에 대해서는 다음을 참고, 진실화해위원회(2009b, 883-895).

109_진영 지역에 관한 사건 내용은 다음 논문에서 수정·보완했다. 한성훈(2011, 73-101).

110_이 지역에는 일제강점기에 진영농장(박간농장)이라는 아주 큰 농장이 있었는데, 총 경지

면적은 3천여 정보, 수확량은 약 1만 석에 이르렀다. 해방 직후 진영에는 노동조합과 농민 조합이 결성되었고 1945년 10월 8일 연합 대회를 열었다. 이 대회에서는 '토지는 농민에게 돌려라', '중요 생산기관은 노동자에게' 라는 구호를 제창하는 2만여 명의 노동자와 농민이 진영대로 10리를 따라 시위행렬이 일어났다(『민주중보』, 1945. 10. 15).

111_이들에 대한 이력은 강성갑과 김영명 살인 사건 판결문과 『진영읍지』에서 발췌·요약했다. 육군본부 법무실, 강성갑·김영명 살인 사건 재판 자료(단기 4283년 고특 군법회의 제20 호); 진영읍지편찬위원회(2004). 김병희(30세)는 민주에서 중학교 중퇴 후 신경 제1236부 대 조사요원으로 4년간 복무하다 해방을 맞아 귀국한 후 구례영암경찰서 서기로 근무했다. 1947년 4월 9일 경사로 진급했고 11월 5일 경위로 진급해 마산 지서 주임으로 근무 중 퇴 임했다. 그러다 전쟁이 일어나자 그해 9월 13일 경남경찰국 경위로 복직해 김해경찰서 진 영지서 주임으로 근무했다. 강백수(40세)는 경남 양산 상북면 출신으로 일제강점기에 초등 학교 교원과 진영읍 서기로 일했다. 해방 후에는 제와공장(製瓦工場)을 2년간 운영하면서 국민회 진영지부 사무국장으로 지내다가 전쟁 때에는 진영읍 부읍장으로 근무했다. 이석흠 (54세)은 진영에서 정미읍을 했는데 진영국민회 위원장으로 활동했다. 그리고 하계백(31 세)은 김해군 대저면 출신으로 일본에서 상업중학교를 중퇴한 후 중국 모 회사에 근무하다 해방 후 귀국해 농사를 지었다. 전쟁이 나자 진영 청년방위대장을 맡아 왔다. 김윤석(56세) 은 일제강점기 때 창원에서 보통학교를 졸업하고 마산농업을 졸업한 후 진영에서 1935~42 년까지 7년간 진영면장을 지냈다. 해방 후에는 1948년부터 1950년 11월까지 진영읍장을 맡았다가 전쟁이 일어났을 때 국민회 진영읍지부 고문을 겸하고 있었다.

112_『부산일보』, 1960. 5. 23.

113_김영욱 증언, 국회양민학살사건진상조사특별위원회(1960, 2-8).

114_김영욱 증언(2001. 11. 9); 국가보훈처 김정태 공적심사 자료. 대한민국 정부는 김정태에 게 독립운동의 공적을 기려 대통령표창(1982년)과 건국훈장 애족장(1990년)을 추서했다.

115_김영봉 증언, 국회양민학살사건진상조사특별위원회(1960, 8-14); 정희상(1990, 97-99) 에서 재구성했다.

116_『부산일보』, 1950. 10. 3; 1960. 5. 25.

117_"내가 안 죽었다는 것으로 집안 식구를 네려나가 고문하면 틀림없이 나올게다 해시 여동'생 을 데려다가 죽인 것이지요. 결국 나를 다시 잡어 갈려다가 여동생을 죽인 것입니다." 김영 봉의 선친 김성윤은 지역에서 이름만 민족주의자였다. 그는 일제강점기 때 재산을 털어 독 립운동에 자금을 대고 똑똑한 학생들을 공부시키는 등 대단히 신망을 받고 있던 경남의 선 각자였다. 1870년 부산 영도에서 태어난 김성윤은 대한제국 군부참서를 지냈는데, 일본이 조선을 강제 병합하자 관직을 놓고 진영에 정착해 유학생들을 가르쳤다. 경남의 인재들을 수학시킨 그는 이윤재, 이은상, 김소운 등에게 유학 자금을 대주었다. 김영봉 증언, 국회양 민학살사건진상조사특별위원회 1960, 8-14; 김영명의 조카 김정일 증언, 정희상 1990, 97-101.

118_『민주신보』, 1950. 10. 1; 『부산일보』, 1950. 10. 1.

119_강흥철 증언(2008. 4. 4), 진실화해위원회(2009b, 829).

120_1912년 8월 경남 의령군 지정면 오천리 웅곡마을에서 태어난 강성갑은 기독교 가정에서 성장했고 고향에서 사서(四書)까지 공부한 다음 열세 살에 의령보통학교에 입학해 5개월 수학한 후 어머니의 신학문(新學問)에 대한 사려에 따라 마산 창신학교 4학년으로 전학해 열일곱 살에 졸업했다. 그는 1927년 4월 마산상업학교에 입학해 1930년 3월 졸업한 후 일본으로 건너갔지만 노동생활을 하다 귀국해 김해군 장유금융조합 서기로 5년간 근무했다. 강성갑은 1937년 연희전문학교에 입학해 1941년 3월 졸업한 후 일본 경도의 동지사 대학 신학부에 입학해 2년 과정을 마친 후 1943년 귀국했다.

121_박형규(2010, 59-61). 박형규 목사의 부친(박노병)은 강성갑 목사와 친분이 두터워 그가 어릴 적 창원군 진덕면 집으로 자주 모셔다 말씀을 듣곤 했고, 부산 초량교회에 시무하던 강성갑 목사를 진영교회로 모신 것은 모친(김태금)이었다. 박형규 목사는 해방 후 진영에 거주했으며 일제강점기 때 김해경찰서에 끌려가 고문당하고 쫓겨 다닌 것이 애국 활동으로 보여 건국준비위원회 산하 치안대장을 맡기도 했다. 혼란한 정치 상황에서 그는 강성갑 목사의 영향을 많이 받았다(박형규 증언, 2011. 12. 22, 용인 수지 자택; 심사수 증언, 2011. 12. 12, 용인 수지 자택). 심사수는 한일중학교 1회 졸업생으로서 강성갑의 제자였다.

122_심사수 증언, 2008. 8. 5, 서울 대신동; 2011. 12. 12, 용인 수지 자택; 진실화해위원회(2009b, 873).

123_김동길 증언(2008. 8. 5, 서울 대신동 자택).

124_『민주신보』, 1950. 10. 1; 10. 5.

125_재판장이었던 김태청은 재판 자체에 대해서는 알고 있었으나, 구체적인 내용과 판결에 대해서는 기억하지 못하고 있었다(김태청 증언 2005. 3. 30, 서울 태평로 변호사 사무실).

126_『민주신보』, 1950. 10. 8; 10. 9.

127_강성갑·김영명 살인 사건 재판 자료, 단기 4283년 고특 군법회의 제20호, 판정의 판결. 무죄를 선고받은 사람은 김태성, 차두만, 김기영, 이근택, 정봉기, 강치순, 박계조다. 재판장은 김태청, 검찰관은 김기돈, 서포연 육군대령이었다.

128_국방부 정훈국전사편찬위원회(1951, C48). 비상사태하의범죄처벌에관한특별조치령(非常事態下의犯罪處罰에關한特別措置令), 대통령긴급명령 제1호(제정 1950. 6. 25).

129_『민주신보』, 1950. 10. 9.

130_증언자들의 내용에는 화폐단위가 '환'으로 되어 있는 경우가 있는데 이는 1953년 화폐개혁으로 '원'에서 '환'으로 변경된 것이다. 이 책에서는 사건이 발생한 1950년을 기준으로 '원'으로 표시했다.

131_국사편찬위원회(1990, 744-748). 이 내용은 인민군이 익산을 점령한 후 작성한 '자수자 명부'의 홍순영 본인이 쓴 것이다.

132_『남조선민보』, 1950. 7. 9.

133_육군본부 법무감, "민간인 강화봉 외 4명에 대한 살인 및 무고 피고사건 판결에 대한 심사 건의의 건(1951. 2. 28)," 진실화해위원회(2009i, 127).

134_한상걸 증언(2009. 8. 26), 진실화해위원회(2009h, 45). 한상걸은 사곡지서 의경이었다.

135_진실화해위원회(2007b, 261).

136_1960년 국회 조사는 다음을 참조. 국회양민학살사건진상조사특별위원회(1960, 2-14); 부산매일(1991, 245-260); 정희상(1990, 93-106); 김기진(2002, 140-150).

137_부산 지역의 국민보도연맹 사건에 대한 진실규명 내용은 다음 참고. 진실화해위원회(2010b, 311-349).

138_진실화해위원회(2010b, 336-338).

139_『민주신보』, 1950. 8. 4. 이태희는 부산지방검찰청 검사장으로 1950년 6월~1951년 8월까지 재직했다.

140_이 내용은 민간인학살진상규명범국민위원회에서 청취한 송철순 증언(2001. 11. 9)을 바탕으로 재구성했다. 부산일보사 4층 회의실에서 진행한 이 증언은 민간인 학살을 대중에게 널리 알리는 데 크게 기여하는 계기가 되었다.

141_국군보안사령부(1978, 33-34).

142_『민주신보』, 1950. 8. 19.

143_부산형무소(1950).

144_정희상(1990, 84).

145_정희상(1990, 85-87).

146_박찬현 의원 발언, 제4대 국회 제35회 국회본회의, "국회속기록." 1960.

147_Chalk & Jonassohn(1990, 30-35).

148_Power(2002, 350)[파워(2004, 551)].

149_Bendix(1977).

3장

1_국방부 군사편찬연구소(2005a, 71; 675); 국방부 전사편찬위원회(1995, 611).

2_이승만 대통령 피난 시 그를 수행했던 황규면 증언, 중앙일보사 편(1983, 53); 황규면(HA03846) 증언, 국방부 전사편찬위원회, "참전 군인 증언록".

3_윤치영(1991, 248).

4_제주도 성산포경찰서가 1950년 6월 25일 14시 50분 접수. 〈전국 요시찰인 단속 및 전국 형무소 경비의 건〉(城署查 제1799호, 6월 25일 14:50). 내무부 치안국에서 제주도경찰국에 무선 전보로 보낸 문건. 이 통첩이 확인되는 것은 치안국에서 제주도경찰국에 보낸 것을 제주도경찰국에서 성산포경찰서로 재 하달한 공문을 통해서다.

5_〈예비검속자명부 제출의 건〉(제호, 1950. 8. 6); 〈예비검속자명부 제출의 건〉(濟地檢 제168호, 1950. 8. 7). 이것은 진실화해위원회가 입수한 경찰문서인데 내무부 치안국장이 내려보낸 통첩 원문은 남아 있지 않다. 위 보고에서 '同件에 관하야는 據 6월 25일 치안국장 통첩(전국 요시찰인 단속 및 전국 형무소 경비의 건), 6월 29일 통첩(불순분자 구속의 건), 6월

30일 통첩(불순분자 구속 처리의 건), 7월 11일 치안국장 통첩(불순분자 검거의 건) 등 상부의 지시에 의하야 국민보도연맹원 및 요시찰인에 대한 예비검속을 단행하고'라고 되어 있어 치안국장이 통첩을 하달했음을 알 수 있다.

6_경찰청(2007, 63).

7_국방부 정훈국전사편찬위원회(1951, C48).

8_이 법의 적용을 고민한 이는 재판을 맡았던 유병진 판사였다(유병진 1957, 22-26).

9_서중석(1999, 605).

10_박원순(1990, 187-188).

11_계엄포고문의 전문은 다음과 같다.

> 대한민국 대통령은 계엄법 제1조에 의하여 좌와 여히 계엄을 선포한다.
> 대통령 이승만
> 단기 4283년 7월 8일
> 국무위원 국무총리서리·국방부 장관 신성모(申性模)
> 국무위원 내무무장관 백성욱(白性郁)
> 국무위원 법무부 장관 이우익(李愚益)
> (그 외 생략)
> 1. 이유: 북한 괴뢰집단의 전면적 불법 무력침구에 제하여 군사상의 필요와 공공의 안녕질
>   서를 유지하기 위함
> 2. 종류: 비상계엄
> 3. 지역: 전라남도, 전라북도를 제외한 남한 지역
> 4. 계엄사령관 육군총참모장 육군 소장 정일권(丁一權)

※ 이 계엄은 같은 해 7월 21일 0시를 기해 전라남북도를 포함해 남한 전역으로 확대 시행되었다(국방부 정훈국전사편찬위원회 1951, C5; C49).

12_국방부 군사편찬연구소(2006, 35; 250-251).

13_국방부 군사편찬연구소, "육군역사일지"(1950. 6. 25 ~ 8. 10), 등록번호 HC00117.

14_『부산일보』, 1950. 7. 18;『민주신보』, 1950. 7. 18.

> ○ 布告
> 비상사태 하의 범죄 처벌에 관하여는 7월 7일부로 비상조치령이 공포되었거니와 헌병 및 일반 군인(육해공군)과 경찰관이 권한을 남용하여 불법행위를 감행하거나 불법 징발 금품 요구 등으로 민폐를 끼치게 하는 자와 관공리로서 其 직장을 무단 이탈하는 자는 극형에 처할 방침이오니 일반 국민은 如斯한 사실을 발견시에는 즉시 헌병사령부 叉는 헌병대에 제출하기를 요망함.
> 단기 4283년 7월 12일 계엄사령관 命에 의하여 헌병사령관 육군대령 송요찬
> ○ 공고
> 군작전상 필요에 의하여 계엄법 제13조 소정 조항 중 체포·구금·구속에 대하여 左記와 如히 특별조치를 취한다.
> ○ 記

1. 충청남도 및 충청북도에 있어서는 체포·구금·구속에 관하여 관할 법원의 영장을 필요로 하지 아니한다.
2. 전기 지역에 있어서는 구금 기간에 관한 현행 형사소송법의 규정은 이를 통용하지 아니한다.
3. 계엄 시행지역에 있어서는 예방구금을 행할 수 있다.
단기 4283년 7월 12일 계엄사령관 命에 의하여 헌병사령관 육군대령 송요찬.

15_국방부 정훈국전사편찬위원회(1951, C49).

16_다만 이들 두 명의 구치 날짜가 모두 1950년 9월 14일로 되어 있어 한국전쟁 직후의 검속과 시기상 다소 차이가 있다(대구교도소 1950).

17_『부산일보』, 1950. 7. 18;『대구매일』, 1950. 8. 15.

18_대구교도소(1950).

19_김만식 증언(2007. 9. 18), 진실화해위원회(2010d, 496).

20_서재성 증언(2009. 4. 29), 진실화해위원회(2010d, 496).

21_〈비상사태하의범죄처벌에관한특별조치령〉 공포일은 6월 28일자로 기록되어 있다. 국방부 정훈국전사편찬위원회(1951, B12). 그러나 이 자료의 문헌편 법령 관계 항목에는 이 령이 대통령령(긴급명령 제1호)으로 6월 25일 공포한 것으로 나와 있다(국방부 정훈국전사편찬위원회 1951, C48).

22_서중석(1999, 667-668); 박명림(2002b, 349-351). 박명림은 위 령이 28일 내지 29일 공포되었다고 본다.

23_한인섭(2000, 135-179).

24_NARA, RG338 SERIES GENERAL HQ. FEC, SCAP, UNC. Box 13, "INCOMING MESSAGE," 1950. 12. 21.

25_이 부분에 대해서는 다음을 참고. 서중석(1999, 604-605). 서중석은 이 령의 제3조는 ① 살인, ② 방화, ③ 강간, ④ 군사, 교통, 통신, 수도, 전기, 와사(瓦斯), 관공서 기타 중요한 시설 및 그에 관한 중요 문서 또는 도서의 파괴 및 훼손, ⑤ 다량의 군수품, 기타 중요 물자의 강취(强取)·길취·질취 등 약탈 및 불법 처분, ⑥ 형무소 유지상의 재감자를 날수게 한 행위 능을 한 자는 사형에 처하도록 했다.

26_『동아일보』, 1960. 1. 8.

27_제1공화국의 헌법위원회는 위원 열한 명 중 부통령을 위원장으로 대법관 5명과 국회의원(민의원 3, 참의원 2) 5명으로 구성되었다. 관련 법령은 헌법위원회에 위헌법률심판권만 부여했으며 사후적·구체적 규범 통제에 국한시켰는데, 비상설 기관으로서 독일식 헌법재판소형과 프랑스식 정치 기관형의 절충적 성격을 띠고 있었다. 10년간 여섯 건의 위헌법률심판사건을 처리했는데 위헌결정례를 보면 〈농지개혁법〉 제18조 제1항 후단 및 제24조 제1항과 〈비상사태하의범죄처벌에관한특별조치령〉 제9조였다.

28_김동춘(2011, 337-338). 전쟁 정치는 이데올로기 차원(반공주의, 반인종주의 등), 법적 차원(계엄법, 국가보안법 등의 제정과 집행), 공권력 행사 방식(경찰, 군대의 동원) 등으로 나

타난다.

29_『제민일보』, 1999. 5. 15.

30_『한국일보』, 2000. 1. 11.

31_권혁수 증언(2009. 7. 27), 진실화해위원회(2010c, 189).

32_서재성 증언(2009. 4. 29), 진실화해위원회(2010d, 501).

33_김영목 증언, MBC〈이제는 말할 수 있다: 보도연맹〉(2001).

34_김창룡은 1916년 함남 영흥군 요덕면 출신으로 4년제 보통학교를 졸업하고 열다섯 살 때 영흥공립농잠(農蠶) 실습 학교에서 2년 과정을 마친 후 만주 장춘역(長春驛) 직원으로 추천받아 일했다. 그는 북지(北支)에 있는 일본 헌병부대 군속(軍屬)으로 들어갔고, 1940년 초 장춘에 있는 관동군 헌병교습소에 입교해 스물다섯 살 때 일본 헌병이 되었다. 헌병이 된 후 김창룡은 만주 일대에서 2년간 50여 건의 항일 조직을 검거한 공로로 헌병 오장(하사관)으로 특진했다. 해방 후 고향으로 돌아온 그는 일본군 헌병이었다는 사실이 알려져 고발되었고, 친일 반동분자로 철원 보안서에 수감되어 사형을 선고받았다. 1945년 11월 15일 그는 최고 전범 군인으로서 함흥 전범 재판소로 이송되는 화물차에서 뛰어내려 탈출했으나 또다시 보안대에 붙잡혀 전범자로 규정되었고, 이듬해 4월 영흥에서 정평으로 이송되어 정평고등재판에서 4월 11일 다시 한 번 사형선고를 받았으나 탈출에 성공해 평양으로 도주했다가 월남했다. 남한에 온 이후 그는 제3연대에서 정보하사관으로 근무하다 추천을 받아 경비사관학교 3기생으로 입교했다.

35_수원시(2001, 264). 오상근은 용인 태생으로 해방 직후 경찰에 입문해 1949년 6월 육군본부 방첩대 수사계장을 맡았고 1959년 9월 수원지구 방첩대장, 1961년 9월부터 중앙정보부에 근무했다.

36_"김종필 자민당 명예총재와의 대담," 자민련 당사 명예총재실, 2000년 1월 24일(월), 이도영 편역(2000, 166-181).

37_이수봉 증언(2009. 5. 8), 진실화해위원회(2010d, 499).

38_국가기록원, "신초식 판결문"(단기 4289년 형상 제356호).

39_한웅진은 육사 2기생으로 1950년 3월 13일~10월 23일까지 육군본부 정보국 CIC 책임자였다. "한웅진 장교자력표". 그의 개명 전 성명은 한충열이었다.

40_장도영(2001).

41_MBC〈이제는 말할 수 있다: 보도연맹〉(2001). 제작 과정에서 한홍석 PD가 장도영과 인터뷰를 했으나 본인은 모른다고 했다.
    질문: "김창룡이 무슨 역할을 했다고는 생각하지 않으십니까?"
    답변: "방첩대가 그런 일을 많이 했지만 난 김창룡이가 무슨 일을 하는지 몰라요, 알 수가 없어요."

42_이근양 증언(2009. 4. 28), 진실화해위원회(2010d, 499).

43_김창룡 중장, "비밀수기," 『경향신문』, 1956. 2. 3~4; 6~8; 3. 5~7. 이 기사는 김창룡이 1956년 1월 30일 암살당한 이후 그가 쓴 것으로 알려진 200자 원고지 약 800매 중에서 일

부를 여러 차례 신문에 연재한 것이다. 수기 원본은 아직까지 찾을 수 없었다.

44_"김창룡 장교자력표". 김창룡이 공식적으로 육군 특무부대장이 된 것은 1951년 5월 15일부 터다. 하지만 다른 장교자력표에는 1950년 10월 21일 특무부대가 육군본부 정보국 소속에 서 독립된 부대로 창설될 때부터 그가 부대장인 것으로 기재되어 있다. 이 자료에서 김창룡 의 특무부대장 재임 기간은 1950년 10월 21일부터 사망할 시점인 1956년 1월 30일까지 다. 그러나 공식적으로 국군기무사령부는 초대 사령관을 김형일 대령이라고 밝히고 있다. 경남지구 CIC 부대장에 대해서도 다른 기록이 존재한다. 백운상 소령이 1950년 7월 31 일~10월 20일까지 부대장을 맡았다는 그의 장교자력표다. 김창룡은 경남지구 제3사단 CIC 대장을 맡은 후 경남지구 부대장을 역임한 것으로 기재되어 있다.

45_고정훈 외(1966, 284), 허태영 편 참조.

46_수원시(2001, 246-247). 일반적으로 육군본부 정보국 3과를 CIC라고 부르고 있는데, 개전 시점에는 2과였다고 한다.

47_오제도(HA03569) 증언(오제도 법률사무소, 1977. 1. 27, 16~17시), 국방부 전사편찬위 원회, "참전 군인 증언록".

48_*Execution of political Prisoners in Korea*: 23 Sept 1950, NARA, RG319 Records of the Army Staff G-2 ID File, Box 4622, Item 715579. 이 문서는 이도영 박사가 미국 정 부에 비밀해제를 요청해 공개한 것이다(『한국일보』, 2000. 1. 6. 강조는 인용자).

49_이장석(HA02638) 증언(1967. 1. 12), 국방부 전사편찬위원회, "참전 군인 증언록". 이장 석은 개전 초기 2사단이 북한에 패배하자 대전으로 후퇴해 잔류 부대장을 맡았다.

50_정보국장 장도영은 MBC 인터뷰에서 관련 사실을 부인하거나 모른다고 했고, 진실화해위 원회 조사는 거부했다(장도영 증언, MBC 〈이제는 말할 수 있다: 보도연맹〉; 진실화해위원 회 2010d, 502). 장도영은 2012년 8월 미국에서 사망했다.

51_"국무회의록" 제104회, 1952. 11. 26, 국가기록원, 관리번호 BA0085167.

52_Hirsch(1995, 29)[허시(2009, 61)].

53_Browning(1992, 162)[브라우닝(2010, 241-242)].

54_이 논서는 나음에서 가져온 것이나. Arendt(1994, 149)[아렌트(2007, 226)].

55_한국경찰사편찬위원회 편(1973, 74; 189).

56_〈내무부 직제 중 개정의 건〉(대통령령 제380호, 1950. 8. 10 제정), 국방부 정훈국전사편 찬위원회(1951, C57).

57_경찰청역사편찬위원회(2006, 1668).

58_〈내무부 치안국의 부국장제 설치에 관한 건〉(대통령령 제379호, 1950. 7. 27 제정). 비상 사태 중 치안국에 부국장을 두게 했다. 국방부 정훈국전사편찬위원회(1951, C55).

59_선우종원(1992, 176; 218); 고정훈 외(1966, 303).

60_선우종원 증언, MBC 〈이제는 말할 수 있다: 보도연맹〉(2001), 강조는 인용자.

61_영동경찰서 보안계(1970).

62_경찰청(2007, 282).

63_김운철 증언(2009. 5. 14), 진실화해위원회(2010d, 503). 김운철은 보성경찰서 사찰계 서무반장으로 근무하고 있었다.

64_김성곤 증언(2007. 4. 19), 진실화해위원회(2010d, 470).

65_조동열 증언(2009. 6. 15; 6. 16), 진실화해위원회(2010d, 472). 조동열은 전북경찰국 사찰국 분실과 고창경찰서 분실(사찰계)에 근무했다. 주재 분실은 고창경찰서 사찰과 바로 옆 별채에 분실이 있었으며 한국전쟁 후 수복될 때까지 급여를 경찰국에서 수령했다고 한다.

66_김해경찰서에서 각 지서에 내린 전화 통첩 지시 문서는 현재 남아 있지 않다. 〈불순분자 구속의 건〉(駕支 제1499호, 1950. 713); 〈불순분자 구속에 관한 건〉(葉支 제969호, 1950. 7. 12), 〈불순분자 구속에 관한 건〉(鳴支 제1419호, 1950. 7. 13), 김해경찰서(1950·1951, 5; 7; 13). 상세한 내용은 다음을 참조. 진실화해위원회(2009b, 827-835).

67_재임 기간별 장관은 다음과 같다. 백성욱(1950. 2. 7 ~ 7. 17), 조병옥(1950. 7. 17 ~ 1951. 5. 7). 치안국장은 다음과 같다. 장석윤(1950. 6. 17 ~ 7. 17), 김태선(1950. 7. 17 ~ 1951. 6. 20). 내무부 치안국(1957, 8). 미군 자료에는 장석윤이 6월 19일 치안국장에 임명된 것으로 나와 있다(NARA, RG319 Entry57 Box45, USMILAT SEOUL FROM SANA SGD MUCCIO).

68_김정인 증언(2008. 10. 31), 진실화해위원회(2010c, 314).

69_이구형은 이리경찰서 경리계에 근무했으며 이리시에 헌병대와 CIC 파견대가 있었다고 증언했다(이구형 증언, 2008. 11. 18, 진실화해위원회 2009c, 39).

70_미군 보고에 의하면 장석윤의 영문명은 Montana Chang(몬타나 장)이며, 김태선 서울시 경찰국장은 그가 이승만의 열렬한 추종자라고 했으며, 장석윤은 이범석, 윤치영과 밀접한 관계였다(NARA, RG319 E57 Box45 ACOFS G-2 INCOMING+OUTGOING MSGS 1950, USMILAT SEOUL FROM SANA SGD MUCCIO, 1950. 6. 23; 장석윤(HA02411, 군번 10004) 증언, 1967. 3. 23, 국방부 전사편찬위원회, "참전 군인 증언록").

71_생전에 장석윤은 MBC 인터뷰에서 자신의 지시, 치안국장 명의의 통첩을 모른다고 말했다. MBC 〈이제는 말할 수 있다: 보도연맹〉(2001).

72_*Chicago Daily Tribune (1872~1963)*, Jul 14, 1950. 미군 자료에도 동일한 기사 내용이 보고되어 있다(NARA, RG263 Series24, FBIS Daily Reports 1941~50, Box333 Folder: Vol no. 605. July 18, 1950 to July 19, 1950. Foreign Broadcast Information Service, "Syngman Rhee forces massacre civilian," 1950. 7. 18).

73_선우종원 증언, MBC 〈이제는 말할 수 있다: 보도연맹〉(2001).

74_오제도(HA03569) 증언(오제도 법률사무소, 1977. 1. 27, 16~17시), 국방부 전사편찬위원회, "참전 군인 증언록".

75_김동수 증언(2008. 11. 2), 진실화해위원회(2009c, 163).

76_충북대학교박물관(2008, 239).

77_『민주신보』, 1950. 8. 2.

78_〈예비검속자명부 제출의 건-대 8월 6일부 濟警査 제호〉(濟地檢 제168호, 제주지방검찰청 검사장, 제주도경찰국장 귀하, 1950. 8. 7).

79_〈건명: 불순분자 검거의 건-대 7월 11일 암호전보 제19호〉(제호, 1950. 8. 4 입안), 진실화 해위원회가 입수한 경찰 문서. 제주도경찰국장은 계엄령하에서 예비검속 문제에 대해 제주지구 계엄사령관에 보고하고 지시를 받았지만, 경찰 내부의 고유한 지휘·명령 체계에 따라 현안이 생길 때마다 치안국장에게 항상 보고했다.

80_〈예비검속자명부 제출의 건-대 8월 7일 濟地檢 제168호〉(제호, 경찰국장, 검사장, 1950. 8. 7).

81_〈예비검속자명부 제출의 건〉 제호, 경찰국장, 제주지방검사장, 1950. 8. 6 입안).

82_〈예비검속자명부 제출의 건-대 8월 7일 濟警査 제호〉(濟地檢 제4호, 제주지방검찰청 검사장, 제주도경찰국장 귀하, 1950. 8. 8).

83_국방부 군사편찬연구소(2006, 24, 27).

84_Power(2002, 489)[파워(2004, 763)].

85_크놉(2003, 97-98).

86_계엄법은 1949년 11월 24일(법률 제69호) 제정되었고 1952년 1월 28일 동 시행령과 계엄 사직제령이 마련되었다. 1949년 계엄법은 지휘관에게 비상계엄 선포권이 부여되어 있었고 비상계엄하에서는 계엄 군법회의 관할 범죄가 무한정 확대될 수 있었다.

87_국방부 군사편찬연구소(2006, 35; 250-251).

88_국방부 국방군사연구소(1997, 225-226); 국방부(1987, 115).

89_국방부 육군본부, "일반명령서철"(1949~52년), 국본 일반명령 제40호, 단기 4283년 8월 9일, 국방부 장관 신성모, "부대창설 및 편성표 하달," 계엄사령부편성표.

90_육본고부갑발 제1호(단기 4283년 7월 9일); 육군본부(1976, 76), 팸플릿 850-22(1976. 10. 1), 고석(2006, 150) 재인용.

91_국방부 군사편찬연구소(2005b, 328).

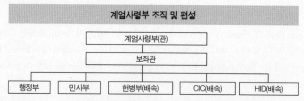

92_육군본부(1976, 49 이하); 합동참모본부(2001, 6; 42); 육군본부 법무감실(1952). 육군본에서 관장하던 계엄 업무는 1991년 3월 4일 '8·18 기능 배분 후속 조치'에 따라 현재는 합동참모본부가 이를 인수해 민심참모부 계엄과에서 담당하고 있다(고석 2006, 149 재인용).

93_홍순봉(1952, 21-22). 홍순봉은 헌병 대령이었다.

94_〈불순분자 처리의 건〉(慶南査秘 제4517호, 1950. 7. 15), 김해경찰서(1950/1951, 143-145).

95_〈구속중의 불순분자명부 제출의 건〉(慶南警査 제4585호, 1950..7. 24), 김해경찰서(195

0・1951, 123-126); 진실화해위원회(2009b, 822-823).

96_김해경찰서(1950・1951, 57-932). 자세한 내용은 진실화해위원회(2009b, 817-826).

97_헌병사편찬실 편(1952, 58), 제70헌병중대 관련 내용.

98_헌병사편찬실 편(1952, 522), 제2사단 헌병대 관련 내용.

99_헌병사편찬실 편(1952, 327).

100_『새충청일보』, 2007. 7. 5.

101_김철수(군번 52375) 증언(1966. 4. 14), 국방부 전사편찬위원회, "참전 군인 증언록".

102_김상수 증언(2008. 10. 17), 진실화해위원회(2009b, 131; 170).

103_헌병사편찬실 편(1952, 545-546).

104_국방부 과학수사연구소, 『제6사단 헌병전사』, 1995, 21-24쪽.

105_대통령령 제153호(제정 1949. 7. 29).

106_〈헌병과국군정보기관의수사한계에관한법률〉, 법률 제80호(제정 1949. 12. 19, 시행 1949. 12. 19).

107_유엔군이 한국전쟁에 참여한 이후 각국의 군 수사기관이 한국의 민간인을 수사하고 감금할 수 있는가에 대한 문제가 제기되었다. 미군의 수석 고문관 위이리스엘 푸렌트 중령의 이같은 질의에 대해 육군법무감 손성겸은 한국 헌병만이 한국 민간인을 수사할 수 있다고 응답했다. 육구본부 경북 대구 법무 1818호(4285. 9. 29). 헌병사령관 앞, "헌병의 민간인 체포 감금 구류 및 수사한계," "육군법무관계법령及예규집," 4286, 49-50; 고석(2006, 167-168) 재인용.

108_국방부 전사편찬위원회, "육군역사일지(1950. 6. 25 ~ 8. 10)," 1950년 8월 1일자 기록.

109_김영목 증언, MBC 〈이제는 말할 수 있다: 보도연맹〉(2001).

110_통위부특명 제90호, 1948. 7. 8.

111_초대 총감은 민정식(閔正植), 2대는 장석윤이었다. 장석윤은 내무부 치안국 특무과장이라는 유령 직함을 사용한 것으로 알려졌다. 대한관찰부는 1949년 1월 '사정국'으로 바뀌었고, 정부조직법에 부(府)가 존재할 수 없다는 지적에 따라 국회의 예산삭감으로 1949년 3월 이후 자연 해체되었다. 이 조직은 이승만 대통령의 친위 조직이자 정적 사냥의 도구로 구상되었다고 알려져 있다.

112_국군보안사령부, 『특수부대역사』, 572-578; 1415쪽.

113_1949년 6월 1일 육군본부는 정보국에 군・경합동수사본부를 설치했다. 이들은 숙군을 벌였는데 군의 사단 정보처와 헌병대, 방첩대 연대정보과 및 각 경찰서, 각 기관에서 두 명씩 차출해 조직했다(『영남일보』, 1949. 6. 15). 이것은 군과 경찰 등이 조직적이고 체계적으로 좌익 세력에 대해 대처한 방식이었다. 이들은 소위 '숙군공로자'라 하여 국방부에서 군 정보처와 수도경찰청 관계자를 표창한데서도 알 수 있다(『독립신문』, 1948. 12. 1). 국방부 군사편찬연구소(2005b, 274).

114_국군보안사령부(1978, 36).

115_국방부 확인에 따르면, 육군본부는 사단·연대급에 정보국 소속 CIC 파견대를 운용했고 (1950. 5. 15 ~ 7. 30), 경상남북도 지역에 정보국 소속 CIC 파견대를 운용했다(1950. 7. 31 ~ 10. 20). 이런 사실은 경남지구(제3사단) CIC 대장인 백운상 소령의 장교자력표에 나타난 것을 근거로 하고 있다. 백운상 소령(육사 3기, 군번 10422)은 3사단 파견(1950. 5. 15 ~ 7. 20) 후 경남지구 CIC 대장(1950. 7. 31 ~ 10. 20)을 맡았다. 이 기록은 김창룡의 경남지구 CIC 대장은 김창룡과 기록이 중복된다.

116_국군보안사령부, 『군사·군단 특무부대 역사』, 705쪽. 전북지구는 전북 전주시 노성동에 설치되었다. 전남지구는 전남 광주시 금남로 2가, 경남동부지구 파견대는 부산시 대교로 1가, 경남서부지구 파견대는 경남 진주시에 사무실이 있었다. 충북지구(약칭 510 CIC)는 1948년 1월 15일 청주시 남문로 2가 6번지에서 활동을 시작해 1950년 7월 12일 철수했다가 9월 다시 설치되었다.

117_국군보안사령부(1978, 34).

118_국군보안사령부(1978, 36 이하).

119_〈헌병과국군정보기관의수사한계에관한법률〉, 법률 제80호(제정 1949. 12. 19, 시행 1949. 12. 19).

120_위 법률 제3조에는 "헌병이 직권을 남용하여 일반인을 수사하거나 헌병이외의 국군기관이 일반인의 범죄에 대하여 수사를 행한 때에는 1년 이상 10년 이하의 징역에 처한다"라고 명시했다.

121_방첩에 관한 범죄란 주로 국방경비법 제32조에 해당하는 이적죄 및 33조에 해당하는 간첩죄를 말한다(홍순봉 1952, 6).

122_군인신체구속잠정규정 제4조 참조. 홍순봉(1952, 6). 한편 군첩보부대원(HID)의 수사 범위는 "적유격대원(적의 제오열편의대원) 적의 군사간첩을 搜索, 체포할 수 있다. 첩보대원이 일단 체포한 此等의 범인은 CIC에 인도하여 수사를 행케함이 원칙"이었다(홍순봉 1952, 20-21).

123_NARA, RG319, Entry1084(UD), Box16; 김학재(2007, 168). ① 간첩과 사보타지, 전복을 목적으로 한국군에 침투한 적과 적대적 성분의 활동을 저지하고 파괴하는 것 ② 반역과 선동, 전복적 활동 ③ 군인과 한국군의 관할권내에서 신뢰할 위치에 있는 민간인의 배경을 조사할 것.

124_홍순봉(1952, 20-21). CIC의 수사 한계가 밝혀져 있다. "군 수사기관의 업무한계 상 간첩, 이적, 반란 등 思想犯은 당시 특무부대에서 취급하여야 함에도 불구하고 헌병 및 군, 사단, 각 학교정보처에서 사상범을 취급하고 있음을 방관하는 사례를 지적했다. 이에 "본부에서는 육본 법무감실과 협조하여 사상범은 당 부대만이 처리할 수 있도록 조치하고 각대 소위 임무의 침해를 받지 않도록 하기 위하여 관계 기관을 완전 장악하도록 하였으며, 특히 비상계엄령 선포 지구의 특무대는 헌병 및 경찰이 취급하고 있는 사상범 및 유격대 취급을 완전 장악 지도케 하였다"고 기록하고 있다(국군보안사령부 1978, 116-117).

125_김학재(2007, 169).

126_장경순 증언(2009. 3. 18), 진실화해위원회(2010d, 484).

127_노승만 증언(2009. 5. 6), 노승만은 대구에서 대한청년단 감찰부장으로 있었고, "전쟁 나고 대한청년단은 경찰관 보조 역할을 했지요. 군인과 똑같이 했습니다. 좌익 활동한 사람들 감시하고 잡아들"였다고 증언했다. 그는 전쟁 중에 경찰학교에 입교하여 1950년 11월 5일(제52기)로 수료했다(진실화해위원회 2010k).

128_박기룡 증언(2008. 9. 24), 진실화해위원회(2009c, 253).

129_김영현 증언(2009. 6. 11); 박호종 증언(2009. 6. 11). 김영현은 마산형무소 계호과에 근무했고 박호종은 마산경찰서 내서면 지서장을 지냈다(진실화해위원회 2010c, 361).

130_이영구 증언(2009. 6. 10). 이영구는 마산경찰서 외근계에 근무했다(진실화해위원회 2010c, 360).

131_임형태는 형 임원식이 전쟁 때 죽자 그 이유를 밝히기 위해 육군 헌병으로 1950년 9월쯤 입대했다. 그는 1951~52년경 수사를 목적으로 대산면에 와서 대산지서 주임과 서북청년단장을 만나 형이 사망한 경위에 대해 조사했다. 임원식의 시신은 1960년 김해 나박고개에서 유해를 발굴할 때 부인이 버클을 보고 사망을 확인했다(진실화해위원회 2010c, 356-357).

132_수신 계엄사령관, "위험인물 예비검속계획," 분류기호 383.5(117), 기안월일 4294. 5. 17; 진실화해위원회(2010d, 485).

133_〈군검경 합동수사본부 설치에 대한 건의〉(4294. 5. 26), 수신, 계엄사령관 "위험인물 예비검속계획," 분류기호 383.5(117), 기안월일 4294. 5. 17, 육군방첩부대장 이철희가 최고회의 의장 장도영에게 보낸 문건.

134_발신 육군방첩부대장, "군검경 합동수사본부 설치에 대한 건의," 수신 국가재건최고회의 의장(공안분과위원장), 4294. 5. 26.

135_이재운 증언(2008. 11. 7), 진실화해위원회(2010e, 270-272).

136_군정보기관인 CIC(특무부대)의 수사 권한이 법적으로 제한된 것은 1962년 1월 20일 제정되어 수차례 개정된 군법회의법(군사법원법)이었다. 군사법원법 제43조는 군사법경찰관으로서 헌병과 안기부 직원 외에 "법령에 의한 보안부대에 소속하는 장교, 준사관 및 군무원으로서 보안업무에 종사하는 자"에게 수사권을 주었고 동법 제44조에 따라 형법의 내란죄와 외환죄, 군형법의 반란죄, 이적죄, 군사기밀누설, 암호부정사용죄, 국가보안법 및 군사기밀보호법에 규정된 죄만 수사하도록 하고 있다(박원순 1992, 525).

137_육군정보학교 출신으로 전쟁 이전 육군본부 정보국 3과장(SIS)을 역임한 김안일은 이승만 대통령이 SIS(CIC의 전신) 설치와 대원 교육을 지시했다는 점에 대해서 "대답하기 애매하다"라고 증언했다(진실화해위원회 2010d, 502).

138_장경순 증언(2009. 3. 18), 진실화해위원회(2010d, 502). 이승만 대통령이 국내 좌익 활동을 알고자 하면 김창룡을 불러서 물어보았고, 김창룡은 "지금 빨갱이들이 어떻게 하고 있습니다"라는 식으로 보고했다고 한다. 그러면 이승만 대통령은 "임자가 알아서 해"라는 식으로 지시했는데, 이 문제는 전적으로 김창룡에게 일임되어 있었다.

139_동아일보사(1975b, 187-188).

140_연세대학교 이승만 대통령 자료실, "이승만 대통령 기록 file 8".

141_숙군에 대해서는 다음을 참고. 노영기(1997)

142_공국진(2001, 243).

143_백선엽(1999, 329). 이승만은 1950년 12월 2일 서울지구 군·검·경 합동수사본부 본부장 김창룡에게 대한타공결사대 사건과 부역행위자 검거 등을 완수해 표창과 금일봉을 내렸다. 이승만의 개인 표창을 받기는 정부 수립 이후 김창룡이 처음이라고 한다(『경향신문』, 1950. 12. 5).

144_자율적이 된다는 것은 조직의 관점에서 볼 때, 예측 가능성이 떨어지고 잠정적으로 안정되지 않은 상태를 의미한다(Bauman 1995, 213-214[바우만 2013, 352]).

145_NARA, RG407 BOX3511 ARMY-AG CMD RTPS 1949-54 241D UNIT WAR 29 SEP-OCT 50, from 24th CIC Detachment Division, "24th CIC DETACHMENT WAR DIARY," 1950. 12. 1.

146_김영목 증언, MBC 〈이제는 말할 수 있다: 보도연맹〉(2001).

147_『한국일보』, 2000. 4. 21. 이 기사는 『AP통신』이 비밀해제한 미국 국방부의 1급 비밀문서를 인용해 보도한 내용이다.

148_NARA, RG407 Entry429 Box3758 ARMY-AG CMD RPTS 49-54 25ID SPTING DOCS 1-11 OCT 50 BK2, "War Diary and Activity Report: 7 October 1950," 1950. 11. 2; 김기진(2005, 48; 287).

149_국방부 군사편찬연구소(2007, 19).

150_NARA, RG319 CIC Historian's Background material, Box6. CIC school, Fort Holabird, Baltimore, 'Counterintelligence Corps operation in Korea, 1951. 11. 15. 이 문건은 미국에서 조사원을 한국에 파견해 활동 중인 CIC 요원들을 인터뷰하고 목격한 것을 바탕으로 쓴 보고서다.

151_『한국일보』, 2000. 1. 6. 이들 문서는 이도영 박사가 미 정부에 비밀해제를 요청해 공개한 것이다.

152_NARA, RG407 Box3473 Spot Report42. 24사단 CIC 지대, 'Activities Report', 1950. 7. 9. 24사단 34연대 CIC TEAM 7D NJF 9일지 활동 보고.

153_김영목 증언, MBC 〈이제는 말할 수 있다: 보도연맹〉(2001). 김영목은 미군 CIC와 한국 CIC 관계를 다음과 같이 증언했다. "미군 CIC에서 공식적으로 요구는 할 수는 없고, 그때 물론 작전권이 일단 그 미국 육군에 갔습니다만은 그러한 민간, 한국 민간인에 관한 것은 관할이라고 할까, 그런 것은 작전에 직접 관련되지 않은 이상은 별로 미 육군 CIC에서 관여를 안했지요."

154_『AP통신』, 2008. 7. 5. 부산형무소 재소자 학살은 다음을 참고. 진실화해위원회(2009c, 327-540).

155_NARA, RG319 series CIC historians Background Material, Box6. folder. CIC operation in korea(1950~51), KMAG, 'Organization and Function of ROK army CIC', 1951. 3. 4. 강조는 인용자.

156_NARA, RG338 Box835 INF DIVS40-67 25ID INTER RPTS, 441CIC, "MEMORANDUM," 1950. 7. 29.

157_NARA, RG319 CIC Historian's Background material, Box6. CIC school, Fort Holabird, Baltimore, Counterintelligence corps operation in korea, 1951. 11. 15.

158_NARA, RG338, Box3617. 25th Counter Intelligence Corps Detachment, to 25th Division G-2, 1950. 7. 16.

159_『AP통신』, 2008. 7. 5.

160_『AP통신』, 2008. 7. 5.

161_미군의 인종주의 내용은 다음에서 인용했다. 한성훈(2012, 212-214).

162_전쟁 중에 미군이 한국 민간인을 학살한 사건은 노근리 외에도 상당히 많이 있었음이 밝혀졌다. 미군의 공중폭격과 지상군이 벌인 사건에 대한 자세한 내용은 다음을 참고. 진실화해위원회(2009d, 307-439); 진실화해위원회(2009a, 405-499); 진실화해위원회(2010h, 395-928).

163_Hanley et al.(2001, 223).

164_Hanley et al.(2001, 19).

165_1966년에 실시한 같은 조사에서도 역시 27위였다. 1976년 허원무의 여론조사 결과도 비슷해 27개 민족 중 26위를 차지했다. 1987년에 실시된 쉐퍼(Schaefer) 여론조사에서는 재미 한인과 한국인을 구분했는데, 30개 민족 중 재미 한국인은 19위 한국인은 24위였다. 장태한(2002, 332).

166_Power(2002, 261)[파워(2004, 418)].

167_노근리 사건에 대한 자세한 기록은 다음 자료를 참고. Hanley et al.(2001); 최상훈 외(2003). 노근리 사건을 다룬 소설은 이현수(2013).

4장

1_법률 제5148호(1996. 1. 5 공포), 관보 제13205호, 시행령 제14970호(1996. 4. 6), 관보 제13280호.

2_한인섭(2001, 190). 여기에 관한 문제 제기는 다음에서 살펴볼 수 있다. 정희상(1990, 173); 정희상, "산청·함양 양민도 705명 학살," 『시사저널』, 독립신문사, 1993. 6. 3; 부산매일(1991, 75).

3_김태청(2001, 305); 김태청 증언(2005. 3. 30, 서울 태평로 변호사 사무실).

4_신원면을 포함해 거창군 일대에는 이 사건 외에도 다수의 주민 살상이 있었던 것으로 밝혀지고 있다. 전쟁 이전인 1949년 7월 7일(음력) 남상면 춘전마을 청년 24명이 빨치산을 도와주었다는 이유로 함양경찰서에서 파견된 경찰들에게 2차에 걸쳐 안의지서로 끌려가 인근 골짜기에서 살해당했다. 그리고 거창군 내 국민보도연맹원 중 신원면의 10명 정도가 1950년 6월 13일(음력) 권빈재에서 죽었다(『아림신문』, 2002. 4. 26; 5. 3). 거창경찰서는 200여 명의

국민보도연맹원을 거창읍 상업은행 창고에 가두었다가 7월 27일경 묘산에서 합천읍으로 가는 자지리재골짜기에서 총살했다. 신원면에서도 17명이 희생되었으며 신윤성, 엄판용, 엄차술 등이 죽음을 당한 것으로 알려지고 있다(차석규 1988, 42-43). 거창 지역의 주민과 국민보도연맹 유족들은 '거창사건'을 위 사건들과 구별해 '신원사건', '신원학살사건'이라고 부르고, 일부 2차 문헌에는 '거창양민학살사건'이라고 기록하고 있다. 거창을 포함해 산청, 함양 지역의 국민보도연맹 사건에 대한 진실규명 내용은 진실화해위원회(2010c, 479-549) 참고.

5_여기에 대한 선행연구는 다음을 참조. 한인섭(2003).

6_애플만(1963, 116).

7_인민군 포병간부는 전쟁 발발 하루 전인 1950년 6월 24일~8월 15일까지 약 2개월간 남침 상황을 하루도 빠짐없이 전투 일지로 작성했는데, 임진강에서 낙동강 전선에 이르기까지 포병의 전투 지원 과정을 체계적으로 기록하고 있다(국방부 군사편찬연구소 2001a).

8_국방부 군사편찬연구소(2001a, 28-31).

9_라주바예프는 1950년 11월 6일~1953년 9월까지 조선인민군 군사고문단장이자 조선민주주의인민공화국 주재 소련 특명전권대사이기도 했다(국방부 군사편찬연구소 2001b).

10_국방부 군사편찬연구소(2001c, 209-212).

11_애플만(1963, 118-119).

12_"거창사건조사 진술속기록(제3호)," 국회거창사건특별조사위원회(1951, 260-261).

13_차석규(1988); 노민영·강희정(1988).

14_문홍한 증언(2002. 4. 25, 거창).

15_임주섭 증언, 동아일보사(1975a, 300).

16_차석규(1988, 44-45); 노민영·강희정(1988, 78-81).

17_박기호는 거창사건이 발생할 때 거창경찰서 신원지서 차석으로 근무하고 있었다. 그는 1946년 5월 경남 경찰학교 23기생으로 입교해 경찰관이 되었고, 1947년 11월 초 거창경찰서 신원지서 차석으로 부임해 거창사건을 직접 겪었다(『항도일보』, 1989. 1. 25).

18_유봉순 증언, 국회거창사건특별조사위원회(1951, 206-207).

19_『항도일보』, 1989. 1. 25.

20_경상남도 여성동맹(1996a, 190).

21_한림대학교 아시아문화연구소(1996a, 118).

22_국회거창사건특별조사위원회(1951, 194).

23_김교식(1972, 98).

24_육군본부 작전명령 제207호, 국방부 전사편찬위원회(1971); 보병 제11사단(1975, 78).

25_국무회의록, 제115회 국무회의(1950. 10. 21).

26_"9·28 총반격후의 국내공산유격대분포도," 유군본부(1954), 부록, 부도 제5호.

27_"호남지구공비현황도," 유군본부(1954), 부록, 부도 제6호.

28_보병 제11사단(1975, 77).

29_백선엽(1992, 309).

30_중앙일보사 편(1972, 409-410).

31_보병 제11사단(1975, 90).

32_이날의 구체적인 정황을 살펴보면, 한동석은 "사단 작전 회의에서 지시됐다는 기본 작전명령, 소위 견벽청야란 작전 개념으로 이 기본 작전에 따라 사단 병력이 총동원되어 지리산 주변의 공비소탕전을 벌인다는 것이었다. 사단의 합동작전에 따른 9연대의 작전 임무는 제1대대는 함양에서 산청쪽으로 적을 공격하고 제2대대는 하동에서 산청쪽으로, 그리고 우리 제3대대는 미수복지구인 거창군 신원면의 공비소탕전을 벌이면서 산청쪽으로 진격하라는 내용이었다"고 한다(동아일보사 1975a, 322; 이종태 증언, 2002. 12. 24, 안양).

33_한동석이 주장하는 수정된 내용은 다음을 참고. 한인섭 편(2003, 7).

34_동아일보사(1975a, 318).

35_임주섭 증언, 국회양민학살사건진상조사특별위원회(1960, 70).

36_부산일보사(1983, 73-74).

37_임주섭 증언, 국회양민학살사건진상조사특별위원회(1960, 90-93).

38_김운섭 증언(2002. 11. 6, 거창).

39_박기호 증언,『항도일보』, 1989. 1. 25; 중앙일보사 편(1972, 415-416); 동아일보사(1975a, 322).

40_김갑용 증언, 국회거창사건특별조사위원회(1951, 242-246).

41_김교식(1972, 99-112).

42_김교영 증언(2005. 3. 16, 서울).

43_『항도일보』, 1989. 2. 2. 증언 내용은 다음에서 인용함. 동아일보사(1975a, 314).

44_신원초등학교에서 있었던 한날 밤에 대한 내용은 다음 소설 참고. 김원일(1987). 비록 소설 형식이긴 하지만 김원일은 사실을 바탕으로 그날 밤에 있었던 인간 군상을 자세하게 묘사하고 있다.

45_국회거창사건특별조사위원회(1951, 194; 236).

46_박실규 증언, 노민영·강희정(1988, 107).

47_정이기 증언,『항도일보』, 1989. 1. 26.

48_정소용 증언, 국회양민학살사건진상조사특별위원회(1960, 74).

49_그들은 신현덕과 문홍준이다(노민영·강희정 1988, 111). 세 사람이 살았다는 기록도 있다. 신현덕, 문홍준, 정방원이 그들이다(정희상 1990, 206-207).

50_임주섭 증언. "그때에 유봉순 씨한테서 전화가 오기를, '군이 여기에 주둔하고 있고 저 밑에 지서인데 군과 지서의 전화선을 끊고 비밀로 들어라'해서 내가 가만히 들으니까 '군의 비행을 내사를 해라. 군이 사람을 무차별하게 다 잡아 죽이고 부녀자는 욕(辱)을 보이고 하니 모든 것을 내사를 해라.' 이런 전화가 왔어요. 그래서 지서 주임이 상부 명령이니까 이래가지

고 그 비행을 파기 시작했습니다. …… 대략 비밀리에 조사한 것이 517명이라는 숫자가 나타났는데 ……"(국회양민학살사건진상조사특별위원회 1960, 98-99).

51_한인섭 편(2003, 32). 한동석 신문 조서에는 자신이 이적 행위자 187명에 대한 처리를 2월 12일 7시에 이종대 소위와 10중대장 박ㅇㅇ중위에게 지시했으며, 이종대 정보장교는 당일 오전 8시 30분경에 박산에서 총살을 집행한 후 매장했다고 한동석에게 보고했다. 그러나 한동석은 마지막 주민 살상 날짜를 11일과 12일을 혼동해서 진술하고 있다("예심조서: 피고인 한동석(1951. 6. 29)," 한인섭 편 2003, 68-69).

52_〈거창사건등관련자명예회복에관한특별조치법개정안〉은 2004년 3월 2일 국회를 통과했으나 보상과 배상에 다른 재정상의 문제로 인해 정부에서 거부권이 행사되어 재의가 요청되었다. 그러나 정부가 요구한 재의 요구안은 국회에서 그해 5월 29일 자동 폐기되었다.

53_한림대학교 아시아문화연구소(1996a, 53).

피해 통계표

단위: 명

구부대별 \ 종별	전사	부상	포로	이탈	행방불명	기타사고	계	비고
1950년 10~12월	130	165	7	10	24	7	343	기타 사고는 낙오, 동사 등
1951년 1~3월	157	48	31	87	27	15	365	기타 사고는 낙오, 동사, 오발 등
1951년 4~6월	24	29	2	6	3		64	
계	311	242	40	103	54	22	772	

출처: 경남 인민유격대(1951), "아군피해 통계표," 한림대학교 아시아문화연구소(1996a, 128).

54_1950년 10월~1951년 6월까지 경남 인민유격대의 활동은 지리산과 덕유산, 황매산 일대로서 행정구역상 경남 함양·산청·진주·하동·구례·남원·사천·거창·안의 지역이었다(한림대학교 아시아문화연구소 1996a, 112-120).

55_한림대학교 아시아문화연구소(1996b, 133).

56_김운태(1986, 59).

57_발렌티노(2006, 352-353). 권위 있는 한 연구에 따르면 일본군이 점령한 기간 동안 중국 북부 지역에서 중국인 800만 명이 희생된 것으로 밝혀졌다(Dower 1986, 295-296).

58_Chalk & Jonassohn(1990, 23); 김동춘(2000, 204-205).

59_Browning(1992, 160-161)[브라우닝(2010, 239-240)].

60_국회사무처, "국회속기록," 제2대국회 제10회, 제54차 본회의(1951. 3. 29); 강인덕 외(1969, 1386-1390).

61_『동아일보』, 1951. 3. 30.

62_국회사무처, "국회속기록," 제2대국회 제10회, 제55차 본회의(1951. 3. 30); 국회사무처(1971, 494).

63_『동아일보』, 1951. 4. 1.

64_조병옥(1963, 334-338). 경남경찰국장 이성주의 공식 보고 내용은 "신원국민학교에 집결한 마을 주민 중에서 187명은 군법회의의 간이재판을 통해 사형언도 후 대대 정보장교(이종대 소위)의 인솔로 박산에서 사형 집행"을 했으며, "3대대장은 신원면에서 수차에 걸쳐

주민들을 죽였는데, 이 중에는 60~70세의 노인과 십여 세의 어린이, 3~4세의 유아 등도 끼어 있었다"라는 내용이었다.

65_국회거창사건특별조사위원회(1951, 253-262).

66_국회양민학살사건진상조사특별위원회(1960, 139).

67_동아일보사(1975a, 334).

68_국회조사단의 거창 현지 조사에서 김의준 의원이 법무부의 조사 내용을 대통령에게 보고했느냐고 묻자, 법무부 명순겸 검사는 대통령께 보고했다고 진술했다(국회거창사건특별조사위원회 1951, 319).

69_국회양민학살사건진상조사특별위원회(1960, 139); 김교식(1972, 189).

70_중앙일보사 편(1972, 429).

71_국방부 정훈국전사편찬위원회(1951, B125).

72_거창사건특별조사위원회는 김종순 의원을 단장으로 박정규, 이병홍, 변진갑, 김정실, 김의준, 이충환, 신중목 의원 8명으로 구성했다(국방부 정훈국전사편찬위원회 1951, B126; 1951년 3월 30일, 제55차 본회의 의결, 국회사무처 1971, 494; 국회사무처 1982, 85).

73_『동아일보』, 1951. 4. 1.

74_국회사무처(1971, 494-495).

75_국회거창사건특별조사위원회(1951, 73-79).

76_국회거창사건특별조사위원회(1951, 46).

77_국회양민학살사건진상조사특별위원회(1960, 139).

78_국방부 정훈국전사편찬위원회(1951, B134).

79_강인덕 외(1969, 1396-1399).

80_1951년 5월 8일, 제76차 본회의 의결, 국회사무처(1982, 86). 위원에는 김종순 조사단장을 비롯해 서이환, 노기용, 심연해 의원이 맡았다. 2대 국회의 거창사건조사기록인 "거창사건 조사보고서"를 국회도서관 지하 수장고에서 발굴한 경위는 다음을 참고. 김동춘(2013, 123-126).

81_국민방위군 사건은 다음과 같다. 1950년 12월 15일 정부는 〈국민방위군 설치 법안〉을 국회에 상정했고, 이 법안은 다음날 공포·발효되었다. 이에 따라 정부는 군인과 경찰이 아닌 청년들을 후방으로 이송할 계획을 세웠고, 국민방위군 예산으로 총인원을 50만 명으로 추산해 3개월분 209억 원을 책정했다. 그런데 국민방위군 간부들이 횡령을 함으로써 식량과 침구를 지급받지 못한 방위군 5만여 명이 굶주림과 추위에 시달리다가, 영양실조에 걸려 사망했다. 이 일로 국회 조사가 실시되어 국민방위군 사령관 김윤근, 부사령관 윤익헌, 재무실장 강석한, 조달과장 박창언, 보급과장 박기환 등이 예산 10억 원을 착복한 사실이 밝혀졌고, 이들은 군법회의 이후 총살되었다.

82_국방부 정훈국전사편찬위원회(1951, B146).

83_〈거창사건 조사 처리에 관한 결의안〉

주문=거창사건에 대한 정부와 국회의 조사가 그 전말이 대동소이하나, 차이점을 검토한즉,

一. 187인의 처형은 고등군법회의에서 행한 것이라 하나 법무관의 출정이 없는 재판이었다는 사실이 판명되었으며, 뿐만 아니라 피고인의 명부도 전연 없으니 이는 법치국가에 실재할 수 없는 비합법적인 행형(行刑)이라고 단언하지 않을 수 없다.

二. 사형 집행을 개별적으로 행하지 않았으니 이는 현지의 실정이 수시(隨時) 처처(處處)에 출몰하는 공비의 토벌이 계속중이므로 그 불의의 역습을 전율하는 나머지 행해진 비상조치의 행형이라고 상상할 수는 있으나 그 행형의 방법이 심히 부당하다는 비판을 면할수 없을 것이다. 전술한 사건은 폭학무도(暴虐無道)하고 출몰비상(出沒非常)한 공비를 토벌하는 전투지구에서 발생한 것이므로 부득이한 전투사정이 개입 또는 관련되었으리라는 것은 시인하는 바이나, 헌정의 궤도(軌道)인 민주정치의 달성 보장을 기하기 위해서는 지휘 감독의 직책이 있는 사단장 이하의 각 책임자와 현지의 행정책임자를 준엄하게 처벌 또는 징계(懲戒)함으로써, 행정의 과오를 시정 천명(闡明)해야 한다는 것을 만천하에 공언하는 바이다(『동아일보』, 1951. 5. 16; 국회사무처1971, 497).

84_『동아일보』, 1951. 5. 16.

85_국회양민학살사건진상조사특별위원회(1960, 104-105).

86_유봉순 증언. 국회거창사건특별조사위원회(1951, 184).

87_신원면 향토방위대장 임주섭 증언, 부산일보사(1983, 96-97). 현재 이 사진은 찾을 수 없는 상태다.

88_김태호(1975, 26-27); 부산일보사(1983, 93).

89_『동아일보』, 1960. 5. 14. 최덕신 사단장의 "거창사건(양민 사살) 보고 전문" 참조. 다음 자료들은 『동아일보』 기사를 바탕으로 재구성되었다. 김재형(1962, 165-166; 1965, 389); 해방20년사편찬위 편(1965, 572); 동아일보사(1975a, 337-338); 한국편집기자회(1982, 213).

90_한국정신문화연구원 한민족문화연구소 편(2001, 247).

91_이성주 경남경찰국장 증언, 동아일보사(1975a, 340).

92_정희상(1990, 32); 전규홍(1993); 문경군의회, "민원사안현지답사결과내용"(문서번호 의사 13131-231), 1993년 8월 4일. 문경사건은 다음을 참조. 채의진 편저(1994); 국회양민학살사건진상조사특별위원회(1960);『한국일보』, 1960. 5. 18-20;『대구일보』, 1960. 5. 19; 20; 24;『대구매일신문』, 1960. 5. 20;『영남일보』, 1960. 6. 5. 이 사건 진실규명은 다음을 참고. 진실화해위원회(2007a, 361-465).

93_김종원(2002).

94_임주섭 증언, 국회양민학살사건진상조사특별위원회(1960, 8-99).

95_중앙일보사 편(1972, 432-433); 동아일보사(1975a, 345-346).

96_담화문의 주요 내용과 전문은 다음을 참조.『동아일보』, 1951. 4. 25; 동아일보사(1975a, 358-359); 국방부 정훈국전사편찬위원회(1953, C390-391).

97_『동아일보』, 1951. 4. 25.

98_『동아일보』, 1951. 10. 17.

99_김동춘(2001b, 17).

100_"신원면 주민들은 8·15 이후 내부분이 공비의 모략 선전으로 공산주의에 감염, 이적 행위를 자행했다. 군경합동작전(51. 2. 4) 때 부락민들에게 누차 소개명령을 내렸으나 통비배(通匪輩)는 이에 불응하고 군경작전의 병력배치 상황 및 장비 등을 탐지하여 정보를 제공함으로써 공비들을 도피 잠복케 했다"(진덕규 외 1981, 421-422).

101_태윤기(1983, 105).

102_중앙일보사 편(1972, 433-435).

103_진이용 증언, 부산일보사(1983, 101; 104-105).

104_부산일보사(1983, 105).

105_국회거창사건특별조사위원회(1951). 김종원은 방해 공작으로 되돌아온 국회의원들과 이후의 조사 활동 계획을 논의하던 도중 국회조사단을 기습한 공비는 70~80명이고, 신원을 중심으로 무장공비 200여 명, 비무장 100명이 이동하고 있다며 전투가 언제 발생할지 모를 정도로 적정이 불안한 것처럼 묘사했다.

106_국방부 정훈국전사편찬위원회(1951, B129).

107_국회거창사건특별조사위원회(1951, 185-186).

108_국회거창사건특별조사위원회(1951, 321-326).

109_김종원 증언, 국회거창사건특별조사위원회(1951, 35).

110_동아일보사(1975a, 358).

111_국방부 정훈국전사편찬위원회(1951, B137-138).

112_국방부 정훈국전사편찬위원회(1951, B142-143).

113_한인섭(2002, 48).

114_알렌(1961, 140-141).

115_최장집 편(1990, 330).

116_Cumings(1990, 486).

117_『경향신문』, 1951. 10. 17, 사설.

118_중앙일보사 편(1972, 448).

119_국회에 보고된 전쟁 중의 피해 상황은 1951년 4월 29일 전라남북도 지역의 군경에 의한 민간피해 상황 조사 보고에서 전남 지역의 민간인에게서 각출한 금액이 11억 원, 군경이 소각한 민가는 5만3천 호나 되었다(국방부 정훈국전사편찬위원회 1951, B139).

120_중앙일보사 편(1972, 410).

121_국방부 정훈국전사편찬위원회(1953, B13).

122_이들의 변론에 대해서는 다음을 참조. 한인섭 편(2003, 149-160).

123_『항도일보』, 1989. 1. 25.

124_"이적 행위를 한 자, 이미 정보는 연대로 하여금 보고를 하였습니다. 결과 사단장 명에 의해 가지고 대대장은 이동재관권한을 부여한다는 이러한 명령이 작명 부록에 나타나 있습니다"(한동석 증언, 국회거창사건특별조사위원회 1951, 103-107).

125_김종원 증언, 국회거창사건특별조사위원회(1951, 27).

126_"그 작전명령은 나 혼자 받은 것이 아니다. 나 이외 모든 대대장이 한 자리에서 받았던 것이다. 사건 당사자 이상으로 사실을 정확히 기억하는 사람은 없을 것이다. …… 그 내용은 분명히 작전지역 내 사람을 전원 총살하고 집은 불사르며 물자는 후송하라는 것이었다"(동아일보사 1975a, 325).

127_이종태는 수차례에 걸쳐 작전명령 내용을 확인했다. 동아일보사(1975a, 327); MBC 〈이제는 말할 수 있다: ○○사단의 사라진 작전명령서〉, 2000년 6월 25일 방영; 이종태 증언(2002. 12. 24). 이종태는 한동석과 육사4기 동기생으로 오익경의 전임 김희준 연대장에게 한동석을 대대장으로 추천했고, 학살이 있은 지 이틀 후 거창군수·거창경찰서장·한동석 등을 모아 사건 해결을 시도했다. 이종태는 한동석의 잘못을 지적하고 모든 것을 밝힐 것을 요구했으나, 한동석은 이종태의 제안을 받아들이지 않았고 오직 상부의 명령대로 했음을 강변했다고 한다.

128_김철수 증언, 국회거창사건특별조사위원회(1951, 27). 신원면 대현리 주민인 김철수는 자신의 아내가 "산에 있는 빨갱이가 그러사니까 죽지않을라고 (식사를) 해주었습니다. …… 국군한데도 해주었습니다"라고 말했다.

129_『동아일보』, 1951. 8. 8; 국방부 정훈국전사편찬위원회(1953, B18); 중앙일보사 편(1972, 450); 김태호(1975, 24).

130_김종원이 제출한 전말서의 골자는 다음과 같다. 『조선일보』, 1951. 8. 17.
　一. 작전명령(작명) 제5호 수정은 거창사건 현장에서 국방부 장관이 11사단 참모장 제9연대 부연대장에 직접 지시한 사실이 유함. 김대령은 다만 조사관으로서 의견만 연대장교들에 전하였을 뿐.
　一. 합동조사단 습격에 김대령이 지휘하였다 운운의 법정증인으로써 진술한 것 같이 지상보도가 되었으나 사실은 사건이 중대하여 공개할 사건이 아니었고 국가적으로 미치는 대외적 영향을 고려하여 성사가 명령하고 있기 때문에 상사의 도를 참작하여서 당시 사건 현장을 보지못하게 끔 하는 의견만은 …… 말한 것이다. (중략)
　一. 또한 당시 작전운운에 대한 의견도 국군끼리 가설적으로 만들어서 전투훈련도 좋겠다는 의견을 말한 것이며 나로서는 조사관에 불과함으로서 부대를 직접 지휘할 하등 권한도 없는 것이다.

131_『동아일보』, 1951. 8. 16.

132_『조선일보』, 1951. 8. 17; 중앙일보사 편(1972, 450).

133_『조선일보』, 1951. 7. 8.

134_국방부 정훈국전사편찬위원회(1953, B19).

135_『조선일보』, 1951. 8. 12.

136_제2대 국회, 제11회 임시회 제43차 본회의(1951. 8. 11), 국회사무처(1971, 600).

137_국방부 정훈국전사편찬위원회(1953, B20).

138_국방부 정훈국전사편찬위원회(1953, B36); 중앙일보사 편(1972, 449).

139_『조선일보』, 1951. 9. 13.

140_국방부 정훈국전사편찬위원회(1953, B37);『조선일보』, 1951. 9. 13.

141_〈주일대사 소환에 관한 건의안〉, 제2대 국회 제11회 제75차 본회의, 1951년 10월 17일, 국회사무처(1971, 585-586); 국방부 정훈국전사편찬위원회(1953, B57).

142_국무총리 서리 허정의 발표.『조선일보』, 1951. 11. 30.

143_유봉순 증언, 국회거창사건특별조사위원회(1951, 184).

144_선우종원(1998, 135).

145_태윤기(1983, 101).

146_신원면 향토방위대장 임주섭 증언, 부산일보사(1983, 96-97).

147_김태청의 출장청취에서 신성모는 "나는 합동조사단이 거창 현장에 가는 것을 매우 못마땅하게 생각한 것은 사실이요. 그러나 김대령에게 총을 쏘아 못가게 하라고 지시는 안했고"라고 증언했다(중앙일보사 편 1972, 452).

148_신성모는 1952년 8월 17일 일본에서 귀국했는데, 미결 중에 있는 거창사건과 관련해 검찰 당국이 즉시 조사할 것이라는 소식이 전해지자 이를 사실무근이라고 대답했다(『조선일보』, 1952. 8. 20; 21). 신성모의 거창사건에 관한 검찰 조사는 다시 이뤄지지 않았다.

149_김태청 증언(2005. 3. 30, 서울 태평로 변호사 사무실).

150_『동아일보』, 1951. 12. 5;『조선일보』, 1951. 12. 6.

151_『동아일보』, 1951. 12. 18;『조선일보』, 1951. 12. 19.

152_국방부 정훈국전사편찬위원회(1953, B97).

153_"11사단 9연대 작전명령 제5호" 부록은 다음을 참조. 한인섭 편(2003, 5-10). 한동석이 주장하는 작전명령의 변조 내용은 다음 참조. "신문조서: 한동석(1951. 5. 28)," 한인섭 편(2003, 30-33).

154_오익경 증언, 중앙일보사 편(1972, 453-454).

155_이종대 증언, 중앙일보사 편(1972, 419-420).

156_이는 재판에서 변호인이 주장한 내용이기도 하다. 작전명령을 연대장이 내렸다 해도 문제는 사단 작전방침을 다하기 위한 것이라는 데 있다(변호인 조승각 변론, 한인섭 편 2003, 154).

157_한인섭(2003, 205-207).

158_동아일보사(1975a, 349).

159_경남경찰국장이던 이성주 의원은 4·19 혁명 이후 정치적 환경이 변하고 피해 유족들의 학살 진상규명 운동이 펼쳐지자 신원사건은 최덕신의 명령에 의한 것이라고 했다(『조선일보』, 1960. 5. 16).

160_진덕규 외(1981, 423).

161_리영희(1988, 187).

162_Joint Weeka, 1950~1953, Records of the U.S. Department of State relating to internal affairs of Korea, 1950-1954, File 795.

163_특무대(1951).

164_Hirsch(1995, 189-190)[허시(2009, 302-303)].

165_박선기(2009, 108-118).

166_비공식적인 경로에 따르면, 실형을 선고받은 군인들은 형무소에서 약 8개월 정도 복역했으나 이승만이 직접 사인한 "晚"자 친서의 메모가 전달되어 특사로 석방되었다고 한다(서병조 1963, 104).

167_오익경(군번 10269)은 육사2기생으로 1946년 9월 24일 임관해 1951년 1월 25일 11사단 9연대장 대리로 임명되었다(장교자력기록표;『동아일보』, 1960. 5. 17).

168_한동석(군번 10704)은 1951년 1월 1일 소령으로 진급해 9연대 3대대장에 임명되었다(『동아일보』, 1960. 5. 17).

169_김종원(군번 10150)은 경북 경산읍 중방동 출신으로 21세 때 일본군에 지원 입대해 고조(伍長)가 되기까지 남양군도의 뉴기니아 전투에 참전했다. 해방 후 경찰에 잠깐 근무했던 그는 육군으로 다시 입대했다(장교자력기록표;『조선일보』, 1956. 5. 30).

170_박명림(2002a, 69-91).

171_국회양민학살사건진상조사특별위원회(1960); 전라북도의회(1994, 67-195).

172_보병 제11사단(1975, 87-88).

173_보병 제11사단(1975, 91).

174_Hirsch(1995, 105-106)[허시(2009, 174)].

175_Bauman(1995, 210)[바우만(2013, 347)].

176_Power(2002, 112)[파워(2004, 196)].

177_국방부, 법무 01254-947(1991. 9. 19).

178_국방부는 산청·함양 사건 유족회의 탄원에 대해 육군본부 군사연구실, 중앙문서관리단, 법무감실, 거창사건 판결확인서, 공비토벌사, 부대역사기록 등 관련 자료를 조사했다. 그러나 이 지역에서 '양민을 학살한 사실은 발견하지 못했다'고 부연하고 있다.

179_보병 제11사단(1975, 81).

180_산청·함양 사건희생자유족회(1999)

181_한림대학교 아시아문화연구소(1996a, 53; 201).

182_국회사무처는 유족들의 "양민학살사건희생자명예회복에관한진정"(진정번호 5290)에 대해 국방부가 유족들에게 회신한 내용과 똑같은 요지의 진정 처리 결과를 통보했다(국회사무처, 문서번호: 의안 제2668호, 1991. 10. 22).

183_유족회는 사망자가 705명이라고 주장하고 있으며, 사건 이후 다른 지역으로 이주했거나 유족으로 신청할 사람이 없는 경우도 있다고 말한다(산청·함양 사건희생자유족회 1999).

피해자들의 신고, 경남과 국무총리실의 유족 실사와 등록 결정 내용을 볼 때 공비토벌의 성과로 보고한 11사단 3대대 부대기록은 축소되었거나 은폐되었을 가능성이 크며, 다른 군 관련 자료와 비교·검토 되어야 할 것이다. 11사단 기록에는 3대대 작전일이 2월 7일로 되어 있다.

184_백선엽(1999, 231-232; 1989, 222).

185_전라북도의회(1994, 68-69).

186_전라북도의회(1994, 104).

187_보병 제11사단(1975, 88).

188_

		전라북도 피해 상황표							단위: 명
군별	면별	인명 피해						학살 일자	재산 피해 가옥 소각 호수
		피학살자 수	피학살자		학살자				
			남	여	11사단	경찰	기타		
순창군	쌍치면	536	320	216	247	64	225*	4284. 2 ~ 4285. 6	1,413

주: 현지 신고에 의함.
* 내역: 방위군 63명, 8사단 70명, 학도병 48명, 7사단 8명, 기타 36명.
출처: 국회양민학살사건진상조사특별위원회(1960), "인명 및 재산 피해 상황" 별지, "양민학살사건진상 조사보고서," 제4대국회 제35회, 대한민국국회.
재구성함. 1. 가옥 소각은 11사단에 의한 것이 대부분이며 8사단, 7사단, 향토방위대, 학도병, 경찰 등이 약간호씩 소각. 2. 소각이유 "작전상"의 이유가 거의 전부며 "공비소탕"은 극히 일부. 3. 소각연도 자 4283년 10월~지 4284년 3월(4284년 3월부터 4285년 1월 사이도 약간 호수 있음).

189_11사단 20연대가 일으킨 학살에 대한 종합보고는 다음을 참조. 진실화해위원회(2009j, 11).

190_『토요신문』, 1992. 6. 25; 전라북도의회(1994, 118).

191_고창 월림사건은 진실화해위원회(2008a, 721-747) 참고.

192_단기 4288년(서기 1955년) 형공공 제285호 "김용식 판결문". 이 사건은 전라북도의회의 『6·25양민학살진상실태조사보고서』 작성에 주도적으로 참여한 전라북도의회6·25양민학살진상실태조사특별위원회 위원장 최강선이 주민들의 증언과 자료가 언론에 보도되자 정읍에 거주하고 있던 김용식 측에서 최강선 위원장에게 명예훼손으로 고소하겠다는 전화가 왔다. 그러나 실제 송사는 이루어지지 않았다(『노령신문』, 1994. 3. 14; 최강선 증언, 2005. 8. 27, 고창).

193_Verdirame(2000, 578-598).

194_이 부분에 대한 문제 제기는 다음을 참고. 강성현(2008, 150).

195_Chalk & Jonassohn(1990, 23-24).

5장

1_거창사건등관련자명예회복심의위원회(1998).

2_거창사건 재판 과정에서 작전명령 제5호의 위·변조 여부는 명확히 밝힐 수 없었다. 김종원은 판결에서 문서위조죄에 대해 무죄를 선고받았다(한인섭 편 2003, 175).

3_"예심조서: 피고인 한동석(1951. 6. 29)," 한인섭 편(2003, 67).

4_"11사단 9연대 작전명령 제5호" 부록 내용은 다음을 참조. 한인섭 편(2003, 5-10).

5_한림대학교 아시아문화연구소(1996b, 155).

6_국회양민학살사건진상조사특별위원회(1960, 70).

7_박명림(2001, 101).

8_한림대학교 아시아문화연구소(1996a, 149).

9_국회거창사건특별조사위원회(1951, 103-107).

10_김철수 증언, 국회거창사건특별조사위원회(1951, 27).

11_김동춘(2001b, 24).

12_육본훈령 제12호, "2. 명령없이 전장이탈할 시의 직결처분권을 분대장급이상에게 7월 26일 O시부터 부여한다." "전장이탈이라 함은 직급상관의 명령한 시점에서 명령없이 후퇴함과 명령한 작전행사시 의도적으로 후퇴할 시를 말함." 이 훈령이 문제가 되자 육군본부는 육군훈령 제101호에서 "군의 단결을 조성하기 위한 자각심을 비상조치로 여타 훈령을 발표한 것"이나, "민주주의 국가의 국군으로서 엄연한 군법이 존립되어 있는 이상 직결처분권을 행사할 바 없음으로 이에 직결처분권"을 1951년 7월 10일 O시부터 취소했다.

13_부역자의 체포와 처벌은 1950년 12월 1일 〈부역행위특별처리법〉이 만들어짐으로써 형식상 법적 요건을 갖추었다(국방부 정훈국전사편찬위원회 1951, C68-69). 한편 1950년 10월 4일 공식 출범한 군·검·경 합동수사본부에 의해 검거된 부역자 총 수는 550,905명이다. 이 가운데 자수자는 397,080명, 검거자는 153,825명이고, 그중 북한군 1,448명, 중공군 28명, 유격대 9,979명, 노동당원 7,661명으로, 총 19,116명을 제외하고는 적의 강압으로 부득불 부역한 사람들이다(내무부 치안국 1958, 267).

14_여기에 대한 탁월한 분석은 다음을 참조. 박원순(1990, 172-198).

15_김동춘(2000, 171).

16_첫째, 이념적 공모자는 공산주의 사상을 이념적으로 공모하고 또한 그것을 정당하다고 이념적으로 긍정해 실천에 옮기려는 것은 적극분자다. 이와 같은 분자는 거개(擧皆)가 조직계통에 속하는 공산당 색이고 가장 악질적으로 행동한 자들이다. 이런 자들은 광신하에 행동하는 것인 만큼 가장 용감하고 잔인하게 폭력적 행동을 취했으므로 적극분자에 속한다. 둘째, 반정부 감정 포지자 비록 공산주의를 신봉치 않으나 정부의 시책에 대해 불만과 불평을 가진 자는 막연히 기존 조직의 변혁을 희구했던 것인 만큼 6·25 전란과 같은 비상사태에 있어서 돌발적인 파괴 세력에 가담한 분자와 소극적으로 행동한 분자로 양분할 수 있다. 셋째, 대세뇌동자(大勢雷同子) 공산주의를 이념적으로 공명할 판단력도 없을 뿐만 아니라 반정부적 감정도 포지하고 있는 바도 아니지만, 우리나라의 지리적 조건과 미소양국의 병력을 비교하고 소련이 강대하다고 맹단해 일시적인 대세에 부하뇌동해 부역한 자다. 이에 속하는 자를 소극분자로 규정한 것이다. 넷째, 피동분자는 그릇된 개인 사상으로 소아적 견지에서 일신의 명철보신을 도모해 기회에 편승하는 자들이 강압하에 불본의 내지 피동적으로 부역한 자로서 이와 같은 자는 소극분자에 속한다(내무부 치안국 1958, 268-269).

17_국방부 군사편찬연구소(2000, 2).

18_강정구(2000).

19_서중석(1999, 744).

20_이협우는 1948년, 1949년경 경북 월성군 내남면 민보단장으로 있을 때 주민 10여 명을 불에 태워 학살하고 그들의 재산을 약탈했다(『동아일보』, 1960. 5. 26;『영남일보』, 1960. 7. 14). 그는 4·19 혁명 이후 학살 사건이 봇물처럼 터져 나오자 살인·방화 혐의로 1960년 10월 2일 구속 기소되었다. 1962년 9월 12일 재판에서 이협우는 사형, 동생 이한우는 무기징역을 선고받았다. 그러나 이협우는 군사정부에 의해 대법원에서 무죄판결을 받았다(『조선일보』, 1963. 5. 16).

21_Hirsch(1995, 105-106)[허시(2009, 175)].

22_월러스타인(1995, 214).

23_발렌티노(2006, 368).

24_"공비토벌은 애국 동포들의 생명과 재산을 보호하는 군작전 정신과 계기투항(揭旗投降)하는 자는 의법처우 한다는 전장도의를 망각하고 불법 처리한 것은 명령범위를 벗어난 것이다"(『조선일보』, 1951. 12. 19).

25_언론에 알려진 판결 내용은 다음과 같다. "공비토벌은 애국 동포들의 생명과 재산을 보호하기 위함이라는 국군작전의 근본정신과 계기투항(揭旗投降)하는 적군은 의법처우하는 전장도의를 소홀히 라여 즉결 처분이라는 국법명령을 부하군대에 하달함으로써 천부된 인권을 유린하였으며, 의명행동한 부대장도 일부 피의자를 경솔히 총살하여 명령범위를 이탈하였다. 평소에 교육과 감독의 불충분으로 이와 같은 불상사를 초래케 됨을 유감천만이다. 비도를 책하고 정도를 명시함은 군대통수의 근본임에도 건군정신에 배리되어 군기의 근본을 파괴하고 국군위신을 손상케 하였을 뿐 아니라, 실제 방침을 실천하는 부대장은 상부의 착오된 방침정신을 악용하여 사태를 가일층 악화케 하였다. 수명감행하는 군통수의 특수성과 명령의 존엄성에 비추어 책임의 귀추를 논함이 초점의 하나다. 명령권자로 불법한 명령지시를 하달케 한데 대하여 이에 책임과 동시 수명 감행자로서 각각 상부의 명령지시의 범위를 이탈한 책임을 피치못하게 되었다"(『동아일보』, 1974. 4. 17).

26_김태호(1975, 26-27); 부산일보사(1983, 93).

27_『동아일보』, 1960. 5. 14.

28_한인섭 편(2003, 149-160).

29_중앙일보사 편 1972, 455. 거창사건 군법회의에 관한 김동섭 변호인의 추가 증언은 다음과 같다. "거창군재는 여론재판 혹은 정치재판의 인상이 짙었어요. 나는 한소령은 상급지휘관의 명령에 복종했을 뿐이니 무죄라고 주장했고 ……"

30_Kelman & Hamilton(1989, xi).

31_Kelman & Hamilton(1989, 12); Hirsch(1995, 124)[허시(2009, 202)].

32_Hirsch(1995, 128)[허시(2009, 208-209)].

33_"신문조서: 한동석(1951. 5. 28)," 한인섭 편(2003, 33).

34_"증인신문조서: 증인 이종대(1951. 7. 17)," 한인섭 편(2003, 94).

35_Hirsch(1995, 106)[허시(2009, 175)].

36_Arendt(1994, 149)[아렌트(2007, 226)].

37_진실화해위원회(2008c, 426).

38_바하큰 다드리안은 이 개념을 바탕으로 제노사이드를 다섯 개로 유형화했다. ① 가해 집단의 목적인 동화(assimilation)로서 문화적 제노사이드, ② 폭격이나 침략 전쟁 중의 질병처럼 의도하지 않은 결과로서 잠정적 제노사이드, ③ 지배 집단에 도전한 소수집단의 처벌로 채택된 보복적 제노사이드, ④ 경제적 자원의 통제를 목적으로 대량 살상을 사용하는 실용적 제노사이드, ⑤ 아르메니아인과 유대인처럼 집단의 멸절을 목적으로 하는 최적의 제노사이드다(Dadrian 1975, 201-212). 그러나 이 분석은 유형화의 범주 설정이 일관되지 못하고 의도적인 학살과 그렇지 않은 것을 모두 포함함으로써 분석력을 저하시키고 있다(Chalk & Jonassohn 1990, 14-15).

39_일부 신문은 거창사건의 원한을 풀어 주어야 한다며, 나치의 유대인 학살을 예로 들기도 했다. 『부산일보』, 1960. 5. 12.

40_『조선일보』, 1960. 5. 12; 『동아일보』, 1960. 5. 14.

41_『동아일보』, 1960. 5. 16; 5. 20.

42_『조선일보』, 1960. 5. 16; 『동아일보』, 1960. 5. 18.

43_『조선일보』, 1960. 5. 19.

44_『동아일보』, 1960. 5. 19~21; 『조선일보』, 1960. 5. 20.

45_국회사무처, "국회속기록," 제4대국회 제35회, 제19차 본회의(1960. 5. 23).

46_『동아일보』, 1960. 5. 29.

47_『조선일보』, 1951. 9. 13.

48_『동아일보』, 1960. 5. 14. 학살이 발생한 일자별로 살펴보면 2월 9일 덕산리 청연골에서 84명, 2월 10일 대현리 탄량골에서 100명, 2월 11일 과정리 박산골에서 517명, 그리고 다른 지역의 주민 18명이 학살당했다. 그중 15세 이하 어린이가 359명, 16~60세 주민이 300명, 60세 이상 노인이 60명으로 남자 320명, 여자 399명으로 분류할 수 있다. 이 자료에는 어린이가 절반을 넘는다. 피학살자 측에서 작성한 명부에 따라 피해자를 마을별로 살펴보면 대현리 285명, 중유리 182명, 와룡리 151명, 덕산리 76명, 과정리 4명, 산청 등 기타 주민 21명이다.

49_이영희(1988, 190-191).

50_차석규(1988, 149).

51_『항도일보』, 1989. 1. 25.

52_위원장은 신원면 면의회 의장 김희주였고, 면 자유당 위원장(문홍문)을 비롯해 반공청년단장(이태우)과 교육위원, 언론인, 지서 주임 등이 위원으로 참여했다. 그리고 거창군수(정병호)와 거창교육감(신일권), 도의원(김성출), 국민회장(신용희), 거창읍장(장대기)이 후원으로, 고문은 국회의원 서한두, 도지사 신도성 등이었다(차석규 1988, 196-197).

53_"호소문," 1960년 5월 25일, 신원면 유가족 일동.

54_위령비 제막식 박태준 조문.

55_위령비 제막식 이한성(민주당 신원면당 대표) 조사.

56_위령비 제막식 김인수 조문. 강조는 인용자.

57_이 자료는 문병현이 제공했다(2002. 11. 6).

58_전문은 다음과 같다. "1951년 1월 6일(음력) 경상남도 거창군 신원면 과정리에 천인공노할 비참한 사실이 있었다. 저 6·25동란에 공산군의 남침으로 피를 흘린 것만도 겨레의 역사 위에 뼈저린 자취를 남긴 일이라 하겠거늘 하물며 일부 미련한 국군의 손에 의하여 죄 없는 양민들이 집단살육을 당했음이랴. 당시 국회의원 신중목씨의 발의로 국회조사단의 손에 의하여 그 사실이 천하에 발표된 채 남은 친족과 동료들의 통곡 속에서 어언 3년 세월이 지나고 마침내 희생자들도 그 얼굴조차 분간할 길이 없어져 1954년 3월 3일 다만 남자, 여자 소아만을 구별하여 새 무덤에 안장하니 남자 1백 9명, 여자 1백 83명, 소아 2백 25명 합하여 5백 17명이었다. 그리고 다시 6년이 지났건만 고을 동포들은 쓰라린 기억을 잊지 못하고 한 덩이 묘비를 세워 그립고 애통하는 정을 표하고자 함으로 이제 간절한 뜻을 받들어 붓을 들었건만 세상에 있을 수 없는 일이 있은 것이라 차마 무슨 말로 뒷세상에 기록을 남기겠느냐, 다만 여기 손 씻고 외로운 혼들의 명복을 빌며 후세 자손들에게 부디 정의와 동포애를 지키라 경고할 따름이다"(『부산일보』, 1988. 10. 14).

59_5·16 쿠데타 이후 이은상은 자신이 비문을 쓰지 않았다고 부인한 일화(『항도일보』, 1989. 1. 25)와 당국으로부터 어려움을 당했다는 후문이 있었다(차석규 1988, 149; 편집부 편 1982, 72).

60_문병현·정점주 증언, 한인섭(2007, 228-230).

61_신성균 증언, 한인섭(2007, 206).

62_한국혁명재판사편찬위원회 편(1962, 189-368).

63_임기섭은 거창경찰서에서 신원지서장 이정화가 "무덤을 없애면 구속자를 내주겠다"고 말한 것을 분명히 기억하고 있다(임기섭 증언, 차석규 1988, 181).

64_개장명령서는 손으로 작성한 것이다. "귀하는 1960년 6월 25일경부터 금년 10월 28일 어간(於間)에 거창군 신원면 대현리에 개장한 성명, 연령, 부상자(不詳者), 유골 513구에 대한 합동분묘는 묘지화장장매장급(墓地火葬場埋葬及)화장취제규칙 제10조(사체 또는 유골을 묘지 이외의 땅에 개장할 수 없다.) 동 12조(시·읍·면장의 개장 인허없이 자의로 재장할 수 없다.) 동22조 2에 위반된 불법 분묘임으로 동규칙 제21조 제1항에 의하여 다음 조건을 부(附)하여 개장을 명함. 다음 1. 개장기일: 1961년 7월 30일 한. 2. 개장장소: 거주지 공동묘지. 3. 재장방법: 합법절차에 의하여 필히 1구씩(一具式)개장하되 통속적인 형상(形狀)을 위반하거나 동일한 장소에 접근하여 개장하지 못한다. 4. 준수사항: 상기 1, 2, 3 각 항에 위반하였을 때는 행정대집행법(行政代執行法) 제2조에 의하여 대집행(代執行)을 하는 동시 묘지화장장매장급 화장취제규칙 기타 관계법령에 의하여 엄벌에 처한다. 1961년 7월 10일. 경상남도지사 최갑중"(문병현 2002. 11. 6 자료 제공).

65_일본에서는 1982년 문부성이 교과서 검정에서 오키나와 주민 학살 부분을 삭제시켰을 때 오키나와 지역의 여론은 격분했다. 이에 『오키나와타임즈』, 『류큐신보』 등 지역 신문은 학

살의 증언을 발굴, 연재했다(등원창 1994, 287).

66_Hirsch(1995, 23)[허시(2009, 51)].

67_박명림(2001, 108). 박명림은 이 예로서 박원근과 박경원을 들고 있다. 거창사건 때 11사단 참모장이었던 박경원(10106)은 군사영어학교 1기생으로 사단 정보장교였다. 그는 5·16 쿠데타 후 군단장, 합참본부장, 군사령관을 거쳐 내무·체신·교통부 장관과 공화당 중앙위원회 부위원장 등을 거친 박정희 시대의 핵심 인물이었다. 또한 11사단의 군수참모였던 박원근(10291)은 육사 2기생으로 1946년 12월 임관, 11사단 군수참모(1950. 9. 26 ~ 1951. 2. 28)였고, 11사단 20연대장(1951. 3. 1 ~ 1952. 1. 5)을 지냈다. 그가 20연대장으로 재직할 동안 받은 훈장 3회 표창 1회가 있다. 그는 5·16 쿠데타 이후 5사단장, 육본 인사참보부차장, 기획통제실장, 군단장과 2군사령관을 역임했다.

68_"그들의 소망사항인 듯한 것은 (1) 그 위령비를 세우거나 비문이 잘못되었으면 다시 재건할 수 있도록 조치하여 주실 것. (2) 주위(묘지)를 정화하고 공원화할 수 있는 비용과 (3) 묘답(墓畓)과 묘각을 갖도록 최소한의 비용을 보조하여 주셨으면 하는 등입니다"(문병현, 2002. 11. 6 자료 제공).

69_거창군수, 진정에 대한 회신, 내무130-525(1982. 8. 30).

70_이삼성(1998, 56).

71_"1. 719명의 희생자는 노약자와 부녀자 모두 순수한 양민입니다. 1. 희생자에 대한 보상은 국가가 정하는 보상법에 따라 보상하여 줄 것. 1. 위령비를 복원하여 줄 것. 1. 묘지조경 및 춘추제향을 위하여 묘각 건립과 위로답을 구입하여 줄 것"(문병현, 2002. 11. 6 자료 제공).

72_유족들이 희생자 기준으로 14세 이하를 구분한 것은 나름대로 형사처벌을 받는 나이를 고려한 것이었다.

거창사건 희생자 연령 추정 및 성별 추정 인원			
연령	인원(여 명)	성별	비고
10세 이하	313		14세 이하 형사처벌 미만
10세 이상	106		359여 명
20세 이상	54		
30세 이상	52		
40세 이상	67	남자 320여 명	
50세 이상	61	여자 399여 명	
60세 이상	51		
70세 이상	9		60세 이상 66여 명
80세 이상	5		
90세 이상	1		
계	719	719	

출처: 거창사건희생자위령추진위원회, 1988. 3. 17.

73_거창학살에서 일가족이 모두 몰살된 가구 수는 대현리 임채원, 문홍주를 비롯해 10여 가구에 이르고 중유리 임창화, 이영준 형제 등 또 다른 몇 가구는 형제간 가족들이 모두 희생되어 후손이 끊겨버리기도 했다. 동아일보사(1975a, 311).

74_거창사건등관련자명예회복심의위원회(1998).

75_Buruma(2009, 74-80).

76_후지와라 기이치(2003, 124).

77_이삼성(1998, 51).

78_김영범(1998, 191-192).

79_Hirsch(1995, 10)[허시(2009, 31)].

80_김영범(2010, 263, 각주 372).

81_Hirsch(1995, 28-29); 이삼성(1998, 55); 허시(2009, 61-62).

82_베르제·위스망(1999) 참조.

83_Hirsch(1995, 28)[허시(2009, 60)].

84_정근식(2006, 283).

85_Coser(1992, 25).

86_Hirsch(1995, 110)[허시(2009, 180)].

87_Melucci(1995, 42-45).

88_박명규(1997, 45).

89_정근식(2006, 282).

90_박명림(2001, 108).

91_이삼성(1998, 54-55).

92_Miller(1990, 280); Hirsch(1995, 28-29)[허시(2009, 60-61)]. 허시의 논증과 미국이 중동 외교정책에서 전략적·경제적 이익을 위해 홀로코스트를 이용하는 방식 그리고 교육 차원에서 이뤄지는 강대국 자신의 과거에 대한 기억의 정치 내용은 다음을 참고. 이삼성(1998, 54-61).

93_Hirsch(1995, 23-24)[허시(2009, 51-52)].

94_이철수, "사건 진상이 알려지기까지의 숨은 이야기들," 한인섭(2007, 198).

95_차석규(1988, 149).

96_『항도일보』, 1989. 1. 25.

97_"호소문," 1960. 5. 25, 신원면 유가족 일동.

98_위령비 제막식의 박태준 조문; 위령비 제막식의 이한성(민주당 신원면당 대표) 조사.

99_이일우, "우리가 고소할 정신이 어디 있었겠소," 한인섭(2007, 249). 강조는 인용자.

100_유족들의 여당 몰표와는 다른 내용도 있다. "대통령에게 드리는 건의서," 1979년 6월 29일, 신원 관리장 김한용. 정권 말기에 김한용은 5·16정부인 공화당에 못마땅해하는 주민들의 불만이 선거에서 "공화당이 위령비를 없애게 했고, 우리를 용공분자로 인정"해 반대표가 다른 지역보다 더 많이 나오니, "위령비를 세우거나 비문이 잘못되었으면 다시 재건할 수 있도록" 건의했다. 김한용은 위령비의 비문을 첨부했고 묘지 정화와 공원화, 그리고 묘답(墓畓)과 묘각을 갖도록 비용을 보조하도록 건의했다. 김한용의 건의는 유신 정권 말기에 이루어진 것으로 유족들이 1961년 이후 선거 때마다 보인 일반적인 투표 행태에 대한 증언과는

시기적인 차이가 있었다.

101_『항도일보』, 1989. 2. 11. 1989년 거창사건 관련 유족회 총무 조성제 인터뷰 참조.

102_『경남대학보』, 1989. 6. 3; 한인섭 편(2007, 138) 재인용.

103_편집부 편(1982, 73)

104_편집부 편(1982, 72-73). 강조는 인용자.

105_"하늘에 닿을 듯 간절한 절규," 1988. 2. 15, 대회장 문병현; "결의문," 1988. 2. 15, 거창사건 희생자 유족대표. 차석규(1988, 185; 203).

106_차석규(1988, 184-185).

107_위령비 복원에 대한 내용은 다음 기사를 참조.『경남일보』, 1988. 2. 17;『대구매일신문』, 1988. 2. 18;『동아일보』, 1988. 2. 17.

108_"호소문," 1988. 2. 15, 거창사건희생자위령추진위원회 일동. 차석규(1988, 205). 강조는 인용자.

109_서중석(1999, 705).

6장

1_중대한 인권침해 가해자에 대한 글은 다음에 일부가 실려 있다. 한성훈(2013, 269-290).

2_중앙일보사 편(1972, 419-420).

3_김종원 증언, 국회거창사건특별조사위원회(1951, 178-179).

4_해방20년사편찬위 편(1965, 825).

5_애플만(1963, 96).

6_이하 내용은 다음에서 인용했다. 이양조 증언; 공학수배 증언, 국회양민학살사건진상조사특별위원회(1960, 1-37).

7_김숙원 증언, MBC〈이제는 말할 수 있다: 보도연맹〉(2001).

8_여수지역사회연구소(1998, 238-244); MBC〈이제는 말할 수 있다: 보도연맹〉(2001).

9_Dower(1986, 284-290).

10_데이브 그로스먼은 권위를 구성하는 요소로 권위자의 근접성, 살해자의 주관적 존경, 살해명령에 대한 강도, 권위와 명령의 적법성으로 파악했다. 그로스먼(2011, 224-226).

11_최용산 증언(2008. 10. 15), 진실화해위원회(2009c, 68).

12_『동아일보』, 1960. 5. 17; 한인섭 편(2003, 29).

13_이 부분에 관한 자세한 논의는 다음을 참조. Staub(1989, 26; 126); 이삼성(1998, 43).

14_Mann(2000, 341).

15_남상휘 증언, MBC〈이제는 말할 수 있다: 보도연맹〉(2001).

16_Browning(1992, 162)[브라우닝(2010, 242)].

17_Browning(1992, 184)[브라우닝(2010, 275)].

18_설동귀 증언(2007. 4. 24), 진실화해위원회(2008a, 673; 705).

19_신동주 증언(2007. 8. 2), 진실화해위원회(2008a, 673; 705).

20_박기환 증언(2007. 8. 2), 진실화해위원회(2008a, 673; 703).

21_Hirsch(1995, 128); 허시(2009, 207-298).

22_크눕(2011, 80).

23_이하 증언은 다음에서 인용했다. 배학래 증언은 여수지역사회연구소(1998, 336-337); MBC 〈이제는 말할 수 있다: 보도연맹〉(2001).

24_김광원(HA00229) 증언(1966. 1. 24), 국방부 전사편찬위원회, "참전 군인 증언록".

25_김재옥 증언, 청주기독교방송 〈보도연맹을 기억하십니까〉(1994).

26_김수철 증언, 청주기독교방송 〈보도연맹을 기억하십니까〉(1994).

27_이하 내용은 다음에서 재구성했다. 권혁수 증언(2009. 7. 27), 진실화해위원회(2010c, 189; 209); 공주대학교 참여문화연구소(2009, 24-25).

28_동료 압박과 집단 면죄에 대한 좀 더 구체적인 개념과 설명은 다음 참고. 그로스먼(2011, 232-237).

29_Bauman(1995, 215-216)[바우만(2013, 355-356)]. 직접 인용한 부분에서 한글본의 일부를 바꾸었다.

30_송충기(2013, 296).

31_이 경우에도 저격수는 예외적인 상황에 해당한다. 그러나 저격수라 하더라도 죽이는 '사람'을 비인격화하는 경우는 드물다. 저격이 원거리에서 이루어지지만 살인은 매우 사적인 상황에서 발생하므로 저격수는 표적에 대해 친밀감을 느끼기도 한다. 이에 대한 최근의 자전적 기록은 다음을 참고. Kyle et al.(2012).

32_그로스먼(2011, 341-342).

33_Bauman(1995, 214-215)[바우만(2013, 354)]. 직접 인용한 부분은 한글 번역본에서 빠진 내용을 추가했다.

34_"역사기행: 보도연맹원 학살 현장을 가다,"『내일신문』, 1994. 11. 2.

35_선우종원 증언, MBC 〈이제는 말할 수 있다: 보도연맹〉(2001).

36_이일재 증언, MBC 〈이제는 말할 수 있다: 보도연맹〉(2001).

37_『영남일보』, 1949. 11. 6.

38_『동아일보』, 1949. 11. 16.

39_『동아일보』, 1949. 11. 30.

40_"시내 300여 중퇴생 …… 보련서 복교책 강구,"『남조선민보』, 1949. 12. 29. "일시적인 모략선동에 현혹되어 공당계열에 가담하여 본의 아닌 과오를 범한 나머지 중도퇴학처분을 당한 학생들이 시내 마상, 마중, 마여중만 해도 300여 명에 달하고 있어 이들의 사상 선도와 과오를 청산하고 복교함으로서 재생의 길을 열어 주고자 보도연맹 마산지부에서는 지난 24

일 오후 5시 보도부장 집(김순정)에서 전기 3중학교장 교감 이상 보련측 간부의 연석회의를 개최하고, 각 학교 보안법 위반 중퇴처분 학생 전부를 관내 경찰서 지서를 통하여 신원조사를 한 후 동 연맹에 가맹함으로써 복교키로 원만 합의를 보고 오후 9시경 폐회."

41_이천재(1993, 70-112).

42_『동아일보』, 1949. 12. 2.

43_이천재 증언, MBC 〈이제는 말할 수 있다: 보도연맹〉(2001).

44_『호남신문』, 1949. 12. 25.

45_노기현 증언(2011. 8. 5). 노기현은 이때 일로 다리가 불편해지기 시작해 군복무를 마치고 돌아온 1950년 후반부터 퇴행성 관절염을 앓고 있다.

46_부산매일(1991, 246).

47_대구 10·1 사건은 1946년 10월 1일 대구 지역에서 시작된 대규모 시위 사태로, 이후 대구·경북 인근 지역을 넘어 점차 남한 각지로 퍼져 나가 약 3개월 동안 지속되었다. 이 사건은 9월 총파업의 연장선에서 시작되었는데 미군정의 양곡 정책 실패로 이반한 민심과 남로당의 투쟁을 배경으로 한다. 미군 정보 보고서에 따르면 경찰 38명, 공무원 163명, 민간인 73명이 사망했고 부상자 1천 명, 행방불명 30명 등이었다.

48_한국혁명재판사편찬위원회 편(1962, 191).

49_이원식(1964), 옥중수기『祖國이 부르는 벽 밑에서』(나는 死刑囚였다). 표지에는 獄中主要著書(未判橋本)이라고 되어 있고, 수기는 第1部 祖國이 부르는 벽 밑에서, 第2部 다시 보는 洛東江(잃어버린 나의 半世紀 노오트) 第3部 獄中紙魚手帖, 第4部 금난 땅위에서(時調百題) 附錄 (1) 꿈속에서 그대와 함께(獄中十年, 고독의 壁話) 1961년 6월 24일~1970년 3월의 手記, (2) 絶望의 價値(獄中往復書簡選)로 나누어져 있다. 위 인용문은 이원식이 1964년 12월 29일에 쓴 내용이다.

50_일제강점기 내용은 다음 논문에서 인용했다. 김승(2000, 50-60). 1926년 가을 동래보통학교를 졸업하고 동래고보에 다니던 송경희는 박인호, 최두해, 최정해 등과 함께 동래독서회를 조직했다.

51_한국혁명재판사편찬위원회 편(1962, 353); 송월순 증언(2008. 10. 30).

52_『민주중보』, 1949. 12. 27.

53_『민주중보』, 1949. 12. 3.

54_양한모(1990, 228).

55_진실화해위원회(2010a, 664).

56_여기에 대한 경찰 출신자들의 자세한 증언 내용은 다음 참조. 진실화해위원회(2010d, 348-352).

57_『동아일보』, 1949. 6. 6. 고문은 신익희 국회의장 외 24명, 총재 김효석 내무부 장관, 부총재 장경근 내무부차관·백한성 법무부차관·옥선진 대검찰청차장, 참사관 국방부차관, 참사 국방차관 외 21명, 이사장은 김태선 서울시경찰국장이 맡았다.

58_한지희(1995, 23-29).

59_『수산경제신문』, 1949. 12. 2.

60_『조선일보』, 1950. 1. 29.

61_한지희(1995, 19).

62_김남식 증언, 청주기독교방송 〈보도연맹을 기억하십니까〉(1994).

63_"공산주의 사상에 오도돼 반역도당에 가입, 활동했을지라도 대한민국의 충성된 국민임을 염원하고 실천에 옮긴 자라면 우리는 그들을 관용, 관대하게 용서해 줄 용의가 있음을 언명해 둔다."

64_국민보도연맹 중앙본부(1949). 이 자료는 (재)한국연구원에서 소장하고 있다. 중앙본부 기관지는 총 7회까지 발행된 것으로 알려졌으나 현재 창간호와 2호가 발견되었다.

65_국민보도연맹 운영은 초기에는 운영협의회가 맡았고 나중에는 최고지도위원회가 했던 것으로 알려져 있다(강성현 2004, 67).

66_Subject: National Guidance Alliance, NARA, LM 176, Reel 12, American Embassy (Seoul, Korea), Despatch No.312(1949. 6. 2), 진실화해위원회(2010d, 344-345). 국민보도연맹 중앙본부에서 수립한 선전·조직 전략은 다음과 같다. 1. 국민보도연맹의 설립 취지와 강령을 담은 선전물을 여러 기관과 정당·사회단체에 배포하고 기자회견을 열어 창립 사실을 널리 알린다. 2. 남로당의 멸족 파괴 정책을 철저히 폭로한다. 3. 모든 경찰서에 등록된 전향자 명단을 입수해 적극적인 선전을 전개함으로써 그들의 참여를 이끌어 낸다. 4. 민족정신을 고취하기 위해 학교·청년단체·관공서처럼 대중이 모이는 장소에서 계몽 강연을 실시한다. 5. 구금 시설과 형무소에 있는 좌익 지도자를 설득해 전향할 기회를 주고 이를 통해 조직을 더욱 강화한다. 6. 조직·선전·교육 방식은 세포조직 구성원들의 과거 10년간 경험을 바탕으로 하되, 특히 남로당의 1946~47년 전략을 적극 채택한다. 7. 이상의 적극적인 선전을 통해 중앙본부와 서울시연맹은 5월 31일 이전에 조직 작업을 끝낸다. 8. 중앙본부와 서울시연맹은 지역을 순회하고 국민보도연맹의 설립 취지를 알리며 선전·계몽 활동을 펼칠 유능한 사람을 조직 구성원 중에서 선발한다. 9. 경기도·충남·충북·강원도는 6~8월까지 3개월 내에 조직 작업을 반드시 완료하고, 전남·전북·경남·경북은 8~10월까지 3개월 이내에 완료한다. 10. 국민보도연맹은 박헌영 도당의 궤멸을 핵심 목표로 하는 만큼, 모든 국민보도연맹원들은 남로당 박멸을 위해 총탄이 될 준비가 되어 있어야 한다.

67_김남식(1984, 290).

68_양한모(1990, 252).

69_정희상(1990, 136).

70_『국회속기록 제6회-제28호』, 1950. 2. 11. 제11차 국회 본회의 질문.

71_박태수 증언, 진실화해위원회(2010d, 585).

72_김운철 증언(2009. 4. 2; 6. 8), 진실화해위원회(2010a, 209-210).

73_김재호 증언(2009. 6. 5), 진실화해위원회(2010a, 151).

74_김선호(2002, 297-300); 김학재(2004, 326).

75_『자유신문』, 1949. 11. 6.

76_『동아일보』, 1949. 11. 16. 보도연맹이 필요하다(56.6퍼센트), 알지 못함(22.4퍼센트), 불필요(20.8퍼센트) 순으로 자수자의 의견이 많았다. 절대적이지는 않지만 이 여론은 정부 시책에 반대할 수 없는 국민보도연맹원의 신분을 보여 주는 것으로 이해할 수 있다. 다른 항목 중에서 실지 회복 방법으로는 평화(46퍼센트), 북침(32퍼센트), 유엔 감시하 선거(22퍼센트) 순이었다. 이 외에도 태평양동맹 체결에 대해 찬동 68.3퍼센트 불찬동 9.7퍼센트 알지 못함이 23.3퍼센트였다. 그리고 남북한이 단독정권을 수립한 이후 남로당 관련자에 대한 여론조사임을 감안하면 평화적 방법에 의한 영토통일이 많은 점이 눈에 띈다.

77_『수산경제신문』, 1949. 12. 2.

78_국민보도연맹 중앙본부(1949).

79_진실화해위원회는 직권 조사를 결정한 국민보도연맹 사건을 2009년 11월 17일 전원위원회에서 진실규명을 결정했고, 11월 26일 기자회견을 통해 이 자료를 공개했다. 이 문건은 2001년 7월 오제도가 사망할 때까지 보관했던 것으로 알려졌는데, 다른 자료에는 불에 태우다 만 흔적이 남아 있었다. 이 문건은 현재 국가기록원에서 보관 중이다.

80_김태광(1988, 22).

81_선우종원 증언, MBC 〈이제는 말할 수 있다: 보도연맹〉(2001).

82_고설봉 증언, MBC 〈이제는 말할 수 있다: 보도연맹〉(2001). 고설봉의 본명은 진섭(鎭燮)이다. 한국 연극계 1세대이자 살아 있는 연극사였다. 그는 국립극단의 전신인 신극협의회 때부터 활동했다. 〈이제는 말할 수 있다〉에 증언한 이후 2001년 9월 사망했다.

83_『남선경제신문』, 1949. 11. 7.

84_문건의 출처는 다음과 같다. NARA, RG242 Entry299 Box767 SA2009 Item 67, 良心書. 이 양심서를 최초로 공개한 것은 다음 참조. 김기진(2005, 29-30).

85_『부산일보』, 1950. 1. 29.

86_백봉의 증언(2007. 7. 26), 진실화해위원회(2010l).

87_대한조선공사(1950); 진실화해위원회(2010b, 334-335). 이 자료는 국군기무사령부에서 보관하고 있다.

88_

국민보도연맹 세포조직		
		단위: 명
세포	인원	소속(인원)
제1세포	6	제1선곡(6)
제2세포	12	제2선곡(12)
제3세포	13	조기과 주물공장(8), 모형공장(3), 주조공장(2)
제4세포	12	부판공장(6), 정리공장(4), 제재공장(1), 조선과(1)
제5세포	16	공구공장(16)
제6세포	21	목공장(21)
제7세포	9	용접공장(8), 조선과(1)
총계	89	

특무대 자료를 바탕으로 전평 소속의 국민보도연맹 대한조선공사 맹원을 분석한 연구는 다음을 참고. 전갑생(2011, 219).

89_진실화해위원회(2010c, 203).

90_이선행(2005, 201).

91_국민보도연맹 중앙본부(1949).

92_박석규 증언(2008. 7. 8), 진실화해위원회(2009c, 26).

93_고설봉 증언, MBC〈이제는 말할 수 있다: 보도연맹〉(2001).

94_『서울신문』, 1950. 1. 8.

95_양한모(1990, 225).

96_문화실 책임자는 양주동이었고 문학부·음악부·영화부·연극부·미술부·무용부·이론연구
부를 산하에 두었다. 문화실에 소속된 회원은 500여 명이었는데 문화 활동을 통해 전향자
들의 보도(保導) 사업을 담당했다. 주간지『애국자』와 월간지『창조』를 발간한 것으로 알
려졌고 산하기관으로 대한교향악단과 신향극단을 창단했다(오제도 1984, 44; 선우종원
1992, 172-173). 주간지『애국자』는 내용이 일부 밝혀졌지만 월간지『창조』는 아직까지
확인되지 않고 있다.

97_양한모(1990, 211). 서울시당특별위원회는 무장폭동을 준비하는 조직이었고 홍민표는 이
후 양한모로 개명했다.

98_문건명이 없는 이 대학 노트는 오제도가 책임자로 있던 부서의 업무를 기록한 것으로서, 부
산 피난처 검찰청 정보과의 수사·정보 활동을 담고 있다. '사건송치건명부'는 총 67건에 대
한 건명, 담당계(반), 송치월일, 수령인 등이 기록되었고, 1950년 8월 15일자 '직원기타명
부'는 소속 직원 69명의 소속, 직위(계급), 성명, 연령, 현재지, 현주소, 특기 사항을 적었다.
그중에서 정보계 소속 반원의 전직을 보면 전직 서울지검, 서울시경, 종로서, 국민대학학생,
치안국, 정보국, 국민보도연맹, 경기도경찰국, 반공동지회, 일반회사, 의사 등에서 충원된
사람들이었다. 또한 이 노트와 함께 수집된 자료에는 오제도가 대북 특수공작대를 운영한
것으로 나타나는데, 공작대원을 원산과 평양에 파견했다. 소속 정보원 13명 중에는 홍명희
비서였고 충복 영동 조국전선파견단원이었던 김원철, 전『동아일보』기자이자『해방일보』
에 근무한 서명수, 철도국 청량리 기계공장 직맹위원장이자 노동당원이었던 박태복이 기재
되어 있다. 서북신문사 출신 중에서 대북정보사업에 종사한 사람들의 이력서가 있으며, 이
자료는 국가기록원에서 소장하고 있다.

99_김성렬 증언(2009. 4. 23), 진실화해위원회(2010d, 461).

100_*Chicago Daily Tribune (1872~1963)*, Jul 14, 1950.

101_전병규(1988, 68; 72; 93).

102_진실화해위원회(2010c, 193).

103_"보련미검거자명부(진영지서)," 김해경찰서(1950·1951, 313-317; 608-610), 진실화해
위원회(2009b, 821).

104_중앙일보사 편(1972, 134).

105_청양경찰서(1981).

106_고령경찰서(1981).

107_춘천경찰서 보안과(1961). 국가기록원(관리번호 BA0611471).

108_춘천경찰서 보안과(1961). 이 자료는 춘천시 관내 부역자와 월북자, 행방불명자에 대한 사항이 한자로 기록되어 있으며 기재된 사람 중 일부의 비고란에는 국민보도연맹원으로 활동했던 내용이 담겨 있다.

109_박시덕 증언(2009. 5. 15). 박시덕은 사촌 형님들 때문에 죽음을 면했고 이인옥의 딸 역시 뒤를 봐주는 사람이 있어 풀려났다.

110_이 지역 외에도 당진 지역에서 붙잡힌 국민보도연맹원은 경찰서에 구금되었다가 송악면에 있는 한진포구의 '목캥이'에서 사살된 것으로 드러났다. 현장에서 가까스로 살아남은 최기성은 인민군 점령 시절에 보안대장을 하다가 수복 후 바로 죽임을 당했다(정성운 증언, 2008. 11. 11, 진실화해위원회 2009c, 280). 경북 영덕에서 경찰은 수복 후 초기에 검속을 피한 김용태를 강구면 덕곡리 못골에서 부역 혐의자 40여 명과 함께 총살했다(유석득 증언, 2009. 7. 8, 진실화해위원회 2009f, 15).

111_NARA, RG242 Entry299 SA2012 Box1152 Item5. 18, 조선노동당 서울시당, "서울시와 그 주변지대에서의 적들의 만행(보고 제1호, 2호)," 1951년 1월 15일. 이 자료는 한국전쟁 때 미군이 노획한 북한 문서다. 이 문서에 나타난 피해 사실에 대해서는 앞으로 구체적인 확인 작업이 더욱 필요하다.

112_정정화(2011, 312-315).

113_진술 요약은 다음을 참고. 조치현 증언(2007. 12. 7), 진실화해위원회(2009c, 363).

114_전주지방법원, 단기 4284년 형공 제190호,

115_Bauman(1995, 216)[바우만(2013, 356)].

116_선동기, "치렬화된 남반부 인민들의 구국 투쟁은 매국노 리승만 도당의 최후괴멸을 재촉한다," 『인민』 5-1호(1950. 1). 'ㅁ'는 판독 불가. 국민보도연맹 조직이 일제의 사상 전향을 그대로 답습한 것이라는 지적에 대해서는 다음을 참고. 서중석(1999); 정병준(2004).

117_『합동신문』, 1949. 12. 5.

118_"과천면당부 정치정세 보고," 과천면당. 국사편찬위원회(1993, 179).

119_김남식(1984, 451)].

120_NARA, RG242 Entry299 Box819 SA2009 Item107, 의용군 명단(화양, 매정, 일신 등).

121_NARA, RG242 Entry299 Box770 SA2009 Item115, 경기도 원당면 의용군 명단보고(비망록), 1950. 박상근(37세) 외 11명이 보련(반동 단체 가입)으로 기재되어 있다.

122_NARA, RG242 Entry299 Box716 SA2009 Item114, 동면내 자위대명단(1950. 7). 경기도 시흥군 동면 자위대 명단. 동면분주소. 시흥리 거주자 조우현(26세) 등이 국민보도연맹(보련)으로 기재되어 있다.

123_NARA, RG242 Entry299 Box812 SA2009 Item109, 기결서류철(경기도 파주군 아동면 금촌리), 1950.

124_중앙일보사 편(1983, 99).

125_"수암면당부 정치정세 보고," 수암면 공작원 김문도 수표. 국사편찬위원회(1993, 197-198).

126_"시흥군내 각 면당부 정치정세 보고철"(1950. 8, 선전선동부), "남면당부 정치정세 보고," 시흥군당 공작원 책임자 동지 앞, 시흥군 남면당부에서 전정춘 수표(1950. 8. 11), 국사편 찬위원회(1993, 162).

127_"시흥군내 각 면당부 정치정세 보고철"(1950. 8, 선전선동부), "서면당부 정치정세 보고," 경기도 시흥군 서면당부 중앙파견 당공작원 배석히(1950. 8. 12), 국사편찬위원회(1993, 184).

128_"시흥군내 각 면당부 정치정세 보고철"(1950. 8, 선전선동부), "동면당부 정치정세 보고," 조선로동당 시흥군당 위원장 앞, 로동당 동면당부 위원장 박인규 수표(1950. 8. 13); (1950. 8. 21), 동면 총인구는 2,357명이었다. 국사편찬위원회 1993, 164-172.

129_이천재(1993, 149).

130_이천재(1993, 181-182).

131_이천재(1993, 185).

132_이 부분에 대한 자세한 내용은 다음을 참고, 한성훈(2012, 135-174).

133_Des Pres(1976)[데 프레(1981)].

134_정기순 증언(2007. 11. 6), 진실화해위원회(2010a, 86-87).

135_강영애 증언(2007. 5. 17), 진실화해위원회(2009a, 301).

136_노재천 증언(2008. 6. 30), 진실화해위원회(2009a, 302). 기록에 따르면 노하우는 1950 년 7월 8일 쌍수리 야산에서 총격을 당했다.

137_김기반의 아버지는 독립운동을 한 김재형이다. 그는 1919년 3·1만세 운동으로 서대문형 무소와 청주형무소에서 4년간 옥고를 치렀다. 사립학교를 세워 학생들을 가르치기도 했는 데 홍명회와도 교류가 있었다. 김기반 증언은 다음에서 재구성했다. 김기반 증언(2007. 4. 5), 진실화해위원회(2009a, 299-300);『연합뉴스』, 2006. 10. 17; 2009. 11. 26.

138_노기현 증언(2011. 8. 5, 함평).

139_최무한 증언, MBC〈이제는 말할 수 있다: 보도연맹〉(2001).

140_CIC 간부와 마주앉은 최무한은 자신의 넉넉한 집안 사정과 잠수업을 하게 된 경위 그리고 모아 놓은 재산을 전부 줄 테니 살려 달라고 제안했다.

141_프랑클(1998, 135-137).

142_박태수 증언(2008. 6. 18), 진실화해위원회(2010a, 211). 박태수는 보성군 국민보도연맹 원이었다.

143_한인섭(2007, 211).

144_'위임받은 권한'은 올가 린겔(Olga Lengyel)의『다섯 개의 굴뚝』에 나오는 표현이다. "개 인의 기록을 작성하면서 나는 아우슈비츠에서 그토록 처참하게 죽어간 수많은 동료 수감자 들로부터 위임받은 권한을 제대로 수행하려고 노력했다. 이 책은 그들의 영전에 바치는 나 의 제문이다"(Des Pres 1976, 37[데 프레 1981, 43]).

145_Des Pres(1976, 16)[데 프레(1981, 24)].

146_김영목 증언, MBC 〈이제는 말할 수 있다: 보도연맹〉(2001).

147_프랑클(1998, 117).

148_이는 적군을 살해하지 않은 경우에도 유사하다. 그로스먼(2011, 192-194).

149_주재철 증언(2009. 4. 8); 윤재호 증언(2009. 5. 20); 홍익선 증언(2008. 10. 23), 진실화
해위원회(2010a, 526).

150_전병규(1988, 113).

151_박노태 증언, 청주기독교방송 〈보도연맹을 기억하십니까〉(1994).

152_김길연 증언(2009. 7. 9); 김득용 증언(2009. 7. 9); 김유성 증언(2009. 7. 9), 진실화해위
원회(2010a, 177-178).

153_김성학·임종명(1975, 363-364). 구례군지에는 안종삼 서장이 국민보도연맹원 등을 풀어
준 게 7월 23일 밤으로 기록되어 있다(구례군지편찬위원회 2005, 514-518).

154_『황강신문』, 2006. 12. 5; 합천군 유림회(2007); 최우영 증언(2008. 4. 17; 2009. 8. 12);
노재민 증언(2008. 7. 3), 진실화해위원회(2009e). 이 내용은 조사보고서에는 없으며 참고
인들의 진술 내용에 포함되어 있다.

155_자세한 내용은 다음을 참고. 이창세(2007, 230-241).

156_김해 지역의 유림 이우섭이 쓴 최대성의 묘비명에도 이 사실이 기록되어 있다. 이우섭, "斗
山崔公(大星)墓碣名,"『이우섭遺稿』卷之一, 4쪽; 최윤규 증언(2008. 1. 23), 진실화해위원
회(2009b, 909-910).

157_Tec(1986, 154-188); Hirsch(1995, 150)[허시(2009, 242)].

158_Hirsch(1995, 151)[허시(2009, 243)].

159_황의호 증언(2008. 8. 8), 진실화해위원회(2009c, 291). 황의호(남포중학교 교장)는 보령
지역 문화와 향토사를 연구하던 중 학살 현장을 목격한 임회재(당시 93세)를 면담했다. 그
때 임회재는 '살려 달라'고 하는 소리가 귀에 생생하다고 전한 것으로 알려졌다.

160_Browning(1992, 68-69)[브라우닝(2010, 111-112)].

161_임종현의 증인 정면은 다음에 자세히 기록되어 있다. 김동춘(2013, 114 121). 이 증언을
남긴 임종현은 진실화해위원회가 출범한 2005년 12월 1일 직후 사망했다.

162_김동춘(2001a, 36-38).

163_Power(2002, 386-389)[파워(2004, 605-608)]. 직접 인용한 부분은 한글판에서 수정했다.

164_그의 자서전과 이를 다룬 다큐가 있다. Dallaire(2004); Film(2007).

165_매우 극적인 사례는 아마 〈The Act of Killing〉(Film 2012) 영화의 마지막 장면에 나오
는 가해자일 것이다. 이 영화는 1965년 9월 30일 인도네시아에서 발생한 쿠데타 이후 공산
주의자와 중국계 인도인 등 약 50만여 명을 학살한 가해자들의 재현을 바탕으로 만들었다.

7장

1_여기에 대한 내용은 다음 참고. 서중석(1999, 604); 정병준(2004, 101-129).

2_김인구 증언(2009. 6. 3); 권혁수 증언(2009. 7. 27), 진실화해위원회(2010c, 189-190).

3_김수동 증언(2009. 5. 9), 진실화해위원회(2010c, 297).

4_김재옥 증언, 청주기독교방송 〈보도연맹을 기억하십니까〉(1994).

5_김창록 증언(2007. 8. 7); 김동을 증언(2007. 10. 22), 진실화해위원회(2008a, 964). 김동을
은 울산 중남지서장이었다.

6_김윤근 증언, MBC 〈이제는 말할 수 있다: 보도연맹〉(2001).

7_선우종원 증언, MBC 〈이제는 말할 수 있다: 보도연맹〉(2001).

8_오제도(HA03569) 증언(오제도 법률사무소, 1977. 1. 27, 16~17시), 국방부 전사편찬위원
회, "참전 군인 증언록"; 오제도(1984). "1950년 3월 철도보도연맹이 결성되었기 때문에 6·
25때 후퇴하는 가운데 철도 수송에 단 한 건의 사고 없이 정부에 충성했다. 6·25사변이 돌
발하자 25일에는 타공전시체제(打共戰時體制) 강화를 했고, 26일과 27일 양일은 특히 보련
의무실이 청량리 밖 문리과대학 교정터에 이동의무실을 가설하고 2백여 명의 피난민을 무료
로 구호했던 것이다."

9_전기순 증언(2009. 6. 24), 진실화해위원회(2010d, 454).

10_최경모 증언(2009. 3. 30). 국민보도연맹원 살해 지시는 경기도경찰국장으로부터 내려온
것으로 전한다. 황창범 증언(2009. 2. 11); 김찬하 증언(2009. 2. 27), 진실화해위원회
(2010d, 514). 황창범은 경기도경찰국 통신과에 근무했고 김찬하는 인천 전투경찰학교 교
육생이었는데, 6월 25일 오후 경찰국 경찰과 함께 수색으로 파견되었다.

11_강영환은 제8연대 2대대 8중대 소대장(중위)으로 복무했는데 6월 26일 서울에서 가평으로
후퇴하던 중, 27일 청량리로 이동할 것을 명령받고 회기동 파출소 근방에 도착해 민가에 들
어간 후 다음 날 후퇴했다. 그는 "보도연맹이 팔에 안장(완장)을 하고 옆에 와서 있는데 몽
둥이를 들고 있는 것으로 보아 눈치를 보다가 기회를 노리고 있는 것 같았다"라고 증언했다.
강영환은 1949년 5월 23일 육사 8기로 임관해 1950년 5월 20일 중위로 진급한 후 소대장
으로 수도경비사령부에서 근무했다. 강영환(HA03714) 증언(1981. 3. 17, 전사편찬위원
회 한국실), 국방부 전사편찬위원회, "참전 군인 증언록"; 국방부 군사편찬연구소(2003,
596-603).

12_주영복(1990, 313).

13_성부제 증언(2008. 8. 27), 진실화해위원회(2010a, 520).

14_고설봉 증언, MBC 〈이제는 말할 수 있다: 보도연맹〉(2001).

15_김기진(2005, 39-43; 256-260).

16_"전투 일지 및 활동 보고," 1950. 7. 16. 보고자는 슬래터리 소령(A. R. Slattery)이고, 보고
날짜는 1950년 10월 30일이다. 김기진(2005, 39-43; 266-267).

17_중앙일보사 편(1972, 45).

18_김기진(2002, 89-94).

19_이승만 정부가 인민군에 동조할 우려가 있는 국민보도연맹원 등 남한의 좌익 세력들을 사전에 제거하기 위한 '예방' 차원의 학살에 대한 연구는 다음을 참조. 서중석(1999, 602).

20_발렌티노(2006, 38-41).

21_이에 대한 개념과 사례에 대해서는 김동춘(2000, 211-219) 참고.

22_Hinsley(1986, 22); 박명림(2000, 141) 재인용.

23_박명림(2000, 142-143); 한성훈(2012, 61).

24_발렌티노(2006, 33).

25_박명림(2003, 110-111).

26_서중석(1999, 635).

27_Des Pres(1976, 61)[데 프레(1981, 68)].

28_Lefort(1978, 254); 핀킬크라우트(1998, 84) 재인용.

29_발렌티노(2006, 50-51; 57).

30_Horowitz(1980, 17).

31_Bauman(1995, 103-104)[바우만(2013, 183-184)].

32_Hirsch(1995, 2)[허시(2009, 20)].

33_전광희(1992, 60-92).

34_충북 지역의 인구 변동에 대해서는 다음을 참고. 김양식(2006, 293-268).

35_주요 자료는 다음과 같다. 공보처 통계국(1952a; 1952b; 1954); 대한민국정부(1952a; 1952b).

36_이들 자료에 대한 비판과 분석은 다음을 참조. 정병준(2008, 133-169).

37_공보처 통계국(1950).

38_규범적인 의미에서 진실을 밝히지는 못했지만 서울·경기 지역의 미군 관련 희생 사건은 다음을 참고. 진실화해위원회(2010i, 619-658).

39_김동춘(2013, 333-334).

40_오제도(1981, 63).

41_선우종원(1992, 172).

42_선우종원 증언, MBC 〈이제는 말할 수 있다: 보도연맹〉(2001).

43_김남식(1984, 451).

44_정희상(1990, 217-229). 강정구는 20만여 명에서 25만여 명으로 희생자를 추정하고 있다(강정구 2000).

45_서중석(1999, 607).

46_진실화해위원회(2010d, 536). 각 도별로 보면 경남 1,548명, 경북 1,438명, 충북 895명, 전남 483명, 충남 273명, 전북 54명, 강원 3명, 서울·경기도 3명이었다. 제주는 제외했다.

진실화해위원회는 제주 지역을 '예비검속'으로 간주해 보고서에는 희생자 일부인 234명만
서술했다.

47_『경향신문』, 1950. 5. 25.

48_진실화해위원회(2010d, 538-541).

49_『부산일보』, 1960. 5. 12;『경향신문』, 1960. 5. 12;『대구매일신문』, 1960. 5. 13.

50_한국혁명재판사편찬위원회 편(1962, 148).

51_이 문건은 이원식이 소장하고 있던 것을 아들 이광달이 보관한 것이다.

52_『영남일보』, 1960. 6. 12;『자유신문』, 1960. 6. 12.

53_한국혁명재판사편찬위원회 편(1962, 205);『영남일보』, 1961. 3. 27.

54_"경북지구피학살자합동위령제발기취지서".

55_이원식의 1960년 유족회 활동은 이광달 증언(2008. 2. 29); 한국혁명재판사편찬위원회 편
(1962, 189-253); 경상남북도피학살유족회사건 판결문에서 발췌했다. 조사부장이었던 이
복녕은 진실화해위원회가 활동 중이던 2007년 12월 22일 사망했다.

56_2010년 7월 15일 구미시 상모동에서는 독립운동가 박상희와 조귀분 추모비 제막식이 있었
다. 칠곡 약목에서 태어난 박상희는 박정희의 둘째형으로, 『조선중앙일보』와 『동아일보』
등에서 언론 활동을 했으며, 선산 청년동맹과 좌우 합작 단체인 신간회에서 항일운동을 펼
쳤고 해방 후 건국동맹과 건국준비위원회에 참여했다. 김천 출신의 조귀분은 지역사회의
독립운동가였으며 여성단체 근우회에서 활동했다. 일제강점기 때 박상희 행적이 대해서는
현재 논란이 있는데, 1935년 9월 박상희는 월미도에서 노골적인 친일신문『만몽일보』의
인물들과 함께 사진을 찍었고, 1939년에는 친일 신문이었던『매일신보』선산지국 구미 분
국장이었다.

57_최규태 증언(2008. 12. 11). 최태규는 경북피학살자유족회 학생부장이었다. "5·16 쿠데타
직후 인권침해 사건 조사기록".

58_김하종 증언(2008. 12. 12). "5·16 쿠데타 직후 인권침해 사건 조사기록".

59_이원식, "피의 유산," 대구지구피학살자유족회(1960). 대구지구피학살유족회 회보 제호인
돌꽃(石花)은 "인류사상 어떠한 곳에서도 존재한 일이 없었고 또 어떠한 사람도 이것을 본
일이 없었던 비생물학적인 것이며 조락(凋落)을 모르는 꽃"이라고 이원식은 그 의미를 부
여했다.

60_한상구(1990, 175).

61_『국제신보』, 1960. 5. 24. 김봉철은 김원봉이 조직한 민족혁명당에 가입해 1년 1개월간 당
원으로 활동하다 당국에 검거되어 1949년 6월 24일 부산지방법원 밀양지원에서 미군정 포
고령 제2호 위반으로 벌금 3천 원을 선고받았다. 지역에서 그에 대한 평판은 나쁜 게 아니
어서 1956년 8월 8일 제2대 밀양읍 의원에 당선되어 4년간 일했다.

62_『국제신보』, 1960. 6. 12; 진실화해위원회(2010e, 268).

63_한국혁명재판사편찬위원회 편(1962, 313-323). 주요 내용은 다음과 같다. ① 처형 관련자
를 엄중 처단하라. ② 유족에게 국가보상금을 지급하라. ③ 합동위령제 및 위령비 건립에 당

국은 협조하라. ④ 사망자의 명단 및 집행 일시 장소를 명시하고 그 호적을 정리하라.

64_한국혁명재판사편찬위원회 편(1962, 325; 343-344).

65_『부산일보』, 1960. 5. 23.

66_김영욱 증언, 국회양민학살사건진상조사특별위원회(1960, 8).

67_이 내용은 김영봉 증언, 국회양민학살사건진상조사특별위원회(1960); 정희상(1990, 97-99)에서 재구성했다.

68_김영봉이 누구를 가리키는지는 명확하지 않다.

69_송철순 증언(2001. 11. 9), 민간인학살진상규명범국민위원회.

70_한국혁명재판사편찬위원회 편(1962, 355).

71_곽상훈은 동래군 출신으로 4·19 혁명 이후 민주당 최고위원과 민의원의장 등을 역임했다.

72_마산 지역의 유족 활동과 가해자들에 대한 자세한 내용은 다음을 참고. 김주완(2005, 112-122).

73_『동아일보』, 1960. 5. 21; 『조선일보』, 1960. 5. 20.

74_조사 지역별로 경남반 최천, 조일재, 박상길 의원, 경북반에는 윤용구, 주병환, 임차주 의원, 전남반은 유옥우, 이사형, 박병배 의원으로 짜여졌다.

75_증언 청취 속기록 제1~4권은 제주도 지역의 "피학살자 신고서"와 "유족회 청원서", 제5~23권은 대구·경북 지역(월성, 칠곡, 상주, 예천, 영주, 영천, 창녕, 의성, 고령, 달성, 영일, 경산, 안동, 영덕, 경주, 김천)의 "피학살자 신고서"와 "유족회 청원서", 제24권은 조사특위의 "양민학살사건진상 조사보고서"다.

지역별 조사 현황

반별 \ 항목	증언자 (명)	인명 피해 (명)	재산 피해			
			가옥	식량(석/두)	가축(두)	의류(점)
경남반	49	3,085	2,755호	4,930	518	38,949
경북반	15	2,200	24호	-	-	-
전남반	12	524	1,454호	-	-	-
전북반		1,028	5,361호	-	-	-
제주도	8	1,878	4,179동/427호	2,518	-	-
계	84	8,715	4,179동/4,660호	4,930석/2,518두	518	38,949

경남반 증언자는 다음과 같다. 통영시청(김채호, 정복수, 조문갑, 나순조, 이양조, 서종렬, 공학수배, 하대원), 산청군 금서면(최이식, 민치재, 윤충경, 한영기, 강원희), 함양군청(최병철, 이상철, 정갑석, 강성철, 서수생, 김수갑), 신원면사무소(정소용, 문홍주, 김상근, 강구숙, 임주섭, 정봉술, 문홍섭, 김철수, 이O선, 김학수, 정보술, 김병기, 김익, 임채주의 母, 문병현), 거창군청(송호상, 박대성), 경상남도지사실(김영욱, 김영봉, 이문조, 오용수, 이건, 김용국, 정복수, 윤병한, 박행도, 심성채, 허종완), 부산동래호텔(김석수, 문창섭). 경북반은 경북도청상황실(조준영, 윤춘근, 최월중, 대구지구 특무부대장), 대구시 용계동(안두선, 성명 미상), 대한중석 달성광산 내 구내이발관(장춘극), 대구시 파동 수원지 앞 계단(김복암), 문경군(문경서 정보주임, 황중오, 이목열, 이항구, 윤사혁), 대구시 동인호텔(백덕용). 전남반은 함평군 월지면(정일웅, 정봉규, 정남식, 정재식, 월지면 부면장), 함평군 해보면(강철

현, 윤방중, 윤형중, 김성묵, 해보면 면장), 함평군 나산면(이오섭, 이천구). 전북 지역은 증언 청취자가 없고 현지 피해 신고에 따라 작성했다. 제주는 장갑순, 고정래, 문영백, 김평중, 신두방, 강영술, 장석권, 제주도지사다.

76_국회양민학살사건진상조사특별위원회(1960).

77_이종찬 국방부 장관은 거창사건 피의자들의 석방에 대해 "관련자가 형을 받다가 중도에서 석방된 것은 특사로 나온 것이니 일사부재리의 원칙에 따라야 할 것으로 안다"고 했다(『조선일보』, 1960. 5. 18).

78_국가기록원(1960a).

79_국가기록원(1960b). "거창사건 양산사건 등이 신문에 대대적으로 취급되어 민심에 동요를 가져오고 일부의 주민들의 봉기조차 우려된다는 내무의 보고를 듣고 공보실장이 내무, 법무, 국방의 3부 장관과 신문관계자와 회합을 가지고 앞으로 이 같은 기사를 삼가줄 것을 요청하기로 하다."

80_『영남일보』, 1961. 2. 21.

81_경북 월성군 민보단장 이협우는 주민 살해와 재산 약탈 혐의로 대구지검에서 기소했다(『동아일보』, 1960. 5. 26).

82_『부산일보』, 1960. 6. 11.

83_한상구(1990, 190).

84_한성훈(2006, 225).

85_5·16 쿠데타 직후 쿠데타 세력의 행태에 대한 내용은 다음에서 수정·인용했다. 한성훈(2008, 46-50).

86_이종오(1991, 221).

87_박정희(1963).

88_OCI-2298-61, "Current Situation in South Korea," 한국정신문화연구원 현대사연구소(1999, 83).

89_고성국(1991, 277-278).

90_백선엽(1999, 358).

91_한국군사혁명사편찬위원회 편(1963, 246).

92_이종오(1991, 220).

93_이석제(1995, 121-124). 이석제는 1925년 3월 신의주 출생으로 영남대학교와 육군사관학교를 졸업하고, 6·25 전쟁 때 2사단 16연대 중대장으로 참전해 39사단 연대장과 육군대학 교관을 역임했다. 그는 5·16 쿠데타 때 육군본부 상황실의 실질적인 업무 책임자였고, 뒤이어 국가재건최고회의 법사위원장을 맡아 입법을 총괄했다. 이후 총무처 장관과 감사원장, 국회의원(10대) 등을 역임했다.

94_NARA, RG59, Central Decimal Files 795B.00, 주한 미국 대사관이 국무부로 보낸 전문, 1961. 5. 18.

95_국방부 전사편찬위원회 사료 842호, "육본고등군법회의 명령 제18호,"『육본고등군법회의 명령』; 박명림(1996, 428). 언론 보도는『조선일보』, 1949. 2. 17 참고. 그의 남로당 관련 사항과 좌익 활동은 다음을 참고. 문명자(1999, 35). 숙군 과정의 검거와 재판 과정, 형 집행정지와 사면 그리고 군사 쿠데타 이후 치러진 1963년 대통령 선거의 사상 논쟁 등에 대해서는 MBC〈이제는 말할 수 있다: 여수 14연대 반란〉(1999. 10. 17 방영)과〈이제는 말할 수 있다: 박정희와 레드 콤플렉스 — 황태성 간첩사건〉(2001. 8. 17 방영)의 김점곤 등의 증언 참조. 한편, 박정희가 사상적으로 영향을 가장 많이 받았던 중형 박상희와 그 배경에 대해서는 다음 참고. 김도형 외(혜안, 1999).

96_이정훈(1993, 668-671).

97_이상우(1986, 27); 박명림(1996, 429).

98_강원룡(1993, 151-153).

99_리영희(2004, 285-287).

100_김충식(1992, 36-37).

101_박세길(1989, 109-116).

102_유원식(1987, 296-299). 유원식은 자서전에서 군사정권의 조치, 동족에 대한 무차별 학살 만행이 국제사회의 비난과 국민들로부터 5·16 쿠데타에 대한 부정적 여론을 염려해 극구 반대했다고 한다. 앞서 살펴본 것처럼 한웅진은 한국전쟁이 발발하고 그해 10월 21일 CIC가 독립된 특무부대가 되기까지 공식적인 조직 책임자로서 민간인 학살에 책임이 있었다.

103_방첩부대 방첩과, "위험인물 예비검속계획," 4294. 5. 17. 전문은 다음을 참고. 진실화해위원회(2010e, 339).

104_1961년 5월 22일 조흥만 치안국장은 용공분자 등 2,014명을 검거 조사 중에 있다고 발표했다(『동아일보』, 1961. 5. 23).

105_한국군사혁명사편찬위원회 편(1963, 830-831).

106_재판에 대한 자세한 내용은 다음 참고. 한국혁명재판사편찬위원회 편(1962, 189-368).

107_법률 제633호, 1961. 6. 22 제정.

108_"칠흑(七黑)의 밤(1949. 3. 1 ~ 1950. 5)"; "덧없는 보리가을(1961년 6월 24일 ±)," 이원식(1964, 15). 이원식의 나이 48세였다.

109_"어린 오누이와 마지막 작별(1962. 2. 16)," 이원식(1964).

110_프랭클(1989, 25); 프랑클(1998, 28).

111_이원식(1964), 옥중수기 1962년 3월 1일자.

112_에스페란토어와 수학자, 문예 등 다방면에서 뛰어난 행적을 보인 이원식은 고미술과 고고학을 연구한 서지학자이자 문화운동가였다. 그의 옥중수기 중 일부는 1995년 2~4월까지 『영남일보』에 "조국이 부르는 벽 밑에서"라는 제목으로 모두 8회 연재되었다.

113_김용건 증언(2007. 8. 9), 진실화해위원회(2010e, 267-268). 김용건은 김구봉의 아들이자 김봉철의 조카다. 전쟁 중 부친을 잃은 그는 유복자로 태어나 백부 김봉철 집에서 자랐으며, 1961년 김봉철이 구속된 이후 어머니와 함께 부산에서 살았다.

114_한국혁명재판사편찬위원회 편(1962, 316-317). 서기1961년혁공제155호, 밀양피학살자 유족회사건 판결문; 서기 1961년 12월 7일 혁명재판소 심판부제5부 재판장 심판관 김용국; 서기1961년혁상제54호, 1962년 2월 9일, 혁명재판소 상소심판부 제2부 재판장 심판관 육장균.

115_이원식(1964), 옥중수기 1962년 5월 5일자.

116_한국혁명재판사편찬위원회 편(1962, 351-354).

117_공군 3명, 해군 3명, 육군 10명, 일반 검사 10명 정도가 같이 전출되었고 육군은 영관급 장교, 공군과 해군은 위관급이 검찰부로 왔다.

118_이 증언은 다음에서 인용했고 조사보고서에서 언급하지 않은 내용은 사건 기록에서 추가했다. 이재운 증언(2008. 11. 7; 24; 2009. 2. 9; 4. 15), 진실화해위원회(2010e, 270-272). 이재운은 혁명검찰부에서 이정재, 임화수 사건을 처음 처리했고 박창암 부장은 직접 자신에게 사건을 배당하면서 깡패들의 범죄 증거를 찾아서 모두 사형시키라고 명을 내렸다고 한다.

119_한국혁명재판사편찬위원회 편(1962, 219). 증거 목록은 다음과 같다. 집회계, 수첩, 선언문, 규약, 돌꽃, 위령제발기취지문준비위원 명단, 위령제 실시 삐라, 이복녕의 추도사, 묘비건립을 위한 활동, 발굴 일지, 비건립기금찬조청원서, 유골수집철, 묘비건립취지문, 묘비건립 광고 임원 명단, 조사 명부, 사진, 회원 가입원 및 명단, 고발장, 충무시피학살자유족회결성 대회 일지, 대회 보고, 추도식 경과 보고, 추도사, 동래지구피학살자유족회결성 회의록, 경남지구 피학살자유족연합회결성 대회 회의록, 경과 보고서, 임원 명단, 취지문 선언문, 공문, 제1·2차 임원회의록, 여론 환기 의뢰서, 임원 명단, 취지문 선언문, 묘비 건립 취지서, 임시 의장단 회의록, 안내장, 규약, 신문 호소, 선언문 임원 명단, 결의문, 회가, 고발 성명서, 경주 시위 일지, 경주 위령제 순서, 위령제 광고, 시굴식 일지. 증거 목록 일련번호가 58번까지 있는 것으로 볼 때 증거물은 더 많았을 것이다.

120_김광호 증언(2007. 5. 22), 김정태 판결문(刑公420호, 부산지방법원, 1919. 4. 26); 3·1동지회(1979, 957-958); 진영읍지편찬위원회(2004, 369-370).

121_이 표현은 폴 우드러프가 『안티고네』에서 크레온을 설명하는 부분에서 따왔다. 우드러프(2012, 250).

122_여기서 인용한 두 문장은 1960년 6월부터 대구경북지구유족회에서 달성군 가창면(가창골)에서 유해를 발굴하고 공동 분묘에 세운 표지석의 글귀다. 강조는 인용자.

123_헤겔은 『정신현상학』에서 도시국가 테바이에서 일어난 안티고네의 이야기를 중심으로 신의 법과 국가의 법이 갈등하는 사례를 다루었다.

124_레비나스(2013, 122-127).

125_레비나스(2013, 129-131).

126_Des Pres(1976, 205)[데 프레(1981, 211)].

127_van Gennep(1909); 겐넵(2000, 41) 재인용.

128_한국혁명재판사편찬위원회 편(1962, 210-211). 판결을 한 재판부는 다음과 같다. 재판장

심판관 김용국, 법무사 심판관 박용채, 심훈종, 이택돈, 최민기.

129_이 부분에 대한 앞선 문제 제기는 다음을 참고. 김주완(2005, 119).

130_이재운 증언(2008. 11. 2 4), 진실화해위원회(2010e, 270-272).

131_"법률적 불법"이라고 하는 이 개념에 대해서는 다음을 참조. 이재승(2010b, 457-488).

132_진실화해위원회 조사 대상은 일제강점기 독립운동과 해외동포사가 포함되어 있으나 이는 정치적 타협의 산물이었다. 2005년 5월 〈진실화해를위한과거사정리기본법〉을 제정할 때 열린우리당 원내대표였던 천정배 의원은 입법 과정에서 한나라당의 통합법안 약속 파기와 수정안에 대해 비판했고, 정치체제와 정당 차원에서 이 법안을 제정하게 된 역사적 의의를 밝혔다. 국민과함께하는국회의원모임 외(2010).

133_김무용(2007, 313-316).

134_이재승(2003, 21-22).

135_올바른 과거청산을 위한 범국민위원회(2005, 347). "반공 체제를 유지한다는 명분하에 때로 공권력 남용과 불법행위를 자행했고, 그 결과 수많은 의혹 사건과 의문의 죽음, 심지어는 죄없는 민간인에 대한 학살까지 자행했으나, 이후에도 잘못을 반성하고 피해자들을 위로하기보다는 진상을 은폐하고 조작하고 왜곡하기까지 하였다."

136_올바른 과거청산을 위한 범국민위원회(2004, 349).

137_한국혁명재판사편찬위원회 편(1962, 193-194). "4·19 이후 …… 반공 체제의 이완 방종(放縱)적 자유 등에 편승하여 …… 군관민을 이간시켜 반공 체제의 약화에 더욱 박차를 가하는 등 간접침략을 획책하고 …… 이와 같은 때에 6·25동란시 사망한 좌익분자를 애국자로 가장시키고 우리 국군과 경찰이 선량한 국민을 무차별 살해한 것처럼 허위선전 한다면 일반국민들이 군경을 원망하게 되어 민심이 더욱 소란해지고 반공 체제에 균열이 생길 것이며 …… 북한 공산괴뢰집단의 이익이 된다."

138_Kriesi(1995, 176-178).

139_경찰청(2007, 3).

140_경찰청(2007, 13). 경찰청 과거사진상규명위원회는 2004년 11월 18일 제1회 정기회의에서 개별 사건 조사 대상 열 개를 선정했다. ① 서울대 깃발 사건 ② 민주화운동청년연합 사건 ③ 강기훈 유서 대필 사건 ④ 전국민주화청년학생총연맹 사건 ⑤ 청주대 자주 대오 사건 ⑥ 남조선민족해방전선 사건 ⑦ 1946년 대구 10·1 사건 ⑧ 국민보도연맹 학살 의혹 사건 ⑨ 나주 부대 민간인 피해 의혹 사건 ⑩ 진보와 연대를 위한 보건의료연합 사건.

141_김학태(2005, 27-30).

142_Tarrow(1994).

143_Kriesi(1995, 170-172).

144_서울중앙지방법원 2009. 2. 10, 선고 2008가합57659 판결.

145_서울고등법원 2009. 8. 18, 선고 2009나26048 판결.

146_대법원 2011. 6. 30, 선고 2009다72599 판결.

147_조용환(2010, 8-109).

148_대법원 2011. 9. 8, 선고 2009다66969 판결.

149_이 소송에 대한 법원의 판단과 쟁점에 대한 자세한 논의는 다음을 참고. 조용환(2010, 40-43).

150_창원지방법원 진주지원 2001. 10. 26, 선고 2001가합430 판결.

151_부산고등법원 2004. 5. 7, 선고 2001나15255 판결.

152_대법원 2008. 5. 29, 선고 2004다33469 판결. 이 판례에 대한 분석은 다음을 참고. 이덕연(2012, 297-329).

153_부산고등법원 2012. 11. 22, 선고 2012나50087 판결.

154_부산지방법원 2012. 2. 9, 선고 2011가합20228 판결.

155_부산고등법원 2012. 11. 22, 선고 2012나50087 판결.

156_울산 국민보도연맹과 문경석달 사건 대법원 판결 이후 이와 유사한 사건에 대한 법원의 엇갈리는 판례에서 소멸시효 기산점과 '신의 성실의 원칙'을 다룬 내용은 다음을 참고. 이재승(2013, 181-218).

157_조용환(2008, 89-139).

158_한성훈(2010, 134).

159_2000헌마192, 508(병합)호.

160_송철순 증언(2001. 11. 9), 민간인학살진상규명범국민위원회. "여야 간에 수구 세력이 너무 많아서 요번 회기에 특별법이 제정이 될지 의문스럽습니다만은 (슬프고 애절한 그렇지만 조용한 목소리로) 뜻있는 유족들하고 힘을 모아서 살아 있는 한은 끝까지, 어떻게 해서든 특별법이 제정되도록 총력을 다해서 구천을 (다시 울먹임이 섞이고) 헤매고 있는 영혼들 원한이라도 풀어줘야 안하겠습니까."

161_진실화해위원회(2010b, 339-340).

162_송철순은 진실이 규명된 날로부터 5개월 후인 2010년 2월 22일 이 모든 것을 안고 선친 곁으로 돌아갔다.

163_부산고등법원, 2010재노6 특수범죄처벌에관한특별법위반.

164_서울중앙지방법원, 2010재고합1 특수범죄처벌에관한특별법위반, 판결문, 2010. 6. 25.

8장

1_아도르노·호르크하이머(2012, 134-135).

2_Hilberg(1983, 994).

3_이 표현은 다음에서 바꾼 것이다. 맥퍼어슨(2012). 20세기 최고의 독립 언론인 I. F. 스톤이 말한 전문이다. "모든 정부는 거짓말을 한다. 하지만 관리들이 거짓을 유포하면서 자신들도 그것을 진실이라고 믿을 때, 그런 나라에는 곧 재앙이 닥친다."

4_이 문장의 표현은 다음에서 차용했다. Bauman(1995, 152)[바우만(2013, 258)].

5_가해자 책임과 처벌을 묻는 담론은 최근 다시 부상하고 있다. 이를 강력히 주장하는 글은 다음을 참고. 김동춘(2013, 403-407).

6_프랑클(1998, 149; 210-211).

7_회복적 정의에 대해서는 다음 글을 참조. 이재승(2011, 129-133).

8_이 법률의 자세한 내용은 다음을 참고. 진실화해위원회(2008c, 283-329).

9_Tutu(1999, 31); 이재승(2011, 129-130) 재인용.

10_이재승(2011, 150-151).

11_〈진실화해를위한과거사정리기본법〉의 제34조(국가의 의무) "국가는 …… 가해자에 대하여 적절한 법적·정치적 화해 조치를 취하여야 하며, 국민 화해와 통합을 위하여 필요한 조치를 하여야 한다", 제39조(가해자와 피해자·유족과의 화해) "위원회와 정부는 가해자의 참회와 피해자·유족의 용서가 이루어질 수 있도록 가해자와 피해자·유족 간의 화해를 적극 권유하여야 한다."

12_서중석(1999, 728).

13_김동춘(2013, 191-192).

14_Bruckner(2010, 115); 임철규(2012, 153) 재인용.

15_Rummel(1994, 1-2); 발렌티노(2006, 59) 재인용.

16_Hayner(1994, 613).

17_Hayner(1994, 604).

18_Bauman(1995, 20)[바우만(2013, 56)].

19_Arendt(c1970, 79-80)[아렌트(1999, 122-123)].

| 참고문헌 |

강만길. 2010. 『역사가의 시간』. 창비.

강성현. 2004. "전향에서 감시·동원, 그리고 학살로: 국민보도연맹 조직을 중심으로." 『역사연구』 14호.
　　역사학연구소.

＿＿＿. 2008. "제노사이드와 한국현대사: 제노사이드의 정의와 적용을 중심으로." 『역사연구』 18호.
　　역사학연구소

강원룡. 1993. 『빈들에서 2』. 열린문화.

강인덕 외. 1969. "제46장 작전상의 과실." 『더큐멘타리 한국전쟁4』. 구미서관.

강정구. 2000. "한국전쟁전후 민간인학살의 실태." "전쟁과 인권." 한국전쟁전후 민간인학살 심포지움. 6월
　　21일.

거창사건등관련자명예회복심의위원회. 1998. "사망자 및 유족결정안건(개별 의결요구서 및 결정서)." 2월
　　17일.

겐넵, A. 반. 2000. 『통과의례』. 전경수 옮김. 을유문화사.

경상남도 여성동맹. 1996a. "경상남도 여성동맹 1/4분기 보고서철." 『빨치산 자료집 2』. 한림대학교
　　아시아문화연구소.

경찰청. 2007. 『경찰청 과거사진상규명위원회 백서』. 범신사.

경찰청역사편찬위원회. 2006. 『한국경찰사』.

고레비치, 필립. 2011. 『내일 우리 가족이 죽게 될 거라는 걸, 제발 전해주세요!』. 강미경 옮김. 갈라파고스.

고 석. 2006. "한국 군사재판 제도의 성립과 개편과정에 관한 연구." 서울대학교 박사 학위 논문.

고성국. 1991. "4월 혁명의 역사적 부정의로서의 5·16쿠데타." 이종오 외. 『1950년대 한국사회와
　　4·19혁명』. 태암.

고정훈 외. 1966. 『명인옥중기』. 희망출판사.

공국진. 2001. 『한 노병의 애환』. 원민.

공군본부. 2002. 『6·25 증언록』.

공보처. 1953. 『대통령이승만박사담화집』. 공보처.

구례군지편찬위원회. 2005. 『구례군지 上』.

국가정보원. 2007. 『과거와 대화 미래의 성찰』. 정치·사법편(Ⅳ), 언론·노동편(Ⅴ), 학원·간첩편(Ⅵ).

국군보안사령부. 1978. 『대공30년사』. 고려서적주식회사.

국민과함께하는국회의원모임 외. 2010. "한국전쟁기 민간인희생사건 해결의 현 단계와 과제." 한국전쟁
　　발발 60주년기념토론회, 국회도서관소회의실. 7월 17일.

국방부 과거사진상규명위원회. 2007.『과거사진상규명위원회 종합보고서 3』

_____. 2007.『보안사 민간인 사찰사건 조사결과보고서』.

국방부 과학수사연구소. 1995.『제6사단 헌병전사』.

국방부 국방군사연구소. 1997.『한국전쟁지원사』.

국방부 군사편찬연구소. 2000.『조사업무지침서』.

_____. 2001a.『6·25전쟁 북한군 병사수첩』.

_____. 2001b.『6·25전쟁 북한군 전투명령』.

_____. 2001c.『소련군사고문단장 라주바예프의 6·25전쟁 보고서 1』.

_____. 2003.『6·25전쟁 참전자 증언록 1』.

_____. 2005a.『6·25전쟁사 2』

_____. 2005b.『민군 관련 사건 연구논문집 1』.

_____. 2006.『6·25전쟁사 3』

_____. 2007.『주한미군의 정보보고 체계(1945~1953년 미정보보고서 중심으로)』.

국방부 노근리사건조사반. 2001.『노근리사건 조사결과보고서』.

국방부 전사편찬위원회. 1971.『한국전쟁사 4』.

국방부 전사편찬위원회. 1988.『대비정규전사(1945~1960)』.

_____. 1995.『한국전쟁사 1』

국방부 정훈국전사편찬위원회. 1951.『한국전란1년지』.

_____. 1953.『한국전란2년지』.

국방부. 1987.『국방사 2』.

국사편찬위원회. 1990.『북한관계사료집 9』.

_____. 1993.『북한관계사료집 16』.

국회사무처. 1971.『국회사』.

_____. 1982.『국회경과보고서 제2대』.

그로스먼, 데이브. 2011.『살인의 심리학』. 이동훈 옮김. 플래닛.

기든스, 안쏘니. 1993.『민족국가와 폭력』. 진덕규 옮김. 삼지원.

김교식. 1972. "거창사건과 국민방위군." 동양방송 편.『장편 도큐멘타리 광복20년 14』. 계몽사.

김기곤. 2009. "국가폭력, 하나의 사건과 두 가지 재현: 거창사건의 기억과 문화적 재현과정."『민주주의와 인권』9-1호. 전남대학교 5·18연구소.

김기진. 2002.『국민보도연맹』. 역사비평사.

_____. 2005.『한국전쟁과 집단학살』. 푸른역사.

김남섭. 2005. "스탈린 체제와 러시아의 과거청산." 안병직 외.『세계의 과거사 청산』. 푸른역사.

김남식. 1984.『남로당연구』. 돌베개.

김도형 외. 1999.『근대 대구·경북 49인, 그들에게 민족은 무엇인가』. 혜안.

김동춘. 2000.『전쟁과 사회: 우리에게 한국전쟁은 무엇이었나』. 돌베개.

_____. 2001a. "특별임무 알고 보니 무차별 학살 … 발설하면 즉결총살 위협."『참여사회』57호.
참여연대.

_____. 2001b. "거창사건의 전개과정." 거창역사교사모임 엮음.『거창사건을 말한다』. 두엄.

_____. 2006a. "한국의 분단국가 형성과 시민권."『경제와 사회』70호. 비판사회학회.

_____. 2006b. "해방 60년, 지연된 정의와 한국의 과거청산."『시민과 세계』8호. 참여연대 참여사회연구소.

_____. 2011. "냉전, 반공주의 질서와 한국의 전쟁정치: 국가폭력의 행사와 법치의 한계."『경제와 사회』
89호. 비판사회학회.

_____. 2013.『이것은 기억과의 전쟁이다』. 사계절.

김무용. 2007. "한국 과거청산의 제도화와 국민통합 노선의 전망."『한국민족운동사연구』53호.
한국민족운동사학회.

김백영·김민환. 2008. "학살과 내전, 공간적 재현과 담론적 재현의 간극: 거창사건추모공원의 공간분석."
『사회와 역사』78호. 한국사회사학회.

김선호. 2002. "국민보도연맹의 조직과 가입자."『역사와 현실』45호. 한국역사연구회.

김성례. 1999. "근대성과 폭력."『제주4·3연구』. 역사비평사.

김성학·임종명. 1975.『광복30년사』. 전남일보사.

김 승. 2000. "한말·일제하 동래지역 민족운동과 사회운동."『지역과 역사』6호.

김양식. 2006. "한국전쟁 전후 충북지역 인구변동과 민간인 피해."『사학연구』83호. 한국사학회.

김영나. 2002. "워싱턴디시내셔널몰의 한국전참전용사기념물과 전쟁의 기억."『서양미술사학회 논문집』
18호. 서양미술사학회.

김영범. 1998. "집합기억의 사회적 지평과 동학." 한국정신문화연구원 사회학연구실 편.『사회사 연구의
이론과 실제』. 한국정신문화연구원.

_____. 2003. "기억에서 대항기억으로, 혹은 역사적 진실의 회복: 기억투쟁으로서의 4·3 문화운동 서설."
『민주주의와 인권』3-2호. 전남대학교5·18연구소.

_____. 2010.『민중의 귀환, 기억의 호출』. 한국학술정보.

김운태. 1986.『한국현대정치사 2』. 성문각.

김원일. 1987.『겨울골짜기 1·2』. 둥지.

김자동. 1986.『한국전쟁의 기원』. 일월서각.

김재형. 1962. "거창의 슬픈 학살극." 오소백 편.『우리는 이렇게 살아왔다』. 광화문출판사.

_____. 1965. "거창 학살극." 해방20년편찬위.『해방 20년』. 세문사.

김종원. 2002. "거창사건 현장합동 조사 복명 지 건 보고(1951년 3월 20일)." 서울대학교 법학연구소.
"거창사건의 정치적·법적 처리과정." 제2회 거창사건학술발표회. 10월 18일.

김주완. 2005. "보도연맹원 학살과 지역사회의 지배구조: 경남 마산지역의 사례와 인물을 중심으로."
『역사와 경계』56호. 부산경남사학회.

_____. 2006.『토호세력의 뿌리: 마산 현대사를 통해 본 지역사회의 지배구조』. 불휘.

김충식. 1992.『남산의 부장들: 정치공작사령부 KCIA 1』. 동아일보사.

김태광. 1988. "해방 후 최대의 양민 참극 '보도연맹' 사건." 월간『말』12월호.

김태청. 2001.『법복과 군복의 사이』. 원경.

김태호. 1975. 『비록 재판야화』. 예조사.

김학재. 2004. "사상검열과 전향의 포로가 된 국민." 『당대비평』 27호.

_____. 2007. "한국전쟁 전후 국가 정보기관의 형성과 활동." 『제노사이드 연구』 2호. 한국제노사드연구회.

김학준. 1983. "4·19이후 5·16까지의 진보주의운동." 강만길 외. 『4월혁명론』. 한길사.

김학태. 2005. "법을 통한 과거청산: 법효력에 관한 법철학적 근거." 『외법논집』 18호. 한국외국어대학교
　　　법학연구소.

김호기. 1995. "그람시적 시민사회론과 비판이론의 시민사회론." 유팔무·김호기 엮음. 『시민사회와
　　　시민운동』. 한울.

내무부 치안국. 1957. 『국립경찰통계연보』.

_____. 1958. 『경찰10년사』.

_____. 1973. 『한국경찰사 Ⅱ』.

노다 마사아키. 2000. 『전쟁과 인간』. 서혜영 옮김. 길.

노민영·강희정. 1988. 『거창양민학살: 그 잊혀진 피울음』. 온누리.

노영기. 1997. "육군 창설기(1947~1949년)의 숙군에 관한 연구." 성균관대학교 석사 학위 논문.

닐, 에드먼드. 2012. 『마이클 오크숏』. 이화여자대학교 통번역연구소 옮김. 아산정책연구원.

대한민국정부. 1952a. 『6·25사변피납치자명부』 전 4권.

_____. 1952b. 『6·25사변피납치자명부 추가분(서울특별시 및 각도)』.

데 프레, 테렌스. 1981. 『생존자』. 차미례 옮김. 인간.

데리다, 자크. 2004. 『환대에 대하여』. 동문선. 남수인 옮김

도커, 존. 2012. 『고전으로 읽는 폭력의 기원』. 신예경 옮김. 알마.

동아일보사. 1975a. 『비화 제1공화국 2』. 홍자출판사.

_____. 1975b. 『비화 제1공화국 4』. 홍자출판사.

등원창. 1994. 『일본군사사』. 엄수현 옮김. 시사일본어사.

문명자. 1999. 『내가 본 박정희와 김대중』. 말.

라베, 존 라베, 에르빈 비커르트 엮음. 2009. 『존 라베 난징의 굿맨』. 장수미 옮김. 이룸.

레비나스, 에마뉘엘, 자크 롤랑 엮음. 2013. 『신, 죽음 그리고 시간』. 김도형 외 옮김. 그린비.

레비나스, 엠마누엘. 1996. 『시간과 타자』. 강영안 옮김. 문예출판사.

리영희. 2004. 『대화』. 한길사.

맥피어슨, 마이라. 2012. 『모든 정부는 거짓말을 한다』. 이광일 옮김. 문학동네.

머턴, 로버트 K. 1998. 『과학사회학 2』. 석현호 외 옮김. 민음사.

문막읍사편찬위원회. 2003. 『문막읍사』.

문성원. 2012. 『해체와 윤리: 변화와 책임의 사회철학』. 그린비.

바우만, 지그문트. 2013. 『현대성과 홀로코스트』. 정일준 옮김. 새물결.

박명규. 1997. "역사적 경험의 재해석과 상징화: 동학농민전쟁의 기념물." 『사회와 역사』 51호.
　　　한국사회사학회.

박명림. 1996. 『한국전쟁의 발발과 기원 Ⅱ』. 나남.

_____. 2000. "전쟁과 인민: 통합과 분화와 학살."『아시아문화』16호. 한림대학교 아시아문화연구소.

_____. 2001. "거창양민학살과 한국전쟁 시기의 민간인학살 문제의 조명."『거창사건의 진상규명 및 법적해결』. 서울대학교 법학연구소.

_____. 2002a. "국민형성과 내적 평정: '거창사건'의 사례 연구."『한국정치학회보』36-2호. 한국정치학회.

_____. 2002b.『한국 1950: 전쟁과 평화』. 나남출판.

_____. 2003. "국민형성과 내적 평정: '거창사건'의 사례 연구 ── 탈냉전 이후의 새 자료, 정신, 해석." 한인섭 편.『거창사건 관련법의 합리적 개정방안』. 제4회 거창사건 학술보고서. 서울대학교 법학연구소.

박선기. 2009. "르완다 제노사이드, 르완다 국제형사재판소, 그리고 르완다와 아프리카로부터의 교훈집." 진실화해위원회. "세계 과거사청산의 흐름과 한국의 과거사정리 후속조치방안 모색." 국제심포지움. 10월 27일.

박세길. 1989.『다시 쓰는 한국현대사 2: 휴전에서 10·26까지』. 돌베개.

박원순. 1990. "전쟁 부역자 5만여 명 어떻게 처리되었나."『역사비평』9호. 역사문제연구소.

_____. 1992.『국가보안법연구 2』. 역사비평사.

_____. 1997.『국가보안법연구 1』. 역사비평사.

박정석. 2011. "진주지역 국민보도연맹사건 희생자와 유족들: 구술 사례를 중심으로."『역사비평』96호. 역사문제연구소.

박정희. 1963.『국가와 혁명과 나』. 향문사.

박형규 구술. 2010.『나의 믿음은 길 위에 있다: 박형규 회고록』. 신홍범 정리. 창비.

발렌티노, 벤자민. 2006.『20세기의 대량학살과 제노사이드』. 장원석·허호준 옮김. 제주대학교출판부.

발리바르, 에티엔. 1995.『마르크스의 철학, 마르크스의 정치』. 윤소영 옮김. 문화과학사.

_____. 1996.『알튀세르와 마르크스주의의 전화』. 윤소영 옮김. 공감.

_____. 2007.『대중들의 공포: 맑스 전과 후의 정치와 철학』. 최원·서관모 옮김. 도서출판b.

발리바르, 에티엔 외. 2003.『'인권의 정치'와 성적 차이』. 윤소영 옮김. 공감.

백선엽. 1989.『군과 나』. 대륙연구소출판부.

_____. 1992.『실록 지리산』. 고려원.

_____. 1999.『길고 긴 여름 날 1950년 6월 25일』. 지구촌.

백영서. 1994. "중국 인권문제를 보는 시각."『창작과 비평』86호.

베르제, 앙드레 & 드 니 위스망. 1999.『인간과 세계』. 남기영 옮김. 삼협종합출판부.

보병 제11사단. 1975.『화랑약사』.

부산매일신문사. 1991.『울부짖는 원혼』.

부산일보사. 1983.『비화 임시수도 천일』.

브라우닝, 크리스토프 R. 2010.『아주 평범한 사람들: 101예비경찰대대와 유대인 학살』. 이진모 옮김. 책과함께.

3·1동지회. 1979.『부산·경남 3·1운동사』. 삼일사.

서관모. 1996. "시민성 개념의 새로운 구축을 위하여: 에티엔 발리바르의 '인권의 정치'의 문제설정." 『경제와 사회』31호. 한국산업사회학회.

서병조. 1963.『주권자의 증언』. 모음출판사.

서중석. 1999.『조봉암과 1950년대 (하)』. 역사비평사.

선우종원. 1992.『사상검사』. 계명사.

_____. 1998.『격랑 80년: 선우종원 회고록』. 인물연구소.

송충기. 2013. "홀로코스트에서 반유대주의 지우기: 한나 아렌트의『예루살렘의 아이히만』을 둘러싼 논쟁 50년."『역사비평』105호. 역사문제연구소.

수원시. 2001.『수원 근·현대사 증언자료집 I』. 경기출판사.

아감벤, 조르조. 2008.『호모사케르: 주권 권력과 벌거벗은 생명』. 박진우 옮김. 새물결.

아도르노, 테오도르 W. & M. 호르크하이머. 2012.『계몽의 변증법』. 김유동 옮김. 문학과지성사.

아렌트, 한나. 1996.『인간의 조건』. 이진우·태정호 옮김. 한길사.

_____. 1999.『폭력의 세기』. 김정한 옮김. 이후.

_____. 2002.『칸트 정치철학 강의』. 김선욱 옮김. 푸른숲.

_____. 2006.『전체주의의 기원 1』. 이진우·박미애 옮김. 한길사.

_____. 2006.『전체주의의 기원 2』. 이진우·박미애 옮김. 한길사.

_____. 2007.『예루살렘의 아이히만』. 김선욱 옮김·정화열 해제. 한길사.

_____. 2010.『어두운 시대의 사람들』. 홍원표 옮김. 인간사랑.

아리스토텔레스. 2012.『정치학』. 천병희 옮김. 숲.

안 진. 1987. "미군정기 국가기구의 형성과 성격." 박현채 외.『해방전후사의 인식 3』. 한길사.

알렌, 리차드 C. 1962.『한국과 이승만』. 윤대균 옮김. 연합통신사.

애플만, 로이 E. 1963.『(유엔군전사) 낙동강에서 압록강까지 1』. 육군본부 작전참모부 옮김. 육군본부.

앤더슨, 베네딕트. 1991.『민족주의의 기원과 전파』. 윤형숙 옮김. 나남출판사.

양한모. 1990.『조국은 하나였다?』. 일선기획.

에셀, 스테판. 2013.『세기와 춤추다: 행동하는 지성, 스테판 에셀 회고록』. 임희근·김희진 옮김. 돌베개.

여수지역사회연구소. 1998.『여순사건실태조사보고서 1』.

오병두. 2010. "국민보도연맹과 예비검속: 제노사이드(Genocide)의 관점에서."『민주법학』43호. 민주주의법학연구회.

오제도. 1981.『추적자의 증언』. 형문출판사.

_____. 1984.『공산주의ABC』. 삼훈출판사.

올바른 과거청산을 위한 범국민위원회. 2005.『진실과 정의의 회복을 위하여』. 한국학술정보.

월러스타인, 임마누엘. 1995.『변화하는 세계체제: 탈아메리카와 문화이동』. 김시완 옮김. 백의.

우드러프, 폴. 2012.『최초의 민주주의: 오래된 이상과 도전』. 이윤철 옮김. 돌베개.

월러스틴, 이매뉴얼. 1994.『사회과학으로부터의 탈피』. 창작과 비평사.

유병진. 1957.『재판관의 고민』. 서울고시학회.

유원식. 1987.『(5·16비록) 혁명은 어디로 갔나』. 인물연구소.

육군본부. 1954.『공비토벌사』. 육군본부 전사감실.

육군본부. 1976.『계엄사』.

육군본부. 1980. 『창군전사』.

윤소영. 1995. 『마르크스주의의 전화와 '인권의 정치'』. 문화과학사.

윤치영. 1991. 『윤치영의 20세기』. 삼성출판사.

이덕연. 2012. "'거창사건'에 대한 대법원판결(2008. 5. 29. 2004다33469) 평석: '견벽청야'(堅壁淸野)의 군사작전과 법리구성의 구조적 유사점을 주목하며." 『저스티스』 129호. 한국법학원.

이도영 편역. 2000. 『죽음의 예비검속』. 말.

이문구. 2001. "『관촌수필』과 나의 문학 여정." 박경리 외. 『나의 문학이야기』. 문학동네.

이병도 외. 1965. 『해방20년사』. 희망출판사.

이삼성. 1998. 『20세기의 문명과 야만』. 한길사.

_____. 2001. 『세계와 미국: 20세기의 반성과 21세기의 전망』. 한길사.

_____. 2013. "한국전쟁과 내전: 세 가지 내전 개념의 구분." 『한국정치학회보』 47-5호. 한국정치학회.

이상우. 1986. 『박정권 18년: 그 권력의 내막』. 동아일보사.

이석제. 1995. 『각하, 우리 혁명합시다』. 서적포.

이선행. 2005. "국민보도연맹원 학살 사건에 대하여: 보령지역 사건을 조사·보고하며." 『보령문화』 14호

이영희. 1988. 『역정: 나의 청년시대』. 창작과 비평사.

이재승. 2003. "과거청산과 인권." 『민주법학』 24호. 민주주의법학연구회.

_____. 2010a. "군인의 전쟁거부권." 『민주법학』 43호. 민주주의법학연구회.

_____. 2010b. 『국가범죄』. 앨피.

_____. 2011. "화해의 문법: 시민정치의 관점에서." 『민주법학』 46호. 민주주의법학연구회.

_____. 2013. "집단살해에서 소멸시효와 신의칙." 『민주법학』 53호. 민주주의법학연구회.

_____. 2014. "국가폭력과 집단적 책임." 『사회와 역사』 101호. 한국사회사학회.

이정훈. 1993. "5·16당시 박치옥 씨의 수기: 한강다리 위의 박정희, 그는 흔들리고 있었다." 『월간 조선』 3월호.

이종오. 1991. "4월 혁명의 심화발전과 학생운동의 전개." 이종오 외. 『1950년대 한국사회와 4·19혁명』. 태암.

이창세. 2007. 『무궁화꽃을 피운 사람들』. 당그래.

이천재. 1993. 『희망 (상)』. 대동.

이현수. 2013. 『나흘』. 문학동네.

이현주. 2010. "한국전쟁 직후 인천 국민보도연맹원 집단희생과 '조선인민군'의 전시동원 정책." 『지역과 역사』 27호. 부경역사연구소.

임대식. 1995. "친일·친미 경찰의 형성과 분단활동." 『분단 50년과 통일시대의 과제』. 역사비평사.

임종국. 1985. 『일제하의 사상탄압』. 평화.

임철규. 2012. 『죽음』. 한길사.

장, 아이리스. 1999. 『난징대학살』. 김은령 옮김. 끌리오.

장도영. 2001. 『망향』. 숲속의 꿈.

장 신. 2003. "일제하의 요시찰과 『왜정시대인물사료』." 『역사문제연구』 11호. 역사문제연구소.

장태한. 2002. "미국의 인종차별과 대외정책." 역사문제연구소. 『역사비평』 58호.

전갑생. 2011. "부산 지역 舍評 소속 보도연맹 연구." 역사학연구소. 『역사연구』 20호.

전광희. 1992. "한국전쟁과 남북한 인구의 변화: 회고와 전망." 한국사회학회 편. 『한국전쟁과 한국사회변동』. 풀빛.

전규홍. 1993. "숨겨진 진실 문경양민학살사건." 『영강문화』 29호.

전라북도의회. 1994. 『6·25양민학살진상실태조사보고서』. 전라북도의회 6·25양민학살진상실태조사특별위원회.

전병규. 1988. 『6·25와 천안』. 인문당.

정구도 편저. 2002. 『노근리사건의 진상과 교훈』. 두남.

정근식. 2002. "과거청산의 역사사회학을 위하여: 한국의 민주화와 관련하여." 『사회와 역사』 61호. 한국사회사학회.

＿＿＿. 2006. "기억의 문화, 기념물과 역사교육." 『역사교육』 97호. 역사교육연구회.

정병준. 2004. "한국전쟁 초기 국민보도연맹원 예비검속·학살사건의 배경과 구조." 『역사와 현실』 54호. 한국역사연구회.

＿＿＿. 2008. "한국전쟁기 남한 민간인 인명피해 조사의 유형과 특징: 한국정부의 통계·명부를 중심으로." 『한국문화연구』 14호. 이화여자대학교 한국문화연구원.

정정화. 2011. 『장강일기』. 학민사.

정진성 외. 『인권사회학』. 다산출판사.

정희상. 1990. 『이대로는 눈을 감을 수 없소』. 돌베개.

제주4·3사건진상조사보고서작성기획단. 2003. 『제주4·3사건진상조사보고서』. 제주4·3사건진상규명및희생자명예회복위원회.

조갑제. 1987. 『고문과 조작의 기술자들』. 한길사.

조 국. 2002. "'반인권적 국가범죄'의 공소시효 정지·배제와 소급효금지의 원칙." 『형사법연구』 17호. 한국형사법학회.

조병옥. 1963. 『나의 회고록』. 어문각.

조용환. 2008. "조약의 국내법 수용에 관한 비판적 검토." 『법과사회』 34호. 법과사회이론학회.

＿＿＿. 2010. "역사의 희생자들과 법: 중대한 인권침해에 대한 소멸시효의 적용문제." 『법학평론』 창간호. 법학평론편집위원회.

조효제. 2007. 『인권의 문법』. 후마니타스.

주영복. 1990. 『내가 겪은 조선전쟁』. 고려원.

중앙일보사 편. 1972. 『민족의 증언 3』. 을유문화사.

중앙일보사 편. 1983. 『민족의 증언 1~3』. 중앙일보사.

진, 하워드. 2001. 『오만한 제국』. 이아정 옮김. 당대.

진덕규 외. 1981. 『1950년대의 인식』. 한길사.

진영읍지편찬위원회. 2004. 『진영읍지』. 삼성기획.

진태원. 2013. "랑시에르와 발리바르: 어떤 민주주의?" 『실천문학』 110호.

차석규. 1988. 『남부군과 거창사건』. 창작예술사.

채의진 편저. 1994.『아, 통한45년: 문경양민학살백서』. 문경양민학살피학살자유족회.

최상훈·찰스 핸리·마사 멘도사. 2003.『노근리 다리』. 남원준 옮김. 잉걸.

최장집 편. 1990.『한국전쟁연구』. 태암.

최형익. 1999.『마르크스의 정치이론』. 푸른숲.

최호근. 2005.『제노사이드: 학살과 은폐의 역사』. 책세상.

치르킨, V 외. 1990.『맑스주의 국가와 법이론』. 송주명 옮김. 새날.

친일반민족행위진상규명위원회. 2007.『외국의 식민지·점령지 과거청산법령Ⅰ』.

크놉, 귀도. 2003.『히틀러의 뜻대로』. 신철식 옮김. 울력.

_____. 2011.『나는 히틀러를 믿었다』. 신철식 옮김. 울력.

태윤기. 1983.『권력과 재판』. 삼민사.

투퀴디데스. 2011.『펠로폰네소스 전쟁사』. 천병희 옮김. 숲.

파워, 사만다. 2004.『미국과 대량학살의 시대』. 김보영 옮김. 에코리브르.

표인주 외. 2003.『전쟁과 사람들: 아래로부터의 한국전쟁연구』. 한울.

프랑클, 빅토르. 1998.『그래도 나는 삶이 의미있는 것이라고 생각한다』. 이희재 옮김. 열린사회.

프랭클, 빅터. 1989.『죽음의 수용소에서』. 김충선 옮김. 청솔출판사.

핀킬크라우트, 알랭. 1998.『잃어버린 인간성』. 이자경 옮김. 당대.

한국경찰사편찬위원회 편. 1973.『한국경찰사Ⅱ』. 내무부 치안국.

한국구술사학회 편. 2011.『구술사로 읽는 한국전쟁』. 휴머니스트.

한국군사혁명사편찬위원회 편. 1963.『한국군사혁명사 1(상)』.

한국정신문화연구원 한민족문화연구소 편. 2001.『내가 겪은 해방과 분단』. 선인.

한국정신문화연구원 현대사연구소 편. 1999.『5·16과 박정희 정부의 성립』.

한국편집기자회. 1982.『역사의 현장』.

한국혁명재판사편찬위원회 편. 1962.『한국혁명재판사 4』.

한림대학교 아시아문화연구소. 1996a.『빨치산 자료집 2』.

_____. 1996b.『빨치산 자료집 3』.

_____. 1996c.『빨치산 자료집 6』.

한상구. 1990. "피학살자 유가족 문제: 경상남북도지역 양민피학살자유족회 활동." 사월혁명연구소 편.
      『한국사회변혁운동과 4월혁명 2』. 한길사.

한성훈. 2006. "거창사건의 정치사회학적 분석: 기억의 정치와 학살의 승인."『사회와 역사』69호.
      한국사회사학회.

_____. 2008. "기념물을 둘러싼 기억의 정치와 집단 정체성: 거창사건의 위령비를 중심으로."『사회와
      역사』78호. 한국사회사학회.

_____. 2010. "과거청산과 민주주의 실현: 진실화해위원회 활동과 권고사항의 이행기 정의를 중심으로."
      『역사비평』93호. 역사문제연구소.

_____. 2011. "진영지역 학살과 진실규명: 역사의 법정과 희생자 복원."『역사연구』21호. 역사학연구소.

_____. 2012.『전쟁과인민: 북한 사회주의 체제의 성립과 인민의 탄생』. 돌베개.

_____. 2013. "중대한 인권침해와 이행기 정의."

한용원. 1984. 『창군』. 박영사.

한인섭. 2000. "한국전쟁과 형사법: 부역자 처벌 및 민간인 학살과 관련된 법적 문제를 중심으로." 『법학』 41-2호. 서울대학교 법학연구소.

_____. 2001. "거창양민학살사건의 법적해결: 관련법의 개정방안을 중심으로." 『법학』 42-4호. 서울대학교 법학연구소.

_____. 2002. "1951년 거창사건 형사재판의 검토." 서울대학교 법학연구소. "거창사건의 정치적·법적 처리과정." 제2회 거창사건학술발표회. 10월 18일.

_____. 2003. "1951년 거창사건 형사재판의 검토." 『법학』 44-2호. 서울대학교 법학연구소.

_____. 2007. 『거창은 말한다』. 경인문화사.

한인섭 편. 2003. 『거창양민학살사건자료집 III(재판자료편)』. 서울대학교 법학연구소.

_____. 2007. 『거창양민학살사건자료집 IV(해외언론·국내신문(2) 및 국내잡지 편)』. 서울대학교 법학연구소.

한지희. 1995. "국민보도연맹의 결성과 성격." 숙명여자대학교 석사 학위 논문.

합천군 유림회. 2007. 『제천 노호용 선생』.

해방20년사편찬위 편. 1965. 『해방 20년사』. 희망출판사.

허시, 허버트. 2009. 『제노사이드와 기억의 정치』. 강성현 옮김. 책세상.

헌병사편찬실 편. 1952. 『한국헌병사: 창설 발전편』. 헌병사령부.

홍순봉. 1952. 『군수사실무제요』. 경남지구계엄민사부.

홍태영. 2009. "인권의 정치와 민주주의의 경계들." 『정치사상연구』 15-1호. 한국정치사상학회.

황기철. 1998. "향로봉 루트를 따라 침투한 적 추적, 북한군 특공부대를 수색작전에서 섬멸." 50동우회 편. 『국군의 뿌리: 창군·참전용사들』. 삼우사.

황상익. 1999. "의학사적 측면에서 본 4·3." 『제주4·3연구』. 역사비평사.

후지와라 기이치. 2003. 『전쟁을 기억한다』. 이숙종 옮김. 일조각.

기관 자료

경주경찰서. 1982. "신원기록편람."

경찰청 과거사진상규명위원회. 2006. "보도연맹원 학살의혹 사건 중간조사결과 (종합발표문)."

고령경찰서. 1981. "신원기록편람."

고양금정굴양민학살희생자유족회. 2000. "(성명서) 고양시장은 금정굴 문제 해결에 적극 나서라." 2월 23일.

공보처 통계국. 1950. "檀紀4283年自6月25日至9月28日(6·25사변중)서울특별시피해자명부."

_____. 1952a. "6·25사변 월북자 명부."

_____. 1952b. "6·25사변 피납치자 명부 기1~기4."

_____. 1954. "6·25사변 종합피해조사표."

공주대학교 참여문화연구소. 2009. "2008년 피해자현황조사 용역사업 구술증언보고서."

국가기록원. 1952. "국무회의록." 제104회. 11월 26일.

_____. 1950. "국무회의록." 제115회 국무회의. 10월 21일.

_____. 1960a. "국무회의록." 제56회. 5월 17일. 지시사항 2.

_____. 1960b. "국무회의록." 제57회. 5월 20일.

국민보도연맹 중앙본부. 1949. "애국자." 창간호, 10월 1일.

국방부 전사편찬위원회. 1950. "육군역사일지." 6월 25일~8월 10일.

국회거창사건특별조사위원회. 1951. "거창사건조사보고서." 제2대국회 제10회. 대한민국국회.

국회양민학살사건진상조사특별위원회. 1960. "양민학살사건진상 조사보고서." 제4대 국회 제35회.
    대한민국국회.

김창룡 중장. 1956. "비밀수기."『경향신문』.

김해경찰서. 1950·1951. "부역자명부."

대구교도소. 1950. "헌병예입인명부." 제2호.

대구지구피학살자유족회. 1960. "돌꽃." 12월 10일.

대전중부경찰서. 1981. "신원기록편람." 대전중부경찰서.

대한조선공사. 1950. "보련명부."

부산형무소. 1950. "재소자인명부."

산청·함양 사건희생자유족회. 1999. "산청·함양 사건 관련자료."

삼척경찰서. 1981. "신원조사처리부." (1975~1976, 1980~1981년).

서산경찰서. 1980. "신원기록심사보고." 3-8.

영동경찰서 보안계. 1970. "보호관찰 대상자 관리부." 8~10월.

울산경찰서. 1951. "경찰연혁사."

육군본부 법무감실. 1952. "육군법무관계법령及예규집."

육군본부 법무실, 1950. 강성갑·김영명 살인 사건 재판 자료. 단기 4283년 고특 군법회의 제20호.

이원식. 1964.『祖國이 부르는 벽 밑에서』(나는 死刑囚였다). 옥중수기.

인천중부경찰서. 1960. "요시찰인명부." 인적위해자기록존안부.

재조선 미국육군사령부 군정청 편. 1945. "재조선 미국육군사령부 군정청 법령." 법령 제11호. 10월 9일.

진실의힘. 2001. 재단 참가자 일동. "축문." 6월 25일.

진실화해위원회. 2007a. "2007년 상반기 조사보고서."

_____. 2007b. "피해자현황조사용역결과보고서."

_____. 2008a. "2007년 하반기 조사보고서."

_____. 2008b. "한국전쟁 전후 민간인 집단희생 관련 2008년 피해자현황조사 용역사업 최종결과보고서."
    인제군 편.

_____. 2008c. "해외 진실화해위원회 보고서 자료집 Ⅰ."

_____. 2009a. "2008년 하반기 조사보고서 02."

_____. 2009b. "2008년 하반기 조사보고서 03."

_____. 2009c. "2009년 상반기 조사보고서 03."

_____. 2009d. "2009년 상반기 조사보고서 04."

_____. 2009e. "경남 합천 국민보도연맹 사건기록."

_____. 2009f. "경북 영덕 국민보도연맹 사건 진실규명결정서."

_____. 2009g. "국민보도연맹 사건 진실규명결정서."

_____. 2009h. "충남 국민보도연맹 사건(Ⅱ) 진실규명결정서."

_____. 2009i. "통영·거제 국민보도연맹원 등 민간인희생사건 진실규명결정서."

_____. 2009j. "호남지역 군 작전 중 발생한 민간인 희생사건: 11사단 20연대 작전지역을 중심으로."

_____. 2010a. "2009년 하반기 조사보고서 04."

_____. 2010b. "2009년 하반기 조사보고서 05."

_____. 2010c. "2009년 하반기 조사보고서 06."

_____. 2010d. "2009년 하반기 조사보고서 07."

_____. 2010e. "2009년 하반기 조사보고서 08."

_____. 2010f. "2010년 상반기 조사보고서 05."

_____. 2010g. "2010년 상반기 조사보고서 06."

_____. 2010h. "2010년 상반기 조사보고서 07."

_____. 2010i. "2010년 상반기 조사보고서 08."

_____. 2010j. "5·16쿠데타 직후 인권침해사건 조사기록."

_____. 2010k. "군위·경주·대구지역 국민보도연맹 사건 사건기록."

_____. 2010l. "울산 국민보도연맹 사건기록."

진실화해위원회·전남대학교 산학협력단 심리건강연구소. 2007. "심리적 피해현황 조사보고서."

진천경찰서. 1979. "시찰업무전산화작업."

채의진. 2001. "통합 특별법 발의에 부쳐." 국회의원 연구단체 나라와 문화를 생각하는 모임 외.
　　　"한국전쟁전후 민간인학살 진상규명을 위한 통합특별법 공청회." 국회의원회관 소회의실. 5월 22일.

청도경찰서. 1972. "대공바인다."

_____. 1980. "신원기록편람."

청양경찰서. 1981. "신원기록존안대상자연명부."

청주기독교방송. 1994. <6·25 44주년 특별기획 다큐멘터리 3부작: 보도연맹을 기억하십니까 ― 침묵의
　　　44년, 이제야 말한다 제1부> 방송 프리뷰.

춘천경찰서 보안과. 1961. "부역월북행불명부(1961~1961)."

충북대학교박물관. 2008. "한국전쟁전후 민간인 집단희생관련 2007년 유해발굴보고서."

치안본부. 1984. "대공신원기록편람(4-3-1).

특무대. 1951. "거창사건관련자료철."

합동참모본부. 2001. "계엄업무실무지침서."

MBC. 2001. <이제는 말할 수 있다: 보도연맹 1부 ― 잊혀진 대학살>. 4월 27(29회) 방송 프리뷰.

_____. 2001. <이제는 말할 수 있다: 보도연맹 2부 ― 산 자와 죽은 자>. 5월 4일(30회) 방송 프리뷰.

Amnesty International. 1993. *Bosnia Herzegovina: Rape & Sexual Abuse by Armed Forces*. Jan.

Arendt, Hannah. 1963. *Eichmann in Jerusalem: A Report on the Banality of Evil*. New York: Penguin Books.

_____. 1973. *The Origins of Totalitarianism*. New York: Harcourt.

_____. 1994. *Eichmann in Jerusalem: A Report on the Banality of Evil*. New York: Penguin Books[『예루살렘의 아이히만』, 김선욱 옮김·정화열 해제, 한길사, 2007].

_____. c1970. *On Violence*. New York: Harcourt[『폭력의 세기』, 김정한 옮김, 이후, 1999」.

Arenhövel, Mark. 2008. "Democratization and Transitional Justice." *Democratization* 15-3.

Barber, Benjamin R. 1984. *Strong Democracy: Participatory Politics for a New Age*. Berkeley: Univ. of California Press.

Bauman, Zygmunt. 1995. *Modernity and the Holocaust*. Ithaca: Cornell University Press [『현대성과 홀로코스트』, 정일준 옮김, 새물결, 2013].

Bendix, Reinhard. 1977. *Nation-Building and Citizenship: Studies of Our Changing Social Order*. Berkeley: University of California Press.

Browning, Christopher R. 1992. *Ordinary Men: Reserve Police Battalion 101 and the Final Solution in Poland*. New York: Harper Collins[『아주 평범한 사람들: 101예비경찰대대와 유대인 학살』, 이진모 옮김, 책과함께, 2010].

Bruckner, Pascal. 2010. *The Tyranny of Guilt: An Essay on Western Masochism*. Steven Rendall tran. Princeton: Princeton UP.

Buruma, Ian. 2009. *The wages of guilt: memories of war in Germany and Japan*. London: Atlantic Books.

Chalk, Frank & Jonassohn Kurt. 1990. *The History and Sociology of Genocide: Analyses and Case Studies*. New Haven and London: Yale University Press.

Chandler, David. 1999. *Voices of S-21: Terror and History in Pol Pot's Secret Prison*. Berkerly: University of California Press.

Cho Hee-yeon. 2003. "Political Sociology of Kwagŏchŏngsan in South Korea." *The Review of Korean Studies* 6-1.

Clausewitz, Carl von. 1982. *On War*. edited by Anatol Rapoport. Penguin Books.

Cumings, Bruce. 1981. *The Origins of the Korean War: Liberation and the Emergency of Separate Regimes 1945-1947* Vol. I . Princeton University Press.

_____. 1990. *The Origins of the Korean War: The Roaring of the Cataract 1947-1950* Vol. II . Princeton University Press.

Dadrian, Vahakn N. 1975. "A Typology of Genocide." *International Review of Modern Sociology* Vol. 5.

Dallaire, Roméo. 2004. *Shake Hands with the Devil: The Failure of Humanity in Rwanda*. Da Capo Press; Reprint edition.

de Jouvenel, Bertrand. 1952. *Power: The Natural History of Its Growth(1945)*. London.

Des Pres, Terrence. 1976. *The Survivor: An Anatomy of Life in the Death Camps*. New York:

Oxford University Press[『생존자』, 차미례 옮김, 인간, 1981].

Docker, John. 2008. *The Origins of Violence*. London: Pluto Press.

Dower, John. 1986. *War without Mercy: Race and Power in the Pacific War*. New York: Pantheon Books.

Elster, Jon. 1998. "Coming to Terms with the Past: A Framework for the Study of Justice in the Transition to Democracy." *European Journal of Sociology* Vol. 39.

_____. 2004. *Closing the books: transitional justice in historical perspective*. Cambridge Univ. Press.

Fein, Helen. 1984. *Accounting for Genocide: National Responses and Jewish Victimization During the Holocaust*. Chicago: Univ. of Chicago Press.

_____. 1993. *Genocide: A Sociological Perspective*. SAGE Publications.

Franklin, Ruth. 2011. *A Thousand Darkness: Lies and Truth in Holocaust Fiction*. Oxford: Oxford UP.

Giddens, Anthony. 1991. *Modernity and Self-Identity: Self and Society in the Late Modern Age*. Cambridge: Polity Press.

Giugni, Marco G. 1998. "Introduction: Social Movements and Change: Incorporation, Transformation, and Democratization." Marco G Giugni & Doug McAdam & Charles Tilly eds. *From Contention to Democracy*. Rowman & Littlefield Publishers.

Gourevitch, Philip. 1998. *We Wish to Inform You That Tomorrow We Will Be Killed With Our Families: Stories from Rwanda*. Picador.

Grodsky, Brian. 2009. "Re-Ordering Justice: Towards A New Methodological Approach to Studying Transitional Justice." *Journal of Peace Research* 46-6.

Grossman, Dave. 1995. *On Killing: The Psychological Cost of Learning to Kill in War and Society*. Boston: Little, Brow.

Habermas, Jürgen. 1981. *Theorie des kommunikativen Handelns* Bd. 2. Frankfurt: Suhrkamp.

_____. 2001. *The postnational constellation: political essays*. ; trans., ed. and with an introduction by Max Pensky, 1st MIT Press ed. Cambridge, Mass : MIT Press

Haldemann, Frank. 2008. "Another Kind of Justice: Transitional Justice as Recognition." *Cornell International Law Journal* 41-2.

Hallie, Philip P. 1984/1985. "Scepticism, Narrative, and Holocaust Ethics." *Philosophical Forum* 16. nos. 1-2[『제노사이드와 기억의 정치』, 강성현 옮김, 책세상, 2009].

Hanley, Charles J. & Sang-Hun Choe & Martha Mendoza. 2001. *The bridge at No Gun Ri: A Hidden Nightmare from the Korean War*. New York: Henry Holt and Co.

Hayner, Priscilla B. 1994. "Fifteen Truth Commission-1974 to 1994: A Comparative Study." *Human Rights Quarterly* 16-4.

_____. 1996. "Commissioning the Truth: Further Research Questions." *Third World Quarterly* 17-1.

Heidenrich, John G. 2001. *How to Prevent Genocide*. Westport: Praeger.

Held, David. 1992. "The Development of the Modern State." Stuart Hall & Bram Gieben eds. *Formations of modernity*. Cambridge: Polity Press.

Hilberg, Raul. 1983. *The Destruction of European Jews* vol. III. New York: Holmes & Meier.

Hinsley, F. H. 1986. *Sovereignty*. Cambridge: Cambridge Univ Press. 2nd edition.

Hirsch, Herbert. 1995. *Genocide and the Politics of Memory: studying death to preserve life*. Chapel Hill: University of a North Carolina Press.

Honneth, Axel. 1995. *The struggle for recognition: the moral grammar of social conflicts*. Joel Anderson trans. Cambridge, Mass.: MIT Press.

Horowitz, Irving Louis 1980. *Taking Lives: Genocide and State Power*. New Brunswick, N.J.: Transaction Books.

Isenberg, Michael T. 1985. *Puzzles to the Past: An Introduction to Thinking about History*. College Station: Texas A & M Univ. Press.

Joint Weeka. 1950~1953, Records of the U.S. Department of State relating to internal affairs of Korea, 1950-1954. File 795.

Kaye, James & Bo Strath eds. 2000. "Introduction." *Enlightenment and Genocide, Contradictions of Modernity*. P. I. E.-Peter Lang, Brussels.

Kelman, Herbert C. & V. Lee Hamilton. 1989. *Crimes of Obedience: Toward A Social Psychology of Authority and Responsibility*. Yale University Press.

Klandermans, Bert. 1984. "Mobilization and Participation: Social-Psychological Expansion of Resource Mobilization Theory." *American Sociological Review* 49-5.

Kriesi, Hanspeter. 1995. "The Political Opportunity Structure of New Social Movements: Its Impact on Their Mobilization." J. Craig Jenkins & Bert Klandermans. *The politics of social protest: comparative perspectives on states and social movements*. London: UCL Press.

Kuper, Leo. 1981. *Genocide: Its political Use in the Twentieth Century*. New Heaven: Yale University Press.

_____. 1985. *The Prevention of Genocide*. Yale University Press.

Kyle, Chris & Scott Mcewen & Jim DeFelice. 2012. *American Sniper: The Autobiography of the Most Lethal Sniper in U. S. Military History*. Harper Collins.

Landman, Todd. 2006. *Studying Human Rights*. New York: Routledge.

LeBlanc, Lawrence J. 1984. "The Intent to Destroy Groups in the Genocide Convention." *American Journal of Int'l Law* Vol. 78.

Lefort, Claude. 1978. *Les Formes de l' Histoire: Essais d'anthropologie politique*. Gallimaard.

Lemkin, Raphael. 1944. *Axis Rule in Occupied Europe*. Washington D. C.: Carnegie Endowment.

Lifton, Robert Jay. 2000. *The Nazi Doctors: Medical Killing and the Psychology of Genocide*. Basic Books.

Longerich, Peter. 2010. *Holocaust: The Nazi Persecution and Murder of the Jew*. Oxford:

Oxford UP.

Lundy, Patricia & Mark McGovern. 2008. "Whose Justice? Rethinking Transitional Justice from the Bottom Up." *Journal of Law and Society* 35-2.

MacPhersonp, Myra. 2006. *All Governments Lie: The Life and Times of Rebel Journalist I. F. Stone*. Scribner.

Mani, Rama. 2002. *Beyond Retribution: Seeking Justice in the Shadow of War*. Cambridge Polity Press.

Mann, Michael. 2000. "Were the Perpetrators of Genocide 'Ordinary Men' or 'Real Nazis'? Result from Fifteen Hundred Biographies." *Holocaust and Genocide Studies* 14-3.

Marshall, S. L. A. 1947. *Men Against Fire: The Problem of Battle Command in Future War*. Byrrd Enterprises.

Marshall, T. H. 1977. *Class, Citizenship, and Social Development*. Chicago, London: The University of Chicago Press.

Melucci, Alberto. 1989. *Nomads of the Present: Social Movements and Individual Needs in Contemporary Society*. Temple Univ. Press.

_____. 1995. "The Process of Collective Identity." Hank Johnston & Bert Klandermans eds. *Social Movements and Culture*. The University of Minnesota Press.

Mouffe, Chanta. 1998. "What is citizenship?." M. Lipset ed. *Encyclopedia of Democracy*. Washington, D.C.: CQ Press.

Nichols, Donald. 1981. *How Many Times Can I Die?*. Brooksville. Fla.: Brownsville printing.

O'Donell, G. & P. C. Schmitter. 1986. *Transition from Authoritarian Rule: Tentative Conclusion about Uncertain Democracies*. Baltimore and London: The Johns Hopkins University Press.

OHCHR. 2006. *Rule-of-Law Tools for Post-Conflict States*. New York and Geneva.

Ponchaud, Francois. 1978. *Cambodia. Year Zero*. Penguin.

Porter, Jack Nusan ed. 1982. *Genocide and Human Rights: A Global Anthology*. Washington. D.C.: University Press of America.

Power, Samantha. 2002. *A Problem from Hell: America and the Age of Genocide*. Basic Books[『미국과 대량학살의 시대』, 김보영 옮김, 에코리브르, 2004].

Reiss, Hans ed. 1971. *Kant's Political Writings*. trans. ed. by H. B. Nisbet. Cambridge: Cambridge University Press.

Ricoeur, Paul. 1967. *The Symbolism of Evil*. Emerson Buchanan trans. New York: Harper & Row.

Robert L. Tsai. 2012. "Introduction: The Politics of Hate." *Journal of Hate Studies* 10-1.

Robinson, Nehemiah. 1960. *The Genocide Convention*. Institute of Jewish Affairs.

Rummel, Rudolph. 1994. *Death by Government*. New Brunswick, N.J.: Transaction.

Schmidt, Volker H. 2006. "Multiple Modernities or Varieties of Modernity?" *Current Sociology* 54-1.

Schwartz, Barry. 1982. "The Social Context of Commemoration: A Study in Collective

Memory." *Social Forces.*

Show, Martin. 2003. *War and Genocide: Organized Killing in Modern Society.* Cambridge: Polity.

Staub, Ervin. 1989. *The Roots of Evil: The Origins of Genocide and Other Group Violence.* New York: Cambridge Univ. Press.

Stone, Marla. 2012. "Italian Fascism's Soviet Enemy and the Propaganda of Hate, 1941-1943." *Journal of Hate Studies* 10-1.

Tarrow, Sidney. 1994. *Power in movement: social movements, collective action, and politics.* Cambridge(England): Cambridge Univ. Press.

Tec, Nechama. 1986. *When Light Pierced the Darkness: Christian Rescue of Jews in Nazi-Occupied Poland.* New York: Oxford University Press.

Tutu, Desmond. 1990. *No Future without Forgiveness.* Random House.

van Gennep, Arnold. 1909. *Les Rites de Passage.* Librairie Critique Emile Nourry.

Verdirame, Guglielmo. 2000. "The Genocide Definition in the Jurisprudence of the Ad Hoc Tribunals." *International & Comparative Law Quarterly* Vol. 49.

Walzer, Michael. 1995. "The Civil Society Argument." Ronald Beiner ed. *Theorizing Citizenship.* New York: Albany State Univ. Press.

Winnington, Alan. 1950. "I saw the truth in Korea." *Daily Worker* Sep.

Wojak, Irmtrud. 2004. *Eichmanns Memoiren, Ein kritischer Essay.* Frankfurt.

Wokler, Robert. 2000."The Enlightenment Project on the Eve of the Holocaust." Kaye & Stråth eds. *Enlightenment and Genocide, Contradictions of Modernity.* P. I. E.-Peter Lang, Brussels.

● NARA (U.S. National Archives and Record Administration)

NARA, LM 176, Reel 12, American Embassy(Seoul, Korea), Despatch No.312(1949/06/02), Subject: National Guidance Alliance.

RG242 Entry299 Box716 SA2009 Item114. 동면내 자위대명단(1950/07).

RG242 Entry299 Box767 SA2009 Item 67, 良心書.

RG242 Entry299 Box770 SA2009 Item115, 경기도 원당면 의용군 명단보고(비망록), 1950.

RG242 Entry299 Box812 SA2009 Item109, 기결서류철(경기도 파주군 아동면 금촌리), 1950.

RG242 Entry299 Box819 SA2009 Item107, 의용군 명단(화양, 매정, 일신 등).

RG242 Entry299 Box819 SA2009 Item107, 의용군 명단, 1950/08/05.

RG242 Entry299 SA2010 Box832 Item31, 안탄산보, "지시문급 보고서철," 1951년도.

RG242 Entry299 SA2012 Box1152 Item5/18, 조선노동당 서울시당, "서울시와 그 주변지대에서의 적들의 만행(보고 제1호, 2호)," 1951/01/15.

RG263 Series24, FBIS Daily Reports 1941~50, Box333 Folder: Vol no. 605. July 18, 1950 to

July 19, 1950. Foreign Broadcast Information Service, 'Syngman Rhee forces massacre civilian', 1950. 7. 18.

RG319 CIC Historian's Background material, Box6. CIC school, Fort Holabird, Baltimore, 'Counterintelligence Corps operation in Korea, 1951/11/15.

RG319 CIC Historian's Background material, Box6. CIC school, Fort Holabird, 볼티모어, Counterintelligence corps operation in korea, 1951/11/15.

RG319 Entry57 Box45 ACOFS G-2 INCOMING+OUTGOING MSGS 1950, USMILAT SEOUL FROM SANA SGD MUCCIO, 1950/06/23.

RG319 Entry57 Box45, USMILAT SEOUL FROM SANA SGD MUCCIO.

RG319 Records of the Army Staff G-2 ID File, Box 4622, Item 715579.

RG319 series CIC historians Background Material, Box6. folder. CIC operation in korea(1950~51), KMAG, 'Organization and Function of ROK army CIC', 1951/03/04.

RG319, Entry1084(UD), Box16.

RG338 Box4, "Report fr Dald, CG EUSAK." 1950.

RG338 Box835 INF DIVS40-67 25ID INTER RPTS, 441CIC, "MEMORANDUM." 1950/07/29.

RG338 SERIES GENERAL HQ. FEC, SCAP, UNC. Box 13, 'INCOMING MESSAGE', 1950/12/21.

RG338, Box3617. 25th Counter Intelligence Corps Detachment, to 25th Division G-2, 1950/07/16.

RG407 Box3473 Spot Report42, 24사단CIC지대, 'Activities Report', 1950/07/09.

RG407 Box3486, File9123-99-00045.

RG407 BOX3511 ARMY-AG CMD RTPS 1949-54 241D UNIT WAR 29 SEP-OCT 50, from 24th CIC Detachment Division, "24th CIC DETACHMENT WAR DIARY." 1950/12/01.

RG407 Entry429 Box3758 ARMY-AG CMD RPTS 49-54 25ID SPTING DOCS 1-11 OCT 50 BK2, "War Diary and Activity Report: 7 October 1950." 1950.

RG59 Central Decimal Files 795B.00, 주한미국대사관이 국무부에 보낸 전문, 1961/05/18.

● 인터넷·언론·필름

AP통신, 경남대학보, 경남일보, 경향신문, 국제신보, 남선경제신문, 남조선민보, 내일신문, 노령신문, 뉴스한국, 대구매일신문, 대구일보, 독립신문, 동아일보, 문화일보, 민주신보, 민주중보, 부산일보, 새충청일보, 서울신문, 수산경제신문, 시사저널, 아림신문, 아산투데이, 여수수산신문, 연합뉴스, 영남일보, 오마이뉴스, 위클리경향, 자유신문, 제민일보, 조선인민보, 조선일보, 토요신문, 한겨레, 한겨레21, 한국일보, 합동신문, 항도일보, 호남신문, 황강신문

BBC, 'Kill'em all'-American military conduct in the Korean War, 2002. 2. 1, By Jeremy Williams.

http://www.eccc.gov.kh/en

http://www.theppsc.org/Grossman/SLA_Marshall/Main.htm.

http://www.unictr.org/

http://www.icty.org/

http://www.newshankuk.com/news/content.asp?articleno=201304251817552884.

http://www.un.org/en/ga/search/view_doc.asp?symbol=S/RES/1820

http://www.unictr.org/

Film. 2003. <크메르 루즈-피의 기억 S-21>(S21: The Khmer Rouge Death Machine).

Film. 2004. <Hotel Rwanda>.

Film. 2007. <Shake hands with the devil-The Journey of Roméo Dallaire>.

Film. 2009. <John Labe>.

Film. 2012. <The Act of Killing>.

| 주요 사건 일지 |

1945	8	15	일제강점기에서 해방	
	9	2	더글러스 맥아더가 북위 38도선 경계로 한 미국과 소련의 한반도 분할 점령을 발표	
	11	13	과도정부 국방사령부 산하 '정보과'를 설치(군정법령 제28호)	
1946	1	14	조선경비대 정보과로 개편	
	6	1	정보처로 확대 개편	
	10	1	대구 10월 사건 발생	
1948	4	3	제주도에서 남한 단독정부 수립을 반대하는 대규모 시위 발생	
	5	10	유엔한국임시위원단 감시하에 남한 첫 국회의원 총선거 실시	
		27	경비대총사령부 정보국 제3과(특별조사과)를 설치	
		31	제헌국회 개원	
	7	1	국회에서 국호를 대한민국으로 결정	
	8	15	대한민국 정부 수립	
	9	5	국방경비대를 육군으로, 해양경비대를 해군으로 개편	
		9	조선민주주의인민공화국 수립	
		15	육군 정보국으로 개편	
	10	19	여수14연대에서 제주 출병을 반대하는 군인들의 반란과 여순사건 발생	
		25	여순 지구에 계엄령 선포(10월 27일 완전 진압)	
	11	1	정보국 특별조사과 방첩대(SIS)으로 개칭	
	12	1	국가보안법 제정·공포	
1949	4	15	국민보도연맹 창립 준비위원회 구성	
		20	국민보도연맹 창립식(서울시경찰국 회의실)	국
	6	5	국민보도연맹 중앙본부 선포대회 개최(시공관)	
		9	내무부 직제를 개정했는데 치안국 사찰과는 민정 사찰과 외사경찰 외에 '특명에 의한 사찰 사항'을 추가	
	10	1	국민보도연맹 중앙본부 기관지 『애국자』 창간호 발행	국
		19	남로당 등 전 조국통일민주주의전선 산하 133개 정당·사회단체 등록 취소 처분	
		20	방첩대(SIS)를 방첩대(CIC)로 명칭 변경	
	11		국민보도연맹이 지방 조직 결성 시작	
		28	권순열 내무부 장관이 국민보도연맹 관련 담화문 발표	국
	12	1	국민보도연맹이 중앙과 지방 조직 기구 발표	
1950	3		치안국이 사찰 업무를 확대하고 사찰과 서무계에 국민보도연맹을 담당하는 보련반 설치	
		27	남로당 총책인 김삼룡, 이주하 체포	
	6	25	한국진쟁 빌빌고 징부가 임시회의 소집(10시)	
			내무부 치안국이 〈전국 요시찰인 단속 및 전국 형무소 경비의 건〉을 하달 서울 지역의 국민보도연맹원을 각 구별로 소집	국
			강원 지역에 경비계엄 단독 선포(8사단장 이성가 대령)	
		26	김삼룡, 이주하 처형 신성모 국방부 장관이, 국군이 인민군을 물리치고 있다는 거짓 담화 발표	
		27	정부가 경무대에서 비상국무회의 개최하고 서울 철수와 수원으로 정부 이동 결정 이승만 대통령은 국무회의에 참석하지 않고 대전으로 피난 미군이 한국전쟁 참전	
		28	정부(육군본부)가 수원으로 이동(7월 8일 대구, 8월 18일 부산) 새벽 3시, 한강 인도교 폭파 인민군이 서울 점령 정부가 〈비상사태하의범죄처벌에관한특별조치령〉(대통령긴급명령 제1호) 선포 춘천 지역의 국민보도연맹원 150여 명이 횡성으로 끌려가 총살당함	국
		29	치안국이 〈불순분자 구속의 건〉, 〈불순분자 구속 처리의 건〉을 하달	
	7	6	북한 조선로동당이 '의용군 초모 사업' 결정, 국민보도연맹 가입자를 강제 징집	
		8	전라남북도를 제외한 전국에 비상계엄령 선포	

	9	육군본부에 계엄사령부를 편성(헌병대, 방첩대 등 예하 부서로 편성) 각 사단과 해군 진해통제부에 민사과 설치	
	11	치안국이 〈불순분자 검거의 건〉을 하달	
	12	〈체포·구금특별조치령〉 선포(헌병사령관 송요찬)	국
	21	계엄이 전국으로 확대	
	25	각 사단에 배속된 특무부대(CIC)와 첩보부대(HID) 파견대를 해체와 동시에 육군본부 정보국 직할로 편성	
	27	경남 거창군 신원면 신원지서가 후퇴·철수	거
	29	인민군 제18연대가 거창 지역 점령	
8	2	부산지방검찰청 검사장이 법조기자단 회견(국민보도연맹원 '예비검속' 공개)	국
	4	내무부 직제 개정	
	10	치안국 사찰과와 수사과를 통합해 정보수사과로 개편	
	13	치안국 초대 정보수사과장으로 선우종원 임명(조병옥 내무부 장관)	
	15	북한이 신원 지역 농지개혁을 단행	
9	15	유엔군 인천상륙작전 개시	
	25	국방부가 국군 제11사단을 창설(9연대, 13연대, 20연대 예하부대 편성)	거
	27	거창경찰서 수복	
	28	서울 수복	
10	4	11사단의 작전 개시(제1기에서 제4기가 끝나는 1951년 3월 30일까지 작전 수행)	
	21	육군본부 정보국 산하에 방첩대(과)를 특무부대로 개편(부대장 김형일 대령)	
11	5	거창군 신원지서 수복	
	22	11사단 부대 호칭을 별도 부여. 9연대는 지리산지구전투사령부, 13연대는 전북지구전투사령부, 20연대는 전남지구전투사령부	
12	5	인민유격대가 신원지서를 공격	
1951 2	2	11사단 9연대가 경남 진주에서 함양으로 이동(연작명 제4호)	
	5	11사단 9연대가 거창읍을 출발해 신원면으로 진격. 이 지역 내동 부락에서 최초 학살 발생	
	7	인민유격대가 신원지서를 공격	
	9	9연대 3대대가 청연마을, 내동과 신원면 6개 리 마을 주민 719명을 탄량골과 박산골에서 총살(11일까지)	
	26	신성모 국방부 장관이 거창군 일대 비공식 현지 조사 실시	
3	8	거창경찰서장 김갑용이 〈국군 토벌작전에 수반한 적성분자 사살에 관한 건〉을 경남경찰국장 이성주에게 보고	
	10	특무부대가 "거창사건에 대한 진상과 수습대책" 작성 및 보고	
	12	11사단장 최덕신이 "거창사건(양민사살) 보고 전문"을 국방부에 제출	
	15	특무부대가 〈거창사건에 대한 수습결과 보고의 건〉 작성 및 보고	
	16	정부가 합동조사단 구성해 거창사건을 조사(16~17일까지 거창경찰서장 사택에서 증언 심문)	거
	20	경남지구의 계엄사령부 민사부장 김종원이 "거창사건 현장 합동조사 복명 지 건 보고"를 헌병사령관에게 제출	
	29	제2대 국회 제10회 제54차 본회의에서 신중목 의원이 거창사건을 폭로	
	30	이승만 대통령이 국회에 서한 제출(국내 제반 사항에 대해 해외에 보도되지 않도록 해달라고 서한) 국회가 거창사건특별조사위원회 구성과 내무·법무·국방 3부 합동조사단을 파견하기로 결정	
4	1	국무총리 및 관계부 장관이 조사단의 제반 업무 논의	
	3	국회조사단이 신원면 사건 현장으로 출발 국군이 공비로 위장해 국회조사단 총격	
	7	국회조사단의 현장조사 무산(거창경찰서에서 주민, 군인, 경찰 등 증언 심문)	
	18	국회조사단 제60차 본회에서 김종순 의원이 "거창사건조사서"를 보고	
	24	이철원 공보처장이 담화문 발표 이승만 대통령이 거창사건의 책임을 물어 국방·법무·내무부 장관의 경질을 결정	
5	7	이기붕을 국방부 장관으로 임명	

	8	국회가 거창사건조사결과처리위원회를 설치해 보고서 제출하도록 의결	거
	14	국가 〈거창사건 조사처리에 관한 결의안〉을 채택한 후 정부로 이송	
6	10	주일대표부 단장으로 임명된 신성모가 일본으로 출국	
7	28	거창사건에 대한 제1차 군법회의를 개정해 군검찰은 오익경, 한동석,이종대를 기소	
8	13	김종원이 국회조사단 습격에 대한 "전말서"를 헌병사령관에게 제출	
9	10	군검찰이 국회조사단 피습 사건으로 김종원을 추가 기소	
10	17	국회가 신성모 조사와 관련한 〈주일대사 소환에 관한 건의안〉을 의결	
11	19	군검찰관인 김태청과 김부남이 신성모 증언 심문을 위해 동경 출장	
		제2대 국회 본회의 제11회 임시회의에 최성웅 의원이 〈전 보도연맹원 포섭에 관한 건의안〉 제출	
12	16	거창사건 선고공판(재판장 강영훈)에서 김종원 징역 3년, 오익경 무기, 한동석 징역 10년, 이종대 무죄 선고	거
1952 1	21	김종원을 감형 조치 후 사면(3월)	
3	1	한동석을 대통령 특사령으로 3년형 감형	
7	18	김종원이 복직(국방부 특명 제128호)	
	28	김종원이 전북경찰국장 취임	
8	15	한동석을 2년형으로 감형	
9	9	헌법위원회가 〈비상사태하의범죄처벌에관한특별조치령〉 제9조1항을 위헌 결정	
10	8	한동석이 〈복형성적우수관형집행정지〉 처분으로 출소	
	14	오익경이 의병 집행정지로 석방(중앙고등군령 442호)	거
11	23	한동석이 군에 복직	
	26	제104회 국무회의에서 이승만 대통령이 경찰의 예비검속 공표를 금하는 '유시사항' 언급	국
1953 7	27	휴전협정 조인	
8	1	오익경이 형면제(육군법무감실 제787호)	
11	26	오익경이 현역 복귀	
1954 4	5	거창 유족들이 박산골짜기의 유해를 수습(화장 후 안장과 위령비 건립 논의)	거
1955 2	6	김종원이 전남경찰국장으로 취임	
6	16	오익경을 산업진흥계획에 의해 대한중공업에 파견	
1956 1	30	김창룡 특무부대장의 저격 사건 발생	
5	26	이승만 대통령이 김종원을 치안국장으로 임명	
9	1	한동석이 중령으로 진급	
11	30	오익경이 예비역으로 편입	
1960 3	5	거창 유족들이 합동묘비건립추진위원회를 조직	거
4	19	4·19혁명 발생. 당시 오익경은 대한중공업에 근무, 한동석은 HID에 근무	
5		각 언론사에서 전쟁기 민간인 학살에 대해 대대적으로 보도하기 시작	국·거
	11	거창 유족, 1951년 2월 사건 발생 당시 신원면장 박영보 살해	기
	20	제57회 국무회의는 〈신문보도에 따르는 민심동요 방지에 관한 건〉을 의결	
	23	제4대 국회 제35회 제19차 본회의는 거창·산청·함양, 문경, 통영, 남원 지역 등 학살 사건 진상 조사 결의안을 의결	국·거
	25	거창 신원면 유가족 일동이 "호소문" 발표	거
	31	제4대 국회 양민학살사건진상조사특별위원회가 조사 활동을 개시(6월 10일까지)	
6	15	대구·경북 지역 유족회 결성 대회 개최	국·거
10	20	전국피학살자유족회 창립	
11	18	거창사건 위령비 제막식	거
12	10	대구지역 피학살자유족회가 회보『돌꽃』발행	국·거
1961 5	16	군사 쿠데타 발생	
	17	박정희가 이철희 방첩부대장에게 불순분자 검거를 지시	
		방첩부대가 "위험인물 예비검속계획"을 계엄사령관 장도영에게 보고	국·거
		국민보도연맹원과 혁신계 등 소위 불순분자에 대한 검거 계획	
	18	군사정권은 한국전쟁기 민간인 학살 진상규명운동 관련자를 체포·구금	
		동래, 진영, 울산, 밀양, 제주 등지의 위령 비문과 봉분이 파괴	

			주한 미국대사관과 쿠데타 세력이 체포 명단을 가지고 사람들을 잡아들인다고 본국에 전문 타진	
		27	국가재건최고회의가 〈구속된 자 처리의 건〉 심의	
	6	21	〈혁명재판소 및 혁명검찰부 조직법〉 제정	
		22	〈특수범죄처벌에관한특별법〉 제정(법률 제633호)	국·거
	7	10	경남도지사가 합동분묘에 대한 "개장명령서"를 하달	
1962	7	14	군사정권이 잡아 가둔 거창 유족이 집행유예로 석방	
1965	4	5	박산골 합동묘역 위령비 원상회복과 희생자 명예회복을 "성분·진정서"로 호소	
1979	6	29	신원면 관리장 김한용이 정부에 묘지 조성에 필요한 경비 지원해 달라는 "건의서" 작성	
1981	6	1	거창 유족 임기섭 외 35명이 청와대에 민원 제출	
	8	30	거창군수가 유족의 "진정에 대한 회신"을 전달	
1987	6	10	6·10 민주항쟁 발생	
1988	1	24	유족들이 민주화합추진위원회에 거창학살 희생자 명예회복을 위한 "진정서" 제출	거
	2	25	거창사건희생자위령추진위원회의 "호소문" 발표 후 박산골 위령비를 땅 속에서 파냄	
	3	7	거창 유족이 정부에 "진정서" 제출	
	7	16	통일민주당 김동영 의원이 국회에 거창양민학살사건 특별법에 관한 청원서 제출	
1989	8	29	박산묘역에서 합동위령제 개최	
1995	12	18	제14대 국회 177차 정기회의에서 〈거창사건등관련자의명예회복에관한특별조치법〉 통과	
1996	1	5	관보, 〈거창사건등관련자의명예회복에관한특별조치법〉 공포(법률 제5148호)	
	5	11	거창사건 유족 등록 접수 시작	
	7	5	거창사건 유족 등록 접수 마감	
1997	6	5	사단법인 거창사건희생자유족회 설립 허가	
1999	7	14	국방부 국방군사연구소가 "주민희생사건 연구계획"을 국방부 장관에게 보고	국·거
	9	30	『AP통신』이 노근리 사건 보도	
2000	3	18	문경석달사건과 백조일손 유족(법무법인 지평)이 헌법재판소에 국회의 입법부작위 헌법소원을 청구	
	5	15	헌법재판소가 헌법소원 청구 기각(권성 주심재판관이 반대 의견 제시)	
	9	1	국방부 군사편찬연구소에서 민군 관련 사건을 조사하는 '조사연구부'를 신설	
	10	17	대통령 소속 의문사진상규명위원회(1기)가 활동 시작	
	11	3	민간인학살진상규명범국민위원회 창립	국·거
2001	1	12	한·미 양국이 노근리 사건에 관한 공동조사 결과 발표	
2002	9	30	대통령 소속 의문사진상규명위원회(1기) 활동 종료	
2003	7	1	대통령 소속 의문사진상규명위원회(2기) 활동 시작	
2004	6	30	대통령 소속 의문사진상규명위원회(2기) 활동 종료	
	7		올바른 과거청산을 위한 범국민위원회 창립	
	11	18	경찰청 과거사진상규명위원회 설치	
2005	5	30	〈진실화해를위한과거사정리위원회기본법〉 제정	
	12	1	진실화해위원회 출범	
2006	9	14	경찰청 과거사진상규명위원회가 "보도연맹학살의혹사건중간조사결과" 발표	
	10	10	진실화해위원회가 제27차 전원위원회 국민보도연맹 직권 조사 결정	
2007	11	27	진실화해위원회가 제60차 전원위원회 울산 국민보도연맹 사건에 대해 진실규명을 결정	국
2008	1	24	노무현 대통령, 울산 국민보도연맹 사건 추모식에 국가 사과를 담은 영상 메시지 발표	
2009	11	17	진실화해위원회가 국민보도연맹 사건에 대한 진실규명을 결정	
2010	12	31	진실화해위원회의 조사 활동 종료	
2011	3	24	대법원이 1961년 피학살자유족회 사건에 대한 재심 공판에서 무죄 선고(이원식, 노현섭, 이삼근, 송철순, 김봉철)	
	6	30	대법원이 울산 국민보도연맹 사건 상고심에서 정부의 소멸시효 완성 주장을 배척하고 국가배상 책임을 인정하는 취지를 판결	국
	7	28	대법원이 1961년 피학살자유족회 사건 재심 공판에서 무죄 선고(김영욱)	
	9	8	대법원이 문경석달사건 상고심에서도 손해배상청구 소송을 받아들임